U0798010

2023
全国企业创新调查年鉴

国家统计局社会科技和文化产业统计司 编

中国统计出版社
China Statistics Press

©中国统计出版社有限公司 2023
版权所有。未经许可，本书的任何部分不得以任何方式在世界任何地区以任何文字翻印、拷贝、仿制或转载。

©2023 China Statistics Press Co.,Ltd.
All rights reserved. No part of the publication may be reproduced or transmitted in any form or by any means, electronic or mechanical, including photocopying, recording, or any information storage and retrieval system, without written permission from the publisher.

图书在版编目（CIP）数据

全国企业创新调查年鉴. 2023 / 国家统计局社会科技和文化产业统计司编. -- 北京 : 中国统计出版社，2023.12
ISBN 978-7-5230-0314-5

Ⅰ. ①全… Ⅱ. ①国… Ⅲ. ①企业创新－中国－2023－年鉴 Ⅳ. ①F279.23-54

中国国家版本馆 CIP 数据核字(2023)第 207877 号

全国企业创新调查年鉴 2023

作　者/国家统计局社会科技和文化产业统计司
责任编辑/李　冲
封面设计/李　静
出版发行/中国统计出版社有限公司
通信地址/北京市丰台区西三环南路甲 6 号　邮政编码/100073
电　话/邮购（010）63376909　书店（010）68783171
网　址/http://www.zgtjcbs.com/
印　刷/河北鑫兆源印刷有限公司
经　销/新华书店
开　本/880mm×1230mm　1/16
字　数/500 千字
印　张/20.75
版　别/2023 年 12 月第 1 版
版　次/2023 年 12 月第 1 次印刷
定　价/380.00 元

版权所有，侵权必究。
如有印装差错，请与发行部联系退换。本书附 CD-ROM 一张，如有差异，以图书内容为准。

《全国企业创新调查年鉴2023》
编 辑 人 员

总 编 辑： 万东华

副总编辑： 张　琳

编辑人员： 李　胤　张启龙　林　梅　罗秋实　夏　爽

焦智康　汪　泱　魏　臻　陈律涛　张立杰

责任编辑： 李　冲

执行编辑： 汪　泱

编者说明

《全国企业创新调查年鉴》是国家统计局社会科技和文化产业统计司编辑的反映我国企业创新活动年度调查结果的统计资料书。

为全面了解我国企业创新进展状况，更好地服务创新驱动发展战略，国家统计局在2014年全国企业创新调查的基础上，从2016年起对全国企业创新情况进行年度调查。调查范围涉及工业，建筑业，批发和零售业，交通运输、仓储和邮政业，信息传输、软件和信息技术服务业，租赁和商务服务业，科学研究和技术服务业，水利、环境和公共设施管理业等创新活动相对密集的行业。调查的主要内容包括企业开展各类创新活动的基本情况，企业创新投入及产出、产学研合作创新、创新信息来源、创新阻碍因素、知识产权及相关情况等，以及企业家对创新的认识、创新激励措施实施、创新政策落实效果、创新战略目标制定等情况。

本书收录了2022年我国企业创新调查的主要统计数据，是较为全面反映我国当前企业创新活动开展情况的统计资料书。全书共分为十二个部分：第一部分为企业创新主要指标情况，第二至第十部分按各行业规模（限额）以上企业创新调查主要指标和主要分组进行了汇总分列，第十一部分为规模以下企业创新调查的主要指标和主要分组情况，第十二部分为国际比较情况。最后附有调查简要技术说明和主要统计指标解释。

本书有关说明：各表中的“空格”表示该项统计指标数据不足本表最小单位数、数据不详或无该项数据；“#”表示其中的主要项；“*”或“①”表示本表下有注解。

本书全国数据均不包含香港特别行政区、澳门特别行政区和台湾省。本书未对与其他调查数据的差异进行技术处理，也未对因四舍五入产生的误差做配平处理。

目　录

八、规模（限额）以上企业创新阻碍因素、知识产权及创新战略目标相关情况（2022 年）

九、规模（限额）以上企业企业家对创新的认识情况（2022 年）

十、规模（限额）以上企业创新政策效果情况（2022 年）

十一、规模以下企业创新及相关情况（2022 年）

十二、国际比较

附录

一、企业创新主要指标（2022 年）

1-1　规模(限额)以上企业创新基本情况

指　标	单位	合计	1.工业	2.建筑业	3.服务业	#高技术产业
一、企业基本情况						
企业数①	个	1066880	470912	68457	527511	49674
二、创新活动总体情况						
在规模(限额)以上企业中,						
开展创新活动的企业数	个	450042	293275	20169	136598	41110
#实现创新企业	个	422127	273462	19278	129387	38763
#同时实现四种创新企业②	个	68652	52686	1822	14144	9684
#既实现产品或工艺创新，也实现组织或营销创新的企业	个	186351	139405	6391	40555	23801
#实现产品或工艺创新，未实现组织或营销创新的企业	个	121750	101500	3391	16859	12192
#实现组织或营销创新，未实现产品或工艺创新的企业	个	114026	32557	9496	71973	2770
开展创新活动企业占比	%	42.2	62.3	29.5	25.9	82.8
#实现创新企业占比	%	39.6	58.1	28.2	24.5	78.0
#同时实现四种创新企业占比	%	6.4	11.2	2.7	2.7	19.5
#既实现产品或工艺创新，也实现组织或营销创新的企业占比	%	17.5	29.6	9.3	7.7	47.9
#实现产品或工艺创新，未实现组织或营销创新的企业占比	%	11.4	21.6	5.0	3.2	24.5
#实现组织或营销创新，未实现产品或工艺创新的企业占比	%	10.7	6.9	13.9	13.6	5.6
三、产品和工艺创新情况						
(一)产品和工艺创新分布情况						
在规模(限额)以上企业中,						
开展产品或工艺创新活动企业数	个	351248	269001	11480	70767	39730
#实现产品或工艺创新企业	个	308101	240905	9782	57414	35993
#实现产品创新企业	个	207310	167355	4557	35398	27165
#实现工艺创新企业	个	249638	195001	9040	45597	28787
未开展产品或工艺创新活动企业数	个	715632	201911	56977	456744	9944
开展产品或工艺创新活动企业占比	%	32.9	57.1	16.8	13.4	80.0
#实现产品或工艺创新企业占比	%	28.9	51.2	14.3	10.9	72.5
#实现产品创新企业占比	%	19.4	35.5	6.7	6.7	54.7
#实现工艺创新企业占比	%	23.4	41.4	13.2	8.6	58.0
#1.同时实现产品和工艺创新企业占比	%	14.0	25.8	5.6	4.5	40.2
2.仅实现产品创新企业占比	%	5.5	9.7	1.1	2.2	14.5
3.仅实现工艺创新企业占比	%	9.4	15.6	7.6	4.2	17.8
4.仅有正在进行或中止的产品或工艺创新活动企业占比	%	4.0	6.0	2.5	2.5	7.5
(二)产品创新开发情况						
在实现产品创新企业中,以下列形式进行开发的企业占比						
本企业独立开发或与集团内企业合作开发	%	84.5	87.7	67.5	72.0	88.8
本企业与境内其他企业合作开发	%	9.2	7.1	18.9	17.8	10.0
本企业与境内研究机构或高等学校合作开发	%	7.6	7.2	14.4	9.0	8.7
本企业与境外企业或机构合作开发	%	1.4	1.2	1.7	2.2	1.6
在其他单位开发的基础上调整或改进，或委托其他企业或机构开发	%	7.2	5.3	21.8	14.4	5.4
其他	%	6.8	5.4	14.2	12.2	4.3
(三)工艺创新开发情况						
在实现工艺创新企业中,以下列形式进行开发的企业占比						

注：①企业数指实际参与全国企业创新调查的企业数，以下各表同。
②四种创新指产品创新、工艺创新、组织创新、营销创新，其中产品创新和工艺创新合称为技术创新。

1-1 续表 1

指　标	单位	合计	1.工业	2.建筑业	3.服务业	#高技术产业
本企业独立开发或与集团内企业合作开发	%	74.2	78.8	59.1	57.8	80.2
本企业与境内其他企业合作开发	%	11.8	10.3	14.9	17.5	13.9
本企业与境内研究机构或高等学校合作开发	%	7.1	6.9	12.0	6.7	8.5
本企业与境外企业或机构合作开发	%	1.2	1.1	1.1	1.7	1.6
在其他单位开发的基础上调整或改进，或委托其他企业或机构开发	%	13.6	10.5	24.8	24.2	11.4
其他	%	10.5	8.7	18.7	16.3	7.3
(四)新产品情况						
在实现产品创新企业中有市场新产品的企业占比	%	56.3	56.7	62.0	53.6	63.1
新产品销售收入	亿元	494155.4	327983.0	68874.5	97297.9	87548.3
新产品销售收入占营业收入的比重	%	16.3	23.6	28.1	7.0	39.1
1.仅市场新的产品	%	6.0	7.1	9.0	2.0	11.7
2.仅本企业新的产品	%	10.3	14.0	19.2	5.0	19.0
四、产品或工艺创新活动类型及创新费用情况						
(一)产品或工艺创新活动类型						
在开展产品或工艺创新活动企业中，有下列活动形式的企业占比						
内部研发	%	59.3	65.3	46.5	38.8	71.7
外部研发	%	8.2	7.0	11.6	12.2	14.4
获得机器设备和软件	%	60.5	71.7	30.2	23.0	75.4
从外部获取相关技术	%	3.2	1.1	11.7	9.6	1.9
相关培训	%	34.6	33.6	43.2	37.0	43.6
市场推介	%	15.3	14.5	19.1	17.7	21.3
相关设计	%	16.5	18.3	5.6	11.7	25.8
其他创新活动	%	22.1	21.8	27.2	22.4	30.6
(二)企业创新费用支出情况③						
创新费用支出合计	亿元	41128.7	31543.7	2162.9	7422.1	9938.7
1.内部研发经费支出	亿元	23497.4	19361.8	851.4	3284.2	6507.7
所占比重	%	57.1	61.4	39.4	44.2	65.5
2.外部研发经费支出	亿元	2135.1	1393.9	23.7	717.5	764.1
所占比重	%	5.2	4.4	1.1	9.7	7.7
3.获得机器设备和软件经费支出	亿元	14504.5	9831.7	1287.3	3385.5	2373.9
所占比重	%	35.3	31.2	59.5	45.6	23.9
4.从外部获取相关技术经费支出	亿元	991.7	956.3	0.5	34.9	293.0
所占比重	%	2.4	3.0	0.0	0.5	2.9
五、组织和营销创新情况						
在规模(限额)以上企业中，						
实现组织或营销创新企业数	个	300377	171962	15887	112528	26571
#实现组织创新企业	个	232604	131249	14995	86360	20978
#实现营销创新企业	个	210416	128969	5831	75616	20230
实现组织或营销创新企业占比	%	28.2	36.5	23.2	21.3	53.5
#实现组织创新企业占比	%	21.8	27.9	21.9	16.4	42.2
#实现营销创新企业占比	%	19.7	27.4	8.5	14.3	40.7
#同时实现组织和营销创新企业占比	%	13.4	18.7	7.2	9.4	29.5
#仅实现组织创新企业占比	%	8.4	9.1	14.7	7.0	12.8
#仅实现营销创新企业占比	%	6.4	8.6	1.3	5.0	11.3

注：③创新费用及分项指标数据不包括资质等级二级建筑业企业、批发和零售业企业。以下各表同。

1-1 续表 2

指 标	单位	1.东部地区	2.中部地区	3.西部地区	4.东北地区
一、企业基本情况					
企业数①	个	644647	222093	160319	39821
二、创新活动总体情况					
在规模(限额)以上企业中,					
开展创新活动的企业数	个	283506	96863	57456	12217
#实现创新企业	个	265315	89672	55624	11516
#同时实现四种创新企业②	个	44639	15448	7193	1372
#既实现产品或工艺创新，也实现组织或营销创新的企业	个	118852	40549	22457	4493
#实现产品或工艺创新，未实现组织或营销创新的企业	个	82684	23983	12244	2839
#实现组织或营销创新，未实现产品或工艺创新的企业	个	63779	25140	20923	4184
开展创新活动企业占比	%	44.0	43.6	35.8	30.7
#实现创新企业占比	%	41.2	40.4	34.7	28.9
#同时实现四种创新企业占比	%	6.9	7.0	4.5	3.4
#既实现产品或工艺创新，也实现组织或营销创新的企业占比	%	18.4	18.3	14.0	11.3
#实现产品或工艺创新，未实现组织或营销创新的企业占比	%	12.8	10.8	7.6	7.1
#实现组织或营销创新，未实现产品或工艺创新的企业占比	%	9.9	11.3	13.1	10.5
三、产品和工艺创新情况					
(一)产品和工艺创新分布情况					
在规模(限额)以上企业中,					
开展产品或工艺创新活动企业数	个	229698	74895	38156	8499
#实现产品或工艺创新企业	个	201536	64532	34701	7332
#实现产品创新企业	个	139779	43587	19700	4244
#实现工艺创新企业	个	161122	52819	29612	6085
未开展产品或工艺创新活动企业数	个	414949	147198	122163	31322
开展产品或工艺创新活动企业占比	%	35.6	33.7	23.8	21.3
#实现产品或工艺创新企业占比	%	31.3	29.1	21.6	18.4
#实现产品创新企业占比	%	21.7	19.6	12.3	10.7
#实现工艺创新企业占比	%	25.0	23.8	18.5	15.3
#1.同时实现产品和工艺创新企业占比	%	15.4	14.4	9.1	7.5
2.仅实现产品创新企业占比	%	6.3	5.3	3.2	3.1
3.仅实现工艺创新企业占比	%	9.6	9.4	9.4	7.8
4.仅有正在进行或中止的产品或工艺创新活动企业占比	%	4.4	4.7	2.2	2.9
(二)产品创新开发情况					
在实现产品创新企业中,以下列形式进行开发的企业占比					
本企业独立开发或与集团内企业合作开发	%	85.7	83.3	79.6	81.4
本企业与境内其他企业合作开发	%	9.1	8.4	11.7	11.2
本企业与境内研究机构或高等学校合作开发	%	6.9	8.6	10.1	9.9
本企业与境外企业或机构合作开发	%	1.5	0.9	1.1	1.6
在其他单位开发的基础上调整或改进，或委托其他企业或机构开发	%	7.1	6.9	8.8	7.0
其他	%	6.4	7.2	8.5	7.9
(三)工艺创新开发情况					
在实现工艺创新企业中,以下列形式进行开发的企业占比					

1-1 续表 3

指 标	单位	1.东部地区	2.中部地区	3.西部地区	4.东北地区
本企业独立开发或与集团内企业合作开发	%	75.9	73.5	67.5	70.5
本企业与境内其他企业合作开发	%	11.7	10.9	13.7	13.5
本企业与境内研究机构或高等学校合作开发	%	6.3	8.4	8.4	8.2
本企业与境外企业或机构合作开发	%	1.4	0.9	0.8	1.1
在其他单位开发的基础上调整或改进，或委托其他企业或机构开发	%	13.5	12.6	15.6	13.5
其他	%	9.7	11.0	13.4	12.4
(四)新产品情况					
在实现产品创新企业中有市场新产品的企业占比	%	56.7	54.7	56.1	59.2
新产品销售收入	亿元	330976.6	98155.2	54444.2	10579.4
新产品销售收入占营业收入的比重	%	17.1	19.3	11.6	9.5
1.仅市场新的产品	%	6.4	6.9	4.3	3.7
2.仅本企业新的产品	%	10.8	12.4	7.2	5.8
四、产品或工艺创新活动类型及创新费用情况					
(一)产品或工艺创新活动类型					
在开展产品或工艺创新活动企业中，有下列活动形式的企业占比					
内部研发	%	59.6	62.2	53.9	50.1
外部研发	%	8.1	7.7	9.4	10.2
获得机器设备和软件	%	62.1	61.6	51.1	50.0
从外部获取相关技术	%	3.2	2.5	3.9	3.2
相关培训	%	34.1	33.4	39.8	36.1
市场推介	%	15.5	13.7	17.5	15.9
相关设计	%	17.4	14.4	16.2	13.7
其他创新活动	%	22.6	18.9	24.4	25.6
(二)企业创新费用支出情况③					
创新费用支出合计	亿元	27752.6	7331.4	4891.9	1153.1
1.内部研发经费支出	亿元	15667.6	4530.6	2658.7	640.5
所占比重	%	56.5	61.8	54.3	55.5
2.外部研发经费支出	亿元	1535.2	286.5	236.2	77.1
所占比重	%	5.5	3.9	4.8	6.7
3.获得机器设备和软件经费支出	亿元	9743.4	2472.9	1889.0	399.4
所占比重	%	35.1	33.7	38.6	34.6
4.从外部获取相关技术经费支出	亿元	806.4	41.4	108.0	36.1
所占比重	%	2.9	0.6	2.2	3.1
五、组织和营销创新情况					
在规模(限额)以上企业中,					
实现组织或营销创新企业数	个	182631	65689	43380	8677
#实现组织创新企业	个	139594	51753	34625	6632
#实现营销创新企业	个	129499	47232	28124	5561
实现组织或营销创新企业占比	%	28.3	29.6	27.1	21.8
#实现组织创新企业占比	%	21.7	23.3	21.6	16.7
#实现营销创新企业占比	%	20.1	21.3	17.5	14.0
#同时实现组织和营销创新企业占比	%	13.4	15.0	12.1	8.8
#仅实现组织创新企业占比	%	8.2	8.3	9.5	7.8
#仅实现营销创新企业占比	%	6.7	6.3	5.5	5.1

1-2 规模(限额)以上企业创新相关情况

指 标	单位	合计	#工业	1.东部地区	2.中部地区	3.西部地区	4.东北地区
一、创新信息来源情况							
在开展创新活动企业中，下列信息对创新影响较大的企业占比							
企业内部信息或企业集团内部信息	%	37.3	38.0	37.3	36.4	38.7	37.7
来自高等学校或研究机构的信息	%	9.9	11.0	9.4	10.9	10.4	12.4
来自政府部门或行业协会的信息	%	26.5	23.4	25.0	27.1	31.9	30.0
来自设备、原材料、组件或软件供应商的信息	%	23.1	25.4	22.9	23.0	24.3	21.1
来自客户或消费者的信息	%	44.4	45.6	45.8	40.8	44.2	40.5
来自竞争对手、同行业其他企业的信息	%	28.7	27.7	29.4	25.7	30.9	24.5
来自咨询顾问、市场分析及中介机构的信息	%	10.5	8.9	10.7	9.4	11.7	9.8
来自商品交易会、展览会的信息，或来自文献、期刊、出版物的信息或互联网媒体的信息	%	18.3	19.8	20.1	14.7	16.0	17.3
其他	%	5.2	4.3	4.5	5.8	7.4	5.8
二、创新合作情况							
(一)创新合作开展情况							
开展创新合作的企业数	个	279154	184511	173354	60440	38034	7326
创新合作企业占全部企业的比重	%	26.2	39.2	26.9	27.2	23.7	18.4
在创新合作企业中，与下列伙伴开展合作的企业占比							
集团内其他企业	%	32.7	31.3	32.3	32.1	34.5	35.0
高等学校	%	26.0	29.1	25.4	27.7	25.4	30.8
研究机构	%	14.4	16.4	13.8	15.3	15.4	17.6
政府部门或行业协会	%	20.9	17.5	19.4	22.6	24.8	21.6
供应商	%	38.6	42.1	39.9	36.6	36.7	33.0
客户或消费者	%	47.2	47.4	49.3	43.7	44.4	41.5
竞争对手或同行业企业	%	19.8	17.5	20.0	19.0	21.0	15.2
咨询顾问、市场分析及中介机构	%	17.4	16.2	18.6	15.4	16.0	14.2
其他合作对象	%	16.1	13.6	15.7	16.1	18.0	15.9
(二)创新合作伙伴							
在创新合作企业中，下列合作伙伴对企业创新有较大价值的企业占比							
集团内其他企业	%	28.5	27.3	28.1	28.1	30.3	31.1
高等学校	%	22.0	24.7	21.3	23.7	21.4	26.9
研究机构	%	11.6	13.4	11.1	12.4	12.5	14.9
政府部门或行业协会	%	17.8	14.5	16.3	19.5	21.6	18.8
供应商	%	32.9	36.2	34.3	31.0	30.8	27.6
客户或消费者	%	43.4	43.8	45.7	39.7	40.1	38.3
竞争对手或同行业企业	%	16.5	14.7	16.8	15.6	17.3	12.8
咨询顾问、市场分析及中介机构	%	13.8	12.8	14.8	12.0	12.4	11.3
其他合作对象	%	11.9	10.0	11.5	11.8	13.6	12.1
(三)产学研合作形式							
开展产学研合作的企业数	个	87646	65407	53087	20115	11750	2694
在创新合作企业中产学研合作企业占比	%	31.4	35.4	30.6	33.3	30.9	36.8
在产学研合作企业中，以下列为主要合作形式的企业占比							
建立或参与创新联合体	%	22.3	20.5	21.6	22.7	23.5	26.4
合作共同完成科研项目	%	65.4	66.2	66.3	61.9	66.7	68.4
合作建立研发机构	%	18.8	19.1	18.8	20.7	15.8	17.5
开展联合人才培养	%	33.0	30.7	32.1	34.2	34.9	31.0

1-2 续表

指 标	单位	合计	#工业	1.东部地区	2.中部地区	3.西部地区	4.东北地区
聘用高校或研究机构人员到企业兼职	%	19.7	19.8	19.0	22.0	19.8	15.5
转化或实施知识产权产品或其他科研成果	%	16.1	15.9	16.9	15.1	14.5	15.6
使用科研场所或设备	%	10.3	10.6	10.6	9.3	10.6	10.4
使用检验检测等科研辅助服务	%	15.0	16.0	15.5	13.3	15.6	15.1
其他形式	%	13.4	12.8	13.0	13.6	15.2	12.2
三、创新阻碍因素情况							
在规模(限额)以上企业中，下列各项是创新主要阻碍因素的企业占比							
缺乏内部资金	%	11.6	12.8	10.8	12.7	13.5	10.8
缺乏风险投资	%	7.3	8.3	6.9	8.4	7.5	6.7
缺乏银行贷款	%	8.9	10.5	7.5	10.9	11.6	9.8
创新成本过高	%	21.9	29.5	22.5	22.0	21.0	16.0
缺乏人才或人才流失	%	28.1	37.5	28.1	29.1	28.1	21.6
缺乏技术信息	%	16.6	22.9	16.7	16.7	16.8	12.3
缺乏市场信息	%	10.4	11.6	10.3	10.1	11.3	9.0
难以找到创新合作伙伴	%	6.4	6.8	6.4	6.3	6.7	5.5
市场已被占领	%	3.0	2.9	3.1	2.8	3.4	2.7
不能确定市场需求	%	12.4	15.2	12.8	11.7	12.4	9.4
创新成果易被低成本模仿	%	5.1	7.9	5.9	4.4	3.8	2.8
没有创新的必要	%	15.5	10.6	14.5	15.1	19.3	16.6
四、知识产权及相关情况							
(一)采取知识产权保护或相关措施情况							
采取了知识产权保护或相关措施的企业数	个	501002	298305	308503	109561	67551	15387
采取了知识产权保护或相关措施的企业占全部企业的比重	%	47.0	63.3	47.9	49.3	42.1	38.6
在规模(限额)以上企业中，采取下列知识产权保护或相关措施的企业占比							
申请了发明专利	%	8.2	15.3	9.1	8.2	5.3	4.4
申请了实用新型或外观设计专利	%	11.8	23.6	13.3	11.6	7.2	7.5
申请了注册商标	%	9.3	13.5	10.1	8.7	7.7	6.8
进行了版权登记	%	3.0	3.0	3.4	2.3	2.2	1.8
形成了国家或行业技术标准	%	4.8	7.1	4.9	4.6	4.9	4.7
对技术秘密进行内部保护	%	10.5	16.7	11.0	10.3	9.2	8.0
应用了难以复制的复杂技术	%	2.3	3.3	2.2	2.5	2.1	1.8
发挥了时间上的先发优势	%	16.3	15.2	15.3	18.9	16.7	14.6
(二)专利情况							
年末拥有有效发明专利数	件	2588171	1981098	1933255	367943	221433	65540
五、未来创新战略目标制定情况							
制定创新战略目标的企业数	个	440393	253005	269949	94622	61753	14069
制定创新战略目标企业占规模(限额)以上企业的比重	%	41.3	53.7	41.9	42.6	38.5	35.3
在制定创新战略目标企业中,制定下列目标的企业占比							
保持本领域的国际领先地位	%	3.9	4.4	4.4	3.1	2.8	4.6
赶超同行业国际领先企业	%	4.4	5.2	4.9	3.7	3.4	4.4
赶超同行业国内领先企业	%	18.7	19.4	19.0	18.6	17.1	18.4
增加创新投入，提升企业竞争力	%	49.2	53.3	48.7	50.7	50.0	43.1
保持现有的技术水平和生产经营状况	%	19.9	15.8	19.3	19.8	21.9	24.4
其他目标	%	3.9	1.9	3.6	4.2	4.7	5.1

1-3 规模(限额)以上企业企业家对创新的认识及相关情况

指 标	单位	合计	#工业	1.东部地区	2.中部地区	3.西部地区	4.东北地区
一、企业家对创新的总体认识							
在企业家中,认为创新对企业的生存和发展							
起了重要作用的人员占比	%	39.2	41.9	40.3	38.8	39.6	34.1
起了一定作用的人员占比	%	52.1	50.7	51.8	53.3	51.1	54.0
不起作用的人员占比	%	8.7	7.4	7.9	7.9	9.2	11.9
二、创新成功影响因素情况							
在开展创新活动企业中,认为下列各项因素对创新成功影响程度为“高”的企业家占比							
有创新精神的企业家	%	64.8	67.9	67.2	68.5	61.3	57.4
充足的经费支持	%	59.6	62.5	62.8	62.8	55.6	52.2
高素质的人才	%	64.5	66.3	67.7	67.1	60.8	58.0
员工对企业的认同感	%	68.2	69.7	69.5	70.3	66.4	63.9
企业内部的激励措施	%	63.6	65.2	65.0	66.4	61.5	57.1
有效的技术战略或计划	%	61.0	63.0	63.8	63.2	57.9	54.6
畅通的信息渠道	%	60.8	62.4	63.1	63.4	57.9	54.8
可信赖的创新合作伙伴	%	56.1	57.5	59.0	58.6	52.7	49.9
优惠政策的扶持	%	59.3	61.8	60.4	63.0	57.2	52.6
三、创新激励措施及效果情况							
在开展创新活动企业中,认为下列措施对激励创新效果明显的企业家占比							
股权或期权	%	11.9	12.4	13.2	14.2	9.6	8.6
增加工资或奖金	%	54.3	57.9	55.9	59.6	50.6	47.4
汽车住房等物质奖励	%	11.3	12.5	11.2	14.7	9.5	9.3
岗位调整或升职机会	%	47.5	49.8	49.2	51.6	44.5	40.5
培训或深造机会	%	36.6	38.7	36.8	40.1	35.4	30.6
四、政策对创新的影响情况							
在开展创新活动企业中,认为下列政策效果明显的企业家占比							
企业研发费用加计扣除税收优惠政策	%	38.2	44.5	42.5	44.4	31.0	30.8
高新技术企业所得税优惠政策	%	30.7	35.6	34.2	36.4	23.7	26.3
企业研发活动专用仪器设备加速折旧政策	%	23.5	29.0	23.6	31.8	18.8	18.9
技术转让、技术开发收入免征增值税和技术转让减免所得税优惠政策	%	17.2	19.9	16.5	24.2	13.8	14.4
鼓励企业吸引和培养人才的相关政策	%	26.2	29.6	26.6	33.3	22.1	21.3
金融支持相关政策	%	27.9	32.7	26.5	36.9	24.6	21.8
创造和保护知识产权的相关政策	%	27.9	32.8	29.4	35.0	22.7	21.6
优先发展产业的支持政策	%	25.4	30.0	23.9	34.1	22.2	19.9
促进科技成果转化相关政策	%	24.4	29.1	24.6	32.2	19.9	19.5
关于推进大众创业万众创新的各项政策	%	21.3	25.2	20.1	30.2	17.5	16.6

注：从2021年起，企业家问卷由全面调查改为抽样调查。

二、规模（限额）以上企业创新活动总体情况（2022 年）

2−1 规模(限额)以上企业

项　　目	企业数(个)	开展创新活动企业数(个)	#实现创新企　业	#同时实现四种创新企　业	#既实现产品或工艺创新，也实现组织或营销创新的企业
总　计	**1066880**	**450042**	**422127**	**68652**	**186351**
#国有及国有控股①	79922	36574	34205	4483	14937
一、按规模分					
大型企业	23334	17178	16370	4086	9848
中型企业	142929	71297	67730	12410	32061
小型企业	662681	313897	293096	48452	132433
微型企业	237935	47670	44931	3704	12009
二、按登记注册类型分②					
内资企业	1000584	416129	390682	63510	171882
国有企业	11639	4506	4265	476	1708
集体企业	3078	620	574	64	173
股份合作企业	1666	575	529	68	192
联营企业	384	133	125	9	44
#国有联营企业	191	71	66	4	23
有限责任公司	173454	78326	73349	11543	33530
#国有独资公司	17534	7264	6845	760	2719
股份有限公司	15380	11036	10508	2870	6484
私营企业	794686	320832	301240	48469	129716
其他企业	297	101	92	11	35
港、澳、台商投资企业	30362	15567	14433	2545	6838
合资经营企业	7288	4494	4224	858	2126
合作经营企业	428	192	179	28	77
港、澳、台商独资经营企业	21189	9866	9067	1392	4050
港、澳、台商投资股份有限公司	937	717	683	195	428
其他港、澳、台投资企业	520	298	280	72	157
外商投资企业	35934	18346	17012	2597	7631
中外合资经营企业	9317	5870	5489	1014	2765
中外合作经营企业	405	185	177	26	78
外资企业	24897	11447	10547	1359	4330
外商投资股份有限公司	880	626	592	163	359
其他外商投资企业	435	218	207	35	99
三、按行业分					
采矿业	11977	3867	3440	177	1167
制造业	439906	283104	264383	52375	136691
电力、热力、燃气及水生产和供应业	19029	6304	5639	134	1547
建筑业	68457	20169	19278	1822	6391
批发和零售业	365659	75739	74565	5892	17097
交通运输、仓储和邮政业	43952	8156	7809	509	2012

注：①国有及国有控股企业指企业登记注册类型为“国有企业”、“国有联营企业”、“国有独资公司”或企业控股情况为“国有控股企业”的企业，以下各表同。

②按规模分小型企业和微型企业仅包括规模(限额)以上小型企业和微型企业。以下各表同。

创新活动总体情况

		在全部企业中占比(%)					
#实现产品或工艺创新，未实现组织或营销创新的企业	#实现组织或营销创新，未实现产品或工艺创新的企业	开展创新活动企业	实现创新企　业	同时实现四种创新企　业	既实现产品或工艺创新，也实现组织或营销创新的企业	实现产品或工艺创新，未实现组织或营销创新的企业	实现组织或营销创新，未实现产品或工艺创新的企业
121750	**114026**	**42.2**	**39.6**	**6.4**	**17.5**	**11.4**	**10.7**
8875	10393	45.8	42.8	5.6	18.7	11.1	13.0
4095	2427	73.6	70.2	17.5	42.2	17.5	10.4
16204	19465	49.9	47.4	8.7	22.4	11.3	13.6
92746	67917	47.4	44.2	7.3	20.0	14.0	10.2
8705	24217	20.0	18.9	1.6	5.0	3.7	10.2
110294	108506	41.6	39.0	6.3	17.2	11.0	10.8
954	1603	38.7	36.6	4.1	14.7	8.2	13.8
126	275	20.1	18.6	2.1	5.6	4.1	8.9
207	130	34.5	31.8	4.1	11.5	12.4	7.8
38	43	34.6	32.6	2.3	11.5	9.9	11.2
24	19	37.2	34.6	2.1	12.0	12.6	9.9
18643	21176	45.2	42.3	6.7	19.3	10.7	12.2
1676	2450	41.4	39.0	4.3	15.5	9.6	14.0
2554	1470	71.8	68.3	18.7	42.2	16.6	9.6
87750	83774	40.4	37.9	6.1	16.3	11.0	10.5
22	35	34.0	31.0	3.7	11.8	7.4	11.8
5060	2535	51.3	47.5	8.4	22.5	16.7	8.3
1541	557	61.7	58.0	11.8	29.2	21.1	7.6
67	35	44.9	41.8	6.5	18.0	15.7	8.2
3198	1819	46.6	42.8	6.6	19.1	15.1	8.6
187	68	76.5	72.9	20.8	45.7	20.0	7.3
67	56	57.3	53.8	13.8	30.2	12.9	10.8
6396	2985	51.1	47.3	7.2	21.2	17.8	8.3
2049	675	63.0	58.9	10.9	29.7	22.0	7.2
67	32	45.7	43.7	6.4	19.3	16.5	7.9
4055	2162	46.0	42.4	5.5	17.4	16.3	8.7
163	70	71.1	67.3	18.5	40.8	18.5	8.0
62	46	50.1	47.6	8.0	22.8	14.3	10.6
1340	933	32.3	28.7	1.5	9.7	11.2	7.8
97999	29693	64.4	60.1	11.9	31.1	22.3	6.8
2161	1931	33.1	29.6	0.7	8.1	11.4	10.1
3391	9496	29.5	28.2	2.7	9.3	5.0	13.9
4732	52736	20.7	20.4	1.6	4.7	1.3	14.4
1145	4652	18.6	17.8	1.2	4.6	2.6	10.6

2-1　续表

项　目	企业数（个）	开展创新活动企业数（个）	#实现创新企　业	#同时实现四种创新企　业	#既实现产品或工艺创新，也实现组织或营销创新的企业
信息传输、软件和信息技术服务业	28585	21441	18772	4368	10784
租赁和商务服务业	54027	12405	11639	952	2981
科学研究和技术服务业	29244	16768	14723	2259	7060
水利、环境和公共设施管理业	6044	2089	1879	164	621
四、按地区分					
东部地区	644647	283506	265315	44639	118852
中部地区	222093	96863	89672	15448	40549
西部地区	160319	57456	55624	7193	22457
东北地区	39821	12217	11516	1372	4493
北　京	29778	12933	10480	1287	4307
天　津	21301	6029	5662	770	2391
河　北	31515	12185	11667	1797	5034
山　西	18539	5166	4790	443	1668
内蒙古	8414	2404	2303	173	727
辽　宁	21322	6624	6171	767	2547
吉　林	7899	2297	2183	248	846
黑龙江	10600	3296	3162	357	1100
上　海	41382	15493	14599	2146	6365
江　苏	129262	58938	55363	8013	23213
浙　江	104736	54376	50655	8980	23066
安　徽	39557	20374	19453	3737	9789
福　建	51168	18936	17788	2728	7009
江　西	34364	13218	13083	2643	5882
山　东	79866	35844	35237	6661	15629
河　南	52008	19490	18856	2428	7598
湖　北	39794	18428	17223	2997	7644
湖　南	37831	20187	16267	3200	7968
广　东	152163	67774	62942	12172	31537
广　西	19429	5826	5700	654	2202
海　南	3476	998	922	85	301
重　庆	19543	8215	7892	1478	3660
四　川	40656	16275	15816	2120	6430
贵　州	12905	4680	4528	475	1727
云　南	13555	4892	4662	615	1918
西　藏	832	254	232	20	69
陕　西	21275	7864	7610	1065	3198
甘　肃	6607	2369	2314	253	925
青　海	1660	527	520	45	187
宁　夏	3046	1374	1336	148	626
新　疆	12397	2776	2711	147	788

		在全部企业中占比(%)					
#实现产品或工艺创新，未实现组织或营销创新的企业	#实现组织或营销创新，未实现产品或工艺创新的企业	开展创新活动企业	实现创新企　业	同时实现四种创新企　业	既实现产品或工艺创新，也实现组织或营销创新的企业	实现产品或工艺创新，未实现组织或营销创新的企业	实现组织或营销创新，未实现产品或工艺创新的企业
4770	3218	75.0	65.7	15.3	37.7	16.7	11.3
1356	7302	23.0	21.5	1.8	5.5	2.5	13.5
4457	3206	57.3	50.3	7.7	24.1	15.2	11.0
399	859	34.6	31.1	2.7	10.3	6.6	14.2
82684	63779	44.0	41.2	6.9	18.4	12.8	9.9
23983	25140	43.6	40.4	7.0	18.3	10.8	11.3
12244	20923	35.8	34.7	4.5	14.0	7.6	13.1
2839	4184	30.7	28.9	3.4	11.3	7.1	10.5
2665	3508	43.4	35.2	4.3	14.5	9.0	11.8
1513	1758	28.3	26.6	3.6	11.2	7.1	8.3
3501	3132	38.7	37.0	5.7	16.0	11.1	9.9
1167	1955	27.9	25.8	2.4	9.0	6.3	10.5
646	930	28.6	27.4	2.1	8.6	7.7	11.1
1795	1829	31.1	28.9	3.6	11.9	8.4	8.6
486	851	29.1	27.6	3.1	10.7	6.2	10.8
558	1504	31.1	29.8	3.4	10.4	5.3	14.2
3999	4235	37.4	35.3	5.2	15.4	9.7	10.2
19192	12958	45.6	42.8	6.2	18.0	14.8	10.0
19768	7821	51.9	48.4	8.6	22.0	18.9	7.5
4878	4786	51.5	49.2	9.4	24.7	12.3	12.1
4402	6377	37.0	34.8	5.3	13.7	8.6	12.5
3726	3475	38.5	38.1	7.7	17.1	10.8	10.1
11156	8452	44.9	44.1	8.3	19.6	14.0	10.6
4742	6516	37.5	36.3	4.7	14.6	9.1	12.5
4828	4751	46.3	43.3	7.5	19.2	12.1	11.9
4642	3657	53.4	43.0	8.5	21.1	12.3	9.7
16343	15062	44.5	41.4	8.0	20.7	10.7	9.9
1453	2045	30.0	29.3	3.4	11.3	7.5	10.5
145	476	28.7	26.5	2.4	8.7	4.2	13.7
2018	2214	42.0	40.4	7.6	18.7	10.3	11.3
3454	5932	40.0	38.9	5.2	15.8	8.5	14.6
970	1831	36.3	35.1	3.7	13.4	7.5	14.2
749	1995	36.1	34.4	4.5	14.2	5.5	14.7
17	146	30.5	27.9	2.4	8.3	2.0	17.5
1397	3015	37.0	35.8	5.0	15.0	6.6	14.2
457	932	35.9	35.0	3.8	14.0	6.9	14.1
107	226	31.7	31.3	2.7	11.3	6.4	13.6
363	347	45.1	43.9	4.9	20.6	11.9	11.4
613	1310	22.4	21.9	1.2	6.4	4.9	10.6

2-2 规模以上工业企业

项目	企业数（个）	开展创新活动企业数（个）	#实现创新企业	#同时实现四种创新企业	#既实现产品或工艺创新，也实现组织或营销创新的企业
总 计	**470912**	**293275**	**273462**	**52686**	**139405**
#国有及国有控股	26871	15705	14645	2396	7521
一、按规模分					
大型企业	8178	7411	7179	2299	4877
中型企业	37239	30575	29243	7724	17727
小型企业	362606	235397	219108	40839	110335
微型企业	62888	19892	17932	1824	6466
二、按登记注册类型分					
内资企业	427756	266911	248922	48494	127569
国有企业	3055	1455	1358	195	676
集体企业	812	264	230	31	89
股份合作企业	732	422	382	55	156
联营企业	112	62	59	6	28
#国有联营企业	60	36	34	2	14
有限责任公司	66122	41246	38762	7544	20953
#国有独资公司	4967	2537	2358	340	1129
股份有限公司	8190	7092	6851	2133	4616
私营企业	348626	216309	201224	38521	101025
其他企业	107	61	56	9	26
港、澳、台商投资企业	19662	12012	11185	2040	5567
合资经营企业	5328	3742	3531	739	1834
合作经营企业	285	152	142	25	59
港、澳、台商独资经营企业	13148	7372	6798	1068	3212
港、澳、台商投资股份有限公司	649	566	545	168	363
其他港、澳、台投资企业	252	180	169	40	99
外商投资企业	23494	14352	13355	2152	6269
中外合资经营企业	7016	4909	4624	883	2390
中外合作经营企业	300	159	154	24	72
外资企业	15407	8681	7998	1086	3449
外商投资股份有限公司	556	470	453	137	293
其他外商投资企业	215	133	126	22	65
三、按行业分					
采矿业	**11977**	**3867**	**3440**	**177**	**1167**
煤炭开采和洗选业	4816	1396	1264	20	378
石油和天然气开采业	150	89	84	4	32
黑色金属矿采选业	1504	431	373	15	131
有色金属矿采选业	1230	514	458	27	170

创新活动总体情况

		在全部企业中占比(%)					
#实现产品或工艺创新，未实现组织或营销创新的企业	#实现组织或营销创新，未实现产品或工艺创新的企业	开展创新活动企业	实现创新企业	同时实现四种创新企业	既实现产品或工艺创新，也实现组织或营销创新的企业	实现产品或工艺创新，未实现组织或营销创新的企业	实现组织或营销创新，未实现产品或工艺创新的企业
101500	**32557**	**62.3**	**58.1**	**11.2**	**29.6**	**21.6**	**6.9**
4924	2200	58.4	54.5	8.9	28.0	18.3	8.2
2068	234	90.6	87.8	28.1	59.6	25.3	2.9
9821	1695	82.1	78.5	20.7	47.6	26.4	4.6
82837	25936	64.9	60.4	11.3	30.4	22.8	7.2
6774	4692	31.6	28.5	2.9	10.3	10.8	7.5
91386	29967	62.4	58.2	11.3	29.8	21.4	7.0
416	266	47.6	44.5	6.4	22.1	13.6	8.7
91	50	32.5	28.3	3.8	11.0	11.2	6.2
188	38	57.7	52.2	7.5	21.3	25.7	5.2
20	11	55.4	52.7	5.4	25.0	17.9	9.8
15	5	60.0	56.7	3.3	23.3	25.0	8.3
12817	4992	62.4	58.6	11.4	31.7	19.4	7.6
782	447	51.1	47.5	6.8	22.7	15.7	9.0
1847	388	86.6	83.7	26.0	56.4	22.6	4.7
75988	24211	62.0	57.7	11.0	29.0	21.8	6.9
19	11	57.0	52.3	8.4	24.3	17.8	10.3
4458	1160	61.1	56.9	10.4	28.3	22.7	5.9
1406	291	70.2	66.3	13.9	34.4	26.4	5.5
62	21	53.3	49.8	8.8	20.7	21.8	7.4
2780	806	56.1	51.7	8.1	24.4	21.1	6.1
157	25	87.2	84.0	25.9	55.9	24.2	3.9
53	17	71.4	67.1	15.9	39.3	21.0	6.7
5656	1430	61.1	56.8	9.2	26.7	24.1	6.1
1856	378	70.0	65.9	12.6	34.1	26.5	5.4
60	22	53.0	51.3	8.0	24.0	20.0	7.3
3558	991	56.3	51.9	7.0	22.4	23.1	6.4
135	25	84.5	81.5	24.6	52.7	24.3	4.5
47	14	61.9	58.6	10.2	30.2	21.9	6.5
1340	**933**	**32.3**	**28.7**	**1.5**	**9.7**	**11.2**	**7.8**
510	376	29.0	26.2	0.4	7.8	10.6	7.8
42	10	59.3	56.0	2.7	21.3	28.0	6.7
142	100	28.7	24.8	1.0	8.7	9.4	6.6
185	103	41.8	37.2	2.2	13.8	15.0	8.4

2-2 续表 1

项　目	企业数（个）	开展创新活动企业数（个）	#实现创新企业	#同时实现四种创新企业	#既实现产品或工艺创新，也实现组织或营销创新的企业
非金属矿采选业	3935	1306	1139	102	405
开采专业及辅助性活动	334	127	118	9	50
其他采矿业	8	4	4		1
制造业	**439906**	**283104**	**264383**	**52375**	**136691**
农副食品加工业	24237	13024	12200	2062	5936
食品制造业	9469	6338	6011	1344	3546
酒、饮料和精制茶制造业	5760	3610	3380	656	1866
烟草制品业	134	111	106	27	73
纺织业	20412	11929	11013	1642	4507
纺织服装、服饰业	13613	5709	5203	717	2076
皮革、毛皮、羽毛及其制品和制鞋业	8530	4320	3955	608	1578
木材加工和木、竹、藤、棕、草制品业	11988	4784	4431	650	1647
家具制造业	7293	4309	4055	836	2102
造纸和纸制品业	7512	4141	3846	668	1823
印刷和记录媒介复制业	6825	4107	3816	707	1963
文教、工美、体育和娱乐用品制造业	10581	6255	5804	1109	2887
石油、煤炭及其他燃料加工业	2287	1242	1163	174	553
化学原料和化学制品制造业	24355	17232	16011	3198	8455
医药制造业	9212	7645	7179	1558	4284
化学纤维制造业	2218	1559	1420	258	629
橡胶和塑料制品业	24988	15979	14866	2797	7369
非金属矿物制品业	47152	23536	21508	2980	9278
黑色金属冶炼和压延加工业	5916	2963	2736	426	1209
有色金属冶炼和压延加工业	9059	5477	5136	861	2367
金属制品业	34186	20916	19487	3439	9525
通用设备制造业	33008	25220	23669	5278	12761
专用设备制造业	25790	20656	19502	4603	11278
汽车制造业	18084	13017	12338	2499	6454
铁路、船舶、航空航天和其他运输设备制造业	5850	4233	3939	790	2179
电气机械和器材制造业	32551	24491	23081	5540	13319
计算机、通信和其他电子设备制造业	26209	21145	19976	5104	12143
仪器仪表制造业	6608	5774	5461	1410	3434
其他制造业	2128	1386	1278	256	700
废弃资源综合利用业	3231	1612	1462	151	594
金属制品、机械和设备修理业	720	384	351	27	156
电力、热力、燃气及水生产和供应业	**19029**	**6304**	**5639**	**134**	**1547**
电力、热力生产和供应业	12056	3922	3501	70	944
燃气生产和供应业	3427	1125	1043	29	291
水的生产和供应业	3546	1257	1095	35	312

		在全部企业中占比(%)					
#实现产品或工艺创新，未实现组织或营销创新的企业	#实现组织或营销创新，未实现产品或工艺创新的企业	开展创新活动企业	实现创新企业	同时实现四种创新企业	既实现产品或工艺创新，也实现组织或营销创新的企业	实现产品或工艺创新，未实现组织或营销创新的企业	实现组织或营销创新，未实现产品或工艺创新的企业
424	310	33.2	28.9	2.6	10.3	10.8	7.9
34	34	38.0	35.3	2.7	15.0	10.2	10.2
3		50.0	50.0		12.5	37.5	
97999	**29693**	**64.4**	**60.1**	**11.9**	**31.1**	**22.3**	**6.8**
3414	2850	53.7	50.3	8.5	24.5	14.1	11.8
1468	997	66.9	63.5	14.2	37.4	15.5	10.5
756	758	62.7	58.7	11.4	32.4	13.1	13.2
24	9	82.8	79.1	20.1	54.5	17.9	6.7
5176	1330	58.4	54.0	8.0	22.1	25.4	6.5
2071	1056	41.9	38.2	5.3	15.3	15.2	7.8
1815	562	50.6	46.4	7.1	18.5	21.3	6.6
1946	838	39.9	37.0	5.4	13.7	16.2	7.0
1389	564	59.1	55.6	11.5	28.8	19.0	7.7
1461	562	55.1	51.2	8.9	24.3	19.4	7.5
1379	474	60.2	55.9	10.4	28.8	20.2	6.9
2079	838	59.1	54.9	10.5	27.3	19.6	7.9
435	175	54.3	50.9	7.6	24.2	19.0	7.7
6014	1542	70.8	65.7	13.1	34.7	24.7	6.3
2201	694	83.0	77.9	16.9	46.5	23.9	7.5
689	102	70.3	64.0	11.6	28.4	31.1	4.6
5891	1606	63.9	59.5	11.2	29.5	23.6	6.4
8605	3625	49.9	45.6	6.3	19.7	18.2	7.7
1172	355	50.1	46.2	7.2	20.4	19.8	6.0
2251	518	60.5	56.7	9.5	26.1	24.8	5.7
7755	2207	61.2	57.0	10.1	27.9	22.7	6.5
9305	1603	76.4	71.7	16.0	38.7	28.2	4.9
6878	1346	80.1	75.6	17.8	43.7	26.7	5.2
5021	863	72.0	68.2	13.8	35.7	27.8	4.8
1415	345	72.4	67.3	13.5	37.2	24.2	5.9
7991	1771	75.2	70.9	17.0	40.9	24.5	5.4
6512	1321	80.7	76.2	19.5	46.3	24.8	5.0
1696	331	87.4	82.6	21.3	52.0	25.7	5.0
430	148	65.1	60.1	12.0	32.9	20.2	7.0
626	242	49.9	45.2	4.7	18.4	19.4	7.5
134	61	53.3	48.8	3.8	21.7	18.6	8.5
2161	**1931**	**33.1**	**29.6**	**0.7**	**8.1**	**11.4**	**10.1**
1425	1132	32.5	29.0	0.6	7.8	11.8	9.4
278	474	32.8	30.4	0.8	8.5	8.1	13.8
458	325	35.4	30.9	1.0	8.8	12.9	9.2

2-2 续表 2

项 目	企业数（个）	开展创新活动企业数（个）	#实现创新企业	#同时实现四种创新企业	#既实现产品或工艺创新，也实现组织或营销创新的企业
四、按地区分					
东部地区	280845	187366	175491	34227	89108
中部地区	108733	66693	60358	12535	31696
西部地区	64756	31654	30536	4969	15306
东北地区	16578	7562	7077	955	3295
北 京	3114	2373	2059	316	1058
天 津	5780	3139	2964	499	1529
河 北	18027	9159	8726	1581	4253
山 西	7680	2959	2703	281	1147
内蒙古	3583	1402	1324	108	518
辽 宁	8833	4356	4028	554	1948
吉 林	3218	1337	1256	166	595
黑龙江	4527	1869	1793	235	752
上 海	9419	5789	5464	898	2865
江 苏	61205	43052	40264	6289	18661
浙 江	56297	43265	40097	7978	19832
安 徽	21404	14514	13769	3112	7905
福 建	20675	11191	10244	2004	5053
江 西	17613	9254	9175	2278	4834
山 东	35362	24312	23888	5644	12371
河 南	23800	12348	11867	1812	5650
湖 北	18339	12129	11129	2348	5746
湖 南	19897	15489	11715	2704	6414
广 东	70301	44764	41501	8982	23347
广 西	8946	3254	3179	441	1498
海 南	665	322	284	36	139
重 庆	7606	5021	4818	1155	2701
四 川	17489	9081	8838	1471	4377
贵 州	5331	2690	2585	303	1220
云 南	4883	2458	2285	393	1220
西 藏	184	69	58	6	19
陕 西	7755	3962	3837	717	2073
甘 肃	2521	1205	1171	155	599
青 海	635	243	240	20	113
宁 夏	1478	912	879	112	478
新 疆	4345	1357	1322	88	490

		在全部企业中占比(%)					
#实现产品或工艺创新，未实现组织或营销创新的企业	#实现组织或营销创新，未实现产品或工艺创新的企业	开展创新活动企业	实现创新企业	同时实现四种创新企业	既实现产品或工艺创新，也实现组织或营销创新的企业	实现产品或工艺创新，未实现组织或营销创新的企业	实现组织或营销创新，未实现产品或工艺创新的企业
69284	17099	66.7	62.5	12.2	31.7	24.7	6.1
20461	8201	61.3	55.5	11.5	29.2	18.8	7.5
9506	5724	48.9	47.2	7.7	23.6	14.7	8.8
2249	1533	45.6	42.7	5.8	19.9	13.6	9.2
781	220	76.2	66.1	10.1	34.0	25.1	7.1
1049	386	54.3	51.3	8.6	26.5	18.1	6.7
3082	1391	50.8	48.4	8.8	23.6	17.1	7.7
941	615	38.5	35.2	3.7	14.9	12.3	8.0
512	294	39.1	37.0	3.0	14.5	14.3	8.2
1470	610	49.3	45.6	6.3	22.1	16.6	6.9
352	309	41.5	39.0	5.2	18.5	10.9	9.6
427	614	41.3	39.6	5.2	16.6	9.4	13.6
2054	545	61.5	58.0	9.5	30.4	21.8	5.8
17388	4215	70.3	65.8	10.3	30.5	28.4	6.9
18028	2237	76.9	71.2	14.2	35.2	32.0	4.0
4313	1551	67.8	64.3	14.5	36.9	20.2	7.2
3542	1649	54.1	49.5	9.7	24.4	17.1	8.0
3306	1035	52.5	52.1	12.9	27.4	18.8	5.9
9741	1776	68.8	67.6	16.0	35.0	27.5	5.0
3912	2305	51.9	49.9	7.6	23.7	16.4	9.7
4085	1298	66.1	60.7	12.8	31.3	22.3	7.1
3904	1397	77.8	58.9	13.6	32.2	19.6	7.0
13541	4613	63.7	59.0	12.8	33.2	19.3	6.6
1120	561	36.4	35.5	4.9	16.7	12.5	6.3
78	67	48.4	42.7	5.4	20.9	11.7	10.1
1699	418	66.0	63.3	15.2	35.5	22.3	5.5
2653	1808	51.9	50.5	8.4	25.0	15.2	10.3
812	553	50.5	48.5	5.7	22.9	15.2	10.4
567	498	50.3	46.8	8.0	25.0	11.6	10.2
8	31	37.5	31.5	3.3	10.3	4.3	16.8
1001	763	51.1	49.5	9.2	26.7	12.9	9.8
329	243	47.8	46.5	6.1	23.8	13.1	9.6
65	62	38.3	37.8	3.2	17.8	10.2	9.8
305	96	61.7	59.5	7.6	32.3	20.6	6.5
435	397	31.2	30.4	2.0	11.3	10.0	9.1

2-3 资质等级以上建筑业

项　目	企业数（个）	开展创新活动企业数（个）	#实现创新企业	#同时实现四种创新企业	#既实现产品或工艺创新，也实现组织或营销创新的企业
总　计	**68457**	**20169**	**19278**	**1822**	**6391**
#国有及国有控股	6271	3366	3173	433	1573
一、按规模分					
大型企业	3134	2541	2451	505	1569
中型企业	20818	7808	7412	706	2609
小型企业	28267	6768	6480	426	1576
微型企业	16238	3052	2935	185	637
二、按登记注册类型分					
内资企业	68134	20064	19181	1810	6351
国有企业	1200	460	440	43	165
集体企业	755	138	135	15	37
股份合作企业	119	29	28	3	8
联营企业	24	12	11		3
#国有联营企业	9	7	6		1
有限责任公司	12059	4932	4674	599	2052
#国有独资公司	1554	880	840	116	401
股份有限公司	811	412	391	62	208
私营企业	53158	14076	13499	1088	3877
其他企业	8	5	3		1
港、澳、台商投资企业	190	58	54	10	24
#合资经营企业	107	32	31	5	15
合作经营企业	5	1	1		1
港、澳、台商独资经营企业	62	14	14	1	4
港、澳、台商投资股份有限公司	10	8	6	3	3
外商投资企业	133	47	43	2	16
#中外合资经营企业	62	22	20		8
中外合作经营企业	5	1	1		
外资企业	60	19	17	1	5
外商投资股份有限公司	5	4	4	1	2
三、按行业分					
房屋建筑业	29834	8315	7985	707	2502
土木工程建筑业	14458	5218	4956	511	1884
建筑安装业	7681	2469	2325	248	832
建筑装饰、装修和其他建筑业	16484	4167	4012	356	1173

企业创新活动总体情况

		在全部企业中占比(%)					
#实现产品或工艺创新，未实现组织或营销创新的企业	#实现组织或营销创新，未实现产品或工艺创新的企业	开展创新活动企业	实现创新企业	同时实现四种创新企业	既实现产品或工艺创新，也实现组织或营销创新的企业	实现产品或工艺创新，未实现组织或营销创新的企业	实现组织或营销创新，未实现产品或工艺创新的企业
3391	**9496**	**29.5**	**28.2**	**2.7**	**9.3**	**5.0**	**13.9**
764	836	53.7	50.6	6.9	25.1	12.2	13.3
658	224	81.1	78.2	16.1	50.1	21.0	7.1
1581	3222	37.5	35.6	3.4	12.5	7.6	15.5
873	4031	23.9	22.9	1.5	5.6	3.1	14.3
279	2019	18.8	18.1	1.1	3.9	1.7	12.4
3369	9461	29.4	28.2	2.7	9.3	4.9	13.9
79	196	38.3	36.7	3.6	13.8	6.6	16.3
18	80	18.3	17.9	2.0	4.9	2.4	10.6
6	14	24.4	23.5	2.5	6.7	5.0	11.8
3	5	50.0	45.8		12.5	12.5	20.8
2	3	77.8	66.7		11.1	22.2	33.3
1002	1620	40.9	38.8	5.0	17.0	8.3	13.4
219	220	56.6	54.1	7.5	25.8	14.1	14.2
87	96	50.8	48.2	7.6	25.6	10.7	11.8
2172	7450	26.5	25.4	2.0	7.3	4.1	14.0
2		62.5	37.5		12.5	25.0	
11	19	30.5	28.4	5.3	12.6	5.8	10.0
7	9	29.9	29.0	4.7	14.0	6.5	8.4
		20.0	20.0		20.0		
2	8	22.6	22.6	1.6	6.5	3.2	12.9
2	1	80.0	60.0	30.0	30.0	20.0	10.0
11	16	35.3	32.3	1.5	12.0	8.3	12.0
6	6	35.5	32.3		12.9	9.7	9.7
	1	20.0	20.0				20.0
4	8	31.7	28.3	1.7	8.3	6.7	13.3
1	1	80.0	80.0	20.0	40.0	20.0	20.0
1272	4211	27.9	26.8	2.4	8.4	4.3	14.1
1024	2048	36.1	34.3	3.5	13.0	7.1	14.2
493	1000	32.1	30.3	3.2	10.8	6.4	13.0
602	2237	25.3	24.3	2.2	7.1	3.7	13.6

2-3 续表

项　目	企业数(个)	开展创新活动企业数(个)	#实现创新企业	#同时实现四种创新企业	#既实现产品或工艺创新，也实现组织或营销创新的企业
四、按地区分					
东部地区	32412	9876	9419	953	3266
中部地区	16165	5228	5019	480	1686
西部地区	14944	4142	3980	328	1219
东北地区	4936	923	860	61	220
北　京	2027	652	580	54	225
天　津	1517	392	368	27	133
河　北	1650	423	402	30	115
山　西	1449	424	387	41	126
内蒙古	544	128	121	10	33
辽　宁	2371	450	418	31	116
吉　林	1084	224	213	16	56
黑龙江	1481	249	229	14	48
上　海	1565	448	433	46	166
江　苏	6439	1772	1702	144	503
浙　江	4895	1480	1409	133	512
安　徽	3329	1181	1140	97	405
福　建	3459	975	940	95	314
江　西	1905	576	561	59	218
山　东	5507	1887	1842	215	625
河　南	4675	1406	1361	132	413
湖　北	3040	974	934	96	303
湖　南	1767	667	636	55	221
广　东	5203	1802	1702	205	658
广　西	965	319	296	33	111
海　南	150	45	41	4	15
重　庆	1535	357	337	30	107
四　川	4133	1192	1157	90	336
贵　州	1203	365	351	38	113
云　南	1486	379	369	41	122
西　藏	182	41	37	3	8
陕　西	2565	771	744	46	207
甘　肃	849	232	222	17	78
青　海	221	52	51	5	15
宁　夏	396	102	101	4	33
新　疆	865	204	194	11	56

		在全部企业中占比(%)					
#实现产品或工艺创新，未实现组织或营销创新的企业	#实现组织或营销创新，未实现产品或工艺创新的企业	开展创新活动企业	实现创新企业	同时实现四种创新企业	既实现产品或工艺创新，也实现组织或营销创新的企业	实现产品或工艺创新，未实现组织或营销创新的企业	实现组织或营销创新，未实现产品或工艺创新的企业
1875	4278	30.5	29.1	2.9	10.1	5.8	13.2
849	2484	32.3	31.0	3.0	10.4	5.3	15.4
532	2229	27.7	26.6	2.2	8.2	3.6	14.9
135	505	18.7	17.4	1.2	4.5	2.7	10.2
167	188	32.2	28.6	2.7	11.1	8.2	9.3
93	142	25.8	24.3	1.8	8.8	6.1	9.4
65	222	25.6	24.4	1.8	7.0	3.9	13.5
69	192	29.3	26.7	2.8	8.7	4.8	13.3
22	66	23.5	22.2	1.8	6.1	4.0	12.1
77	225	19.0	17.6	1.3	4.9	3.2	9.5
23	134	20.7	19.6	1.5	5.2	2.1	12.4
35	146	16.8	15.5	0.9	3.2	2.4	9.9
107	160	28.6	27.7	2.9	10.6	6.8	10.2
268	931	27.5	26.4	2.2	7.8	4.2	14.5
353	544	30.2	28.8	2.7	10.5	7.2	11.1
174	561	35.5	34.2	2.9	12.2	5.2	16.9
145	481	28.2	27.2	2.7	9.1	4.2	13.9
92	251	30.2	29.4	3.1	11.4	4.8	13.2
297	920	34.3	33.4	3.9	11.3	5.4	16.7
187	761	30.1	29.1	2.8	8.8	4.0	16.3
148	483	32.0	30.7	3.2	10.0	4.9	15.9
179	236	37.7	36.0	3.1	12.5	10.1	13.4
374	670	34.6	32.7	3.9	12.6	7.2	12.9
49	136	33.1	30.7	3.4	11.5	5.1	14.1
6	20	30.0	27.3	2.7	10.0	4.0	13.3
57	173	23.3	22.0	2.0	7.0	3.7	11.3
146	675	28.8	28.0	2.2	8.1	3.5	16.3
30	208	30.3	29.2	3.2	9.4	2.5	17.3
45	202	25.5	24.8	2.8	8.2	3.0	13.6
1	28	22.5	20.3	1.6	4.4	0.5	15.4
106	431	30.1	29.0	1.8	8.1	4.1	16.8
21	123	27.3	26.1	2.0	9.2	2.5	14.5
8	28	23.5	23.1	2.3	6.8	3.6	12.7
19	49	25.8	25.5	1.0	8.3	4.8	12.4
28	110	23.6	22.4	1.3	6.5	3.2	12.7

2–4 规模(限额)以上服务业

项 目	企业数(个)	开展创新活动企业数(个)	#实现创新企业	#同时实现四种创新企业	#既实现产品或工艺创新，也实现组织或营销创新的企业
总 计	**527511**	**136598**	**129387**	**14144**	**40555**
#国有及国有控股	46780	17503	16387	1654	5843
一、按规模分					
大型企业	12022	7226	6740	1282	3402
中型企业	84872	32914	31075	3980	11725
小型企业	271808	71732	67508	7187	20522
微型企业	158809	24726	24064	1695	4906
二、按登记注册类型分					
内资企业	504694	129154	122579	13206	37962
国有企业	7384	2591	2467	238	867
集体企业	1511	218	209	18	47
股份合作企业	815	124	119	10	28
联营企业	248	59	55	3	13
#国有联营企业	122	28	26	2	8
有限责任公司	95273	32148	29913	3400	10525
#国有独资公司	11013	3847	3647	304	1189
股份有限公司	6379	3532	3266	675	1660
私营企业	392902	90447	86517	8860	24814
其他企业	182	35	33	2	8
港、澳、台商投资企业	10510	3497	3194	495	1247
合资经营企业	1853	720	662	114	277
合作经营企业	138	39	36	3	17
港、澳、台商独资经营企业	7979	2480	2255	323	834
港、澳、台商投资股份有限公司	278	143	132	24	62
其他港、澳、台投资企业	262	115	109	31	57
外商投资企业	12307	3947	3614	443	1346
中外合资经营企业	2239	939	845	131	367
中外合作经营企业	100	25	22	2	6
外资企业	9430	2747	2532	272	876
外商投资股份有限公司	319	152	135	25	64
其他外商投资企业	219	84	80	13	33
三、按行业分					
批发和零售业	**365659**	**75739**	**74565**	**5892**	**17097**
批发业	231961	42721	41784	3491	10210
零售业	133698	33018	32781	2401	6887
交通运输、仓储和邮政业	**43952**	**8156**	**7809**	**509**	**2012**
铁路运输业	429	110	105	8	39
道路运输业	23099	4011	3845	234	933
水上运输业	2603	513	487	31	137
航空运输业	446	169	161	20	65
管道运输业	120	40	38		12
多式联运和运输代理业	10069	1805	1721	116	433
装卸搬运和仓储业	5081	1061	1012	62	268
邮政业	2105	447	440	38	125
信息传输、软件和信息技术服务业	**28585**	**21441**	**18772**	**4368**	**10784**
电信、广播电视和卫星传输服务	3090	1635	1490	305	734
互联网和相关服务	5408	3569	3109	667	1694
软件和信息技术服务业	20087	16237	14173	3396	8356

企业创新活动总体情况

		在全部企业中占比(%)					
#实现产品或工艺创新，未实现组织或营销创新的企业	#实现组织或营销创新，未实现产品或工艺创新的企业	开展创新活动企业	实现创新企业	同时实现四种创新企业	既实现产品或工艺创新，也实现组织或营销创新的企业	实现产品或工艺创新，未实现组织或营销创新的企业	实现组织或营销创新，未实现产品或工艺创新的企业
16859	**71973**	**25.9**	**24.5**	**2.7**	**7.7**	**3.2**	**13.6**
3187	7357	37.4	35.0	3.5	12.5	6.8	15.7
1369	1969	60.1	56.1	10.7	28.3	11.4	16.4
4802	14548	38.8	36.6	4.7	13.8	5.7	17.1
9036	37950	26.4	24.8	2.6	7.6	3.3	14.0
1652	17506	15.6	15.2	1.1	3.1	1.0	11.0
15539	69078	25.6	24.3	2.6	7.5	3.1	13.7
459	1141	35.1	33.4	3.2	11.7	6.2	15.5
17	145	14.4	13.8	1.2	3.1	1.1	9.6
13	78	15.2	14.6	1.2	3.4	1.6	9.6
15	27	23.8	22.2	1.2	5.2	6.0	10.9
7	11	23.0	21.3	1.6	6.6	5.7	9.0
4824	14564	33.7	31.4	3.6	11.0	5.1	15.3
675	1783	34.9	33.1	2.8	10.8	6.1	16.2
620	986	55.4	51.2	10.6	26.0	9.7	15.5
9590	52113	23.0	22.0	2.3	6.3	2.4	13.3
1	24	19.2	18.1	1.1	4.4	0.5	13.2
591	1356	33.3	30.4	4.7	11.9	5.6	12.9
128	257	38.9	35.7	6.2	14.9	6.9	13.9
5	14	28.3	26.1	2.2	12.3	3.6	10.1
416	1005	31.1	28.3	4.0	10.5	5.2	12.6
28	42	51.4	47.5	8.6	22.3	10.1	15.1
14	38	43.9	41.6	11.8	21.8	5.3	14.5
729	1539	32.1	29.4	3.6	10.9	5.9	12.5
187	291	41.9	37.7	5.9	16.4	8.4	13.0
7	9	25.0	22.0	2.0	6.0	7.0	9.0
493	1163	29.1	26.9	2.9	9.3	5.2	12.3
27	44	47.6	42.3	7.8	20.1	8.5	13.8
15	32	38.4	36.5	5.9	15.1	6.8	14.6
4732	**52736**	**20.7**	**20.4**	**1.6**	**4.7**	**1.3**	**14.4**
3227	28347	18.4	18.0	1.5	4.4	1.4	12.2
1505	24389	24.7	24.5	1.8	5.2	1.1	18.2
1145	**4652**	**18.6**	**17.8**	**1.2**	**4.6**	**2.6**	**10.6**
27	39	25.6	24.5	1.9	9.1	6.3	9.1
497	2415	17.4	16.6	1.0	4.0	2.2	10.5
112	238	19.7	18.7	1.2	5.3	4.3	9.1
30	66	37.9	36.1	4.5	14.6	6.7	14.8
15	11	33.3	31.7		10.0	12.5	9.2
227	1061	17.9	17.1	1.2	4.3	2.3	10.5
194	550	20.9	19.9	1.2	5.3	3.8	10.8
43	272	21.2	20.9	1.8	5.9	2.0	12.9
4770	**3218**	**75.0**	**65.7**	**15.3**	**37.7**	**16.7**	**11.3**
298	458	52.9	48.2	9.9	23.8	9.6	14.8
703	712	66.0	57.5	12.3	31.3	13.0	13.2
3769	2048	80.8	70.6	16.9	41.6	18.8	10.2

2-4 续表

项　目	企业数（个）	开展创新活动企业数（个）	#实现创新企业	#同时实现四种创新企业	#既实现产品或工艺创新，也实现组织或营销创新的企业
租赁和商务服务业	**54027**	**12405**	**11639**	**952**	**2981**
租赁业	4020	863	813	74	224
商务服务业	50007	11542	10826	878	2757
科学研究和技术服务业	**29244**	**16768**	**14723**	**2259**	**7060**
研究和试验发展	2890	2349	2011	420	1116
专业技术服务业	21784	11747	10427	1418	4797
科技推广和应用服务业	4570	2672	2285	421	1147
水利、环境和公共设施管理业	**6044**	**2089**	**1879**	**164**	**621**
水利管理业	164	57	49	4	19
生态保护和环境治理业	1418	673	573	64	251
公共设施管理业	4045	1207	1109	89	325
土地管理业	417	152	148	7	26
四、按地区分					
东部地区	331390	86264	80405	9459	26478
中部地区	97195	24942	24295	2433	7167
西部地区	80619	21660	21108	1896	5932
东北地区	18307	3732	3579	356	978
北　京	24637	9908	7841	917	3024
天　津	14004	2498	2330	244	729
河　北	11838	2603	2539	186	666
山　西	9410	1783	1700	121	395
内蒙古	4287	874	858	55	176
辽　宁	10118	1818	1725	182	483
吉　林	3597	736	714	66	195
黑龙江	4592	1178	1140	108	300
上　海	30398	9256	8702	1202	3334
江　苏	61618	14114	13397	1580	4049
浙　江	43544	9631	9149	869	2722
安　徽	14824	4679	4544	528	1479
福　建	27034	6770	6604	629	1642
江　西	14846	3388	3347	306	830
山　东	38997	9645	9507	802	2633
河　南	23533	5736	5628	484	1535
湖　北	18415	5325	5160	553	1595
湖　南	16167	4031	3916	441	1333
广　东	76659	21208	19739	2985	7532
广　西	9518	2253	2225	180	593
海　南	2661	631	597	45	147
重　庆	10402	2837	2737	293	852
四　川	19034	6002	5821	559	1717
贵　州	6371	1625	1592	134	394
云　南	7186	2055	2008	181	576
西　藏	466	144	137	11	42
陕　西	10955	3131	3029	302	918
甘　肃	3237	932	921	81	248
青　海	804	232	229	20	59
宁　夏	1172	360	356	32	115
新　疆	7187	1215	1195	48	242

		在全部企业中占比(%)					
#实现产品或工艺创新，未实现组织或营销创新的企业	#实现组织或营销创新，未实现产品或工艺创新的企业	开展创新活动企业	实现创新企　业	同时实现四种创新企　业	既实现产品或工艺创新，也实现组织或营销创新的企业	实现产品或工艺创新，未实现组织或营销创新的企业	实现组织或营销创新，未实现产品或工艺创新的企业
1356	**7302**	**23.0**	**21.5**	**1.8**	**5.5**	**2.5**	**13.5**
99	490	21.5	20.2	1.8	5.6	2.5	12.2
1257	6812	23.1	21.6	1.8	5.5	2.5	13.6
4457	**3206**	**57.3**	**50.3**	**7.7**	**24.1**	**15.2**	**11.0**
593	302	81.3	69.6	14.5	38.6	20.5	10.5
3298	2332	53.9	47.9	6.5	22.0	15.1	10.7
566	572	58.5	50.0	9.2	25.1	12.4	12.5
399	**859**	**34.6**	**31.1**	**2.7**	**10.3**	**6.6**	**14.2**
10	20	34.8	29.9	2.4	11.6	6.1	12.2
190	132	47.5	40.4	4.5	17.7	13.4	9.3
174	610	29.8	27.4	2.2	8.0	4.3	15.1
25	97	36.5	35.5	1.7	6.2	6.0	23.3
11525	42402	26.0	24.3	2.9	8.0	3.5	12.8
2673	14455	25.7	25.0	2.5	7.4	2.8	14.9
2206	12970	26.9	26.2	2.4	7.4	2.7	16.1
455	2146	20.4	19.6	1.9	5.3	2.5	11.7
1717	3100	40.2	31.8	3.7	12.3	7.0	12.6
371	1230	17.8	16.6	1.7	5.2	2.6	8.8
354	1519	22.0	21.4	1.6	5.6	3.0	12.8
157	1148	18.9	18.1	1.3	4.2	1.7	12.2
112	570	20.4	20.0	1.3	4.1	2.6	13.3
248	994	18.0	17.0	1.8	4.8	2.5	9.8
111	408	20.5	19.9	1.8	5.4	3.1	11.3
96	744	25.7	24.8	2.4	6.5	2.1	16.2
1838	3530	30.4	28.6	4.0	11.0	6.0	11.6
1536	7812	22.9	21.7	2.6	6.6	2.5	12.7
1387	5040	22.1	21.0	2.0	6.3	3.2	11.6
391	2674	31.6	30.7	3.6	10.0	2.6	18.0
715	4247	25.0	24.4	2.3	6.1	2.6	15.7
328	2189	22.8	22.5	2.1	5.6	2.2	14.7
1118	5756	24.7	24.4	2.1	6.8	2.9	14.8
643	3450	24.4	23.9	2.1	6.5	2.7	14.7
595	2970	28.9	28.0	3.0	8.7	3.2	16.1
559	2024	24.9	24.2	2.7	8.2	3.5	12.5
2428	9779	27.7	25.7	3.9	9.8	3.2	12.8
284	1348	23.7	23.4	1.9	6.2	3.0	14.2
61	389	23.7	22.4	1.7	5.5	2.3	14.6
262	1623	27.3	26.3	2.8	8.2	2.5	15.6
655	3449	31.5	30.6	2.9	9.0	3.4	18.1
128	1070	25.5	25.0	2.1	6.2	2.0	16.8
137	1295	28.6	27.9	2.5	8.0	1.9	18.0
8	87	30.9	29.4	2.4	9.0	1.7	18.7
290	1821	28.6	27.6	2.8	8.4	2.6	16.6
107	566	28.8	28.5	2.5	7.7	3.3	17.5
34	136	28.9	28.5	2.5	7.3	4.2	16.9
39	202	30.7	30.4	2.7	9.8	3.3	17.2
150	803	16.9	16.6	0.7	3.4	2.1	11.2

2-5 规模以上高技术产业

项目	企业数(个)	开展创新活动企业数(个)	#实现创新企业	#同时实现四种创新企业	#既实现产品或工艺创新，也实现组织或营销创新的企业
总计	**49674**	**41110**	**38763**	**9684**	**23801**
#国有及国有控股	2087	1915	1804	455	1167
一、按规模分					
大型企业	2047	1929	1865	585	1267
中型企业	6499	5977	5782	1724	3813
小型企业	36837	31113	29262	7110	17818
微型企业	4291	2091	1854	265	903
二、按登记注册类型分					
内资企业	42573	36002	33997	8773	21299
国有企业	175	149	138	38	89
集体企业	29	13	12	1	3
股份合作企业	45	35	34	9	24
联营企业	16	13	12		8
#国有联营企业	8	8	8		4
有限责任公司	8475	7360	6957	1752	4512
#国有独资公司	253	223	209	35	123
股份有限公司	1913	1844	1790	602	1270
私营企业	31907	26577	25043	6370	15388
其他企业	13	11	11	1	5
港、澳、台商投资企业	3103	2301	2147	412	1168
合资经营企业	743	635	605	138	359
合作经营企业	21	16	16	3	8
港、澳、台商独资经营企业	2101	1440	1326	207	659
港、澳、台商投资股份有限公司	171	157	150	43	107
其他港、澳、台投资企业	67	53	50	21	35
外商投资企业	3998	2807	2619	499	1334
中外合资经营企业	972	827	793	187	469
中外合作经营企业	19	14	12	1	7
外资企业	2805	1784	1640	263	753
外商投资股份有限公司	157	144	136	38	87
其他外商投资企业	45	38	38	10	18
三、按行业(高技术制造业)分					
医药制造业	**9212**	**7645**	**7179**	**1558**	**4284**
#化学药品制造	2675	2360	2218	427	1227
中成药生产	1607	1366	1283	277	832
生物药品制品制造	1073	983	908	214	579

(制造业)创新活动总体情况

		在全部企业中占比(%)					
#实现产品或工艺创新，未实现组织或营销创新的企业	#实现组织或营销创新，未实现产品或工艺创新的企业	开展创新活动企业	实现创新企业	同时实现四种创新企业	既实现产品或工艺创新，也实现组织或营销创新的企业	实现产品或工艺创新，未实现组织或营销创新的企业	实现组织或营销创新，未实现产品或工艺创新的企业
12192	**2770**	**82.8**	**78.0**	**19.5**	**47.9**	**24.5**	**5.6**
528	109	91.8	86.4	21.8	55.9	25.3	5.2
558	40	94.2	91.1	28.6	61.9	27.3	2.0
1762	207	92.0	89.0	26.5	58.7	27.1	3.2
9285	2159	84.5	79.4	19.3	48.4	25.2	5.9
587	364	48.7	43.2	6.2	21.0	13.7	8.5
10279	2419	84.6	79.9	20.6	50.0	24.1	5.7
42	7	85.1	78.9	21.7	50.9	24.0	4.0
5	4	44.8	41.4	3.4	10.3	17.2	13.8
10		77.8	75.6	20.0	53.3	22.2	
4		81.3	75.0		50.0	25.0	
4		100.0	100.0		50.0	50.0	
1993	452	86.8	82.1	20.7	53.2	23.5	5.3
72	14	88.1	82.6	13.8	48.6	28.5	5.5
446	74	96.4	93.6	31.5	66.4	23.3	3.9
7776	1879	83.3	78.5	20.0	48.2	24.4	5.9
3	3	84.6	84.6	7.7	38.5	23.1	23.1
835	144	74.2	69.2	13.3	37.6	26.9	4.6
211	35	85.5	81.4	18.6	48.3	28.4	4.7
7	1	76.2	76.2	14.3	38.1	33.3	4.8
565	102	68.5	63.1	9.9	31.4	26.9	4.9
39	4	91.8	87.7	25.1	62.6	22.8	2.3
13	2	79.1	74.6	31.3	52.2	19.4	3.0
1078	207	70.2	65.5	12.5	33.4	27.0	5.2
279	45	85.1	81.6	19.2	48.3	28.7	4.6
4	1	73.7	63.2	5.3	36.8	21.1	5.3
734	153	63.6	58.5	9.4	26.8	26.2	5.5
43	6	91.7	86.6	24.2	55.4	27.4	3.8
18	2	84.4	84.4	22.2	40.0	40.0	4.4
2201	**694**	**83.0**	**77.9**	**16.9**	**46.5**	**23.9**	**7.5**
842	149	88.2	82.9	16.0	45.9	31.5	5.6
294	157	85.0	79.8	17.2	51.8	18.3	9.8
271	58	91.6	84.6	19.9	54.0	25.3	5.4

2−5 续表 1

项　目	企业数（个）	开展创新活动企业数（个）	#实现创新企业	#同时实现四种创新企业	#既实现产品或工艺创新，也实现组织或营销创新的企业
电子及通信设备制造业	**27194**	**22059**	**20828**	**5313**	**12619**
#电子工业专用设备制造	2039	1714	1614	422	1014
光纤、光缆制造及锂离子电池制造	1949	1623	1529	451	987
#锂离子电池制造	1576	1304	1225	382	810
通信设备制造、雷达及配套设备制造	2468	2070	1952	495	1238
#通信系统设备制造	1231	1070	1012	244	637
通信终端设备制造	1109	876	821	221	521
雷达及配套设备制造	128	124	119	30	80
广播电视设备制造	654	524	505	134	321
非专业视听设备制造	1221	926	867	234	576
电子器件制造	6037	5014	4732	1257	2862
#电子真空器件制造	545	406	390	78	196
半导体分立器件制造	512	431	410	108	243
集成电路制造	1259	1102	1027	242	641
光电子器件制造	990	862	822	250	519
电子元件及电子专用设备制造	9604	7496	7074	1570	3941
#电阻电容电感元件制造	1331	1006	941	207	484
电子专用材料制造	2382	1952	1861	387	1069
电子电路制造	1916	1512	1425	302	772
智能消费设备制造	1619	1415	1362	402	908
其他电子设备制造	1603	1277	1193	348	772
计算机及办公设备制造业	**3181**	**2537**	**2399**	**676**	**1582**
#计算机整机制造	396	322	310	99	227
计算机零部件制造	1071	791	738	168	433
计算机外围设备制造	864	711	675	197	454
办公设备制造	287	210	199	49	125
医疗仪器设备及仪器仪表制造业	**9175**	**8077**	**7619**	**2000**	**4868**
#医疗仪器设备及器械制造	3021	2618	2449	655	1604
#医疗诊断、监护及治疗设备制造	928	840	775	217	517
医疗、外科及兽医用器械制造	747	633	604	159	397
通用仪器仪表制造	4169	3716	3515	908	2205
专用仪器仪表制造	1173	1059	1003	281	664
信息化学品制造业	**170**	**136**	**130**	**23**	**65**

		在全部企业中占比(%)					
#实现产品或工艺创新，未实现组织或营销创新的企业	#实现组织或营销创新，未实现产品或工艺创新的企业	开展创新活动企业	实现创新企　业	同时实现四种创新企　业	既实现产品或工艺创新，也实现组织或营销创新的企业	实现产品或工艺创新，未实现组织或营销创新的企业	实现组织或营销创新，未实现产品或工艺创新的企业
6813	**1396**	**81.1**	**76.6**	**19.5**	**46.4**	**25.1**	**5.1**
493	107	84.1	79.2	20.7	49.7	24.2	5.2
431	111	83.3	78.5	23.1	50.6	22.1	5.7
317	98	82.7	77.7	24.2	51.4	20.1	6.2
593	121	83.9	79.1	20.1	50.2	24.0	4.9
325	50	86.9	82.2	19.8	51.7	26.4	4.1
235	65	79.0	74.0	19.9	47.0	21.2	5.9
33	6	96.9	93.0	23.4	62.5	25.8	4.7
150	34	80.1	77.2	20.5	49.1	22.9	5.2
231	60	75.8	71.0	19.2	47.2	18.9	4.9
1555	315	83.1	78.4	20.8	47.4	25.8	5.2
164	30	74.5	71.6	14.3	36.0	30.1	5.5
142	25	84.2	80.1	21.1	47.5	27.7	4.9
325	61	87.5	81.6	19.2	50.9	25.8	4.8
253	50	87.1	83.0	25.3	52.4	25.6	5.1
2650	483	78.1	73.7	16.3	41.0	27.6	5.0
382	75	75.6	70.7	15.6	36.4	28.7	5.6
687	105	81.9	78.1	16.2	44.9	28.8	4.4
546	107	78.9	74.4	15.8	40.3	28.5	5.6
369	85	87.4	84.1	24.8	56.1	22.8	5.3
341	80	79.7	74.4	21.7	48.2	21.3	5.0
663	**154**	**79.8**	**75.4**	**21.3**	**49.7**	**20.8**	**4.8**
60	23	81.3	78.3	25.0	57.3	15.2	5.8
261	44	73.9	68.9	15.7	40.4	24.4	4.1
168	53	82.3	78.1	22.8	52.5	19.4	6.1
58	16	73.2	69.3	17.1	43.6	20.2	5.6
2273	**478**	**88.0**	**83.0**	**21.8**	**53.1**	**24.8**	**5.2**
675	170	86.7	81.1	21.7	53.1	22.3	5.6
208	50	90.5	83.5	23.4	55.7	22.4	5.4
170	37	84.7	80.9	21.3	53.1	22.8	5.0
1085	225	89.1	84.3	21.8	52.9	26.0	5.4
290	49	90.3	85.5	24.0	56.6	24.7	4.2
54	**11**	**80.0**	**76.5**	**13.5**	**38.2**	**31.8**	**6.5**

2–5 续表 2

项　目	企业数（个）	开展创新活动企业数（个）	#实现创新企业	#同时实现四种创新企业	#既实现产品或工艺创新，也实现组织或营销创新的企业
四、按地区分					
东部地区	33031	27690	26035	6510	15952
中部地区	10110	8280	7792	2128	4884
西部地区	5385	4232	4088	892	2474
东北地区	1148	908	848	154	491
北　京	993	922	788	123	441
天　津	584	464	432	94	270
河　北	928	729	700	149	399
山　西	277	234	214	43	131
内蒙古	131	108	105	21	53
辽　宁	561	456	433	75	248
吉　林	355	258	230	43	129
黑龙江	232	194	185	36	114
上　海	1384	1110	1037	166	564
江　苏	7631	6405	5975	1198	3320
浙　江	4617	4096	3945	1053	2439
安　徽	2170	1843	1770	477	1171
福　建	1449	1177	1106	297	681
江　西	2536	1876	1861	573	1132
山　东	2251	1910	1889	606	1219
河　南	1525	1181	1159	267	680
湖　北	1622	1411	1309	346	808
湖　南	1980	1735	1479	422	962
广　东	13121	10815	10109	2815	6585
广　西	551	347	337	68	197
海　南	73	62	54	9	34
重　庆	910	740	714	199	418
四　川	1887	1527	1488	312	876
贵　州	408	309	298	43	185
云　南	311	241	226	52	141
西　藏	18	14	10		1
陕　西	811	662	631	157	432
甘　肃	171	140	136	23	86
青　海	47	40	40	4	28
宁　夏	60	57	56	11	38
新　疆	80	47	47	2	19

		在全部企业中占比(%)					
#实现产品或工艺创新，未实现组织或营销创新的企业	#实现组织或营销创新，未实现产品或工艺创新的企业	开展创新活动企业	实现创新企　业	同时实现四种创新企　业	既实现产品或工艺创新，也实现组织或营销创新的企业	实现产品或工艺创新，未实现组织或营销创新的企业	实现组织或营销创新，未实现产品或工艺创新的企业
8377	1706	83.8	78.8	19.7	48.3	25.4	5.2
2342	566	81.9	77.1	21.0	48.3	23.2	5.6
1208	406	78.6	75.9	16.6	45.9	22.4	7.5
265	92	79.1	73.9	13.4	42.8	23.1	8.0
280	67	92.9	79.4	12.4	44.4	28.2	6.7
126	36	79.5	74.0	16.1	46.2	21.6	6.2
255	46	78.6	75.4	16.1	43.0	27.5	5.0
62	21	84.5	77.3	15.5	47.3	22.4	7.6
46	6	82.4	80.2	16.0	40.5	35.1	4.6
148	37	81.3	77.2	13.4	44.2	26.4	6.6
67	34	72.7	64.8	12.1	36.3	18.9	9.6
50	21	83.6	79.7	15.5	49.1	21.6	9.1
398	75	80.2	74.9	12.0	40.8	28.8	5.4
2241	414	83.9	78.3	15.7	43.5	29.4	5.4
1373	133	88.7	85.4	22.8	52.8	29.7	2.9
504	95	84.9	81.6	22.0	54.0	23.2	4.4
311	114	81.2	76.3	20.5	47.0	21.5	7.9
632	97	74.0	73.4	22.6	44.6	24.9	3.8
608	62	84.9	83.9	26.9	54.2	27.0	2.8
346	133	77.4	76.0	17.5	44.6	22.7	8.7
403	98	87.0	80.7	21.3	49.8	24.8	6.0
395	122	87.6	74.7	21.3	48.6	19.9	6.2
2770	754	82.4	77.0	21.5	50.2	21.1	5.7
98	42	63.0	61.2	12.3	35.8	17.8	7.6
15	5	84.9	74.0	12.3	46.6	20.5	6.8
255	41	81.3	78.5	21.9	45.9	28.0	4.5
442	170	80.9	78.9	16.5	46.4	23.4	9.0
81	32	75.7	73.0	10.5	45.3	19.9	7.8
48	37	77.5	72.7	16.7	45.3	15.4	11.9
1	8	77.8	55.6		5.6	5.6	44.4
156	43	81.6	77.8	19.4	53.3	19.2	5.3
32	18	81.9	79.5	13.5	50.3	18.7	10.5
10	2	85.1	85.1	8.5	59.6	21.3	4.3
17	1	95.0	93.3	18.3	63.3	28.3	1.7
22	6	58.8	58.8	2.5	23.8	27.5	7.5

三、规模（限额）以上企业产品和工艺创新情况（2022年）

3-1 规模(限额)以上企业

项　目	开展产品或工艺创新活动企业数(个)	#实现产品或工艺创新企业	#实现产品创新企业	#实现工艺创新企业	未开展产品或工艺创新活动企业数(个)
总　计	**351248**	**308101**	**207310**	**249638**	**715632**
#国有及国有控股	27580	23812	13276	20388	52342
一、按规模分					
大型企业	15294	13943	9610	12383	8040
中型企业	54312	48265	32868	40463	88617
小型企业	256647	225179	153428	180021	406034
微型企业	24995	20714	11404	16771	212940
二、按登记注册类型分					
内资企业	321766	282176	189507	228742	678818
国有企业	3094	2662	1411	2272	8545
集体企业	361	299	166	266	2717
股份合作企业	465	399	296	282	1201
联营企业	100	82	43	62	284
#国有联营企业	58	47	23	36	133
有限责任公司	60164	52173	32813	43407	113290
#国有独资公司	5097	4395	2250	3836	12437
股份有限公司	9976	9038	6904	7409	5404
私营企业	247536	217466	147842	175000	547150
其他企业	70	57	32	44	227
港、澳、台商投资企业	13523	11898	8248	9699	16839
合资经营企业	4061	3667	2590	3041	3227
合作经营企业	161	144	85	127	267
港、澳、台商独资经营企业	8378	7248	4907	5825	12811
港、澳、台商投资股份有限公司	668	615	507	524	269
其他港、澳、台投资企业	255	224	159	182	265
外商投资企业	15959	14027	9555	11197	19975
中外合资经营企业	5372	4814	3466	3890	3945
中外合作经营企业	163	145	81	120	242
外资企业	9665	8385	5473	6630	15232
外商投资股份有限公司	579	522	418	429	301
其他外商投资企业	180	161	117	128	255
三、按行业分					
采矿业	3038	2507	730	2327	8939
制造业	261392	234690	165923	189147	178514
电力、热力、燃气及水生产和供应业	4571	3708	702	3527	14458
建筑业	11480	9782	4557	9040	56977
批发和零售业	25132	21829	11848	17943	340527
交通运输、仓储和邮政业	3772	3157	1232	2818	40180
信息传输、软件和信息技术服务业	19998	15554	11948	11370	8587

产品和工艺创新分布情况

在全部企业中占比(%)							
开展产品或工艺创新活动企业	#实现产品或工艺创新企业			1.同时实现产品和工艺创新企业	2.仅实现产品创新企业	3.仅实现工艺创新企业	4.仅有正在进行或中止的产品或工艺创新活动企业
		#实现产品创新企业	#实现工艺创新企业				
32.9	**28.9**	**19.4**	**23.4**	**14.0**	**5.5**	**9.4**	**4.0**
34.5	29.8	16.6	25.5	12.3	4.3	13.2	4.7
65.5	59.8	41.2	53.1	34.5	6.7	18.6	5.8
38.0	33.8	23.0	28.3	17.5	5.5	10.8	4.2
38.7	34.0	23.2	27.2	16.3	6.8	10.8	4.7
10.5	8.7	4.8	7.0	3.1	1.7	3.9	1.8
32.2	28.2	18.9	22.9	13.6	5.3	9.3	4.0
26.6	22.9	12.1	19.5	8.8	3.4	10.7	3.7
11.7	9.7	5.4	8.6	4.3	1.1	4.3	2.0
27.9	24.0	17.8	16.9	10.7	7.0	6.2	4.0
26.0	21.4	11.2	16.1	6.0	5.2	10.2	4.7
30.4	24.6	12.0	18.8	6.3	5.8	12.6	5.8
34.7	30.1	18.9	25.0	13.9	5.1	11.2	4.6
29.1	25.1	12.8	21.9	9.6	3.2	12.2	4.0
64.9	58.8	44.9	48.2	34.3	10.6	13.9	6.1
31.1	27.4	18.6	22.0	13.3	5.3	8.8	3.8
23.6	19.2	10.8	14.8	6.4	4.4	8.4	4.4
44.5	39.2	27.2	31.9	19.9	7.2	12.0	5.4
55.7	50.3	35.5	41.7	26.9	8.6	14.8	5.4
37.6	33.6	19.9	29.7	15.9	4.0	13.8	4.0
39.5	34.2	23.2	27.5	16.4	6.7	11.0	5.3
71.3	65.6	54.1	55.9	44.4	9.7	11.5	5.7
49.0	43.1	30.6	35.0	22.5	8.1	12.5	6.0
44.4	39.0	26.6	31.2	18.7	7.9	12.4	5.4
57.7	51.7	37.2	41.8	27.3	9.9	14.5	6.0
40.2	35.8	20.0	29.6	13.8	6.2	15.8	4.4
38.8	33.7	22.0	26.6	14.9	7.0	11.7	5.1
65.8	59.3	47.5	48.8	36.9	10.6	11.8	6.5
41.4	37.0	26.9	29.4	19.3	7.6	10.1	4.4
25.4	20.9	6.1	19.4	4.6	1.5	14.8	4.4
59.4	53.4	37.7	43.0	27.4	10.4	15.6	6.1
24.0	19.5	3.7	18.5	2.7	1.0	15.8	4.5
16.8	14.3	6.7	13.2	5.6	1.1	7.6	2.5
6.9	6.0	3.2	4.9	2.2	1.1	2.7	0.9
8.6	7.2	2.8	6.4	2.0	0.8	4.4	1.4
70.0	54.4	41.8	39.8	27.2	14.6	12.6	15.5

3-1 续表

项　　目	开展产品或工艺创新活动企业数（个）	#实现产品或工艺创新企业	#实现产品创新企业	#实现工艺创新企业	未开展产品或工艺创新活动企业数（个）
租赁和商务服务业	5753	4337	2495	3418	48274
科学研究和技术服务业	14764	11517	7384	9178	14480
水利、环境和公共设施管理业	1348	1020	491	870	4696
四、按地区分					
东部地区	229698	201536	139779	161122	414949
中部地区	74895	64532	43587	52819	147198
西部地区	38156	34701	19700	29612	122163
东北地区	8499	7332	4244	6085	31322
北　京	10524	6972	4739	5177	19254
天　津	4502	3904	2382	3214	16799
河　北	9330	8535	5545	7018	22185
山　西	3410	2835	1329	2464	15129
内蒙古	1538	1373	548	1236	6876
辽　宁	5050	4342	2446	3653	16272
吉　林	1522	1332	830	1040	6377
黑龙江	1927	1658	968	1392	8673
上　海	12036	10364	6615	8166	29346
江　苏	48116	42405	26358	34713	81146
浙　江	47732	42834	33288	32617	57004
安　徽	16166	14667	9662	12134	23391
福　建	13205	11411	7262	9562	37963
江　西	9914	9608	7979	7580	24450
山　东	27865	26785	20209	21854	52001
河　南	13400	12340	6513	10692	38608
湖　北	14340	12472	8801	9988	25454
湖　南	17665	12610	9303	9961	20166
广　东	55805	47880	33127	38439	96358
广　西	3865	3655	1907	3185	15564
海　南	583	446	254	362	2893
重　庆	6231	5678	4181	4635	13312
四　川	10795	9884	5798	8335	29861
贵　州	3041	2697	1239	2396	9864
云　南	3074	2667	1440	2354	10481
西　藏	128	86	42	72	704
陕　西	5094	4595	2762	3874	16181
甘　肃	1493	1382	709	1162	5114
青　海	314	294	142	248	1346
宁　夏	1049	989	419	884	1997
新　疆	1534	1401	513	1231	10863

在全部企业中占比(%)							
开展产品或工艺创新活动企业	#实现产品或工艺创新企业	#实现产品创新企业	#实现工艺创新企业	1.同时实现产品和工艺创新企业	2.仅实现产品创新企业	3.仅实现工艺创新企业	4.仅有正在进行或中止的产品或工艺创新活动企业
10.6	8.0	4.6	6.3	2.9	1.7	3.4	2.6
50.5	39.4	25.3	31.4	17.3	8.0	14.1	11.1
22.3	16.9	8.1	14.4	5.6	2.5	8.8	5.4
35.6	31.3	21.7	25.0	15.4	6.3	9.6	4.4
33.7	29.1	19.6	23.8	14.4	5.3	9.4	4.7
23.8	21.6	12.3	18.5	9.1	3.2	9.4	2.2
21.3	18.4	10.7	15.3	7.5	3.1	7.8	2.9
35.3	23.4	15.9	17.4	9.9	6.0	7.5	11.9
21.1	18.3	11.2	15.1	7.9	3.2	7.1	2.8
29.6	27.1	17.6	22.3	12.8	4.8	9.5	2.5
18.4	15.3	7.2	13.3	5.2	2.0	8.1	3.1
18.3	16.3	6.5	14.7	4.9	1.6	9.8	2.0
23.7	20.4	11.5	17.1	8.2	3.2	8.9	3.3
19.3	16.9	10.5	13.2	6.8	3.7	6.4	2.4
18.2	15.6	9.1	13.1	6.6	2.5	6.5	2.5
29.1	25.0	16.0	19.7	10.7	5.3	9.1	4.0
37.2	32.8	20.4	26.9	14.4	6.0	12.4	4.4
45.6	40.9	31.8	31.1	22.0	9.8	9.1	4.7
40.9	37.1	24.4	30.7	18.0	6.4	12.7	3.8
25.8	22.3	14.2	18.7	10.6	3.6	8.1	3.5
28.9	28.0	23.2	22.1	17.3	5.9	4.7	0.9
34.9	33.5	25.3	27.4	19.1	6.2	8.2	1.4
25.8	23.7	12.5	20.6	9.4	3.2	11.2	2.0
36.0	31.3	22.1	25.1	15.9	6.2	9.2	4.7
46.7	33.3	24.6	26.3	17.6	7.0	8.7	13.4
36.7	31.5	21.8	25.3	15.6	6.2	9.7	5.2
19.9	18.8	9.8	16.4	7.4	2.4	9.0	1.1
16.8	12.8	7.3	10.4	4.9	2.4	5.5	3.9
31.9	29.1	21.4	23.7	16.1	5.3	7.7	2.8
26.6	24.3	14.3	20.5	10.5	3.8	10.1	2.2
23.6	20.9	9.6	18.6	7.3	2.3	11.3	2.7
22.7	19.7	10.6	17.4	8.3	2.3	9.1	3.0
15.4	10.3	5.0	8.7	3.4	1.7	5.3	5.0
23.9	21.6	13.0	18.2	9.6	3.4	8.6	2.3
22.6	20.9	10.7	17.6	7.4	3.3	10.2	1.7
18.9	17.7	8.6	14.9	5.8	2.8	9.2	1.2
34.4	32.5	13.8	29.0	10.3	3.4	18.7	2.0
12.4	11.3	4.1	9.9	2.8	1.4	7.2	1.1

3-2 规模以上工业企业产品和

项目	开展产品或工艺创新活动企业数(个)	#实现产品或工艺创新企业	#实现产品创新企业	#实现工艺创新企业	未开展产品或工艺创新活动企业数(个)
总计	**269001**	**240905**	**167355**	**195001**	**201911**
#国有及国有控股	13981	12445	7268	10707	12890
一、按规模分					
大型企业	7268	6945	5313	6256	910
中型企业	29487	27548	20861	23361	7752
小型企业	216327	193172	133834	154702	146279
微型企业	15919	13240	7347	10682	46969
二、按登记注册类型分					
内资企业	244512	218955	152052	177199	183244
国有企业	1235	1092	629	926	1820
集体企业	218	180	108	158	594
股份合作企业	396	344	261	241	336
联营企业	55	48	24	39	57
#国有联营企业	34	29	14	24	26
有限责任公司	37495	33770	22166	28134	28627
#国有独资公司	2172	1911	1032	1676	2795
股份有限公司	6895	6463	5171	5344	1295
私营企业	198166	177013	123665	142324	150460
其他企业	52	45	28	33	55
港、澳、台商投资企业	11160	10025	7055	8232	8502
合资经营企业	3542	3240	2320	2692	1786
合作经营企业	132	121	75	107	153
港、澳、台商独资经营企业	6768	5992	4113	4858	6380
港、澳、台商投资股份有限公司	551	520	441	449	98
其他港、澳、台投资企业	167	152	106	126	85
外商投资企业	13329	11925	8248	9570	10165
中外合资经营企业	4647	4246	3095	3437	2369
中外合作经营企业	144	132	73	109	156
外资企业	7959	7007	4637	5579	7448
外商投资股份有限公司	457	428	358	355	99
其他外商投资企业	122	112	85	90	93
三、按行业分					
采矿业	**3038**	**2507**	**730**	**2327**	**8939**
煤炭开采和洗选业	1054	888	92	866	3762
石油和天然气开采业	84	74	10	74	66
黑色金属矿采选业	347	273	72	255	1157
有色金属矿采选业	424	355	124	322	806

工艺创新分布情况

在全部企业中占比(%)							
开展产品或工艺创新活动企业	#实现产品或工艺创新企业	#实现产品创新企业	#实现工艺创新企业	1.同时实现产品和工艺创新企业	2.仅实现产品创新企业	3.仅实现工艺创新企业	4.仅有正在进行或中止的产品或工艺创新活动企业
57.1	**51.2**	**35.5**	**41.4**	**25.8**	**9.7**	**15.6**	**6.0**
52.0	46.3	27.0	39.8	20.6	6.5	19.3	5.7
88.9	84.9	65.0	76.5	56.5	8.4	20.0	4.0
79.2	74.0	56.0	62.7	44.8	11.2	18.0	5.2
59.7	53.3	36.9	42.7	26.3	10.6	16.4	6.4
25.3	21.1	11.7	17.0	7.6	4.1	9.4	4.3
57.2	51.2	35.5	41.4	25.8	9.8	15.6	6.0
40.4	35.7	20.6	30.3	15.2	5.4	15.2	4.7
26.8	22.2	13.3	19.5	10.6	2.7	8.9	4.7
54.1	47.0	35.7	32.9	21.6	14.1	11.3	7.1
49.1	42.9	21.4	34.8	13.4	8.0	21.4	6.3
56.7	48.3	23.3	40.0	15.0	8.3	25.0	8.3
56.7	51.1	33.5	42.5	25.0	8.5	17.5	5.6
43.7	38.5	20.8	33.7	16.0	4.7	17.7	5.3
84.2	78.9	63.1	65.3	49.5	13.7	15.8	5.3
56.8	50.8	35.5	40.8	25.5	10.0	15.3	6.1
48.6	42.1	26.2	30.8	15.0	11.2	15.9	6.5
56.8	51.0	35.9	41.9	26.8	9.1	15.1	5.8
66.5	60.8	43.5	50.5	33.3	10.3	17.3	5.7
46.3	42.5	26.3	37.5	21.4	4.9	16.1	3.9
51.5	45.6	31.3	36.9	22.7	8.6	14.3	5.9
84.9	80.1	68.0	69.2	57.0	10.9	12.2	4.8
66.3	60.3	42.1	50.0	31.7	10.3	18.3	6.0
56.7	50.8	35.1	40.7	25.1	10.0	15.7	6.0
66.2	60.5	44.1	49.0	32.6	11.5	16.4	5.7
48.0	44.0	24.3	36.3	16.7	7.7	19.7	4.0
51.7	45.5	30.1	36.2	20.8	9.3	15.4	6.2
82.2	77.0	64.4	63.8	51.3	13.1	12.6	5.2
56.7	52.1	39.5	41.9	29.3	10.2	12.6	4.7
25.4	**20.9**	**6.1**	**19.4**	**4.6**	**1.5**	**14.8**	**4.4**
21.9	18.4	1.9	18.0	1.5	0.5	16.5	3.4
56.0	49.3	6.7	49.3	6.7		42.7	6.7
23.1	18.2	4.8	17.0	3.6	1.2	13.4	4.9
34.5	28.9	10.1	26.2	7.4	2.7	18.8	5.6

3-2 续表 1

项目	开展产品或工艺创新活动企业数(个)	#实现产品或工艺创新企业	#实现产品创新企业	#实现工艺创新企业	未开展产品或工艺创新活动企业数(个)
非金属矿采选业	1028	829	405	728	2907
开采专业及辅助性活动	97	84	26	79	237
其他采矿业	4	4	1	3	4
制造业	**261392**	**234690**	**165923**	**189147**	**178514**
农副食品加工业	10667	9350	6124	7532	13570
食品制造业	5595	5014	3578	3933	3874
酒、饮料和精制茶制造业	3027	2622	1725	2114	2733
烟草制品业	107	97	75	81	27
纺织业	10860	9683	6560	7774	9552
纺织服装、服饰业	4807	4147	2710	3202	8806
皮革、毛皮、羽毛及其制品和制鞋业	3866	3393	2549	2422	4664
木材加工和木、竹、藤、棕、草制品业	4041	3593	2370	2942	7947
家具制造业	3872	3491	2487	2724	3421
造纸和纸制品业	3703	3284	2178	2740	3809
印刷和记录媒介复制业	3734	3342	2086	2887	3091
文教、工美、体育和娱乐用品制造业	5637	4966	3620	3874	4944
石油、煤炭及其他燃料加工业	1109	988	554	841	1178
化学原料和化学制品制造业	16196	14469	10096	11750	8159
医药制造业	7295	6485	4338	5372	1917
化学纤维制造业	1480	1318	900	1064	738
橡胶和塑料制品业	14825	13260	9308	10722	10163
非金属矿物制品业	20562	17883	10875	15034	26590
黑色金属冶炼和压延加工业	2669	2381	1443	2056	3247
有色金属冶炼和压延加工业	5073	4618	2984	3911	3986
金属制品业	19264	17280	11596	14212	14922
通用设备制造业	24194	22066	16535	17612	8814
专用设备制造业	19912	18156	13520	14375	5878
汽车制造业	12437	11475	8697	9294	5647
铁路、船舶、航空航天和其他运输设备制造业	4010	3594	2652	2844	1840
电气机械和器材制造业	23339	21310	16274	16877	9212
计算机、通信和其他电子设备制造业	20464	18655	14521	14869	5745
仪器仪表制造业	5603	5130	4065	3867	1005
其他制造业	1281	1130	769	910	847
废弃资源综合利用业	1420	1220	606	1057	1811
金属制品、机械和设备修理业	343	290	128	255	377
电力、热力、燃气及水生产和供应业	**4571**	**3708**	**702**	**3527**	**14458**
电力、热力生产和供应业	2911	2369	387	2273	9145
燃气生产和供应业	680	569	128	539	2747
水的生产和供应业	980	770	187	715	2566

在全部企业中占比(%)							
开展产品或工艺创新活动企业	#实现产品或工艺创新企业	#实现产品创新企业	#实现工艺创新企业	1.同时实现产品和工艺创新企业	2.仅实现产品创新企业	3.仅实现工艺创新企业	4.仅有正在进行或中止的产品或工艺创新活动企业
26.1	21.1	10.3	18.5	7.7	2.6	10.8	5.1
29.0	25.2	7.8	23.7	6.3	1.5	17.4	3.9
50.0	50.0	12.5	37.5		12.5	37.5	
59.4	**53.4**	**37.7**	**43.0**	**27.4**	**10.4**	**15.6**	**6.1**
44.0	38.6	25.3	31.1	17.8	7.5	13.3	5.4
59.1	53.0	37.8	41.5	26.4	11.4	15.2	6.1
52.6	45.5	29.9	36.7	21.1	8.8	15.6	7.0
79.9	72.4	56.0	60.4	44.0	11.9	16.4	7.5
53.2	47.4	32.1	38.1	22.8	9.4	15.3	5.8
35.3	30.5	19.9	23.5	13.0	6.9	10.6	4.8
45.3	39.8	29.9	28.4	18.5	11.4	9.9	5.5
33.7	30.0	19.8	24.5	14.3	5.4	10.2	3.7
53.1	47.9	34.1	37.4	23.6	10.5	13.8	5.2
49.3	43.7	29.0	36.5	21.8	7.2	14.7	5.6
54.7	49.0	30.6	42.3	23.9	6.7	18.4	5.7
53.3	46.9	34.2	36.6	23.9	10.3	12.7	6.3
48.5	43.2	24.2	36.8	17.8	6.4	19.0	5.3
66.5	59.4	41.5	48.2	30.3	11.2	18.0	7.1
79.2	70.4	47.1	58.3	35.0	12.1	23.3	8.8
66.7	59.4	40.6	48.0	29.1	11.5	18.8	7.3
59.3	53.1	37.3	42.9	27.1	10.2	15.8	6.3
43.6	37.9	23.1	31.9	17.0	6.0	14.9	5.7
45.1	40.2	24.4	34.8	18.9	5.5	15.9	4.9
56.0	51.0	32.9	43.2	25.1	7.8	18.0	5.0
56.4	50.5	33.9	41.6	24.9	9.0	16.6	5.8
73.3	66.9	50.1	53.4	36.6	13.5	16.8	6.4
77.2	70.4	52.4	55.7	37.8	14.7	18.0	6.8
68.8	63.5	48.1	51.4	36.0	12.1	15.4	5.3
68.5	61.4	45.3	48.6	32.5	12.8	16.1	7.1
71.7	65.5	50.0	51.8	36.4	13.6	15.5	6.2
78.1	71.2	55.4	56.7	41.0	14.4	15.8	6.9
84.8	77.6	61.5	58.5	42.4	19.1	16.1	7.2
60.2	53.1	36.1	42.8	25.8	10.3	17.0	7.1
43.9	37.8	18.8	32.7	13.7	5.0	19.0	6.2
47.6	40.3	17.8	35.4	12.9	4.9	22.5	7.4
24.0	**19.5**	**3.7**	**18.5**	**2.7**	**1.0**	**15.8**	**4.5**
24.1	19.7	3.2	18.9	2.4	0.8	16.4	4.5
19.8	16.6	3.7	15.7	2.9	0.9	12.9	3.2
27.6	21.7	5.3	20.2	3.7	1.6	16.4	5.9

3-2 续表 2

项 目	开展产品或工艺创新活动企业数(个)	#实现产品或工艺创新企业	#实现产品创新企业	#实现工艺创新企业	未开展产品或工艺创新活动企业数(个)
四、按地区分					
东部地区	175339	158392	113118	126444	105506
中部地区	60627	52157	36718	42546	48106
西部地区	26707	24812	14330	21383	38049
东北地区	6328	5544	3189	4628	10250
北 京	2294	1839	1410	1258	820
天 津	2846	2578	1625	2135	2934
河 北	7975	7335	4894	6027	10052
山 西	2443	2088	931	1835	5237
内蒙古	1146	1030	397	930	2437
辽 宁	3905	3418	1898	2881	4928
吉 林	1083	947	599	746	2135
黑龙江	1340	1179	692	1001	3187
上 海	5449	4919	3112	3968	3970
江 苏	40190	36049	22492	29494	21015
浙 江	41776	37860	30491	28563	14521
安 徽	13318	12218	8322	10048	8086
福 建	9941	8595	5548	7321	10734
江 西	8279	8140	7141	6373	9334
山 东	22717	22112	17586	17983	12645
河 南	10276	9562	5037	8374	13524
湖 北	11241	9831	7273	7834	7098
湖 南	15070	10318	8014	8082	4827
广 东	41873	36888	25841	29520	28428
广 西	2727	2618	1383	2291	6219
海 南	278	217	119	175	387
重 庆	4709	4400	3441	3579	2897
四 川	7464	7030	4191	6017	10025
贵 州	2261	2032	881	1834	3070
云 南	2063	1787	967	1590	2820
西 藏	47	27	11	24	137
陕 西	3296	3074	1902	2638	4459
甘 肃	986	928	462	788	1535
青 海	187	178	74	156	448
宁 夏	831	783	319	712	647
新 疆	990	925	302	824	3355

在全部企业中占比(%)							
开展产品或工艺创新活动企业	#实现产品或工艺创新企业	#实现产品创新企业	#实现工艺创新企业	1.同时实现产品和工艺创新企业	2.仅实现产品创新企业	3.仅实现工艺创新企业	4.仅有正在进行或中止的产品或工艺创新活动企业
62.4	56.4	40.3	45.0	28.9	11.4	16.1	6.0
55.8	48.0	33.8	39.1	24.9	8.8	14.2	7.8
41.2	38.3	22.1	33.0	16.8	5.3	16.2	2.9
38.2	33.4	19.2	27.9	13.7	5.5	14.2	4.7
73.7	59.1	45.3	40.4	26.6	18.7	13.8	14.6
49.2	44.6	28.1	36.9	20.5	7.7	16.5	4.6
44.2	40.7	27.1	33.4	19.9	7.3	13.5	3.6
31.8	27.2	12.1	23.9	8.8	3.3	15.1	4.6
32.0	28.7	11.1	26.0	8.3	2.8	17.7	3.2
44.2	38.7	21.5	32.6	15.4	6.1	17.2	5.5
33.7	29.4	18.6	23.2	12.4	6.2	10.8	4.2
29.6	26.0	15.3	22.1	11.4	3.9	10.8	3.6
57.9	52.2	33.0	42.1	22.9	10.1	19.2	5.6
65.7	58.9	36.7	48.2	26.0	10.7	22.2	6.8
74.2	67.3	54.2	50.7	37.6	16.5	13.1	7.0
62.2	57.1	38.9	46.9	28.7	10.1	18.2	5.1
48.1	41.6	26.8	35.4	20.7	6.2	14.7	6.5
47.0	46.2	40.5	36.2	30.5	10.0	5.7	0.8
64.2	62.5	49.7	50.9	38.1	11.7	12.8	1.7
43.2	40.2	21.2	35.2	16.2	5.0	19.0	3.0
61.3	53.6	39.7	42.7	28.8	10.9	13.9	7.7
75.7	51.9	40.3	40.6	29.0	11.2	11.6	23.9
59.6	52.5	36.8	42.0	26.3	10.5	15.7	7.1
30.5	29.3	15.5	25.6	11.8	3.7	13.8	1.2
41.8	32.6	17.9	26.3	11.6	6.3	14.7	9.2
61.9	57.8	45.2	47.1	34.4	10.8	12.6	4.1
42.7	40.2	24.0	34.4	18.2	5.8	16.2	2.5
42.4	38.1	16.5	34.4	12.8	3.7	21.6	4.3
42.2	36.6	19.8	32.6	15.8	4.0	16.8	5.7
25.5	14.7	6.0	13.0	4.3	1.6	8.7	10.9
42.5	39.6	24.5	34.0	18.9	5.6	15.1	2.9
39.1	36.8	18.3	31.3	12.8	5.6	18.5	2.3
29.4	28.0	11.7	24.6	8.2	3.5	16.4	1.4
56.2	53.0	21.6	48.2	16.8	4.8	31.4	3.2
22.8	21.3	7.0	19.0	4.6	2.3	14.3	1.5

3-3 资质等级以上建筑业企业

项　　目	开展产品或工艺创新活动企业数（个）	#实现产品或工艺创新企业	#实现产品创新企业	#实现工艺创新企业	未开展产品或工艺创新活动企业数（个）
总　计	**11480**	**9782**	**4557**	**9040**	**56977**
#国有及国有控股	2652	2337	1107	2248	3619
一、按规模分					
大型企业	2377	2227	1189	2176	757
中型企业	4897	4190	1854	3873	15921
小型企业	3034	2449	1102	2190	25233
微型企业	1172	916	412	801	15066
二、按登记注册类型分					
内资企业	11405	9720	4525	8985	56729
#国有企业	287	244	117	232	913
集体企业	64	55	26	53	691
股份合作企业	15	14	8	12	104
联营企业	8	6		6	16
有限责任公司	3481	3054	1457	2886	8578
#国有独资公司	692	620	284	600	862
股份有限公司	335	295	151	280	476
私营企业	7210	6049	2766	5513	45948
港、澳、台商投资企业	41	35	22	32	149
#合资经营企业	24	22	10	21	83
港、澳、台商独资经营企业	7	6	5	5	55
港、澳、台商投资股份有限公司	7	5	5	4	3
外商投资企业	34	27	10	23	99
#中外合资经营企业	17	14	3	13	45
外资企业	12	9	4	7	48
外商投资股份有限公司	4	3	3	2	1
三、按行业分					
房屋建筑业	4427	3774	1736	3500	25407
土木工程建筑业	3377	2908	1325	2731	11081
建筑安装业	1581	1325	670	1187	6100
建筑装饰、装修和其他建筑业	2095	1775	826	1622	14389
四、按地区分					
东部地区	5995	5141	2476	4763	26417
中部地区	2961	2535	1102	2366	13204
西部地区	2066	1751	819	1589	12878
东北地区	458	355	160	322	4478

产品和工艺创新分布情况

在全部企业中占比(%)							
开展产品或工艺创新活动企业	#实现产品或工艺创新企业			1.同时实现产品和工艺创新企业	2.仅实现产品创新企业	3.仅实现工艺创新企业	4.仅有正在进行或中止的产品或工艺创新活动企业
		#实现产品创新企业	#实现工艺创新企业				
16.8	**14.3**	**6.7**	**13.2**	**5.6**	**1.1**	**7.6**	**2.5**
42.3	37.3	17.7	35.8	16.2	1.4	19.6	5.0
75.8	71.1	37.9	69.4	36.3	1.6	33.1	4.8
23.5	20.1	8.9	18.6	7.4	1.5	11.2	3.4
10.7	8.7	3.9	7.7	3.0	0.9	4.8	2.1
7.2	5.6	2.5	4.9	1.8	0.7	3.1	1.6
16.7	14.3	6.6	13.2	5.6	1.1	7.6	2.5
23.9	20.3	9.8	19.3	8.8	1.0	10.6	3.6
8.5	7.3	3.4	7.0	3.2	0.3	3.8	1.2
12.6	11.8	6.7	10.1	5.0	1.7	5.0	0.8
33.3	25.0		25.0			25.0	8.3
28.9	25.3	12.1	23.9	10.7	1.4	13.2	3.5
44.5	39.9	18.3	38.6	17.0	1.3	21.6	4.6
41.3	36.4	18.6	34.5	16.8	1.9	17.8	4.9
13.6	11.4	5.2	10.4	4.2	1.0	6.2	2.2
21.6	18.4	11.6	16.8	10.0	1.6	6.8	3.2
22.4	20.6	9.3	19.6	8.4	0.9	11.2	1.9
11.3	9.7	8.1	8.1	6.5	1.6	1.6	1.6
70.0	50.0	50.0	40.0	40.0	10.0		20.0
25.6	20.3	7.5	17.3	4.5	3.0	12.8	5.3
27.4	22.6	4.8	21.0	3.2	1.6	17.7	4.8
20.0	15.0	6.7	11.7	3.3	3.3	8.3	5.0
80.0	60.0	60.0	40.0	40.0	20.0		20.0
14.8	12.7	5.8	11.7	4.9	0.9	6.8	2.2
23.4	20.1	9.2	18.9	7.9	1.2	10.9	3.2
20.6	17.3	8.7	15.5	6.9	1.8	8.5	3.3
12.7	10.8	5.0	9.8	4.1	0.9	5.8	1.9
18.5	15.9	7.6	14.7	6.5	1.2	8.2	2.6
18.3	15.7	6.8	14.6	5.8	1.0	8.9	2.6
13.8	11.7	5.5	10.6	4.4	1.1	6.2	2.1
9.3	7.2	3.2	6.5	2.6	0.7	4.0	2.1

3-3 续表

项　目	开展产品或工艺创新活动企业数（个）	#实现产品或工艺创新企业	#实现产品创新企业	#实现工艺创新企业	未开展产品或工艺创新活动企业数（个）
北　京	496	392	176	365	1531
天　津	267	226	103	207	1250
河　北	214	180	87	173	1436
山　西	254	195	101	180	1195
内蒙古	67	55	23	52	477
辽　宁	248	193	90	176	2123
吉　林	100	79	35	71	984
黑龙江	110	83	35	75	1371
上　海	299	273	148	244	1266
江　苏	927	771	342	713	5512
浙　江	984	865	378	811	3911
安　徽	671	579	232	542	2658
福　建	528	459	230	429	2931
江　西	352	310	134	295	1553
山　东	1032	922	458	851	4475
河　南	707	600	284	549	3968
湖　北	524	451	204	419	2516
湖　南	453	400	147	381	1314
广　东	1221	1032	542	951	3982
广　西	193	160	86	146	772
海　南	27	21	12	19	123
重　庆	200	164	82	149	1335
四　川	552	482	222	436	3581
贵　州	172	143	73	124	1031
云　南	194	167	82	158	1292
西　藏	15	9	5	8	167
陕　西	372	313	135	276	2193
甘　肃	120	99	42	94	729
青　海	27	23	11	19	194
宁　夏	54	52	18	47	342
新　疆	100	84	40	80	765

在全部企业中占比(%)							
开展产品或工艺创新活动企业	#实现产品或工艺创新企业	#实现产品创新企业	#实现工艺创新企业	1.同时实现产品和工艺创新企业	2.仅实现产品创新企业	3.仅实现工艺创新企业	4.仅有正在进行或中止的产品或工艺创新活动企业
24.5	19.3	8.7	18.0	7.4	1.3	10.7	5.1
17.6	14.9	6.8	13.6	5.5	1.3	8.1	2.7
13.0	10.9	5.3	10.5	4.8	0.4	5.6	2.1
17.5	13.5	7.0	12.4	5.9	1.0	6.5	4.1
12.3	10.1	4.2	9.6	3.7	0.6	5.9	2.2
10.5	8.1	3.8	7.4	3.1	0.7	4.3	2.3
9.2	7.3	3.2	6.6	2.5	0.7	4.1	1.9
7.4	5.6	2.4	5.1	1.8	0.5	3.2	1.8
19.1	17.4	9.5	15.6	7.6	1.9	8.0	1.7
14.4	12.0	5.3	11.1	4.4	0.9	6.7	2.4
20.1	17.7	7.7	16.6	6.6	1.1	9.9	2.4
20.2	17.4	7.0	16.3	5.9	1.1	10.4	2.8
15.3	13.3	6.6	12.4	5.8	0.9	6.6	2.0
18.5	16.3	7.0	15.5	6.2	0.8	9.2	2.2
18.7	16.7	8.3	15.5	7.0	1.3	8.4	2.0
15.1	12.8	6.1	11.7	5.0	1.1	6.8	2.3
17.2	14.8	6.7	13.8	5.7	1.1	8.1	2.4
25.6	22.6	8.3	21.6	7.2	1.1	14.3	3.0
23.5	19.8	10.4	18.3	8.9	1.6	9.4	3.6
20.0	16.6	8.9	15.1	7.5	1.5	7.7	3.4
18.0	14.0	8.0	12.7	6.7	1.3	6.0	4.0
13.0	10.7	5.3	9.7	4.4	1.0	5.3	2.3
13.4	11.7	5.4	10.5	4.3	1.1	6.3	1.7
14.3	11.9	6.1	10.3	4.5	1.6	5.8	2.4
13.1	11.2	5.5	10.6	4.9	0.6	5.7	1.8
8.2	4.9	2.7	4.4	2.2	0.5	2.2	3.3
14.5	12.2	5.3	10.8	3.8	1.4	6.9	2.3
14.1	11.7	4.9	11.1	4.4	0.6	6.7	2.5
12.2	10.4	5.0	8.6	3.2	1.8	5.4	1.8
13.6	13.1	4.5	11.9	3.3	1.3	8.6	0.5
11.6	9.7	4.6	9.2	4.2	0.5	5.1	1.9

3-4 规模(限额)以上服务业企业

项　　目	开展产品或工艺创新活动企业数(个)	#实现产品或工艺创新企业	#实现产品创新企业	#实现工艺创新企业	未开展产品或工艺创新活动企业数(个)
总　计	**70767**	**57414**	**35398**	**45597**	**456744**
#国有及国有控股	10947	9030	4901	7433	35833
一、按规模分					
大型企业	5649	4771	3108	3951	6373
中型企业	19928	16527	10153	13229	64944
小型企业	37286	29558	18492	23129	234522
微型企业	7904	6558	3645	5288	150905
二、按登记注册类型分					
内资企业	65849	53501	32930	42558	438845
国有企业	1572	1326	665	1114	5812
集体企业	79	64	32	55	1432
股份合作企业	54	41	27	29	761
联营企业	37	28	19	17	211
#国有联营企业	19	15	9	9	103
有限责任公司	19188	15349	9190	12387	76085
#国有独资公司	2233	1864	934	1560	8780
股份有限公司	2746	2280	1582	1785	3633
私营企业	42160	34404	21411	27163	350742
其他企业	13	9	4	8	169
港、澳、台商投资企业	2322	1838	1171	1435	8188
合资经营企业	495	405	260	328	1358
合作经营企业	28	22	9	19	110
港、澳、台商独资经营企业	1603	1250	789	962	6376
港、澳、台商投资股份有限公司	110	90	61	71	168
其他港、澳、台投资企业	86	71	52	55	176
外商投资企业	2596	2075	1297	1604	9711
中外合资经营企业	708	554	368	440	1531
中外合作经营企业	19	13	8	11	81
外资企业	1694	1369	832	1044	7736
外商投资股份有限公司	118	91	57	72	201
其他外商投资企业	57	48	32	37	162
三、按行业分					
批发和零售业	**25132**	**21829**	**11848**	**17943**	**340527**
批发业	15714	13437	7156	11130	216247
零售业	9418	8392	4692	6813	124280
交通运输、仓储和邮政业	**3772**	**3157**	**1232**	**2818**	**40180**
铁路运输业	74	66	23	58	355
道路运输业	1721	1430	597	1249	21378
水上运输业	289	249	83	224	2314
航空运输业	111	95	44	82	335
管道运输业	30	27	9	26	90
多式联运和运输代理业	812	660	264	597	9257
装卸搬运和仓储业	547	462	146	428	4534
邮政业	188	168	66	154	1917
信息传输、软件和信息技术服务业	**19998**	**15554**	**11948**	**11370**	**8587**
电信、广播电视和卫星传输服务	1271	1032	698	799	1819
互联网和相关服务	3171	2397	1776	1729	2237
软件和信息技术服务业	15556	12125	9474	8842	4531

产品和工艺创新分布情况

在全部企业中占比(%)							
开展产品或工艺创新活动企业	#实现产品或工艺创新企业	#实现产品创新企业	#实现工艺创新企业	1.同时实现产品和工艺创新企业	2.仅实现产品创新企业	3.仅实现工艺创新企业	4.仅有正在进行或中止的产品或工艺创新活动企业
13.4	**10.9**	**6.7**	**8.6**	**4.5**	**2.2**	**4.2**	**2.5**
23.4	19.3	10.5	15.9	7.1	3.4	8.8	4.1
47.0	39.7	25.9	32.9	19.0	6.8	13.8	7.3
23.5	19.5	12.0	15.6	8.1	3.9	7.5	4.0
13.7	10.9	6.8	8.5	4.4	2.4	4.1	2.8
5.0	4.1	2.3	3.3	1.5	0.8	1.8	0.8
13.0	10.6	6.5	8.4	4.4	2.2	4.1	2.4
21.3	18.0	9.0	15.1	6.1	2.9	9.0	3.3
5.2	4.2	2.1	3.6	1.5	0.6	2.1	1.0
6.6	5.0	3.3	3.6	1.8	1.5	1.7	1.6
14.9	11.3	7.7	6.9	3.2	4.4	3.6	3.6
15.6	12.3	7.4	7.4	2.5	4.9	4.9	3.3
20.1	16.1	9.6	13.0	6.5	3.1	6.5	4.0
20.3	16.9	8.5	14.2	5.7	2.8	8.4	3.4
43.0	35.7	24.8	28.0	17.0	7.8	10.9	7.3
10.7	8.8	5.4	6.9	3.6	1.8	3.3	2.0
7.1	4.9	2.2	4.4	1.6	0.5	2.7	2.2
22.1	17.5	11.1	13.7	7.3	3.8	6.3	4.6
26.7	21.9	14.0	17.7	9.9	4.2	7.8	4.9
20.3	15.9	6.5	13.8	4.3	2.2	9.4	4.3
20.1	15.7	9.9	12.1	6.3	3.6	5.8	4.4
39.6	32.4	21.9	25.5	15.1	6.8	10.4	7.2
32.8	27.1	19.8	21.0	13.7	6.1	7.3	5.7
21.1	16.9	10.5	13.0	6.7	3.8	6.3	4.2
31.6	24.7	16.4	19.7	11.3	5.1	8.3	6.9
19.0	13.0	8.0	11.0	6.0	2.0	5.0	6.0
18.0	14.5	8.8	11.1	5.4	3.4	5.7	3.4
37.0	28.5	17.9	22.6	11.9	6.0	10.7	8.5
26.0	21.9	14.6	16.9	9.6	5.0	7.3	4.1
6.9	**6.0**	**3.2**	**4.9**	**2.2**	**1.1**	**2.7**	**0.9**
6.8	5.8	3.1	4.8	2.1	1.0	2.7	1.0
7.0	6.3	3.5	5.1	2.3	1.2	2.8	0.8
8.6	**7.2**	**2.8**	**6.4**	**2.0**	**0.8**	**4.4**	**1.4**
17.2	15.4	5.4	13.5	3.5	1.9	10.0	1.9
7.5	6.2	2.6	5.4	1.8	0.8	3.6	1.3
11.1	9.6	3.2	8.6	2.2	1.0	6.4	1.5
24.9	21.3	9.9	18.4	7.0	2.9	11.4	3.6
25.0	22.5	7.5	21.7	6.7	0.8	15.0	2.5
8.1	6.6	2.6	5.9	2.0	0.6	3.9	1.5
10.8	9.1	2.9	8.4	2.2	0.7	6.2	1.7
8.9	8.0	3.1	7.3	2.5	0.7	4.8	1.0
70.0	**54.4**	**41.8**	**39.8**	**27.2**	**14.6**	**12.6**	**15.5**
41.1	33.4	22.6	25.9	15.0	7.5	10.8	7.7
58.6	44.3	32.8	32.0	20.5	12.4	11.5	14.3
77.4	60.4	47.2	44.0	30.8	16.3	13.2	17.1

3-4 续表

项　目	开展产品或工艺创新活动企业数(个)	#实现产品或工艺创新企业	#实现产品创新企业	#实现工艺创新企业	未开展产品或工艺创新活动企业数(个)
租赁和商务服务业	**5753**	**4337**	**2495**	**3418**	**48274**
租赁业	418	323	177	271	3602
商务服务业	5335	4014	2318	3147	44672
科学研究和技术服务业	**14764**	**11517**	**7384**	**9178**	**14480**
研究和试验发展	2251	1709	1180	1369	639
专业技术服务业	10186	8095	5053	6457	11598
科技推广和应用服务业	2327	1713	1151	1352	2243
水利、环境和公共设施管理业	**1348**	**1020**	**491**	**870**	**4696**
水利管理业	41	29	15	28	123
生态保护和环境治理业	588	441	213	388	830
公共设施管理业	654	499	245	407	3391
土地管理业	65	51	18	47	352
四、按地区分					
东部地区	48364	38003	24185	29915	283026
中部地区	11307	9840	5767	7907	85888
西部地区	9383	8138	4551	6640	71236
东北地区	1713	1433	895	1135	16594
北　京	7734	4741	3153	3554	16903
天　津	1389	1100	654	872	12615
河　北	1141	1020	564	818	10697
山　西	713	552	297	449	8697
内蒙古	325	288	128	254	3962
辽　宁	897	731	458	596	9221
吉　林	339	306	196	223	3258
黑龙江	477	396	241	316	4115
上　海	6288	5172	3355	3954	24110
江　苏	6999	5585	3524	4506	54619
浙　江	4972	4109	2419	3243	38572
安　徽	2177	1870	1108	1544	12647
福　建	2736	2357	1484	1812	24298
江　西	1283	1158	704	912	13563
山　东	4116	3751	2165	3020	34881
河　南	2417	2178	1192	1769	21116
湖　北	2575	2190	1324	1735	15840
湖　南	2142	1892	1142	1498	14025
广　东	12711	9960	6744	7968	63948
广　西	945	877	438	748	8573
海　南	278	208	123	168	2383
重　庆	1322	1114	658	907	9080
四　川	2779	2372	1385	1882	16255
贵　州	608	522	285	438	5763
云　南	817	713	391	606	6369
西　藏	66	50	26	40	400
陕　西	1426	1208	725	960	9529
甘　肃	387	355	205	280	2850
青　海	100	93	57	73	704
宁　夏	164	154	82	125	1008
新　疆	444	392	171	327	6743

在全部企业中占比(%)							
开展产品或工艺创新活动企业	#实现产品或工艺创新企业	#实现产品创新企业	#实现工艺创新企业	1.同时实现产品和工艺创新企业	2.仅实现产品创新企业	3.仅实现工艺创新企业	4.仅有正在进行或中止的产品或工艺创新活动企业
10.6	**8.0**	**4.6**	**6.3**	**2.9**	**1.7**	**3.4**	**2.6**
10.4	8.0	4.4	6.7	3.1	1.3	3.6	2.4
10.7	8.0	4.6	6.3	2.9	1.7	3.4	2.6
50.5	**39.4**	**25.3**	**31.4**	**17.3**	**8.0**	**14.1**	**11.1**
77.9	59.1	40.8	47.4	29.1	11.8	18.3	18.8
46.8	37.2	23.2	29.6	15.7	7.5	14.0	9.6
50.9	37.5	25.2	29.6	17.3	7.9	12.3	13.4
22.3	**16.9**	**8.1**	**14.4**	**5.6**	**2.5**	**8.8**	**5.4**
25.0	17.7	9.1	17.1	8.5	0.6	8.5	7.3
41.5	31.1	15.0	27.4	11.3	3.7	16.1	10.4
16.2	12.3	6.1	10.1	3.8	2.3	6.3	3.8
15.6	12.2	4.3	11.3	3.4	1.0	7.9	3.4
14.6	11.5	7.3	9.0	4.9	2.4	4.2	3.1
11.6	10.1	5.9	8.1	3.9	2.0	4.2	1.5
11.6	10.1	5.6	8.2	3.8	1.9	4.4	1.5
9.4	7.8	4.9	6.2	3.3	1.6	2.9	1.5
31.4	19.2	12.8	14.4	8.0	4.8	6.4	12.1
9.9	7.9	4.7	6.2	3.0	1.6	3.2	2.1
9.6	8.6	4.8	6.9	3.1	1.7	3.9	1.0
7.6	5.9	3.2	4.8	2.1	1.1	2.7	1.7
7.6	6.7	3.0	5.9	2.2	0.8	3.7	0.9
8.9	7.2	4.5	5.9	3.2	1.3	2.7	1.6
9.4	8.5	5.4	6.2	3.1	2.3	3.1	0.9
10.4	8.6	5.2	6.9	3.5	1.7	3.4	1.8
20.7	17.0	11.0	13.0	7.0	4.0	6.0	3.7
11.4	9.1	5.7	7.3	4.0	1.8	3.3	2.3
11.4	9.4	5.6	7.4	3.6	2.0	3.9	2.0
14.7	12.6	7.5	10.4	5.3	2.2	5.1	2.1
10.1	8.7	5.5	6.7	3.5	2.0	3.2	1.4
8.6	7.8	4.7	6.1	3.1	1.7	3.1	0.8
10.6	9.6	5.6	7.7	3.7	1.9	4.1	0.9
10.3	9.3	5.1	7.5	3.3	1.7	4.2	1.0
14.0	11.9	7.2	9.4	4.7	2.5	4.7	2.1
13.2	11.7	7.1	9.3	4.6	2.4	4.6	1.5
16.6	13.0	8.8	10.4	6.2	2.6	4.2	3.6
9.9	9.2	4.6	7.9	3.2	1.4	4.6	0.7
10.4	7.8	4.6	6.3	3.1	1.5	3.2	2.6
12.7	10.7	6.3	8.7	4.3	2.0	4.4	2.0
14.6	12.5	7.3	9.9	4.7	2.6	5.2	2.1
9.5	8.2	4.5	6.9	3.2	1.3	3.7	1.4
11.4	9.9	5.4	8.4	4.0	1.5	4.5	1.4
14.2	10.7	5.6	8.6	3.4	2.1	5.2	3.4
13.0	11.0	6.6	8.8	4.4	2.3	4.4	2.0
12.0	11.0	6.3	8.7	4.0	2.3	4.6	1.0
12.4	11.6	7.1	9.1	4.6	2.5	4.5	0.9
14.0	13.1	7.0	10.7	4.5	2.5	6.1	0.9
6.2	5.5	2.4	4.6	1.5	0.9	3.1	0.7

3-5 规模以上高技术产业(制造业)

项　目	开展产品或工艺创新活动企业数(个)	#实现产品或工艺创新企业	#实现产品创新企业	#实现工艺创新企业	未开展产品或工艺创新活动企业数(个)
总　计	**39730**	**35993**	**27165**	**28787**	**9944**
#国有及国有控股	1877	1695	1344	1362	210
一、按规模分					
大型企业	1903	1825	1502	1630	144
中型企业	5904	5575	4471	4731	595
小型企业	30071	27103	20254	21262	6766
微型企业	1852	1490	938	1164	2439
二、按登记注册类型分					
内资企业	34827	31578	23918	25190	7746
国有企业	147	131	103	110	28
集体企业	9	8	4	8	20
股份合作企业	35	34	22	26	10
联营企业	13	12	6	9	3
#国有联营企业	8	8	4	7	
有限责任公司	7176	6505	4883	5232	1299
#国有独资公司	218	195	146	154	35
股份有限公司	1831	1716	1443	1367	82
私营企业	25608	23164	17450	18434	6299
其他企业	8	8	7	4	5
港、澳、台商投资企业	2220	2003	1473	1647	883
合资经营企业	619	570	434	466	124
合作经营企业	15	15	12	11	6
港、澳、台商独资经营企业	1379	1224	867	1005	722
港、澳、台商投资股份有限公司	156	146	118	126	15
其他港、澳、台投资企业	51	48	42	39	16
外商投资企业	2683	2412	1774	1950	1315
中外合资经营企业	808	748	574	612	164
中外合作经营企业	14	11	5	9	5
外资企业	1682	1487	1054	1196	1123
外商投资股份有限公司	142	130	113	104	15
其他外商投资企业	37	36	28	29	8
三、按高技术行业(制造业)分					
医药制造业	**7295**	**6485**	**4338**	**5372**	**1917**
#化学药品制造	2320	2069	1363	1766	355
中成药生产	1292	1126	678	938	315
生物药品制品制造	975	850	571	691	98

产品和工艺创新分布情况

在全部企业中占比(%)							
开展产品或工艺创新活动企业	#实现产品或工艺创新企业	#实现产品创新企业	#实现工艺创新企业	1.同时实现产品和工艺创新企业	2.仅实现产品创新企业	3.仅实现工艺创新企业	4.仅有正在进行或中止的产品或工艺创新活动企业
80.0	**72.5**	**54.7**	**58.0**	**40.2**	**14.5**	**17.8**	**7.5**
89.9	81.2	64.4	65.3	48.4	16.0	16.8	8.7
93.0	89.2	73.4	79.6	63.9	9.5	15.8	3.8
90.8	85.8	68.8	72.8	55.8	13.0	17.0	5.1
81.6	73.6	55.0	57.7	39.1	15.9	18.6	8.1
43.2	34.7	21.9	27.1	14.3	7.6	12.9	8.4
81.8	74.2	56.2	59.2	41.2	15.0	18.0	7.6
84.0	74.9	58.9	62.9	46.9	12.0	16.0	9.1
31.0	27.6	13.8	27.6	13.8		13.8	3.4
77.8	75.6	48.9	57.8	31.1	17.8	26.7	2.2
81.3	75.0	37.5	56.3	18.8	18.8	37.5	6.3
100.0	100.0	50.0	87.5	37.5	12.5	50.0	
84.7	76.8	57.6	61.7	42.6	15.0	19.1	7.9
86.2	77.1	57.7	60.9	41.5	16.2	19.4	9.1
95.7	89.7	75.4	71.5	57.2	18.2	14.3	6.0
80.3	72.6	54.7	57.8	39.9	14.8	17.9	7.7
61.5	61.5	53.8	30.8	23.1	30.8	7.7	
71.5	64.6	47.5	53.1	36.0	11.5	17.1	7.0
83.3	76.7	58.4	62.7	44.4	14.0	18.3	6.6
71.4	71.4	57.1	52.4	38.1	19.0	14.3	
65.6	58.3	41.3	47.8	30.8	10.4	17.0	7.4
91.2	85.4	69.0	73.7	57.3	11.7	16.4	5.8
76.1	71.6	62.7	58.2	49.3	13.4	9.0	4.5
67.1	60.3	44.4	48.8	32.8	11.6	16.0	6.8
83.1	77.0	59.1	63.0	45.1	14.0	17.9	6.2
73.7	57.9	26.3	47.4	15.8	10.5	31.6	15.8
60.0	53.0	37.6	42.6	27.2	10.4	15.4	7.0
90.4	82.8	72.0	66.2	55.4	16.6	10.8	7.6
82.2	80.0	62.2	64.4	46.7	15.6	17.8	2.2
79.2	**70.4**	**47.1**	**58.3**	**35.0**	**12.1**	**23.3**	**8.8**
86.7	77.3	51.0	66.0	39.6	11.3	26.4	9.4
80.4	70.1	42.2	58.4	30.5	11.7	27.9	10.3
90.9	79.2	53.2	64.4	38.4	14.8	26.0	11.7

3-5　续表 1

项　　目	开展产品或工艺创新活动企业数（个）	#实现产品或工艺创新企业	#实现产品创新企业	#实现工艺创新企业	未开展产品或工艺创新活动企业数（个）
电子及通信设备制造业	**21335**	**19432**	**15019**	**15605**	**5859**
#电子工业专用设备制造	1667	1507	1151	1202	372
光纤、光缆制造及锂离子电池制造	1566	1418	1044	1216	383
#锂离子电池制造	1252	1127	832	973	324
通信设备制造、雷达及配套设备制造	2014	1831	1453	1389	454
#通信系统设备制造	1050	962	778	701	181
通信终端设备制造	843	756	585	608	266
雷达及配套设备制造	121	113	90	80	7
广播电视设备制造	507	471	389	343	147
非专业视听设备制造	893	807	661	591	328
电子器件制造	4874	4417	3427	3611	1163
#电子真空器件制造	387	360	268	288	158
半导体分立器件制造	415	385	291	334	97
集成电路制造	1080	966	741	757	179
光电子器件制造	846	772	626	651	144
电子元件及电子专用设备制造	7195	6591	4967	5439	2409
#电阻电容电感元件制造	959	866	664	714	372
电子专用材料制造	1889	1756	1306	1483	493
电子电路制造	1441	1318	950	1121	475
智能消费设备制造	1374	1277	1050	952	245
其他电子设备制造	1245	1113	877	862	358
计算机及办公设备制造业	**2471**	**2245**	**1763**	**1755**	**710**
#计算机整机制造	314	287	229	227	82
计算机零部件制造	764	694	525	560	307
计算机外围设备制造	692	622	493	480	172
办公设备制造	203	183	140	138	84
医疗仪器设备及仪器仪表制造业	**7857**	**7141**	**5560**	**5448**	**1318**
#医疗仪器设备及器械制造	2553	2279	1689	1778	468
#医疗诊断、监护及治疗设备制造	832	725	542	554	96
医疗、外科及兽医用器械制造	617	567	431	450	130
通用仪器仪表制造	3600	3290	2632	2478	569
专用仪器仪表制造	1039	954	758	720	134
信息化学品制造业	**130**	**119**	**99**	**104**	**40**
四、按地区分					
东部地区	26951	24329	18562	19285	6080
中部地区	7953	7226	5579	5847	2157
西部地区	3957	3682	2555	3051	1428
东北地区	869	756	469	604	279

在全部企业中占比(%)							
开展产品或工艺创新活动企业	#实现产品或工艺创新企业			1.同时实现产品和工艺创新企业	2.仅实现产品创新企业	3.仅实现工艺创新企业	4.仅有正在进行或中止的产品或工艺创新活动企业
		#实现产品创新企业	#实现工艺创新企业				
78.5	**71.5**	**55.2**	**57.4**	**41.2**	**14.1**	**16.2**	**7.0**
81.8	73.9	56.4	59.0	41.5	15.0	17.5	7.8
80.3	72.8	53.6	62.4	43.2	10.4	19.2	7.6
79.4	71.5	52.8	61.7	43.0	9.8	18.7	7.9
81.6	74.2	58.9	56.3	41.0	17.9	15.3	7.4
85.3	78.1	63.2	56.9	42.0	21.2	14.9	7.1
76.0	68.2	52.8	54.8	39.4	13.3	15.4	7.8
94.5	88.3	70.3	62.5	44.5	25.8	18.0	6.3
77.5	72.0	59.5	52.4	39.9	19.6	12.5	5.5
73.1	66.1	54.1	48.4	36.4	17.7	12.0	7.0
80.7	73.2	56.8	59.8	43.4	13.4	16.4	7.6
71.0	66.1	49.2	52.8	36.0	13.2	16.9	5.0
81.1	75.2	56.8	65.2	46.9	10.0	18.4	5.9
85.8	76.7	58.9	60.1	42.3	16.6	17.9	9.1
85.5	78.0	63.2	65.8	51.0	12.2	14.7	7.5
74.9	68.6	51.7	56.6	39.7	12.0	16.9	6.3
72.1	65.1	49.9	53.6	38.5	11.4	15.2	7.0
79.3	73.7	54.8	62.3	43.4	11.5	18.9	5.6
75.2	68.8	49.6	58.5	39.3	10.3	19.2	6.4
84.9	78.9	64.9	58.8	44.8	20.1	14.0	6.0
77.7	69.4	54.7	53.8	39.1	15.7	14.7	8.2
77.7	**70.6**	**55.4**	**55.2**	**40.0**	**15.4**	**15.2**	**7.1**
79.3	72.5	57.8	57.3	42.7	15.2	14.6	6.8
71.3	64.8	49.0	52.3	36.5	12.5	15.8	6.5
80.1	72.0	57.1	55.6	40.6	16.4	14.9	8.1
70.7	63.8	48.8	48.1	33.1	15.7	15.0	7.0
85.6	**77.8**	**60.6**	**59.4**	**42.1**	**18.5**	**17.2**	**7.8**
84.5	75.4	55.9	58.9	39.3	16.6	19.5	9.1
89.7	78.1	58.4	59.7	40.0	18.4	19.7	11.5
82.6	75.9	57.7	60.2	42.0	15.7	18.2	6.7
86.4	78.9	63.1	59.4	43.7	19.5	15.8	7.4
88.6	81.3	64.6	61.4	44.7	19.9	16.7	7.2
76.5	**70.0**	**58.2**	**61.2**	**49.4**	**8.8**	**11.8**	**6.5**
81.6	73.7	56.2	58.4	40.9	15.3	17.5	7.9
78.7	71.5	55.2	57.8	41.5	13.6	16.3	7.2
73.5	68.4	47.4	56.7	35.7	11.7	20.9	5.1
75.7	65.9	40.9	52.6	27.6	13.2	25.0	9.8

3-5 续表 2

项目	开展产品或工艺创新活动企业数(个)	#实现产品或工艺创新企业	#实现产品创新企业	#实现工艺创新企业	未开展产品或工艺创新活动企业数(个)
北京	915	721	577	470	78
天津	443	396	295	319	141
河北	707	654	480	528	221
山西	224	193	117	160	53
内蒙古	106	99	58	87	25
辽宁	442	396	242	318	119
吉林	241	196	128	144	114
黑龙江	186	164	99	142	46
上海	1083	962	615	753	301
江苏	6216	5561	3776	4550	1415
浙江	4025	3812	3291	2923	592
安徽	1788	1675	1232	1358	382
福建	1130	992	767	807	319
江西	1791	1764	1569	1421	745
山东	1862	1827	1569	1494	389
河南	1067	1026	663	860	458
湖北	1369	1211	888	983	253
湖南	1714	1357	1110	1065	266
广东	10510	9355	7164	7406	2611
广西	309	295	182	252	242
海南	60	49	28	35	13
重庆	717	673	553	539	193
四川	1397	1318	914	1086	490
贵州	290	266	168	224	118
云南	221	189	112	167	90
西藏	11	2		2	7
陕西	643	588	433	477	168
甘肃	127	118	67	102	44
青海	38	38	18	30	9
宁夏	56	55	37	48	4
新疆	42	41	13	37	38

在全部企业中占比(%)							
开展产品或工艺创新活动企业	#实现产品或工艺创新企业	#实现产品创新企业	#实现工艺创新企业	1.同时实现产品和工艺创新企业	2.仅实现产品创新企业	3.仅实现工艺创新企业	4.仅有正在进行或中止的产品或工艺创新活动企业
92.1	72.6	58.1	47.3	32.8	25.3	14.5	19.5
75.9	67.8	50.5	54.6	37.3	13.2	17.3	8.0
76.2	70.5	51.7	56.9	38.1	13.6	18.8	5.7
80.9	69.7	42.2	57.8	30.3	11.9	27.4	11.2
80.9	75.6	44.3	66.4	35.1	9.2	31.3	5.3
78.8	70.6	43.1	56.7	29.2	13.9	27.5	8.2
67.9	55.2	36.1	40.6	21.4	14.6	19.2	12.7
80.2	70.7	42.7	61.2	33.2	9.5	28.0	9.5
78.3	69.5	44.4	54.4	29.3	15.1	25.1	8.7
81.5	72.9	49.5	59.6	36.2	13.2	23.4	8.6
87.2	82.6	71.3	63.3	52.0	19.3	11.3	4.6
82.4	77.2	56.8	62.6	42.2	14.6	20.4	5.2
78.0	68.5	52.9	55.7	40.2	12.8	15.5	9.5
70.6	69.6	61.9	56.0	48.3	13.5	7.7	1.1
82.7	81.2	69.7	66.4	54.9	14.8	11.5	1.6
70.0	67.3	43.5	56.4	32.6	10.9	23.8	2.7
84.4	74.7	54.7	60.6	40.7	14.1	19.9	9.7
86.6	68.5	56.1	53.8	41.3	14.7	12.5	18.0
80.1	71.3	54.6	56.4	39.7	14.9	16.7	8.8
56.1	53.5	33.0	45.7	25.2	7.8	20.5	2.5
82.2	67.1	38.4	47.9	19.2	19.2	28.8	15.1
78.8	74.0	60.8	59.2	46.0	14.7	13.2	4.8
74.0	69.8	48.4	57.6	36.1	12.3	21.4	4.2
71.1	65.2	41.2	54.9	30.9	10.3	24.0	5.9
71.1	60.8	36.0	53.7	28.9	7.1	24.8	10.3
61.1	11.1		11.1			11.1	50.0
79.3	72.5	53.4	58.8	39.7	13.7	19.1	6.8
74.3	69.0	39.2	59.6	29.8	9.4	29.8	5.3
80.9	80.9	38.3	63.8	21.3	17.0	42.6	
93.3	91.7	61.7	80.0	50.0	11.7	30.0	1.7
52.5	51.3	16.3	46.3	11.3	5.0	35.0	1.3

3–6 规模(限额)以上企业产品

项目	实现产品创新企业数(个)	在实现产品创新企业中，以下列形式进行开发的企业占比(%)				
		本企业独立开发或与集团内企业合作开发	本企业与境内其他企业合作开发	本企业与境内研究机构或高等学校合作开发	本企业与境外企业或机构合作开发	在其他单位开发的基础上调整或改进，或委托其他企业或机构开发
总计	**207310**	**84.5**	**9.2**	**7.6**	**1.4**	**7.2**
#国有及国有控股	13276	83.0	22.7	17.7	2.0	9.4
一、按规模分						
大型企业	9610	89.8	22.0	19.5	3.9	7.9
中型企业	32868	85.7	12.7	10.7	1.9	7.7
小型企业	153428	85.0	7.6	6.4	1.1	6.7
微型企业	11404	70.8	9.9	4.9	1.3	12.4
二、按登记注册类型分						
内资企业	189507	84.2	9.1	7.7	1.1	7.4
国有企业	1411	77.3	23.0	17.4	1.3	10.9
集体企业	166	69.3	13.9	7.8	1.2	13.9
股份合作企业	296	81.4	6.4	3.0	0.3	9.1
联营企业	43	62.8	18.6	18.6	7.0	11.6
#国有联营企业	23	65.2	21.7	13.0	4.3	4.3
有限责任公司	32813	85.2	13.7	10.6	1.3	8.0
#国有独资公司	2250	80.8	25.6	20.5	1.9	10.9
股份有限公司	6904	89.3	15.3	17.7	1.8	5.9
私营企业	147842	83.9	7.7	6.5	1.0	7.3
其他企业	32	81.3	12.5	28.1	3.1	3.1
港、澳、台商投资企业	8248	89.0	9.9	7.2	3.4	5.5
合资经营企业	2590	89.3	9.3	9.4	2.6	4.9
合作经营企业	85	89.4	9.4	8.2	1.2	7.1
港、澳、台商独资经营企业	4907	88.7	9.4	5.0	3.8	5.7
港、澳、台商投资股份有限公司	507	90.7	15.6	16.8	3.7	6.1
其他港、澳、台投资企业	159	86.8	16.4	7.5	2.5	6.3
外商投资企业	9555	86.9	10.5	6.3	5.8	5.3
中外合资经营企业	3466	87.5	11.3	8.0	4.4	4.5
中外合作经营企业	81	92.6	12.3	4.9	7.4	7.4
外资企业	5473	85.8	9.9	4.3	6.8	5.9
外商投资股份有限公司	418	93.3	12.2	17.2	4.5	4.1
其他外商投资企业	117	89.7	6.8	6.8	1.7	3.4
三、按行业分						
采矿业	730	82.1	8.8	10.1	0.8	6.0
制造业	165923	87.7	7.1	7.1	1.2	5.3
电力、热力、燃气及水生产和供应业	702	79.1	9.7	7.0	0.4	5.4
建筑业	4557	67.5	18.9	14.4	1.7	21.8
批发和零售业	11848	51.7	18.1	6.2	3.6	22.0
交通运输、仓储和邮政业	1232	60.7	21.3	6.7	2.4	18.8
信息传输、软件和信息技术服务业	11948	87.7	17.5	8.5	1.2	9.2

创新和工艺创新开发情况

其他	实现工艺创新企业数(个)	在实现工艺创新企业中，以下列形式进行开发的企业占比(%)					
		本企业独立开发或与集团内企业合作开发	本企业与境内其他企业合作开发	本企业与境内研究机构或高等学校合作开发	本企业与境外企业或机构合作开发	在其他单位开发的基础上调整或改进，或委托其他企业或机构开发	其他
6.8	**249638**	**74.2**	**11.8**	**7.1**	**1.2**	**13.6**	**10.5**
5.3	20388	67.3	25.9	14.1	1.2	18.6	9.0
3.3	12383	78.2	28.3	17.8	3.0	16.5	4.8
5.6	40463	73.1	16.6	9.0	1.6	16.3	8.9
6.6	180021	75.5	9.8	6.2	1.0	12.3	10.4
14.7	16771	60.9	10.1	4.4	1.1	17.9	19.2
7.0	228742	73.9	11.6	7.2	1.0	13.7	10.8
8.3	2272	61.8	23.4	12.5	0.8	20.8	13.2
13.3	266	56.4	15.0	7.9	1.5	15.4	22.2
8.8	282	76.2	10.3	5.7	1.1	13.5	9.2
4.7	62	62.9	21.0	6.5	1.6	22.6	6.5
8.7	36	61.1	25.0	5.6		13.9	11.1
5.8	43407	72.7	17.3	9.4	1.0	15.7	9.4
5.6	3836	63.7	26.7	15.0	1.2	20.2	10.2
3.5	7409	78.4	21.3	15.9	1.6	14.1	5.9
7.3	175000	74.2	9.6	6.2	0.9	13.1	11.3
	44	65.9	22.7	15.9	2.3	4.5	11.4
4.6	9699	78.9	14.1	6.4	2.9	11.9	7.6
4.1	3041	78.7	14.9	8.0	2.2	11.4	7.5
2.4	127	77.2	14.2	7.1		13.4	7.1
5.2	5825	78.9	12.8	4.6	3.3	12.1	7.9
3.4	524	83.0	22.1	15.8	3.6	11.1	3.8
3.1	182	75.3	16.5	8.2	2.7	14.8	8.2
4.7	11197	77.5	15.2	5.5	5.2	12.0	6.6
4.3	3890	78.4	16.3	6.8	3.6	11.4	6.1
3.7	120	73.3	20.0	3.3	2.5	15.8	8.3
5.2	6630	76.7	14.1	4.0	6.3	12.4	7.0
1.9	429	81.6	20.7	16.3	4.0	10.3	4.2
6.8	128	81.3	14.1	7.8	1.6	12.5	5.5
8.1	2327	64.6	17.0	14.0	0.8	14.2	13.4
5.4	189147	79.3	10.1	6.8	1.1	10.4	8.6
7.8	3527	60.8	20.1	7.8	0.8	16.8	13.2
14.2	9040	59.1	14.9	12.0	1.1	24.8	18.7
24.1	17943	39.3	16.4	4.4	2.2	31.8	26.5
13.9	2818	46.6	20.2	4.8	1.8	28.9	18.6
3.8	11370	79.9	18.5	7.1	1.1	16.0	6.3

3-6 续表

项目	实现产品创新企业数(个)	在实现产品创新企业中，以下列形式进行开发的企业占比(%)				
		本企业独立开发或与集团内企业合作开发	本企业与境内其他企业合作开发	本企业与境内研究机构或高等学校合作开发	本企业与境外企业或机构合作开发	在其他单位开发的基础上调整或改进，或委托其他企业或机构开发
租赁和商务服务业	2495	69.5	18.1	5.7	2.2	14.7
科学研究和技术服务业	7384	81.7	17.5	15.2	1.7	9.9
水利、环境和公共设施管理业	491	74.3	12.0	14.9	0.4	12.4
四、按地区分						
东部地区	139779	85.7	9.1	6.9	1.5	7.1
中部地区	43587	83.3	8.4	8.6	0.9	6.9
西部地区	19700	79.6	11.7	10.1	1.1	8.8
东北地区	4244	81.4	11.2	9.9	1.6	7.0
北　京	4739	87.0	17.3	9.2	1.9	8.8
天　津	2382	84.9	13.1	7.2	1.9	7.1
河　北	5545	88.5	5.0	5.4	0.6	4.9
山　西	1329	77.9	11.7	11.5	1.0	9.7
内蒙古	548	79.9	12.2	10.8	0.7	7.8
辽　宁	2446	83.3	10.8	11.0	1.7	6.5
吉　林	830	82.3	12.2	8.9	1.8	6.4
黑龙江	968	75.9	11.6	8.2	1.0	8.8
上　海	6615	85.2	15.4	7.8	3.2	8.3
江　苏	26358	83.0	9.8	10.3	1.8	7.4
浙　江	33288	87.1	6.1	5.0	0.9	5.9
安　徽	9662	83.4	9.6	11.8	1.1	7.4
福　建	7262	85.0	9.2	6.6	1.6	7.2
江　西	7979	84.5	6.6	5.2	0.7	6.2
山　东	20209	85.8	7.3	6.7	0.8	5.8
河　南	6513	82.3	7.3	8.0	0.7	7.8
湖　北	8801	80.1	9.6	9.1	1.0	7.7
湖　南	9303	86.5	7.8	7.8	0.7	5.4
广　东	33127	86.2	10.4	6.0	2.1	8.7
广　西	1907	81.8	11.7	10.6	1.4	9.4
海　南	254	76.0	16.5	8.3	1.6	9.4
重　庆	4181	82.7	11.2	6.2	1.5	8.1
四　川	5798	81.4	10.9	10.0	0.9	7.9
贵　州	1239	75.8	13.1	13.9	1.9	9.1
云　南	1440	78.9	13.3	10.3	1.0	9.3
西　藏	42	66.7	11.9	9.5	2.4	11.9
陕　西	2762	76.6	12.8	11.7	0.8	10.0
甘　肃	709	70.2	11.6	15.0	0.8	12.1
青　海	142	73.9	15.5	15.5		6.3
宁　夏	419	77.6	11.5	13.6	1.0	8.1
新　疆	513	68.8	10.9	12.1	1.2	12.5

		在实现工艺创新企业中，以下列形式进行开发的企业占比(%)					
其他	实现工艺创新企业数(个)	本企业独立开发或与集团内企业合作开发	本企业与境内其他企业合作开发	本企业与境内研究机构或高等学校合作开发	本企业与境外企业或机构合作开发	在其他单位开发的基础上调整或改进，或委托其他企业或机构开发	其他
12.3	3418	53.7	16.3	4.4	1.9	26.2	17.2
6.5	9178	71.4	18.3	12.0	1.2	17.5	8.5
7.9	870	59.7	13.8	10.3	0.9	22.8	11.8
6.4	161122	75.9	11.7	6.3	1.4	13.5	9.7
7.2	52819	73.5	10.9	8.4	0.9	12.6	11.0
8.5	29612	67.5	13.7	8.4	0.8	15.6	13.4
7.9	6085	70.5	13.5	8.2	1.1	13.5	12.4
3.5	5177	71.9	20.6	7.9	1.3	20.5	6.5
6.0	3214	72.1	15.0	6.6	1.5	15.8	9.3
5.7	7018	78.1	7.8	5.3	0.6	10.1	10.0
8.8	2464	61.1	13.6	10.3	1.0	17.4	16.0
7.3	1236	63.7	16.6	10.1	0.7	15.9	12.1
6.9	3653	72.8	13.0	7.8	1.2	12.7	11.2
7.3	1040	70.7	14.6	9.5	1.1	12.6	11.9
11.1	1392	64.4	13.9	8.3	0.9	16.2	15.7
5.8	8166	72.8	18.6	6.4	2.7	17.6	8.1
6.7	34713	73.8	11.7	8.8	1.7	13.4	9.9
6.0	32617	79.8	8.6	4.9	0.9	10.7	8.5
7.3	12134	72.5	12.5	10.8	1.0	14.1	11.3
7.3	9562	75.2	11.7	6.6	1.4	12.5	11.1
7.8	7580	76.8	9.6	5.8	0.9	10.9	11.1
6.4	21854	76.6	9.8	6.2	0.8	11.4	9.9
7.4	10692	73.4	8.5	6.3	0.7	12.7	11.2
7.6	9988	69.7	12.5	9.3	1.0	13.8	11.6
5.8	9961	79.2	10.5	8.5	0.8	9.7	8.7
6.8	38439	75.3	13.1	5.3	1.8	16.0	10.8
9.2	3185	71.0	12.6	8.6	0.8	15.1	14.2
9.1	362	64.9	22.4	6.4	1.9	15.7	16.3
8.2	4635	73.8	14.0	5.8	1.0	13.9	9.6
7.1	8335	69.3	12.2	8.3	0.8	14.8	12.7
9.1	2396	67.6	12.7	8.1	0.6	13.0	15.7
8.8	2354	63.3	15.0	8.6	1.3	18.8	15.6
21.4	72	48.6	20.8	1.4	1.4	25.0	20.8
9.1	3874	62.6	15.5	9.4	0.6	18.0	14.8
12.4	1162	60.4	15.1	9.1	0.8	17.5	16.0
13.4	248	66.5	16.9	13.7	0.4	12.9	19.4
8.4	884	68.6	13.3	11.8	0.8	13.1	11.0
12.5	1231	57.4	14.5	10.5	0.7	18.8	16.7

3-7 规模以上工业企业产品

项 目	实现产品创新企业数(个)	在实现产品创新企业中，以下列形式进行开发的企业占比(%)				
		本企业独立开发或与集团内企业合作开发	本企业与境内其他企业合作开发	本企业与境内研究机构或高等学校合作开发	本企业与境外企业或机构合作开发	在其他单位开发的基础上调整或改进，或委托其他企业或机构开发
总 计	**167355**	**87.7**	**7.1**	**7.2**	**1.2**	**5.3**
#国有及国有控股	7268	88.6	16.5	16.2	2.0	5.1
一、按规模分						
大型企业	5313	92.6	17.5	18.6	4.9	5.1
中型企业	20861	90.7	10.0	11.0	1.9	4.6
小型企业	133834	87.3	6.3	6.2	0.9	5.4
微型企业	7347	82.7	5.9	4.7	0.7	6.3
二、按登记注册类型分						
内资企业	152052	87.5	7.0	7.2	0.9	5.4
国有企业	629	87.6	16.7	13.8	0.8	5.1
集体企业	108	83.3	12.0	6.5	1.9	9.3
股份合作企业	261	85.4	5.0	3.1		8.4
联营企业	24	75.0	12.5	12.5		8.3
国有联营企业	14	78.6	7.1			
有限责任公司	22166	89.0	9.8	9.3	1.1	5.2
#国有独资公司	1032	88.6	18.7	19.4	1.8	5.9
股份有限公司	5171	91.0	13.0	18.1	1.8	4.3
私营企业	123665	87.1	6.2	6.3	0.8	5.4
其他企业	28	85.7	14.3	25.0	3.6	3.6
港、澳、台商投资企业	7055	90.1	7.9	7.5	3.0	4.6
合资经营企业	2320	89.9	8.4	9.4	2.2	4.3
合作经营企业	75	93.3	4.0	8.0		2.7
港、澳、台商独资经营企业	4113	89.9	7.1	5.3	3.5	4.8
港、澳、台商投资股份有限公司	441	92.7	14.3	17.0	3.6	5.2
其他港、澳、台投资企业	106	88.7	7.5	9.4	0.9	6.6
外商投资企业	8248	88.1	9.3	6.3	5.3	4.8
中外合资经营企业	3095	88.1	10.4	8.0	4.6	4.0
中外合作经营企业	73	95.9	9.6	4.1	6.8	5.5
外资企业	4637	87.4	8.4	4.3	5.9	5.4
外商投资股份有限公司	358	94.1	10.6	17.3	4.5	3.6
其他外商投资企业	85	89.4	5.9	7.1	2.4	3.5
三、按行业分						
采矿业	**730**	**82.1**	**8.8**	**10.1**	**0.8**	**6.0**
#煤炭开采和洗选业	92	67.4	21.7	18.5	1.1	6.5
石油和天然气开采业	10	100.0		20.0		
黑色金属矿采选业	72	76.4	5.6	12.5		6.9
有色金属矿采选业	124	88.7	14.5	12.1	0.8	5.6
非金属矿采选业	405	83.7	4.7	6.4	1.0	5.9
开采专业及辅助性活动	26	84.6	11.5	19.2		7.7

创新和工艺创新开发情况

		在实现工艺创新企业中，以下列形式进行开发的企业占比(%)					
其他	实现工艺创新企业数(个)	本企业独立开发或与集团内企业合作开发	本企业与境内其他企业合作开发	本企业与境内研究机构或高等学校合作开发	本企业与境外企业或机构合作开发	在其他单位开发的基础上调整或改进，或委托其他企业或机构开发	其他
5.4	**195001**	**78.8**	**10.3**	**6.9**	**1.1**	**10.5**	**8.7**
3.5	10707	71.4	25.1	14.0	1.3	14.4	7.4
2.3	6256	82.7	28.5	18.1	3.8	12.3	3.5
3.4	23361	80.8	16.3	10.1	1.7	10.7	5.6
5.7	154702	78.6	8.9	6.2	0.9	10.4	9.2
8.2	10682	74.1	7.4	4.5	0.8	11.0	12.8
5.5	177199	78.6	10.0	7.0	0.9	10.6	8.9
4.6	926	69.4	23.7	12.0	0.5	15.4	10.0
4.6	158	70.9	15.8	6.3	0.6	8.2	13.9
5.7	241	82.2	8.7	5.8	1.2	11.6	5.4
8.3	39	74.4	15.4			23.1	7.7
14.3	24	70.8	16.7			16.7	12.5
4.5	28134	77.5	15.1	8.7	1.0	11.8	8.0
2.9	1676	69.0	26.9	15.2	0.8	14.7	8.1
2.8	5344	80.4	20.6	17.0	1.7	11.8	5.2
5.8	142324	78.8	8.5	6.3	0.8	10.3	9.3
	33	72.7	18.2	6.1	3.0	6.1	9.1
4.4	8232	81.1	12.7	6.7	2.6	10.1	7.2
3.9	2692	80.2	13.9	8.2	2.0	9.8	7.2
1.3	107	78.5	13.1	7.5		7.5	7.5
5.0	4858	81.4	11.2	5.0	2.9	10.2	7.5
2.0	449	84.9	21.8	16.0	3.6	9.8	3.1
2.8	126	72.2	12.7	9.5	2.4	15.9	10.3
4.4	9570	79.8	14.3	5.6	4.8	10.1	6.4
4.1	3437	79.3	15.8	6.9	3.6	10.5	6.1
2.7	109	76.1	19.3	3.7	2.8	12.8	8.3
4.7	5579	79.9	13.0	4.1	5.6	9.9	6.8
2.0	355	83.9	18.9	17.5	3.9	7.9	4.2
7.1	90	84.4	11.1	7.8	2.2	10.0	4.4
8.1	**2327**	**64.6**	**17.0**	**14.0**	**0.8**	**14.2**	**13.4**
18.5	866	52.8	22.5	18.8	1.0	17.8	18.2
	74	74.3	44.6	36.5	2.7	18.9	6.8
12.5	255	65.9	12.2	12.2	0.4	12.2	11.0
3.2	322	72.4	19.6	15.5	0.6	10.9	8.1
6.9	728	72.5	8.5	5.8	0.3	11.7	12.4
3.8	79	75.9	12.7	15.2	2.5	12.7	5.1

3-7 续表 1

项　　目	实现产品创新企业数(个)	在实现产品创新企业中，以下列形式进行开发的企业占比(%)				
		本企业独立开发或与集团内企业合作开发	本企业与境内其他企业合作开发	本企业与境内研究机构或高等学校合作开发	本企业与境外企业或机构合作开发	在其他单位开发的基础上调整或改进，或委托其他企业或机构开发
制造业	**165923**	**87.7**	**7.1**	**7.1**	**1.2**	**5.3**
农副食品加工业	6124	85.0	5.6	9.9	0.8	4.0
食品制造业	3578	88.7	6.1	9.9	0.6	3.7
酒、饮料和精制茶制造业	1725	83.7	6.2	12.8	0.9	4.1
烟草制品业	75	90.7	13.3	6.7	4.0	1.3
纺织业	6560	86.2	5.7	5.5	0.9	5.6
纺织服装、服饰业	2710	85.4	7.3	3.5	1.6	5.9
皮革、毛皮、羽毛及其制品和制鞋业	2549	88.5	3.6	2.3	1.4	4.7
木材加工和木、竹、藤、棕、草制品业	2370	87.2	4.5	3.9	0.6	4.6
家具制造业	2487	86.5	5.8	3.3	1.6	6.4
造纸和纸制品业	2178	86.9	5.2	5.0	0.5	6.4
印刷和记录媒介复制业	2086	86.1	6.2	3.8	1.1	7.0
文教、工美、体育和娱乐用品制造业	3620	88.3	6.8	3.9	1.8	4.7
石油、煤炭及其他燃料加工业	554	83.2	7.6	9.2	0.9	6.1
化学原料和化学制品制造业	10096	88.6	6.9	10.6	0.9	4.4
医药制造业	4338	83.6	14.4	13.7	1.2	5.0
化学纤维制造业	900	86.7	7.0	10.0	1.4	4.4
橡胶和塑料制品业	9308	87.1	6.0	5.3	1.1	5.8
非金属矿物制品业	10875	86.4	4.7	5.9	0.6	5.1
黑色金属冶炼和压延加工业	1443	86.1	8.4	9.4	0.9	6.6
有色金属冶炼和压延加工业	2984	86.9	6.6	8.3	0.6	5.7
金属制品业	11596	86.9	6.3	5.2	1.0	6.1
通用设备制造业	16535	89.3	6.3	7.1	1.0	4.8
专用设备制造业	13520	89.3	6.6	8.3	1.1	4.4
汽车制造业	8697	86.1	10.7	6.4	2.3	6.4
铁路、船舶、航空航天和其他运输设备制造业	2652	87.1	12.7	10.0	2.0	6.4
电气机械和器材制造业	16274	89.1	7.0	6.8	1.4	5.7
计算机、通信和其他电子设备制造业	14521	89.2	9.6	6.9	1.8	6.1
仪器仪表制造业	4065	91.3	8.4	9.9	1.2	3.9
其他制造业	769	88.0	7.7	5.3	0.7	7.2
废弃资源综合利用业	606	85.3	4.6	7.1	0.8	5.8
金属制品、机械和设备修理业	128	84.4	20.3	10.2	1.6	4.7
电力、热力、燃气及水生产和供应业	**702**	**79.1**	**9.7**	**7.0**	**0.4**	**5.4**
电力、热力生产和供应业	387	77.3	10.9	7.0	0.3	4.9
燃气生产和供应业	128	77.3	11.7	3.9		7.0
水的生产和供应业	187	84.0	5.9	9.1	1.1	5.3

其他	实现工艺创新企业数(个)	在实现工艺创新企业中，以下列形式进行开发的企业占比(%)					
		本企业独立开发或与集团内企业合作开发	本企业与境内其他企业合作开发	本企业与境内研究机构或高等学校合作开发	本企业与境外企业或机构合作开发	在其他单位开发的基础上调整或改进，或委托其他企业或机构开发	其他
5.4	**189147**	**79.3**	**10.1**	**6.8**	**1.1**	**10.4**	**8.6**
5.5	7532	74.9	8.1	8.9	0.8	9.9	9.9
4.9	3933	79.5	8.5	10.0	0.8	8.8	8.2
6.4	2114	73.0	10.2	13.7	0.8	9.1	9.1
2.7	81	69.1	38.3	17.3	1.2	18.5	6.2
6.0	7774	79.8	8.0	5.1	1.0	9.3	8.9
6.8	3202	78.0	9.3	3.5	1.5	10.1	10.1
6.3	2422	82.9	6.1	2.9	1.1	8.4	7.8
7.1	2942	78.7	6.8	4.0	0.6	8.5	9.7
7.3	2724	80.1	8.9	3.5	1.5	10.5	9.0
7.1	2740	77.0	7.4	4.6	0.9	11.2	10.6
6.6	2887	76.8	8.9	4.3	1.0	13.5	9.5
6.2	3874	80.8	8.8	4.3	2.0	8.7	7.6
7.4	841	71.1	14.5	9.6	1.1	14.6	8.8
4.1	11750	79.4	10.6	10.1	1.0	9.7	7.4
4.7	5372	76.1	18.2	13.3	1.2	10.2	7.5
5.4	1064	80.9	9.4	9.0	1.5	9.4	7.7
6.3	10722	80.4	8.2	5.2	1.0	9.9	9.2
7.2	15034	76.3	7.7	5.6	0.7	11.0	10.9
6.8	2056	78.3	11.2	8.8	1.0	11.6	9.2
5.5	3911	77.2	9.7	8.5	0.8	11.0	9.2
6.1	14212	78.7	8.7	4.8	0.8	10.4	9.9
4.9	17612	81.4	9.5	6.4	1.2	9.3	7.9
4.7	14375	81.3	9.7	8.3	1.1	9.5	7.9
4.8	9294	78.6	14.5	6.1	1.7	11.6	7.4
4.3	2844	77.5	15.3	8.8	1.1	11.8	9.0
5.1	16877	81.2	10.2	6.2	1.3	10.8	8.0
4.5	14869	81.0	13.3	6.6	1.8	12.3	7.5
3.4	3867	81.4	12.3	8.8	1.5	10.5	6.4
4.8	910	79.0	10.7	4.9	1.4	11.3	9.0
7.6	1057	77.3	7.7	7.3	0.4	10.0	10.2
4.7	255	74.1	16.9	5.9	1.2	13.3	10.2
7.8	**3527**	**60.8**	**20.1**	**7.8**	**0.8**	**16.8**	**13.2**
8.0	2273	60.7	22.7	8.5	0.8	16.9	12.4
8.6	539	60.1	14.8	3.5	0.6	16.3	16.5
7.0	715	61.7	15.5	8.5	0.8	16.8	13.0

3-7 续表 2

项 目	实现产品创新企业数(个)	在实现产品创新企业中，以下列形式进行开发的企业占比(%)				
		本企业独立开发或与集团内企业合作开发	本企业与境内其他企业合作开发	本企业与境内研究机构或高等学校合作开发	本企业与境外企业或机构合作开发	在其他单位开发的基础上调整或改进，或委托其他企业或机构开发
四、按地区分						
东部地区	113118	88.4	6.9	6.3	1.3	5.4
中部地区	36718	86.6	7.0	8.4	0.8	4.9
西部地区	14330	85.2	9.0	9.7	1.0	5.6
东北地区	3189	86.4	9.8	10.3	1.4	4.6
北 京	1410	92.2	11.3	7.7	2.0	5.2
天 津	1625	90.3	10.3	5.9	2.1	4.5
河 北	4894	90.9	3.9	4.8	0.5	3.8
山 西	931	85.5	10.3	11.8	0.5	4.8
内蒙古	397	84.6	10.6	10.8	0.8	5.3
辽 宁	1898	87.2	9.6	11.6	1.5	4.6
吉 林	599	86.3	11.4	9.3	2.0	4.0
黑龙江	692	84.1	9.0	7.7	0.7	5.1
上 海	3112	92.1	11.1	8.1	2.8	4.9
江 苏	22492	86.1	8.4	10.0	1.7	5.8
浙 江	30491	88.4	4.9	4.7	0.8	5.1
安 徽	8322	86.6	8.4	11.9	1.0	5.8
福 建	5548	89.9	6.5	6.2	1.4	4.3
江 西	7141	87.2	5.4	4.7	0.7	4.6
山 东	17586	88.2	5.6	6.1	0.7	4.4
河 南	5037	87.0	5.4	7.5	0.5	4.8
湖 北	7273	82.8	8.2	9.1	0.9	5.8
湖 南	8014	89.5	6.3	7.6	0.6	3.4
广 东	25841	88.8	8.4	5.3	2.0	6.9
广 西	1383	87.6	8.0	9.8	1.0	5.9
海 南	119	83.2	12.6	8.4	0.8	3.4
重 庆	3441	85.9	9.4	5.1	1.3	6.3
四 川	4191	86.3	8.4	9.9	0.9	5.0
贵 州	881	81.5	10.6	14.9	1.4	6.0
云 南	967	86.4	9.2	9.7	0.9	4.9
西 藏	11	90.9		9.1		
陕 西	1902	83.8	9.9	12.7	0.6	5.6
甘 肃	462	80.3	8.2	14.3	0.4	6.7
青 海	74	86.5	8.1	13.5		
宁 夏	319	82.4	9.7	13.8	0.9	4.7
新 疆	302	77.2	5.6	11.9	0.7	7.0

其他	实现工艺创新企业数(个)	在实现工艺创新企业中，以下列形式进行开发的企业占比(%)					
		本企业独立开发或与集团内企业合作开发	本企业与境内其他企业合作开发	本企业与境内研究机构或高等学校合作开发	本企业与境外企业或机构合作开发	在其他单位开发的基础上调整或改进，或委托其他企业或机构开发	其他
5.3	126444	80.0	10.0	6.0	1.3	10.6	8.4
5.6	42546	78.1	10.0	8.6	0.8	9.6	8.9
5.6	21383	73.6	12.4	8.6	0.7	12.1	10.1
5.0	4628	75.5	13.0	8.5	1.1	10.6	9.8
1.4	1258	80.1	19.2	7.1	1.7	13.1	3.5
3.3	2135	77.8	13.6	5.7	1.8	12.2	7.3
4.6	6027	81.6	6.8	4.9	0.6	8.2	8.3
5.2	1835	65.8	13.2	10.8	0.9	14.0	13.0
4.8	930	67.8	16.5	11.4	0.8	14.3	8.5
4.4	2881	76.8	12.4	8.3	1.1	10.3	9.1
5.5	746	76.1	14.1	9.1	1.2	9.8	9.5
6.4	1001	71.0	13.7	8.6	1.0	11.9	11.9
2.9	3968	81.5	16.5	6.5	2.2	11.8	6.3
5.1	29494	77.3	10.9	8.6	1.6	11.1	8.5
5.6	28563	82.7	7.4	4.6	0.9	8.8	7.5
5.4	10048	77.0	11.6	11.4	1.0	11.6	9.2
5.2	7321	81.6	9.3	6.1	1.3	8.7	8.6
6.4	6373	81.7	8.3	5.4	0.8	8.3	8.9
5.5	17983	81.2	8.4	5.9	0.7	8.6	8.1
5.0	8374	78.3	7.5	6.2	0.6	9.1	9.0
6.3	7834	73.9	11.6	9.7	1.0	10.6	9.7
4.8	8082	83.4	9.5	8.7	0.7	7.0	6.8
5.9	29520	78.6	11.9	4.9	1.8	13.5	10.1
5.9	2291	77.5	10.3	8.3	0.7	11.6	10.9
4.2	175	74.9	20.0	9.1	1.7	12.0	9.1
6.9	3579	78.7	12.9	5.4	1.1	10.9	7.5
4.7	6017	74.7	10.7	8.3	0.7	11.5	10.2
6.0	1834	73.1	12.1	8.4	0.5	10.1	12.1
5.2	1590	71.3	13.1	9.4	0.9	14.9	10.7
	24	70.8	20.8	4.2		12.5	8.3
4.9	2638	69.1	14.8	10.7	0.4	13.4	11.1
6.5	788	68.3	14.2	9.0	0.5	13.8	11.2
4.1	156	76.3	16.0	13.5		9.0	10.3
3.4	712	74.2	11.9	12.5	0.6	10.7	6.7
8.9	824	63.7	14.2	11.2	0.6	15.5	12.1

3–8 资质等级以上建筑业企业

项目	实现产品创新企业数(个)	在实现产品创新企业中，以下列形式进行开发的企业占比(%)				
		本企业独立开发或与集团内企业合作开发	本企业与境内其他企业合作开发	本企业与境内研究机构或高等学校合作开发	本企业与境外企业或机构合作开发	在其他单位开发的基础上调整或改进，或委托其他企业或机构开发
总计	**4557**	**67.5**	**18.9**	**14.4**	**1.7**	**21.8**
#国有及国有控股	1107	80.3	31.4	28.4	1.9	14.9
一、按规模分						
大型企业	1189	84.3	33.0	30.5	1.9	14.7
中型企业	1854	68.8	14.8	10.2	1.0	19.1
小型企业	1102	56.2	11.5	7.1	2.1	28.7
微型企业	412	43.0	16.3	6.6	3.6	35.9
二、按登记注册类型分						
内资企业	4525	67.3	18.9	14.3	1.7	21.9
#国有企业	117	71.8	31.6	27.4	1.7	12.0
集体企业	26	34.6	7.7	11.5		26.9
股份合作企业	8	62.5	25.0			12.5
有限责任公司	1457	75.8	26.3	22.6	2.0	18.1
#国有独资公司	284	79.2	33.1	27.1	1.8	12.7
股份有限公司	151	84.8	29.1	27.8	2.0	15.2
私营企业	2766	62.0	14.0	8.7	1.6	24.7
港、澳、台商投资企业	22	86.4	22.7	36.4	4.5	9.1
#合资经营企业	10	100.0	20.0	50.0		
港、澳、台商独资经营企业	5	80.0				20.0
港、澳、台商投资股份有限公司	5	80.0	40.0	60.0		20.0
外商投资企业	10	100.0		30.0	10.0	10.0
#中外合资经营企业	3	100.0		33.3		
外资企业	4	100.0			25.0	25.0
三、按行业分						
房屋建筑业	1736	63.1	18.7	13.8	1.6	23.9
土木工程建筑业	1325	73.3	24.2	21.4	2.0	17.7
建筑安装业	670	72.1	16.4	10.3	1.2	19.9
建筑装饰、装修和其他建筑业	826	63.4	12.8	8.0	2.1	25.7
四、按地区分						
东部地区	2476	70.2	19.2	15.4	1.9	20.0
中部地区	1102	65.6	18.0	14.0	1.5	25.2
西部地区	819	62.9	19.9	13.6	1.7	23.1
东北地区	160	61.3	15.6	6.9		19.4

产品创新和工艺创新开发情况

		在实现工艺创新企业中，以下列形式进行开发的企业占比(%)					
其他	实现工艺创新企业数（个）	本企业独立开发或与集团内企业合作开发	本企业与境内其他企业合作开发	本企业与境内研究机构或高等学校合作开发	本企业与境外企业或机构合作开发	在其他单位开发的基础上调整或改进，或委托其他企业或机构开发	其他
14.2	**9040**	**59.1**	**14.9**	**12.0**	**1.1**	**24.8**	**18.7**
7.8	2248	72.2	25.1	23.3	1.2	20.5	8.7
5.5	2176	76.2	27.6	26.4	1.1	19.3	6.1
13.5	3873	61.5	11.7	8.9	1.1	23.7	17.0
19.6	2190	47.4	9.0	5.8	1.2	29.0	27.9
27.9	801	33.2	11.2	4.6	1.2	33.6	36.5
14.2	8985	58.9	14.8	12.0	1.1	24.8	18.8
15.4	232	63.8	20.3	21.6	1.7	22.8	15.5
30.8	53	24.5	13.2	11.3	1.9	32.1	37.7
25.0	12	41.7	33.3	16.7		33.3	25.0
10.2	2886	69.0	21.8	19.1	1.0	22.0	11.1
7.0	600	72.5	23.0	21.0	1.5	21.8	8.8
7.9	280	71.8	24.3	20.0	1.4	20.4	8.9
16.5	5513	53.2	10.4	7.4	1.1	26.6	23.3
18.2	32	84.4	25.0	15.6	3.1	18.8	9.4
20.0	21	85.7	28.6	14.3	4.8	19.0	9.5
	5	100.0					20.0
20.0	4	75.0	50.0	50.0		25.0	
	23	95.7	4.3	8.7		21.7	4.3
	13	100.0		7.7		15.4	7.7
	7	85.7				42.9	
16.5	3500	55.4	14.3	11.0	0.9	26.5	21.2
11.8	2731	63.4	20.0	18.2	1.4	23.2	14.0
10.7	1187	65.5	12.6	8.3	1.0	22.2	16.7
16.0	1622	55.2	9.1	6.1	1.2	25.8	22.9
13.0	4763	62.4	15.1	13.1	1.1	24.0	16.9
13.6	2366	57.2	14.2	10.8	1.4	25.7	18.4
17.9	1589	52.9	15.5	10.9	0.9	25.9	24.4
18.1	322	55.3	12.4	9.3	0.3	23.9	20.5

3-8 续表

项目	实现产品创新企业数(个)	在实现产品创新企业中，以下列形式进行开发的企业占比(%)				
		本企业独立开发或与集团内企业合作开发	本企业与境内其他企业合作开发	本企业与境内研究机构或高等学校合作开发	本企业与境外企业或机构合作开发	在其他单位开发的基础上调整或改进，或委托其他企业或机构开发
北京	176	79.5	27.3	19.9	2.8	22.2
天津	103	70.9	19.4	13.6	1.0	15.5
河北	87	70.1	16.1	21.8	3.4	20.7
山西	101	64.4	14.9	15.8		27.7
内蒙古	23	73.9	4.3	13.0		8.7
辽宁	90	64.4	15.6	6.7		22.2
吉林	35	71.4	17.1	8.6		5.7
黑龙江	35	42.9	14.3	5.7		25.7
上海	148	66.9	26.4	22.3	2.7	23.0
江苏	342	61.7	19.0	15.5	2.9	21.9
浙江	378	71.4	16.4	14.8	0.8	22.0
安徽	232	64.2	17.7	12.1	0.9	28.9
福建	230	63.9	19.6	17.4	3.0	17.4
江西	134	66.4	18.7	11.9		21.6
山东	458	69.9	18.3	13.1	0.9	17.9
河南	284	64.1	18.3	12.3	2.5	24.6
湖北	204	69.6	20.1	17.2	3.4	23.0
湖南	147	65.3	16.3	16.3	0.7	25.2
广东	542	75.8	17.5	12.9	2.0	19.7
广西	86	77.9	25.6	8.1	1.2	24.4
海南	12	50.0	25.0	16.7		16.7
重庆	82	63.4	25.6	12.2	2.4	23.2
四川	222	57.7	18.5	13.1	2.3	25.2
贵州	73	60.3	17.8	16.4	4.1	27.4
云南	82	67.1	18.3	15.9	2.4	25.6
西藏	5	80.0				20.0
陕西	135	60.0	19.3	10.4	0.7	22.2
甘肃	42	54.8	26.2	28.6		21.4
青海	11	81.8	18.2	27.3		9.1
宁夏	18	61.1	27.8	5.6		5.6
新疆	40	60.0	15.0	17.5		20.0

其他	实现工艺创新企业数(个)	在实现工艺创新企业中，以下列形式进行开发的企业占比(%)					
		本企业独立开发或与集团内企业合作开发	本企业与境内其他企业合作开发	本企业与境内研究机构或高等学校合作开发	本企业与境外企业或机构合作开发	在其他单位开发的基础上调整或改进，或委托其他企业或机构开发	其他
8.0	365	72.6	21.9	16.4	0.5	25.8	10.1
14.6	207	69.6	15.9	12.6	0.5	18.8	14.0
13.8	173	61.9	11.0	15.6	1.7	20.2	19.1
14.9	180	55.6	12.2	13.3	1.7	26.1	22.8
17.4	52	53.8	15.4	7.7		17.3	26.9
16.7	176	58.0	10.8	9.1	0.6	25.6	18.8
11.4	71	63.4	18.3	12.7		14.1	19.7
28.6	75	41.3	10.7	6.7		29.3	25.3
12.2	244	63.5	20.9	16.4	2.5	23.4	13.9
16.7	713	52.7	12.9	13.6	1.5	26.1	21.7
10.8	811	65.6	12.5	12.7	0.7	24.2	14.1
18.1	542	51.7	14.9	10.1	0.9	30.4	19.0
15.2	429	56.9	19.1	17.2	1.6	22.8	17.7
14.2	295	56.9	13.9	10.2	0.7	21.7	18.3
13.5	851	58.0	14.3	10.3	0.4	24.8	20.9
13.0	549	57.0	12.9	8.2	1.6	27.5	18.2
10.3	419	58.5	15.5	13.4	1.9	23.6	17.2
10.9	381	64.8	14.4	11.8	1.6	21.8	17.1
11.8	951	67.7	14.6	11.4	1.5	23.9	14.7
17.4	146	61.0	25.3	13.0	0.7	24.7	21.2
25.0	19	57.9	10.5	5.3		5.3	36.8
13.4	149	58.4	20.1	13.4	1.3	25.5	15.4
17.6	436	51.6	14.5	11.9	1.4	24.1	23.9
19.2	124	54.0	10.5	8.9		26.6	27.4
15.9	158	53.8	14.6	11.4	1.9	25.9	27.2
40.0	8	25.0	12.5			50.0	37.5
17.0	276	49.6	12.7	7.2	0.7	31.2	24.3
23.8	94	45.7	18.1	12.8		27.7	22.3
18.2	19	42.1	21.1	10.5		31.6	42.1
38.9	47	57.4	10.6	6.4	2.1	17.0	34.0
17.5	80	52.5	13.8	15.0		25.0	30.0

3−9 规模(限额)以上服务业企业

项目	实现产品创新企业数(个)	在实现产品创新企业中，以下列形式进行开发的企业占比(%)				
		本企业独立开发或与集团内企业合作开发	本企业与境内其他企业合作开发	本企业与境内研究机构或高等学校合作开发	本企业与境外企业或机构合作开发	在其他单位开发的基础上调整或改进，或委托其他企业或机构开发
总　计	**35398**	**72.0**	**17.8**	**9.0**	**2.2**	**14.4**
#国有及国有控股	4901	75.2	29.8	17.5	1.9	14.7
一、按规模分						
大型企业	3108	86.9	25.4	16.8	3.0	10.0
中型企业	10153	78.5	17.8	10.0	2.1	12.1
小型企业	18492	70.2	16.7	7.8	2.1	15.0
微型企业	3645	49.8	17.0	5.2	2.1	21.9
二、按登记注册类型分						
内资企业	32930	71.3	17.7	9.2	1.8	14.8
国有企业	665	68.6	27.5	19.1	1.7	16.2
集体企业	32	50.0	25.0	9.4		18.8
股份合作企业	27	48.1	14.8	3.7	3.7	14.8
联营企业	19	47.4	26.3	26.3	15.8	15.8
#国有联营企业	9	44.4	44.4	33.3	11.1	11.1
有限责任公司	9190	77.7	21.3	11.6	1.6	13.0
#国有独资公司	934	72.8	30.9	19.7	1.9	15.8
股份有限公司	1582	84.4	21.6	15.4	1.6	10.1
私营企业	21411	67.8	15.5	7.4	1.9	15.9
其他企业	4	50.0		50.0		
港、澳、台商投资企业	1171	82.1	21.3	4.9	5.7	10.5
合资经营企业	260	83.1	17.7	7.7	6.2	10.0
合作经营企业	9	66.7	44.4	11.1		44.4
港、澳、台商独资经营企业	789	82.3	21.3	3.4	5.7	10.5
港、澳、台商投资股份有限公司	61	77.0	23.0	11.5	4.9	11.5
其他港、澳、台投资企业	52	82.7	34.6	3.8	5.8	5.8
外商投资企业	1297	79.0	18.5	6.1	8.7	8.5
中外合资经营企业	368	82.3	19.0	7.6	3.3	8.7
中外合作经营企业	8	62.5	37.5	12.5	12.5	25.0
外资企业	832	76.7	18.1	4.8	11.7	8.5
外商投资股份有限公司	57	87.7	22.8	14.0	5.3	7.0
其他外商投资企业	32	90.6	9.4	6.3		3.1
三、按行业分						
批发和零售业	**11848**	**51.7**	**18.1**	**6.2**	**3.6**	**22.0**
批发业	7156	55.4	20.2	7.1	4.3	20.7
零售业	4692	45.9	15.0	4.9	2.5	24.0
交通运输、仓储和邮政业	**1232**	**60.7**	**21.3**	**6.7**	**2.4**	**18.8**
铁路运输业	23	65.2	34.8	21.7		13.0
道路运输业	597	61.6	18.6	6.4	1.5	19.6
水上运输业	83	54.2	32.5	13.3	1.2	20.5
航空运输业	44	54.5	29.5	9.1	4.5	22.7
管道运输业	9	55.6	44.4	22.2		
多式联运和运输代理业	264	59.8	24.2	3.4	4.5	16.3
装卸搬运和仓储业	146	67.1	17.1	8.2	1.4	17.8
邮政业	66	53.0	16.7	1.5	4.5	24.2
信息传输、软件和信息技术服务业	**11948**	**87.7**	**17.5**	**8.5**	**1.2**	**9.2**
电信、广播电视和卫星传输服务	698	75.5	29.8	4.7	1.3	15.9
互联网和相关服务	1776	86.6	16.2	5.7	0.6	9.0
软件和信息技术服务业	9474	88.8	16.8	9.3	1.3	8.8

产品创新和工艺创新开发情况

其他	实现工艺创新企业数(个)	在实现工艺创新企业中，以下列形式进行开发的企业占比(%)					
		本企业独立开发或与集团内企业合作开发	本企业与境内其他企业合作开发	本企业与境内研究机构或高等学校合作开发	本企业与境外企业或机构合作开发	在其他单位开发的基础上调整或改进，或委托其他企业或机构开发	其他
12.2	**45597**	**57.8**	**17.5**	**6.7**	**1.7**	**24.2**	**16.3**
7.5	7433	59.8	27.3	11.6	1.1	24.2	11.4
4.3	3951	72.1	28.5	12.6	2.6	21.6	6.3
8.7	13229	62.8	18.4	7.0	1.5	24.1	12.4
12.6	23129	56.9	15.6	6.2	1.6	23.5	17.3
26.2	5288	38.7	15.4	4.4	1.8	29.5	29.7
12.6	42558	57.3	17.2	6.9	1.3	24.3	16.9
10.5	1114	54.9	23.9	11.0	0.9	24.9	15.3
28.1	55	45.5	14.5	9.1	3.6	20.0	30.9
33.3	29	41.4	13.8			20.7	34.5
	17	47.1	29.4	17.6	5.9	23.5	
	9	55.6	33.3	11.1		11.1	
8.4	12387	62.7	21.4	8.6	1.2	23.0	12.3
8.2	1560	54.6	28.0	12.6	1.5	25.4	13.1
5.1	1785	73.4	22.6	12.0	1.3	20.2	7.6
15.0	27163	53.9	14.7	5.6	1.4	25.2	19.7
	8	37.5	25.0	37.5			25.0
6.0	1435	66.7	21.4	4.3	4.7	21.9	9.6
5.0	328	65.5	22.3	5.8	3.4	24.1	9.8
	19	73.7	21.1	5.3		42.1	5.3
6.1	962	65.7	20.8	3.0	5.4	21.5	10.1
11.5	71	71.8	22.5	12.7	4.2	18.3	8.5
3.8	55	81.8	25.5	5.5	3.6	12.7	3.6
7.0	1604	63.4	20.6	4.6	7.9	23.5	7.6
6.0	440	70.7	20.5	5.5	3.6	18.4	6.6
12.5	11	45.5	27.3			45.5	9.1
7.8	1044	59.8	20.0	3.7	10.2	25.7	8.2
1.8	72	69.4	30.6	9.7	4.2	22.2	4.2
6.3	37	73.0	18.9	8.1		18.9	8.1
24.1	**17943**	**39.3**	**16.4**	**4.4**	**2.2**	**31.8**	**26.5**
20.3	11130	41.3	17.4	4.6	2.6	31.7	24.1
29.8	6813	36.0	14.8	4.2	1.5	31.9	30.3
13.9	**2818**	**46.6**	**20.2**	**4.8**	**1.8**	**28.9**	**18.6**
4.3	58	60.3	41.4	24.1		25.9	8.6
13.2	1249	44.7	17.5	4.6	1.8	29.9	19.2
10.8	224	51.8	29.0	7.1	0.9	26.3	16.1
15.9	82	39.0	37.8	9.8	3.7	35.4	6.1
11.1	26	50.0	38.5	26.9		23.1	11.5
14.4	597	44.4	20.9	2.7	2.7	26.8	20.1
13.7	428	50.7	17.5	3.5	1.4	28.7	17.8
24.2	154	49.4	13.6	1.9	0.6	31.8	24.7
3.8	**11370**	**79.9**	**18.5**	**7.1**	**1.1**	**16.0**	**6.3**
8.5	799	72.7	28.8	4.1	1.3	17.6	8.8
4.1	1729	79.0	18.2	5.4	0.7	16.8	6.8
3.4	8842	80.7	17.6	7.7	1.2	15.7	5.9

3-9 续表

项 目	实现产品创新企业数(个)	在实现产品创新企业中，以下列形式进行开发的企业占比(%)				
		本企业独立开发或与集团内企业合作开发	本企业与境内其他企业合作开发	本企业与境内研究机构或高等学校合作开发	本企业与境外企业或机构合作开发	在其他单位开发的基础上调整或改进，或委托其他企业或机构开发
租赁和商务服务业	**2495**	**69.5**	**18.1**	**5.7**	**2.2**	**14.7**
租赁业	177	70.6	13.6	7.3	1.1	15.3
商务服务业	2318	69.5	18.5	5.5	2.2	14.7
科学研究和技术服务业	**7384**	**81.7**	**17.5**	**15.2**	**1.7**	**9.9**
研究和试验发展	1180	84.2	21.7	18.7	2.9	8.8
专业技术服务业	5053	81.6	16.2	14.6	1.5	9.8
科技推广和应用服务业	1151	79.2	18.9	14.4	1.7	11.3
水利、环境和公共设施管理业	**491**	**74.3**	**12.0**	**14.9**	**0.4**	**12.4**
水利管理业	15	73.3	13.3	13.3		26.7
生态保护和环境治理业	213	83.1	10.3	18.8	0.9	7.0
公共设施管理业	245	69.0	13.5	11.4		14.7
土地管理业	18	44.4	11.1	16.7		33.3
四、按地区分						
东部地区	24185	75.0	18.2	8.7	2.5	13.6
中部地区	5767	65.3	15.7	8.9	1.4	16.5
西部地区	4551	64.9	18.9	10.7	1.6	16.4
东北地区	895	67.5	15.4	8.9	2.5	13.3
北 京	3153	85.1	19.4	9.3	1.7	9.6
天 津	654	73.9	19.1	9.3	1.5	12.4
河 北	564	70.6	13.3	7.8	1.2	12.4
山 西	297	58.6	14.8	9.1	2.7	18.9
内蒙古	128	66.4	18.8	10.2	0.8	15.6
辽 宁	458	71.0	14.4	9.0	3.1	11.1
吉 林	196	71.9	13.8	7.7	1.5	13.8
黑龙江	241	57.3	18.7	10.0	2.1	17.0
上 海	3355	79.7	19.0	6.9	3.7	10.9
江 苏	3524	64.7	17.9	11.6	2.6	16.1
浙 江	2419	73.6	18.4	8.2	2.6	13.1
安 徽	1108	63.5	16.7	11.0	1.6	15.1
福 建	1484	70.0	17.8	6.3	2.2	16.5
江 西	704	60.5	16.9	8.7	1.0	19.7
山 东	2165	70.1	18.6	9.7	2.0	14.4
河 南	1192	66.9	12.8	8.9	1.2	16.5
湖 北	1324	67.1	15.8	7.8	1.4	15.6
湖 南	1142	68.0	17.2	8.3	1.5	16.2
广 东	6744	77.2	17.5	8.0	2.5	14.9
广 西	438	63.9	20.8	13.7	2.5	17.4
海 南	123	71.5	19.5	7.3	2.4	14.6
重 庆	658	68.5	19.1	11.2	2.3	15.4
四 川	1385	70.3	17.3	9.6	0.9	13.9
贵 州	285	62.1	19.6	10.2	2.8	14.0
云 南	391	62.9	22.5	10.7	1.0	16.9
西 藏	26	53.8	19.2	11.5	3.8	15.4
陕 西	725	61.1	19.2	9.1	1.5	19.2
甘 肃	205	50.7	16.1	13.7	2.0	22.4
青 海	57	56.1	24.6	15.8		14.0
宁 夏	82	62.2	14.6	14.6	1.2	22.0
新 疆	171	56.1	19.3	11.1	2.3	20.5

其他	实现工艺创新企业数(个)	在实现工艺创新企业中，以下列形式进行开发的企业占比(%)					
		本企业独立开发或与集团内企业合作开发	本企业与境内其他企业合作开发	本企业与境内研究机构或高等学校合作开发	本企业与境外企业或机构合作开发	在其他单位开发的基础上调整或改进，或委托其他企业或机构开发	其他
12.3	**3418**	**53.7**	**16.3**	**4.4**	**1.9**	**26.2**	**17.2**
9.0	271	57.9	11.4	3.7	1.1	22.1	17.7
12.5	3147	53.4	16.7	4.4	2.0	26.6	17.1
6.5	**9178**	**71.4**	**18.3**	**12.0**	**1.2**	**17.5**	**8.5**
5.3	1369	75.8	23.2	15.5	1.9	16.1	6.4
7.0	6457	70.6	17.3	11.0	1.1	18.1	9.1
5.5	1352	70.9	18.6	12.8	1.1	16.5	7.6
7.9	**870**	**59.7**	**13.8**	**10.3**	**0.9**	**22.8**	**11.8**
6.7	28	60.7	21.4	21.4	3.6	17.9	10.7
3.3	388	70.9	14.4	12.4	0.8	16.0	7.7
11.8	407	52.6	13.3	7.1	1.0	26.5	15.2
11.1	47	27.7	8.5	14.9		48.9	17.0
10.4	29915	60.5	18.3	6.6	1.9	24.1	14.0
16.0	7907	53.4	15.1	6.8	1.2	24.7	20.2
15.8	6640	51.4	17.3	7.1	1.2	24.3	21.6
16.5	1135	54.4	15.8	6.8	1.4	22.6	20.6
4.1	3554	69.0	21.0	7.3	1.2	22.5	7.1
11.5	872	58.7	18.0	7.5	1.1	23.9	13.0
14.4	818	55.4	14.3	6.0	0.7	22.0	20.5
18.2	449	44.1	15.6	7.1	1.3	27.8	25.4
13.3	254	50.4	17.3	5.9	0.8	21.7	22.0
15.5	596	57.4	16.3	5.0	1.8	20.6	19.3
12.2	223	54.7	15.2	9.9	0.9	21.5	17.5
22.0	316	48.7	15.2	7.9	0.9	26.9	25.3
8.1	3954	64.6	20.5	5.8	3.2	23.1	9.6
15.9	4506	54.4	16.7	9.0	2.1	26.2	17.4
10.0	3243	58.0	18.1	5.6	1.5	24.1	16.4
18.6	1544	51.2	17.0	7.6	1.0	25.1	21.8
13.9	1812	53.7	19.6	6.2	1.8	25.4	19.6
20.3	912	48.4	16.9	6.7	1.8	25.9	24.7
12.1	3020	54.4	16.9	7.1	1.4	24.4	17.9
16.4	1769	55.2	11.8	6.4	1.1	25.1	19.6
14.1	1735	53.2	15.9	6.7	0.9	25.5	19.1
12.2	1498	59.8	14.6	6.7	1.3	21.1	16.4
9.9	7968	63.9	17.3	5.8	1.9	24.2	12.8
18.0	748	52.9	17.1	8.4	1.2	24.1	23.0
12.2	168	55.4	26.2	3.6	2.4	20.8	21.4
14.1	907	56.9	17.0	6.4	0.7	23.9	16.9
12.3	1882	56.3	16.4	7.4	1.1	23.4	17.9
16.1	438	48.2	16.0	6.4	0.9	21.5	27.9
16.4	606	44.7	20.0	5.8	2.0	27.1	25.6
26.9	40	40.0	22.5		2.5	27.5	25.0
18.3	960	48.6	18.4	6.8	1.4	27.1	22.5
23.4	280	43.2	16.4	8.2	1.8	24.3	27.5
24.6	73	52.1	17.8	15.1	1.4	16.4	32.9
20.7	125	40.8	22.4	9.6	1.6	25.6	26.4
17.5	327	42.5	15.6	7.6	1.2	25.4	25.1

3−10 规模以上高技术产业(制造业)

项目	实现产品创新企业数(个)	在实现产品创新企业中，以下列形式进行开发的企业占比(%)				
		本企业独立开发或与集团内企业合作开发	本企业与境内其他企业合作开发	本企业与境内研究机构或高等学校合作开发	本企业与境外企业或机构合作开发	在其他单位开发的基础上调整或改进，或委托其他企业或机构开发
总　计	**27165**	**88.8**	**10.0**	**8.7**	**1.6**	**5.4**
#国有及国有控股	1344	89.8	21.9	18.2	2.2	5.0
一、按规模分						
大型企业	1502	92.3	17.9	15.7	5.3	5.3
中型企业	4471	91.4	12.2	11.8	2.1	4.8
小型企业	20254	88.2	8.9	7.7	1.2	5.4
微型企业	938	83.6	9.1	5.2	1.3	7.7
二、按登记注册类型分						
内资企业	23918	88.6	10.0	8.9	1.1	5.5
国有企业	103	88.4	24.3	18.4	1.9	7.8
集体企业	4	75.0				
股份合作企业	22	77.3	13.6			13.6
联营企业	6	66.7	16.7	16.7		
#国有联营企业	4	75.0	25.0			
有限责任公司	4883	89.5	12.5	9.7	1.3	5.3
#国有独资公司	146	89.7	28.1	24.7	0.7	7.5
股份有限公司	1443	91.1	15.7	16.9	2.1	5.3
私营企业	17450	88.2	8.7	8.0	1.0	5.6
其他企业	7	71.4	28.6	42.9		14.3
港、澳、台商投资企业	1473	91.7	9.5	7.1	4.5	4.5
合资经营企业	434	92.9	9.9	9.2	2.3	4.1
合作经营企业	12	91.7	8.3			
港、澳、台商独资经营企业	867	91.1	8.8	5.2	5.7	4.5
港、澳、台商投资股份有限公司	118	91.5	13.6	12.7	5.1	5.1
其他港、澳、台投资企业	42	90.5	9.5	9.5	2.4	7.1
外商投资企业	1774	89.0	10.1	7.0	5.3	4.7
中外合资经营企业	574	91.3	11.0	9.9	3.1	3.5
中外合作经营企业	5	100.0				
外资企业	1054	87.2	9.2	5.0	6.6	5.4
外商投资股份有限公司	113	92.9	14.2	11.5	4.4	3.5
其他外商投资企业	28	92.9	14.3	3.6	3.6	7.1
三、按高技术行业(制造业)分						
医药制造业	**4338**	**83.6**	**14.4**	**13.7**	**1.2**	**5.0**
#化学药品制造	1363	80.3	21.5	13.3	2.1	6.2
中成药生产	678	80.1	19.6	18.4	1.0	5.5
生物药品制品制造	571	85.3	11.2	13.5	0.5	5.1

产品创新和工艺创新开发情况

其他	实现工艺创新企业数(个)	在实现工艺创新企业中，以下列形式进行开发的企业占比(%)					
		本企业独立开发或与集团内企业合作开发	本企业与境内其他企业合作开发	本企业与境内研究机构或高等学校合作开发	本企业与境外企业或机构合作开发	在其他单位开发的基础上调整或改进，或委托其他企业或机构开发	其他
4.3	**28787**	**80.2**	**13.9**	**8.5**	**1.6**	**11.4**	**7.3**
1.8	1362	80.8	26.4	14.5	1.9	12.7	4.1
1.8	1630	88.1	25.7	13.4	5.2	10.9	3.3
3.0	4731	81.7	19.0	11.0	2.1	11.6	4.7
4.7	21262	79.4	12.1	7.7	1.3	11.5	8.1
6.7	1164	78.3	10.4	4.7	0.6	11.3	10.0
4.4	25190	79.9	13.8	8.8	1.2	11.6	7.6
4.9	110	80.0	27.3	6.4	0.9	12.7	6.4
25.0	8	50.0	12.5			12.5	25.0
4.5	26	76.9	11.5	7.7		15.4	
	9	77.8	22.2			11.1	
	7	71.4	14.3			14.3	
3.6	5232	80.9	16.7	9.1	1.2	11.4	6.5
	154	78.6	21.4	14.3		13.6	6.5
2.6	1367	80.0	25.6	15.6	2.5	13.5	4.8
4.8	18434	79.6	12.0	8.2	1.0	11.5	8.1
	4	75.0	50.0	25.0			
2.9	1647	83.9	14.8	6.6	4.1	10.1	6.1
2.1	466	85.6	16.7	8.8	2.6	9.0	4.9
	11	54.5	36.4			9.1	
3.5	1005	84.0	12.1	4.8	4.7	10.2	7.0
2.5	126	82.5	27.0	12.7	5.6	11.1	2.4
2.4	39	74.4	12.8	10.3	5.1	17.9	12.8
4.1	1950	81.5	15.0	6.3	5.4	10.1	5.6
3.3	612	81.5	16.7	9.3	3.4	9.8	5.1
	9	66.7	22.2		11.1	22.2	
4.8	1196	81.4	13.8	3.8	6.3	10.3	6.1
1.8	104	83.7	18.3	16.3	6.7	10.6	2.9
3.6	29	82.8	17.2	10.3	3.4	3.4	6.9
4.7	**5372**	**76.1**	**18.2**	**13.3**	**1.2**	**10.2**	**7.5**
3.4	1766	75.1	25.3	13.3	1.8	10.7	6.2
4.7	938	73.6	22.6	15.6	1.0	9.8	7.2
2.8	691	75.5	15.6	13.3	2.0	12.2	6.5

3-10 续表 1

项目	实现产品创新企业数(个)	在实现产品创新企业中，以下列形式进行开发的企业占比(%)				
		本企业独立开发或与集团内企业合作开发	本企业与境内其他企业合作开发	本企业与境内研究机构或高等学校合作开发	本企业与境外企业或机构合作开发	在其他单位开发的基础上调整或改进，或委托其他企业或机构开发
电子及通信设备制造业	**15019**	**89.4**	**8.9**	**7.1**	**1.7**	**5.9**
#电子工业专用设备制造	1151	90.1	7.1	5.7	1.4	6.3
光纤、光缆制造及锂离子电池制造	1044	91.3	6.9	8.7	1.1	3.9
#锂离子电池制造	832	90.6	6.9	8.8	1.2	3.6
通信设备制造、雷达及配套设备制造	1453	89.1	12.3	8.8	1.4	7.8
#通信系统设备制造	778	90.7	11.6	8.4	1.0	7.3
通信终端设备制造	585	87.4	13.0	7.4	2.2	9.1
雷达及配套设备制造	90	86.7	14.4	22.2		4.4
广播电视设备制造	389	89.5	11.3	5.4	1.3	6.4
非专业视听设备制造	661	90.5	9.1	5.7	3.8	7.1
电子器件制造	3427	90.1	9.6	7.5	2.0	5.9
#电子真空器件制造	268	86.6	6.3	6.0	1.1	6.3
半导体分立器件制造	291	92.1	7.2	11.0	2.7	3.8
集成电路制造	741	90.6	13.5	10.5	3.1	6.1
光电子器件制造	626	91.5	9.3	6.9	1.3	4.5
电子元件及电子专用设备制造	4967	88.7	7.1	7.2	1.5	5.2
#电阻电容电感元件制造	664	88.6	7.8	6.5	2.0	4.8
电子专用材料制造	1306	89.2	5.6	10.0	1.0	3.6
电子电路制造	950	87.3	6.9	6.2	1.5	6.7
智能消费设备制造	1050	88.1	10.7	5.7	2.0	6.8
其他电子设备制造	877	89.6	11.4	5.6	2.1	6.2
计算机及办公设备制造业	**1763**	**89.1**	**12.8**	**5.3**	**1.8**	**6.5**
#计算机整机制造	229	88.6	16.2	7.4	1.7	11.4
计算机零部件制造	525	86.5	9.5	4.0	2.5	6.7
计算机外围设备制造	493	90.5	11.6	4.1	1.2	3.9
办公设备制造	140	87.1	13.6	4.3	0.7	5.0
医疗仪器设备及仪器仪表制造业	**5560**	**91.3**	**7.9**	**9.5**	**1.3**	**4.0**
#医疗仪器设备及器械制造	1689	91.2	6.3	8.1	1.7	4.4
#医疗诊断、监护及治疗设备制造	542	93.4	6.8	9.8	1.3	3.3
医疗、外科及兽医用器械制造	431	87.7	4.9	7.9	1.6	4.9
通用仪器仪表制造	2632	91.6	7.4	9.9	1.0	4.0
专用仪器仪表制造	758	91.0	10.8	11.2	1.2	3.2
信息化学品制造业	**99**	**86.9**	**6.1**	**9.1**	**2.0**	**5.1**
四、按地区分						
东部地区	18562	89.7	9.8	8.0	1.8	5.6
中部地区	5579	86.6	9.4	9.5	1.0	5.0
西部地区	2555	87.9	11.9	11.1	1.1	5.0
东北地区	469	84.9	13.9	13.2	1.7	5.1

其他	实现工艺创新企业数(个)	在实现工艺创新企业中，以下列形式进行开发的企业占比(%)					
		本企业独立开发或与集团内企业合作开发	本企业与境内其他企业合作开发	本企业与境内研究机构或高等学校合作开发	本企业与境外企业或机构合作开发	在其他单位开发的基础上调整或改进，或委托其他企业或机构开发	其他
4.5	**15605**	**81.3**	**12.6**	**6.9**	**1.7**	**12.0**	**7.5**
4.1	1202	80.0	9.2	7.3	1.8	12.4	8.2
4.2	1216	83.6	11.0	8.3	1.6	11.6	7.3
4.0	973	83.7	11.3	8.3	1.7	11.3	7.6
4.1	1389	79.3	16.3	6.6	1.9	13.8	7.6
3.1	701	79.7	14.8	6.7	1.6	13.6	7.3
5.6	608	79.4	17.3	5.6	2.1	14.0	7.9
3.3	80	75.0	21.3	13.8	2.5	15.0	7.5
3.3	343	82.2	13.4	5.0	1.5	10.5	5.0
2.9	591	83.8	13.9	4.7	2.9	13.0	5.9
4.3	3611	80.7	13.7	6.9	2.1	12.1	7.8
6.3	288	79.2	9.7	5.6	1.0	10.1	6.9
3.1	334	82.9	13.2	9.0	2.4	9.3	5.4
3.0	757	79.3	17.4	7.9	3.2	15.5	7.5
3.4	651	83.6	12.8	6.9	1.5	9.8	5.8
4.8	5439	81.5	11.0	7.5	1.6	11.3	7.5
4.7	714	80.3	13.0	7.6	2.1	10.6	6.0
3.7	1483	83.3	10.4	10.9	1.1	9.0	5.9
6.1	1121	79.8	9.0	6.3	1.5	14.7	10.3
6.0	952	82.6	15.2	5.8	0.9	12.2	7.9
4.3	862	80.2	15.4	5.0	1.3	12.8	7.0
4.5	**1755**	**80.0**	**15.2**	**5.3**	**2.1**	**14.3**	**7.7**
3.9	227	80.6	22.0	5.7	2.6	18.1	11.0
6.7	560	81.3	10.0	4.3	2.7	13.9	7.0
3.7	480	76.5	15.6	4.0	2.1	14.2	8.8
6.4	138	85.5	12.3	3.6		7.2	7.2
3.7	**5448**	**81.6**	**12.3**	**8.4**	**1.6**	**10.3**	**6.5**
4.8	1778	81.4	11.9	7.0	1.9	10.2	7.1
4.2	554	81.9	13.2	7.4	2.5	10.1	6.0
5.3	450	81.1	12.7	7.3	1.8	9.8	6.7
3.2	2478	81.5	12.1	8.9	1.1	10.3	6.5
2.9	720	81.1	14.6	10.6	1.7	11.0	5.6
2.0	**104**	**84.6**	**9.6**	**8.7**	**1.9**	**5.8**	**3.8**
4.2	19285	80.6	13.8	7.5	1.9	12.3	7.3
5.1	5847	80.7	13.0	10.3	1.1	8.9	7.3
4.3	3051	77.7	14.8	10.4	1.1	11.5	7.9
2.3	604	77.3	20.5	12.1	1.8	9.4	6.3

3-10 续表 2

项 目	实现产品创新企业数(个)	在实现产品创新企业中，以下列形式进行开发的企业占比(%)				
		本企业独立开发或与集团内企业合作开发	本企业与境内其他企业合作开发	本企业与境内研究机构或高等学校合作开发	本企业与境外企业或机构合作开发	在其他单位开发的基础上调整或改进，或委托其他企业或机构开发
北 京	577	92.5	12.1	7.1	2.1	4.9
天 津	295	91.5	11.9	10.2	3.4	5.1
河 北	480	90.6	6.9	6.7	0.4	4.2
山 西	117	79.5	21.4	15.4	0.9	9.4
内蒙古	58	86.2	12.1	8.6		5.2
辽 宁	242	86.8	10.3	14.5	1.2	5.0
吉 林	128	85.2	14.1	14.8	3.1	4.7
黑龙江	99	79.8	22.2	8.1	1.0	6.1
上 海	615	93.5	10.7	8.0	2.8	3.3
江 苏	3776	88.7	10.1	11.6	2.7	5.2
浙 江	3291	89.1	8.6	8.4	1.1	4.3
安 徽	1232	87.3	10.7	11.9	1.1	5.7
福 建	767	90.2	9.9	9.5	1.8	3.9
江 西	1569	86.5	7.5	6.6	1.2	5.0
山 东	1569	88.4	9.9	10.8	0.8	4.5
河 南	663	84.5	8.1	7.5	0.5	6.6
湖 北	888	84.9	11.5	13.0	1.0	4.5
湖 南	1110	89.4	8.6	8.6	1.1	3.2
广 东	7164	90.2	9.8	5.3	1.8	7.1
广 西	182	87.4	12.1	12.1	0.5	6.0
海 南	28	64.3	39.3	10.7		3.6
重 庆	553	90.1	11.8	7.6	1.6	4.9
四 川	914	87.7	11.2	9.6	1.1	4.4
贵 州	168	86.9	15.5	20.8	1.8	8.9
云 南	112	84.8	12.5	7.1	0.9	4.5
西 藏						
陕 西	433	88.5	13.4	14.1	0.9	4.4
甘 肃	67	79.1	7.5	19.4	1.5	9.0
青 海	18	83.3	11.1	5.6		
宁 夏	37	89.2	5.4	16.2		5.4
新 疆	13	92.3	7.7	15.4		7.7

		在实现工艺创新企业中，以下列形式进行开发的企业占比(%)					
其他	实现工艺创新企业数(个)	本企业独立开发或与集团内企业合作开发	本企业与境内其他企业合作开发	本企业与境内研究机构或高等学校合作开发	本企业与境外企业或机构合作开发	在其他单位开发的基础上调整或改进，或委托其他企业或机构开发	其他
1.6	470	79.4	19.4	6.4	2.3	13.2	3.4
2.4	319	78.4	16.9	8.2	2.8	15.7	5.0
3.3	528	85.8	7.8	6.3	0.9	8.5	5.5
3.4	160	73.8	16.3	11.9	0.6	15.6	3.1
1.7	87	74.7	17.2	11.5	1.1	6.9	5.7
2.1	318	77.7	17.3	10.1	1.6	10.1	6.6
2.3	144	77.1	20.1	17.4	2.1	10.4	5.6
3.0	142	76.8	28.2	11.3	2.1	7.0	6.3
2.9	753	80.3	20.5	7.7	2.4	12.6	4.3
3.7	4550	79.8	13.2	10.8	2.5	10.9	6.9
3.8	2923	81.7	12.7	8.3	1.0	9.0	6.2
5.4	1358	79.7	14.7	11.9	1.4	11.3	7.8
3.7	807	82.3	15.1	8.1	2.2	10.5	5.9
5.5	1421	83.5	10.8	7.9	1.0	7.7	7.4
4.6	1494	82.9	14.0	9.6	0.9	10.1	5.2
5.1	860	79.5	10.1	8.1	0.5	8.1	7.8
4.4	983	77.7	14.8	12.7	1.5	9.7	7.3
4.7	1065	83.3	13.8	10.6	1.1	6.2	6.5
5.0	7406	79.9	13.7	4.7	1.8	15.0	9.4
6.6	252	81.7	12.3	8.7	0.4	10.7	11.1
3.6	35	65.7	31.4	14.3	2.9	22.9	5.7
4.7	539	84.0	17.3	7.8	1.1	10.9	3.7
4.4	1086	78.2	13.2	10.2	1.3	11.1	8.7
3.6	224	74.6	18.8	16.1	2.2	8.9	8.0
3.6	167	73.7	13.8	12.0	1.2	15.6	8.4
	2	50.0	50.0				
3.2	477	72.5	16.1	10.7	0.6	13.8	8.8
4.5	102	67.6	10.8	11.8		15.7	10.8
11.1	30	76.7	20.0	10.0		10.0	10.0
2.7	48	85.4	14.6	12.5	2.1	8.3	2.1
	37	75.7	8.1	13.5		10.8	10.8

四、规模（限额）以上企业新产品或新工艺情况（2022 年）

4-1 规模(限额)以上

项　目	实现产品创新企业数(个)	在实现产品创新企业中占比(%)	
		有市场新产品的企业	有本企业新产品的企业
总　计	**207310**	**56.3**	**100.0**
#国有及国有控股	13276	57.0	100.0
一、按规模分			
大型企业	9610	65.6	100.0
中型企业	32868	60.7	100.0
小型企业	153428	55.1	100.0
微型企业	11404	51.8	100.0
二、按登记注册类型分			
内资企业	189507	55.9	100.0
国有企业	1411	55.1	100.0
集体企业	166	59.6	100.0
股份合作企业	296	52.4	100.0
联营企业	43	55.8	100.0
#国有联营企业	23	52.2	100.0
有限责任公司	32813	56.5	100.0
#国有独资公司	2250	57.2	100.0
股份有限公司	6904	64.8	100.0
私营企业	147842	55.3	100.0
其他企业	32	59.4	100.0
港、澳、台商投资企业	8248	61.1	100.0
合资经营企业	2590	62.1	100.0
合作经营企业	85	61.2	100.0
港、澳、台商独资经营企业	4907	59.5	100.0
港、澳、台商投资股份有限公司	507	72.6	100.0
其他港、澳、台投资企业	159	59.1	100.0
外商投资企业	9555	60.9	100.0
中外合资经营企业	3466	61.1	100.0
中外合作经营企业	81	59.3	100.0
外资企业	5473	60.2	100.0
外商投资股份有限公司	418	69.1	100.0
其他外商投资企业	117	62.4	100.0
三、按行业分			
采矿业	730	38.4	100.0
制造业	165923	56.9	100.0
电力、热力、燃气及水生产和供应业	702	30.8	100.0
建筑业	4557	62.0	100.0
批发和零售业	11848	61.0	100.0
交通运输、仓储和邮政业	1232	45.8	100.0
信息传输、软件和信息技术服务业	11948	50.7	100.0

注：在占实现产品创新企业比重里，较低新颖度类别包含了较高新颖度类别；在占营业收入比重里，仅按最高的新颖度类别计算，较低新颖度类别未包含较高新颖度类别。以下各表同。

企业新产品情况

新产品销售收入(亿元)	新产品销售收入占营业收入的比重(%)		
		1.仅市场新的产品	2.仅本企业新的产品
494155.4	**16.3**	**6.0**	**10.3**
149890.5	15.8	5.8	10.1
281031.3	26.2	11.0	15.3
106814.8	13.2	4.4	8.8
94124.0	11.7	3.3	8.4
12185.3	3.6	0.9	2.7
399781.2	15.8	5.6	10.2
9614.7	10.3	3.8	6.5
179.2	4.2	2.0	2.2
349.7	15.7	5.6	10.1
165.7	12.4	1.1	11.3
64.1	6.7	0.8	5.9
173819.8	16.7	5.8	10.9
27007.1	14.2	5.3	8.8
54056.2	24.5	10.6	13.9
161393.7	13.8	4.6	9.3
202.0	38.7	21.9	16.8
44974.7	21.9	10.3	11.6
12512.0	24.2	13.0	11.3
274.7	12.0	6.7	5.2
26575.8	19.5	8.6	10.9
5040.4	39.0	18.3	20.8
571.8	26.2	7.4	18.8
49399.6	17.3	7.1	10.2
23115.5	24.0	10.7	13.3
252.6	12.7	5.7	7.0
21898.7	12.8	4.6	8.1
3841.9	27.9	14.0	13.9
290.8	14.3	6.3	8.0
2451.6	3.5	0.9	2.7
323948.7	26.9	11.0	15.9
1582.7	1.4	0.1	1.3
68874.5	28.1	9.0	19.2
40502.8	3.7	1.1	2.7
8095.2	8.2	1.9	6.3
31121.8	31.0	8.3	22.7

4-1 续表

项　　目	实现产品创新企业数(个)	在实现产品创新企业中占比(%)	
		有市场新产品的企业	有本企业新产品的企业
租赁和商务服务业	2495	46.9	100.0
科学研究和技术服务业	7384	50.6	100.0
水利、环境和公共设施管理业	491	45.2	100.0
四、按地区分			
东部地区	139779	56.7	100.0
中部地区	43587	54.7	100.0
西部地区	19700	56.1	100.0
东北地区	4244	59.2	100.0
北　京	4739	53.0	100.0
天　津	2382	56.2	100.0
河　北	5545	48.7	100.0
山　西	1329	55.2	100.0
内蒙古	548	48.5	100.0
辽　宁	2446	63.3	100.0
吉　林	830	53.0	100.0
黑龙江	968	54.0	100.0
上　海	6615	59.4	100.0
江　苏	26358	58.6	100.0
浙　江	33288	52.1	100.0
安　徽	9662	58.5	100.0
福　建	7262	58.6	100.0
江　西	7979	55.5	100.0
山　东	20209	52.9	100.0
河　南	6513	56.2	100.0
湖　北	8801	52.3	100.0
湖　南	9303	51.3	100.0
广　东	33127	63.2	100.0
广　西	1907	52.2	100.0
海　南	254	50.8	100.0
重　庆	4181	54.4	100.0
四　川	5798	57.1	100.0
贵　州	1239	58.5	100.0
云　南	1440	55.2	100.0
西　藏	42	61.9	100.0
陕　西	2762	60.4	100.0
甘　肃	709	58.0	100.0
青　海	142	57.0	100.0
宁　夏	419	55.4	100.0
新　疆	513	50.5	100.0

新产品销售收入(亿元)	新产品销售收入占营业收入的比重(%)		
		1.仅市场新的产品	2.仅本企业新的产品
4152.0	6.9	1.3	5.5
12934.4	34.8	12.2	22.6
491.7	7.9	1.7	6.2
330976.6	17.1	6.4	10.8
98155.2	19.3	6.9	12.4
54444.2	11.6	4.3	7.2
10579.4	9.5	3.7	5.8
26560.7	15.2	5.0	10.2
9519.6	12.2	2.8	9.3
12145.2	13.9	3.8	10.1
7363.7	10.5	2.8	7.7
3649.9	9.1	3.9	5.2
6296.0	9.6	3.6	6.0
2516.1	12.3	5.1	7.1
1767.3	7.0	2.9	4.1
34226.1	14.4	5.6	8.7
63848.0	20.2	7.2	13.0
50643.4	18.3	6.6	11.7
22162.0	26.9	9.4	17.5
13003.0	8.3	3.6	4.6
13549.4	19.0	7.8	11.3
46622.8	22.5	7.7	14.8
14528.3	14.6	7.6	7.0
22563.2	21.6	5.6	16.0
17988.6	22.5	7.9	14.6
73649.9	19.6	8.6	11.0
5091.4	10.8	3.5	7.3
757.8	3.5	1.1	2.3
9263.0	16.0	5.5	10.6
13213.4	12.6	5.3	7.3
3757.1	14.8	6.0	8.9
3961.2	9.8	2.6	7.2
38.3	2.2	0.9	1.3
9680.2	13.6	5.9	7.7
2366.6	9.7	3.2	6.5
852.2	11.6	4.4	7.2
1106.3	9.9	2.2	7.7
1464.6	3.8	0.7	3.1

4−2 规模以上工业

项 目	实现产品创新企业数(个)	在实现产品创新企业中的占比(%)		
		有国际市场新产品的企业	有国内市场新产品的企业	有本企业新产品的企业
总 计	**167355**	**17.2**	**56.7**	**100.0**
#国有及国有控股	7268	13.9	59.5	100.0
一、按规模分				
大型企业	5313	34.8	71.5	100.0
中型企业	20861	25.3	64.7	100.0
小型企业	133834	15.6	55.4	100.0
微型企业	7347	9.3	47.9	100.0
二、按登记注册类型分				
内资企业	152052	15.6	56.1	100.0
国有企业	629	10.2	57.6	100.0
集体企业	108	11.1	56.5	100.0
股份合作企业	261	8.0	51.0	100.0
联营企业	24	20.8	66.7	100.0
#国有联营企业	14	14.3	57.1	100.0
有限责任公司	22166	14.6	58.1	100.0
#国有独资公司	1032	12.4	59.0	100.0
股份有限公司	5171	23.2	67.0	100.0
私营企业	123665	15.5	55.3	100.0
其他企业	28	28.6	64.3	100.0
港、澳、台商投资企业	7055	32.6	62.5	100.0
合资经营企业	2320	26.9	62.8	100.0
合作经营企业	75	30.7	60.0	100.0
港、澳、台商独资经营企业	4113	35.3	61.0	100.0
港、澳、台商投资股份有限公司	441	37.4	74.4	100.0
其他港、澳、台投资企业	106	33.0	62.3	100.0
外商投资企业	8248	32.7	62.5	100.0
中外合资经营企业	3095	28.8	62.4	100.0
中外合作经营企业	73	23.3	61.6	100.0
外资企业	4637	35.0	61.9	100.0
外商投资股份有限公司	358	40.5	71.5	100.0
其他外商投资企业	85	24.7	65.9	100.0
三、按行业分				
采矿业	**730**	**5.1**	**38.4**	**100.0**
#煤炭开采和洗选业	92	2.2	37.0	100.0
石油和天然气开采业	10	10.0	40.0	100.0
黑色金属矿采选业	72	8.3	37.5	100.0
有色金属矿采选业	124	7.3	29.8	100.0
非金属矿采选业	405	4.0	40.2	100.0
开采专业及辅助性活动	26	11.5	53.8	100.0

企业新产品情况

新产品销售收入（亿元）	新产品销售收入占营业收入的比重（%）			
		1.仅国际市场新的产品	2.仅国内市场新的产品	3.仅本企业新的产品
327983.0	**23.6**	**2.5**	**7.1**	**14.0**
64129.8	17.5	1.3	6.7	9.5
164895.5	28.9	4.4	9.8	14.6
77784.4	25.2	1.9	7.1	16.3
82214.9	17.7	0.8	4.3	12.7
3088.2	6.9	0.1	2.0	4.8
255989.8	23.1	1.9	6.9	14.3
3288.8	9.3	0.7	3.6	5.0
69.4	4.7	0.6	1.5	2.6
234.6	21.2	0.5	7.5	13.2
133.8	33.7	0.1	1.9	31.8
50.2	22.4	0.1	1.4	20.9
85692.2	21.3	1.9	6.3	13.1
7791.9	10.4	0.7	4.6	5.0
40941.3	32.2	3.6	11.5	17.2
125427.9	23.3	1.7	6.4	15.2
201.8	91.8	8.6	43.3	39.9
33852.3	29.3	6.9	8.9	13.5
11568.4	28.8	6.1	9.7	13.1
91.4	8.0	0.8	1.5	5.7
17666.0	27.6	7.2	7.8	12.6
4332.3	46.2	9.6	14.5	22.1
194.1	26.4	3.4	4.7	18.3
38140.9	23.0	3.2	7.5	12.3
17929.5	26.9	2.7	11.6	12.5
249.4	14.4	2.7	3.9	7.8
16515.7	19.0	3.5	3.8	11.8
3265.2	35.1	4.8	13.2	17.2
181.0	19.8	2.3	9.5	8.0
2451.6	**3.5**		**0.9**	**2.7**
837.8	2.0		0.3	1.8
387.6	3.1		2.6	0.5
329.9	6.6		1.1	5.5
343.1	9.3	0.1	0.9	8.4
395.4	8.6		1.5	7.1
157.8	6.5	0.2	0.4	5.9

4-2 续表 1

项　　目	实现产品创新企业数(个)	在实现产品创新企业中的占比(%)		
		有国际市场新产品的企业	有国内市场新产品的企业	有本企业新产品的企业
制造业	**165923**	**17.3**	**56.9**	**100.0**
农副食品加工业	6124	7.2	43.7	100.0
食品制造业	3578	10.6	50.0	100.0
酒、饮料和精制茶制造业	1725	5.9	49.0	100.0
烟草制品业	75	32.0	62.7	100.0
纺织业	6560	17.1	50.7	100.0
纺织服装、服饰业	2710	19.2	50.8	100.0
皮革、毛皮、羽毛及其制品和制鞋业	2549	19.8	51.9	100.0
木材加工和木、竹、藤、棕、草制品业	2370	10.3	45.2	100.0
家具制造业	2487	21.3	55.2	100.0
造纸和纸制品业	2178	11.6	50.1	100.0
印刷和记录媒介复制业	2086	12.8	51.7	100.0
文教、工美、体育和娱乐用品制造业	3620	31.9	60.7	100.0
石油、煤炭及其他燃料加工业	554	4.9	46.2	100.0
化学原料和化学制品制造业	10096	13.4	56.8	100.0
医药制造业	4338	12.6	51.3	100.0
化学纤维制造业	900	15.7	51.7	100.0
橡胶和塑料制品业	9308	17.4	56.2	100.0
非金属矿物制品业	10875	10.0	49.2	100.0
黑色金属冶炼和压延加工业	1443	10.1	48.4	100.0
有色金属冶炼和压延加工业	2984	10.9	54.2	100.0
金属制品业	11596	16.8	54.7	100.0
通用设备制造业	16535	18.4	61.4	100.0
专用设备制造业	13520	19.7	64.0	100.0
汽车制造业	8697	15.6	57.5	100.0
铁路、船舶、航空航天和其他运输设备制造业	2652	21.5	63.5	100.0
电气机械和器材制造业	16274	21.4	60.6	100.0
计算机、通信和其他电子设备制造业	14521	26.3	65.3	100.0
仪器仪表制造业	4065	18.3	66.4	100.0
其他制造业	769	26.5	59.4	100.0
废弃资源综合利用业	606	2.6	41.6	100.0
金属制品、机械和设备修理业	128	6.3	52.3	100.0
电力、热力、燃气及水生产和供应业	**702**	**3.0**	**30.8**	**100.0**
电力、热力生产和供应业	387	3.4	31.5	100.0
燃气生产和供应业	128	0.8	29.7	100.0
水的生产和供应业	187	3.7	29.9	100.0

新产品销售收入(亿元)	新产品销售收入占营业收入的比重(%)			
		1.仅国际市场新的产品	2.仅国内市场新的产品	3.仅本企业新的产品
323948.7	**26.9**	**2.9**	**8.1**	**15.9**
6318.1	10.7	0.2	2.0	8.4
3566.4	15.6	1.0	5.1	9.5
1661.3	9.8	0.2	2.5	7.1
787.9	6.2	0.1	4.1	1.9
5527.1	20.8	1.9	4.9	13.9
2233.0	15.0	1.4	4.6	8.9
1663.7	14.6	1.5	3.3	9.9
1369.9	13.0	0.8	2.9	9.4
1810.6	23.5	2.6	6.7	14.1
4112.2	27.0	0.8	7.3	18.9
1759.4	22.7	1.0	5.5	16.2
2393.4	16.3	3.2	3.8	9.3
5943.4	9.5	0.2	1.3	8.0
26057.5	27.6	0.9	6.7	20.1
10049.3	34.2	2.3	9.5	22.4
3420.3	31.1	1.2	9.1	20.9
8495.5	27.9	2.7	8.1	17.0
12255.7	17.9	0.6	5.7	11.7
18529.1	21.4	0.5	4.4	16.5
14168.6	18.7	0.5	5.0	13.2
11666.8	23.6	1.5	6.0	16.1
16496.5	34.1	3.5	11.7	18.9
14153.9	36.4	3.0	11.9	21.5
30512.7	33.9	2.2	14.2	17.4
8749.5	64.1	8.7	29.1	26.4
43513.5	41.9	4.8	14.5	22.6
61286.2	39.4	10.7	11.3	17.4
3464.8	34.5	2.6	11.7	20.3
596.2	26.9	4.0	7.7	15.2
1209.5	10.5	0.3	2.5	7.7
176.7	10.2	0.2	1.8	8.2
1582.7	**1.4**		**0.1**	**1.3**
727.1	0.8		0.1	0.6
756.8	4.7		0.1	4.6
98.8	2.1		0.2	1.9

4–2 续表 2

项　目	实现产品创新企业数(个)	在实现产品创新企业中的占比(%)		
		有国际市场新产品的企业	有国内市场新产品的企业	有本企业新产品的企业
四、按地区分				
东部地区	113118	20.5	57.6	100.0
中部地区	36718	10.0	54.6	100.0
西部地区	14330	9.9	54.4	100.0
东北地区	3189	14.7	60.0	100.0
北　京	1410	15.6	62.0	100.0
天　津	1625	17.7	59.0	100.0
河　北	4894	11.6	48.7	100.0
山　西	931	8.3	53.6	100.0
内蒙古	397	10.6	45.6	100.0
辽　宁	1898	19.5	65.3	100.0
吉　林	599	8.2	53.8	100.0
黑龙江	692	7.1	50.7	100.0
上　海	3112	25.8	69.7	100.0
江　苏	22492	19.8	59.0	100.0
浙　江	30491	19.1	52.3	100.0
安　徽	8322	13.9	58.8	100.0
福　建	5548	22.3	60.3	100.0
江　西	7141	10.9	55.5	100.0
山　东	17586	14.9	52.8	100.0
河　南	5037	11.0	55.5	100.0
湖　北	7273	9.0	51.9	100.0
湖　南	8014	5.8	51.4	100.0
广　东	25841	27.6	65.3	100.0
广　西	1383	11.6	50.4	100.0
海　南	119	6.7	47.1	100.0
重　庆	3441	10.0	53.9	100.0
四　川	4191	10.1	56.3	100.0
贵　州	881	7.6	56.8	100.0
云　南	967	8.5	49.6	100.0
西　藏	11		63.6	100.0
陕　西	1902	10.5	59.4	100.0
甘　肃	462	9.1	53.2	100.0
青　海	74	6.8	48.6	100.0
宁　夏	319	9.7	55.2	100.0
新　疆	302	6.0	45.4	100.0

新产品销售收入（亿元）	新产品销售收入占营业收入的比重（%）	1.仅国际市场新的产品	2.仅国内市场新的产品	3.仅本企业新的产品
217184.5	27.7	3.2	8.2	16.3
72017.1	24.0	2.5	6.8	14.8
30106.3	12.4	0.8	4.5	7.1
8675.0	14.2	0.7	5.1	8.5
5603.7	20.8	3.8	6.8	10.1
4868.4	20.2	1.3	4.3	14.6
9474.6	17.6	0.9	3.9	12.8
3554.8	9.2	0.4	2.3	6.5
3147.5	11.1	0.5	4.6	6.0
5102.6	14.7	0.6	5.0	9.1
2177.0	16.1	1.4	5.7	9.1
1395.4	11.1	0.4	4.6	6.2
10785.3	24.6	3.6	9.5	11.6
51118.3	31.2	3.4	8.4	19.4
41281.8	37.8	3.8	10.5	23.5
17580.5	35.9	2.6	10.7	22.6
7757.7	11.0	1.9	3.6	5.5
11644.8	24.4	2.3	8.1	13.9
37847.2	34.5	3.1	9.0	22.5
10656.0	17.3	6.1	4.1	7.1
14809.3	26.9	0.7	6.6	19.7
13771.7	28.9	1.8	8.7	18.4
48075.1	26.8	3.9	9.6	13.2
2860.5	12.3	0.7	3.1	8.5
372.3	12.4	1.0	4.2	7.1
6795.7	23.7	1.2	6.5	16.0
6831.9	12.5	0.9	5.9	5.7
1359.9	12.6	0.4	6.0	6.3
1631.3	8.2		2.6	5.6
8.4	1.7		0.2	1.5
4364.1	12.3	1.8	5.5	5.0
1122.0	10.2	0.5	3.8	5.9
375.2	8.2	0.1	1.2	6.9
924.5	11.2	0.2	2.3	8.7
685.5	3.9	0.1	0.6	3.2

4-3 资质等级以上

项目	实现产品创新企业数(个)	在实现产品创新企业中占比(%)	
		有市场新产品的企业	有本企业新产品的企业
总计	**4557**	**62.0**	**100.0**
#国有及国有控股	1107	65.5	100.0
一、按规模分			
大型企业	1189	67.1	100.0
中型企业	1854	58.0	100.0
小型企业	1102	60.3	100.0
微型企业	412	69.7	100.0
二、按登记注册类型分			
内资企业	4525	61.9	100.0
#国有企业	117	65.0	100.0
集体企业	26	80.8	100.0
股份合作企业	8	75.0	100.0
有限责任公司	1457	64.1	100.0
#国有独资公司	284	64.4	100.0
股份有限公司	151	65.6	100.0
私营企业	2766	60.2	100.0
港、澳、台商投资企业	22	86.4	100.0
#合资经营企业	10	90.0	100.0
港、澳、台商独资经营企业	5	60.0	100.0
港、澳、台商投资股份有限公司	5	100.0	100.0
外商投资企业	10	70.0	100.0
#中外合资经营企业	3	66.7	100.0
外资企业	4	75.0	100.0
三、按行业分			
房屋建筑业	1736	61.8	100.0
土木工程建筑业	1325	62.7	100.0
建筑安装业	670	56.6	100.0
建筑装饰、装修和其他建筑业	826	65.9	100.0
四、按地区分			
东部地区	2476	61.1	100.0
中部地区	1102	61.5	100.0
西部地区	819	66.4	100.0
东北地区	160	56.3	100.0

注：建筑业企业新产品销售收入根据企业填报产品新颖度情况推算。

建筑业企业新产品情况

新产品销售收入（亿元）	新产品销售收入占营业收入的比重（%）		
		1.仅市场新的产品	2.仅本企业新的产品
68874.5	**28.1**	**9.0**	**19.2**
48917.8	40.8	12.9	27.8
62338.6	38.9	12.5	26.4
5645.3	8.8	2.5	6.3
421.1	3.3	1.0	2.3
469.4	6.1	2.8	3.3
68144.0	28.1	9.0	19.1
2782.4	34.2	13.3	20.9
89.4	5.3	2.8	2.5
108.6	47.2	14.2	33.0
49142.7	37.7	12.2	25.5
12292.2	38.4	13.2	25.3
4132.0	37.3	10.9	26.4
11889.0	13.1	3.8	9.3
600.6	45.5	15.0	30.6
205.6	30.3	13.2	17.1
35.8	19.3	3.7	15.6
40.9	42.4	19.1	23.3
129.9	13.6	4.8	8.8
22.3	8.7	2.8	6.0
12.3	2.4	1.4	1.0
36392.1	26.2	8.3	17.9
27368.7	34.8	11.2	23.6
2775.9	20.0	6.7	13.4
2337.7	17.8	5.5	12.3
38992.9	28.7	9.8	18.9
15703.5	26.7	7.7	19.0
13533.5	30.2	8.8	21.3
644.6	12.6	3.2	9.4

4-3 续表

项　　目	实现产品创新企业数(个)	在实现产品创新企业中占比(%)	
		有市场新产品的企业	有本企业新产品的企业
北　京	176	61.4	100.0
天　津	103	60.2	100.0
河　北	87	69.0	100.0
山　西	101	63.4	100.0
内蒙古	23	60.9	100.0
辽　宁	90	57.8	100.0
吉　林	35	48.6	100.0
黑龙江	35	60.0	100.0
上　海	148	66.2	100.0
江　苏	342	62.3	100.0
浙　江	378	57.7	100.0
安　徽	232	65.1	100.0
福　建	230	56.5	100.0
江　西	134	57.5	100.0
山　东	458	60.3	100.0
河　南	284	61.3	100.0
湖　北	204	62.7	100.0
湖　南	147	57.1	100.0
广　东	542	62.9	100.0
广　西	86	66.3	100.0
海　南	12	66.7	100.0
重　庆	82	59.8	100.0
四　川	222	63.5	100.0
贵　州	73	80.8	100.0
云　南	82	76.8	100.0
西　藏	5	40.0	100.0
陕　西	135	61.5	100.0
甘　肃	42	66.7	100.0
青　海	11	63.6	100.0
宁　夏	18	61.1	100.0
新　疆	40	75.0	100.0

新产品销售收入(亿元)	新产品销售收入占营业收入的比重(%)		
		1.仅市场新的产品	2.仅本企业新的产品
6343.2	36.0	11.7	24.3
1522.6	33.1	9.9	23.3
1335.8	25.2	8.3	16.9
2331.5	40.8	9.8	31.0
138.7	12.2	5.0	7.2
380.2	15.0	3.8	11.2
140.1	11.3	3.1	8.3
124.4	9.2	2.3	6.9
6364.1	54.1	24.6	29.5
6459.3	21.0	6.5	14.5
2848.4	16.0	5.5	10.5
2242.0	27.2	7.6	19.7
2898.3	25.8	9.1	16.7
1034.5	18.0	5.2	12.8
5039.0	32.6	10.7	21.9
2250.1	24.2	9.8	14.4
5363.5	30.8	7.7	23.1
2482.0	20.0	6.4	13.6
6143.9	29.3	8.7	20.6
1140.2	29.4	7.6	21.8
38.1	10.1	2.6	7.5
985.0	18.1	6.2	11.9
3950.5	29.3	8.2	21.1
1349.4	45.0	19.1	25.9
1289.5	36.0	6.5	29.4
3.4	1.8	0.4	1.3
3122.6	36.8	10.9	25.9
650.8	31.2	7.1	24.2
324.6	57.8	34.6	23.3
84.2	14.7	2.8	12.0
494.7	20.7	3.3	17.3

4-4 规模(限额)以上

项　目	实现产品创新企业数(个)	在实现产品创新企业中占比(%)	
		有市场新产品的企业	有本企业新产品的企业
总　计	**35398**	**53.6**	**100.0**
#国有及国有控股	4901	51.2	100.0
一、按规模分			
大型企业	3108	55.0	100.0
中型企业	10153	53.1	100.0
小型企业	18492	52.9	100.0
微型企业	3645	57.7	100.0
二、按登记注册类型分			
内资企业	32930	53.8	100.0
国有企业	665	51.1	100.0
集体企业	32	53.1	100.0
股份合作企业	27	59.3	100.0
联营企业	19	42.1	100.0
#国有联营企业	9	44.4	100.0
有限责任公司	9190	51.4	100.0
#国有独资公司	934	52.9	100.0
股份有限公司	1582	57.4	100.0
私营企业	21411	54.6	100.0
其他企业	4	25.0	100.0
港、澳、台商投资企业	1171	52.5	100.0
合资经营企业	260	54.6	100.0
合作经营企业	9	66.7	100.0
港、澳、台商独资经营企业	789	51.3	100.0
港、澳、台商投资股份有限公司	61	57.4	100.0
其他港、澳、台投资企业	52	51.9	100.0
外商投资企业	1297	50.7	100.0
中外合资经营企业	368	49.7	100.0
中外合作经营企业	8	37.5	100.0
外资企业	832	51.0	100.0
外商投资股份有限公司	57	54.4	100.0
其他外商投资企业	32	53.1	100.0

注：服务业企业新产品销售收入根据企业填报新颖度情况推算。

服务业企业新产品情况

新产品销售收入（亿元）	新产品销售收入占营业收入的比重（%）	1.仅市场新的产品	2.仅本企业新的产品
97297.9	**7.0**	**2.0**	**5.0**
36842.8	8.0	2.1	5.9
53797.2	15.8	4.7	11.1
23385.0	5.4	1.5	3.9
11488.0	3.5	0.9	2.6
8627.7	3.0	0.6	2.4
75647.3	6.4	1.9	4.5
3543.6	7.1	1.8	5.2
20.4	1.8	0.5	1.3
6.6	0.7	0.3	0.4
31.9	3.8	0.8	3.0
13.8	2.1	0.6	1.5
38984.9	7.6	2.3	5.4
6923.0	8.3	2.3	6.0
8982.9	10.9	3.8	7.1
24076.8	4.5	1.2	3.3
0.3	0.1	0.0	0.1
10521.8	11.9	3.0	8.9
738.0	6.8	2.7	4.1
141.4	12.9	9.8	3.1
8874.0	12.3	3.0	9.3
667.2	19.4	2.4	17.0
101.2	8.9	3.6	5.4
11128.8	9.3	2.2	7.2
5163.7	17.7	2.5	15.2
3.2	1.4	0.1	1.2
5370.7	6.4	1.9	4.5
481.5	11.1	5.2	5.9
109.8	9.9	1.9	8.0

4-4 续表 1

项　　目	实现产品创新企业数(个)	在实现产品创新企业中占比(%)	
		有市场新产品的企业	有本企业新产品的企业
三、按行业分			
批发和零售业	**11848**	**61.0**	**100.0**
批发业	7156	59.0	100.0
零售业	4692	64.0	100.0
交通运输、仓储和邮政业	**1232**	**45.8**	**100.0**
铁路运输业	23	47.8	100.0
道路运输业	597	44.1	100.0
水上运输业	83	44.6	100.0
航空运输业	44	40.9	100.0
管道运输业	9	44.4	100.0
多式联运和运输代理业	264	49.2	100.0
装卸搬运和仓储业	146	45.9	100.0
邮政业	66	51.5	100.0
信息传输、软件和信息技术服务业	**11948**	**50.7**	**100.0**
电信、广播电视和卫星传输服务	698	50.3	100.0
互联网和相关服务	1776	44.9	100.0
软件和信息技术服务业	9474	51.9	100.0
租赁和商务服务业	**2495**	**46.9**	**100.0**
租赁业	177	54.8	100.0
商务服务业	2318	46.2	100.0
科学研究和技术服务业	**7384**	**50.6**	**100.0**
研究和试验发展	1180	56.3	100.0
专业技术服务业	5053	48.0	100.0
科技推广和应用服务业	1151	56.1	100.0
水利、环境和公共设施管理业	**491**	**45.2**	**100.0**
水利管理业	15	46.7	100.0
生态保护和环境治理业	213	46.9	100.0
公共设施管理业	245	44.1	100.0
土地管理业	18	38.9	100.0
四、按地区分			
东部地区	24185	52.2	100.0
中部地区	5767	54.5	100.0
西部地区	4551	59.4	100.0
东北地区	895	56.8	100.0

新产品销售收入(亿元)	新产品销售收入占营业收入的比重(%)		
		1.仅市场新的产品	2.仅本企业新的产品
40502.8	**3.7**	**1.1**	**2.7**
34187.3	3.6	1.0	2.6
6315.5	4.4	1.2	3.2
8095.2	**8.2**	**1.9**	**6.3**
1534.8	12.3	4.8	7.5
3694.5	12.0	1.7	10.3
367.0	4.6	1.2	3.4
870.1	20.9	8.0	12.9
116.9	6.9	0.2	6.8
1042.2	4.3	1.0	3.3
170.6	2.6	0.5	2.1
299.1	2.9	0.6	2.3
31121.8	**31.0**	**8.3**	**22.7**
4840.3	23.2	7.8	15.3
9937.9	32.9	7.5	25.4
16343.6	33.2	9.1	24.1
4152.0	**6.9**	**1.3**	**5.5**
196.2	8.6	2.3	6.3
3955.8	6.8	1.3	5.5
12934.4	**34.8**	**12.2**	**22.6**
1936.1	41.4	19.5	21.9
9835.5	35.1	11.5	23.6
1162.8	25.7	9.0	16.7
491.7	**7.9**	**1.7**	**6.2**
5.6	1.8	0.4	1.5
177.4	16.2	3.1	13.1
274.3	9.0	1.8	7.2
34.4	2.0	0.9	1.1
74799.2	7.4	2.0	5.4
10434.6	7.0	1.8	5.2
10804.3	5.9	1.9	4.0
1259.8	2.8	1.1	1.7

4-4 续表 2

项　目	实现产品创新企业数(个)	在实现产品创新企业中占比(%)	
		有市场新产品的企业	有本企业新产品的企业
北　京	3153	48.6	100.0
天　津	654	48.6	100.0
河　北	564	45.6	100.0
山　西	297	57.2	100.0
内蒙古	128	55.5	100.0
辽　宁	458	55.9	100.0
吉　林	196	51.5	100.0
黑龙江	241	62.7	100.0
上　海	3355	49.6	100.0
江　苏	3524	55.9	100.0
浙　江	2419	49.4	100.0
安　徽	1108	55.0	100.0
福　建	1484	52.4	100.0
江　西	704	55.7	100.0
山　东	2165	52.1	100.0
河　南	1192	58.3	100.0
湖　北	1324	53.0	100.0
湖　南	1142	50.3	100.0
广　东	6744	55.2	100.0
广　西	438	55.3	100.0
海　南	123	52.8	100.0
重　庆	658	56.8	100.0
四　川	1385	58.7	100.0
贵　州	285	58.2	100.0
云　南	391	64.5	100.0
西　藏	26	65.4	100.0
陕　西	725	62.8	100.0
甘　肃	205	66.8	100.0
青　海	57	66.7	100.0
宁　夏	82	54.9	100.0
新　疆	171	53.8	100.0

新产品销售收入(亿元)	新产品销售收入占营业收入的比重(%)		
		1.仅市场新的产品	2.仅本企业新的产品
14613.8	11.3	3.0	8.3
3128.6	6.3	0.8	5.5
1334.7	4.7	1.1	3.7
1477.3	5.7	1.4	4.3
363.7	3.5	0.7	2.8
813.3	2.9	1.2	1.7
199.0	3.5	1.1	2.4
247.4	2.2	0.7	1.5
17076.6	9.3	2.6	6.7
6270.4	5.1	1.2	3.9
6513.2	4.3	1.2	3.2
2339.6	9.2	2.4	6.8
2347.0	3.1	1.1	2.1
870.1	4.9	1.4	3.5
3736.6	4.5	1.2	3.4
1622.3	5.6	1.3	4.3
2390.5	7.5	1.6	5.9
1734.9	8.7	2.6	6.1
19430.9	11.1	3.5	7.6
1090.7	5.4	2.4	3.1
347.3	1.9	0.4	1.5
1482.3	6.3	2.6	3.7
2431.1	6.7	2.1	4.5
1047.9	9.1	2.3	6.8
1040.4	6.2	1.7	4.5
26.5	2.5	1.3	1.2
2193.5	8.1	2.6	5.5
593.8	5.3	1.5	3.8
152.4	6.8	3.2	3.7
97.6	4.0	0.8	3.2
284.4	1.5	0.3	1.2

4–5 规模以上高技术产业

项目	实现产品创新企业数(个)	在实现产品创新企业中的占比(%)		
		有国际市场新产品的企业	有国内市场新产品的企业	有本企业新产品的企业
总　计	**27165**	**22.1**	**63.1**	**100.0**
#国有及国有控股	1344	15.6	65.4	100.0
一、按规模分				
大型企业	1502	41.5	73.8	100.0
中型企业	4471	27.7	67.6	100.0
小型企业	20254	19.8	61.5	100.0
微型企业	938	14.1	57.8	100.0
二、按登记注册类型分				
内资企业	23918	19.7	62.6	100.0
国有企业	103	8.7	65.0	100.0
集体企业	4		75.0	100.0
股份合作企业	22	13.6	59.1	100.0
联营企业	6		50.0	100.0
#国有联营企业	4		50.0	100.0
有限责任公司	4883	18.3	62.8	100.0
#国有独资公司	146	7.5	67.8	100.0
股份有限公司	1443	25.0	67.1	100.0
私营企业	17450	19.8	62.1	100.0
其他企业	7	28.6	85.7	100.0
港、澳、台商投资企业	1473	37.4	65.9	100.0
合资经营企业	434	28.8	64.5	100.0
合作经营企业	12	25.0	58.3	100.0
港、澳、台商独资经营企业	867	41.1	64.7	100.0
港、澳、台商投资股份有限公司	118	43.2	78.8	100.0
其他港、澳、台投资企业	42	38.1	71.4	100.0
外商投资企业	1774	41.0	67.0	100.0
中外合资经营企业	574	34.8	69.2	100.0
中外合作经营企业	5	40.0	80.0	100.0
外资企业	1054	44.2	65.2	100.0
外商投资股份有限公司	113	45.1	70.8	100.0
其他外商投资企业	28	28.6	75.0	100.0
三、按高技术行业(制造业)分				
医药制造业	**4338**	**12.6**	**51.3**	**100.0**
#化学药品制造	1363	13.4	48.9	100.0
中成药生产	678	6.2	51.5	100.0
生物药品制品制造	571	18.4	53.9	100.0
电子及通信设备制造业	**15019**	**25.1**	**65.2**	**100.0**
#电子工业专用设备制造	1151	18.0	67.2	100.0
光纤、光缆制造及锂离子电池制造	1044	23.7	63.5	100.0
#锂离子电池制造	832	23.1	63.8	100.0
通信设备制造、雷达及配套设备制造	1453	24.5	66.8	100.0
#通信系统设备制造	778	21.0	65.8	100.0
通信终端设备制造	585	31.3	67.2	100.0
雷达及配套设备制造	90	11.1	73.3	100.0
广播电视设备制造	389	33.7	69.7	100.0
非专业视听设备制造	661	42.8	66.9	100.0
电子器件制造	3427	27.0	66.0	100.0
#电子真空器件制造	268	26.1	64.9	100.0
半导体分立器件制造	291	20.6	65.3	100.0
集成电路制造	741	22.0	63.4	100.0
光电子器件制造	626	30.4	66.9	100.0
电子元件及电子专用设备制造	4967	21.8	63.2	100.0
#电阻电容电感元件制造	664	21.7	67.2	100.0

(制造业)新产品情况

新产品销售收入(亿元)	新产品销售收入占营业收入的比重(%)			
		1.仅国际市场新的产品	2.仅国内市场新的产品	3.仅本企业新的产品
87548.3	**39.1**	**8.4**	**11.7**	**19.0**
12262.6	56.7	6.8	29.9	19.9
57510.4	44.7	12.5	14.0	18.2
16728.7	35.9	3.6	10.1	22.2
12923.7	28.6	2.2	7.5	19.0
385.4	11.2	0.7	3.9	6.6
59488.0	42.0	7.0	14.2	20.8
377.7	74.2	2.6	37.0	34.6
2.7	2.4		0.0	2.3
2.5	3.9	0.1	1.2	2.6
100.2	73.3		0.3	73.0
33.9	82.6		0.4	82.2
22428.4	40.9	8.3	13.3	19.3
1026.9	112.2	7.6	78.4	26.1
11284.7	56.8	9.7	22.4	24.7
25279.4	38.2	5.2	12.4	20.7
12.3	10.9	0.2	3.8	7.0
15916.1	40.3	15.1	9.7	15.5
4135.1	36.7	16.9	6.3	13.5
11.4	39.3	0.9	13.9	24.4
9898.0	39.3	13.8	10.7	14.7
1758.0	62.2	20.2	14.5	27.4
113.6	53.9	2.4	5.7	45.8
12144.2	28.5	6.7	5.3	16.6
2988.1	35.1	9.0	10.6	15.4
1.8	0.7	0.0	0.2	0.5
8351.3	25.9	5.7	3.2	16.9
754.6	55.1	16.2	20.3	18.7
48.4	25.2	1.5	16.6	7.1
10049.3	**34.2**	**2.3**	**9.5**	**22.4**
4817.3	36.1	2.7	9.9	23.5
1708.4	32.5	1.4	8.2	23.0
1472.9	35.8	3.1	12.0	20.7
61176.9	**40.6**	**9.8**	**11.6**	**19.3**
1397.0	39.7	2.3	12.9	24.5
7030.5	40.2	4.8	11.0	24.4
6354.6	39.9	4.8	10.3	24.8
17921.6	42.1	12.1	13.5	16.5
4012.0	52.3	6.6	11.8	33.9
13814.4	39.7	13.4	13.7	12.6
95.1	65.2	0.6	39.3	25.4
938.4	45.2	17.1	11.7	16.3
2852.5	40.6	9.0	15.6	16.1
11734.6	39.0	12.5	9.4	17.1
430.9	35.7	13.3	7.6	14.7
402.1	26.2	2.2	6.8	17.1
4377.0	44.2	20.2	7.7	16.3
1289.7	33.0	5.8	10.2	17.0
14119.8	39.5	6.7	10.9	21.9
868.9	30.5	6.6	7.9	16.1

4-5 续表

项　目	实现产品创新企业数(个)	在实现产品创新企业中的占比(%)		
		有国际市场新产品的企业	有国内市场新产品的企业	有本企业新产品的企业
电子专用材料制造	1306	18.1	62.2	100.0
电子电路制造	950	19.6	60.8	100.0
智能消费设备制造	1050	29.2	67.0	100.0
其他电子设备制造	877	26.5	64.9	100.0
计算机及办公设备制造业	**1763**	**29.9**	**66.1**	**100.0**
#计算机整机制造	229	34.9	72.9	100.0
计算机零部件制造	525	30.9	65.0	100.0
计算机外围设备制造	493	31.8	64.1	100.0
办公设备制造	140	29.3	64.3	100.0
医疗仪器设备及仪器仪表制造业	**5560**	**19.6**	**65.1**	**100.0**
#医疗仪器设备及器械制造	1689	24.2	62.6	100.0
#医疗诊断、监护及治疗设备制造	542	24.7	64.8	100.0
医疗、外科及兽医用器械制造	431	26.0	63.3	100.0
通用仪器仪表制造	2632	16.6	65.3	100.0
专用仪器仪表制造	758	16.4	66.4	100.0
信息化学品制造业	**99**	**15.2**	**54.5**	**100.0**
四、按地区分				
东部地区	18562	26.0	64.7	100.0
中部地区	5579	13.1	58.6	100.0
西部地区	2555	14.3	61.5	100.0
东北地区	469	14.3	61.4	100.0
北　京	577	18.4	63.4	100.0
天　津	295	21.4	63.7	100.0
河　北	480	12.7	55.6	100.0
山　西	117	5.1	46.2	100.0
内蒙古	58	17.2	62.1	100.0
辽　宁	242	19.0	70.2	100.0
吉　林	128	12.5	56.3	100.0
黑龙江	99	5.1	46.5	100.0
上　海	615	31.1	69.8	100.0
江　苏	3776	24.5	63.0	100.0
浙　江	3291	21.8	59.8	100.0
安　徽	1232	15.8	59.9	100.0
福　建	767	25.7	64.9	100.0
江　西	1569	13.3	59.3	100.0
山　东	1569	13.8	58.5	100.0
河　南	663	12.4	60.5	100.0
湖　北	888	15.3	58.1	100.0
湖　南	1110	9.4	56.6	100.0
广　东	7164	32.9	69.5	100.0
广　西	182	20.3	52.7	100.0
海　南	28	3.6	35.7	100.0
重　庆	553	12.8	56.4	100.0
四　川	914	15.8	65.9	100.0
贵　州	168	10.1	65.5	100.0
云　南	112	15.2	56.3	100.0
西　藏				100.0
陕　西	433	13.2	64.0	100.0
甘　肃	67	10.4	58.2	100.0
青　海	18	11.1	50.0	100.0
宁　夏	37	5.4	56.8	100.0
新　疆	13	7.7	53.8	100.0

新产品销售收入（亿元）	新产品销售收入占营业收入的比重（%）	1.仅国际市场新的产品	2.仅国内市场新的产品	3.仅本企业新的产品
6647.7	39.8	3.6	12.4	23.8
2721.2	41.9	9.8	9.0	23.1
3841.7	48.4	13.9	10.7	23.8
1340.8	32.9	9.3	9.2	14.4
8644.6	**32.2**	**10.7**	**9.5**	**12.0**
5221.6	31.0	12.8	10.1	8.1
1504.8	38.9	9.6	8.6	20.6
1022.6	30.7	7.8	7.7	15.2
168.6	18.4	2.6	5.2	10.5
5002.2	**33.9**	**2.8**	**11.3**	**19.8**
1646.5	31.8	3.2	10.1	18.5
750.1	32.4	2.5	12.4	17.6
444.4	36.2	3.7	8.8	23.7
2391.6	34.9	2.6	11.8	20.5
579.6	37.8	2.0	12.8	23.0
237.0	**38.4**	**2.2**	**13.5**	**22.8**
61012.6	41.0	8.5	12.3	20.1
17769.9	43.7	12.5	10.6	20.6
7580.6	24.2	2.7	10.0	11.5
1185.1	40.3	3.5	14.3	22.5
2926.2	37.5	10.9	14.6	12.0
1289.3	38.2	4.9	9.3	24.0
786.0	33.6	4.9	8.4	20.3
737.2	39.3	3.8	3.2	32.3
270.4	38.7	1.6	5.0	32.0
692.9	39.9	0.5	15.0	24.3
261.0	30.7	10.8	5.2	14.6
231.2	65.3	0.0	32.9	32.3
1816.3	20.1	5.1	5.0	10.0
15241.3	42.6	8.5	10.3	23.9
8446.6	55.8	7.0	14.0	34.8
3363.8	48.4	8.2	16.3	23.9
2976.9	29.1	8.7	11.3	9.2
3726.5	38.9	5.7	12.8	20.3
5455.3	57.9	13.7	19.0	25.3
4500.0	47.7	36.3	4.7	6.7
2868.9	40.5	1.7	10.1	28.7
2573.5	44.7	6.1	12.7	25.9
22036.8	39.7	8.7	13.5	17.5
251.1	13.9	3.1	1.9	9.0
37.8	13.6		0.8	12.9
1865.6	24.4	2.3	4.4	17.7
2473.9	22.0	2.2	14.0	5.7
343.5	27.4	2.3	11.0	14.1
359.4	14.3	0.1	4.6	9.6
1274.5	33.4	7.6	18.3	7.6
157.7	35.5	5.8	19.8	10.0
155.4	16.1	0.0	2.6	13.5
416.3	58.8	0.1	13.2	45.4
12.6	5.0	0.0	0.7	4.3

4-6 资质等级以上建筑业企业

项目	实现工艺创新企业数(个)	在实现工艺创新企业中占比(%)	
		有市场新工艺的企业	有本企业新工艺的企业
总计	**9040**	**54.4**	**100.0**
#国有及国有控股	2248	54.7	100.0
一、按规模分			
大型企业	2176	61.4	100.0
中型企业	3873	48.7	100.0
小型企业	2190	54.3	100.0
微型企业	801	62.9	100.0
二、按登记注册类型分			
内资企业	8985	54.3	100.0
#国有企业	232	49.6	100.0
集体企业	53	79.2	100.0
股份合作企业	12	66.7	100.0
联营企业	6	16.7	100.0
有限责任公司	2886	54.2	100.0
#国有独资公司	600	54.5	100.0
股份有限公司	280	59.3	100.0
私营企业	5513	54.0	100.0
港、澳、台商投资企业	32	78.1	100.0
#合资经营企业	21	76.2	100.0
港、澳、台商独资经营企业	5	80.0	100.0
港、澳、台商投资股份有限公司	4	75.0	100.0
外商投资企业	23	60.9	100.0
#中外合资经营企业	13	53.8	100.0
外资企业	7	57.1	100.0
三、按行业分			
房屋建筑业	3500	55.7	100.0
土木工程建筑业	2731	52.8	100.0
建筑安装业	1187	49.8	100.0
建筑装饰、装修和其他建筑业	1622	57.6	100.0
四、按地区分			
东部地区	4763	53.7	100.0
中部地区	2366	53.0	100.0
西部地区	1589	59.5	100.0
东北地区	322	49.1	100.0

注：在占实现工艺创新企业比重里，较低新颖度类别包含了较高新颖度类别；在占营业收入比重里，仅按最高的新颖度类别计算，较低新颖度类别未包含较高新颖度类别。

工艺创新新颖度类别情况

工艺创新贡献的营业收入（亿元）	工艺创新贡献的营业收入占营业收入的比重（%）	1.仅市场新的工艺	2.仅本企业新的工艺
105105.2	**43.0**	**12.3**	**30.7**
70891.7	59.1	17.1	42.0
92157.2	57.5	16.7	40.7
11150.9	17.4	4.1	13.3
765.9	6.0	1.5	4.5
1031.3	13.4	4.0	9.5
104034.2	42.9	12.2	30.7
3968.2	48.8	15.4	33.3
182.1	10.7	4.4	6.3
122.4	53.2	13.9	39.3
32.2	34.4	0.0	34.4
72265.4	55.4	16.2	39.2
18747.5	58.6	18.1	40.6
5707.8	51.5	15.2	36.4
21755.8	24.0	6.0	17.9
837.3	63.5	21.8	41.7
412.3	60.7	24.5	36.2
52.2	28.2	7.3	20.9
54.5	56.5	26.8	29.7
233.7	24.6	4.3	20.2
105.5	41.2	5.0	36.2
27.4	5.3	2.1	3.3
56381.2	40.6	11.7	28.9
40040.1	50.9	14.5	36.4
4937.5	35.7	9.5	26.2
3746.4	28.5	7.9	20.6
57944.6	42.6	12.6	30.1
26203.2	44.5	12.6	32.0
19707.7	44.0	11.8	32.1
1249.8	24.4	4.6	19.8

4-6 续表

项　目	实现工艺创新企业数（个）	在实现工艺创新企业中占比(%)	
		有市场新工艺的企业	有本企业新工艺的企业
北　京	365	50.7	100.0
天　津	207	47.8	100.0
河　北	173	60.1	100.0
山　西	180	58.3	100.0
内蒙古	52	55.8	100.0
辽　宁	176	43.2	100.0
吉　林	71	57.7	100.0
黑龙江	75	54.7	100.0
上　海	244	58.2	100.0
江　苏	713	55.8	100.0
浙　江	811	46.7	100.0
安　徽	542	48.2	100.0
福　建	429	53.6	100.0
江　西	295	48.5	100.0
山　东	851	55.8	100.0
河　南	549	58.1	100.0
湖　北	419	56.8	100.0
湖　南	381	49.3	100.0
广　东	951	56.2	100.0
广　西	146	55.5	100.0
海　南	19	68.4	100.0
重　庆	149	57.0	100.0
四　川	436	58.3	100.0
贵　州	124	71.8	100.0
云　南	158	62.7	100.0
西　藏	8	25.0	100.0
陕　西	276	55.4	100.0
甘　肃	94	66.0	100.0
青　海	19	47.4	100.0
宁　夏	47	61.7	100.0
新　疆	80	66.3	100.0

工艺创新贡献的营业收入(亿元)	工艺创新贡献的营业收入占营业收入的比重(%)		
		1.仅市场新的工艺	2.仅本企业新的工艺
8308.7	47.2	13.0	34.2
2570.1	56.0	12.8	43.1
2200.3	41.5	10.2	31.3
3082.7	54.0	15.3	38.7
574.5	50.5	16.0	34.5
591.6	23.3	5.2	18.1
292.2	23.7	5.4	18.2
366.0	27.1	2.7	24.4
7042.2	59.8	25.5	34.3
10129.9	32.9	9.5	23.4
5826.4	32.7	7.1	25.6
3576.2	43.4	13.5	29.9
4319.4	38.4	12.1	26.3
2086.4	36.3	8.6	27.7
7644.3	49.5	14.1	35.5
3561.2	38.2	13.3	25.0
8875.9	50.9	13.7	37.2
5020.8	40.6	10.4	30.1
9828.8	46.9	13.8	33.2
1663.8	42.8	10.1	32.8
74.5	19.8	5.6	14.2
1548.5	28.4	8.4	20.0
5858.3	43.4	11.5	31.9
1769.2	59.0	20.1	38.9
1847.8	51.5	8.9	42.6
15.4	7.9	3.0	4.9
4053.6	47.8	10.8	36.9
947.5	45.5	10.2	35.3
361.2	64.3	33.8	30.6
186.5	32.7	5.0	27.6
881.4	36.8	18.0	18.8

五、规模（限额）以上企业产品或工艺创新活动类型及创新费用情况（2022 年）

5-1 规模(限额)以上企业

项 目	开展产品或工艺创新活动企业数(个)		
		内部研发	外部研发
总 计	**351248**	**59.3**	**8.2**
#国有及国有控股	27580	56.7	19.0
一、按规模分			
大型企业	15294	69.8	25.4
中型企业	54312	63.5	14.1
小型企业	256647	59.7	6.2
微型企业	24995	40.2	5.5
二、按登记注册类型分			
内资企业	321766	59.1	8.1
国有企业	3094	53.1	16.8
集体企业	361	47.1	5.8
股份合作企业	465	52.7	4.9
联营企业	100	52.0	9.0
#国有联营企业	58	51.7	10.3
有限责任公司	60164	57.0	12.9
#国有独资公司	5097	52.8	19.0
股份有限公司	9976	71.1	22.3
私营企业	247536	59.3	6.2
其他企业	70	57.1	18.6
港、澳、台商投资企业	13523	62.2	8.9
合资经营企业	4061	68.1	10.3
合作经营企业	161	56.5	5.0
港、澳、台商独资经营企业	8378	58.3	7.0
港、澳、台商投资股份有限公司	668	75.9	23.5
其他港、澳、台投资企业	255	62.7	15.7
外商投资企业	15959	61.2	10.3
中外合资经营企业	5372	66.8	12.8
中外合作经营企业	163	56.4	8.0
外资企业	9665	57.3	8.2
外商投资股份有限公司	579	76.9	22.8
其他外商投资企业	180	56.7	13.3
三、按行业分			
采矿业	3038	58.7	12.7
制造业	261392	65.6	6.9
电力、热力、燃气及水生产和供应业	4571	49.9	8.6
建筑业	11480	46.5	11.6
批发和零售业	25132	44.9	17.1
交通运输、仓储和邮政业	3772	16.6	4.3
信息传输、软件和信息技术服务业	19998	30.4	9.7

注：内部研发和外部研发数据不包括批发和零售业。以下各表同。

产品或工艺创新活动类型

在开展产品或工艺创新活动企业中，有下列活动形式的企业占比(%)					
获得机器设备和软件	从外部获取相关技术	相关培训	市场推介	相关设计	其他创新活动
60.5	**3.2**	**34.6**	**15.3**	**16.5**	**22.1**
52.3	7.5	43.5	17.2	10.9	29.8
56.6	10.3	52.5	23.9	17.8	34.3
52.0	6.0	41.9	19.2	17.1	26.3
63.7	2.1	32.8	14.2	16.7	20.9
48.5	3.1	27.1	13.2	12.6	17.8
60.4	3.1	34.2	15.2	16.3	21.5
45.5	7.2	42.2	14.6	10.0	27.5
48.8	3.0	28.3	10.0	11.1	21.3
67.5	1.3	26.7	9.2	14.6	14.6
48.0	4.0	40.0	14.0	10.0	24.0
55.2	3.4	37.9	12.1	8.6	22.4
54.9	5.2	40.1	17.2	14.9	26.5
48.5	8.4	43.1	16.5	9.4	28.8
65.0	6.5	47.5	26.2	22.2	31.6
61.8	2.5	32.2	14.3	16.5	19.8
55.7	2.9	37.1	14.3	11.4	21.4
64.3	2.7	38.2	16.7	20.0	26.4
68.5	2.4	39.0	17.6	18.8	27.4
62.1	2.5	36.6	14.3	11.8	20.5
61.7	2.6	36.7	14.9	20.0	25.2
73.1	4.0	52.2	30.2	26.3	35.0
63.5	7.5	40.4	27.5	24.7	31.0
58.7	3.8	39.4	16.9	18.6	29.9
64.2	3.7	39.0	17.6	18.1	29.0
58.9	2.5	41.1	12.9	17.8	22.7
55.1	3.9	38.8	15.7	18.4	30.1
66.1	4.3	49.6	30.1	25.2	35.4
57.8	5.0	48.3	23.3	21.7	33.9
53.8	1.2	28.2	5.0	3.5	16.9
72.2	1.1	33.8	14.9	18.7	21.9
55.8	0.6	25.2	2.8	1.2	20.0
30.2	11.7	43.2	19.1	5.6	27.2
23.0	9.5	40.4	24.3	19.5	23.1
28.7	8.4	33.5	10.9	4.6	20.1
20.7	9.3	34.2	16.8	8.5	21.9

5-1 续表

项 目	开展产品或工艺创新活动企业数（个）		
		内部研发	外部研发
租赁和商务服务业	5753	17.1	3.8
科学研究和技术服务业	14764	53.7	13.0
水利、环境和公共设施管理业	1348	40.4	8.1
四、按地区分			
东部地区	229698	59.6	8.1
中部地区	74895	62.2	7.7
西部地区	38156	53.9	9.4
东北地区	8499	50.1	10.2
北 京	10524	39.5	13.5
天 津	4502	52.4	9.3
河 北	9330	57.2	6.2
山 西	3410	41.2	8.6
内蒙古	1538	54.3	11.4
辽 宁	5050	55.3	9.8
吉 林	1522	38.3	11.5
黑龙江	1927	45.6	10.4
上 海	12036	43.9	10.3
江 苏	48116	72.5	9.2
浙 江	47732	57.0	7.1
安 徽	16166	62.4	9.3
福 建	13205	66.1	8.5
江 西	9914	58.4	5.2
山 东	27865	72.5	7.4
河 南	13400	70.4	6.6
湖 北	14340	57.1	8.7
湖 南	17665	66.1	7.7
广 东	55805	51.2	6.7
广 西	3865	55.2	7.6
海 南	583	40.8	15.4
重 庆	6231	61.1	7.3
四 川	10795	54.5	10.1
贵 州	3041	52.7	7.8
云 南	3074	52.8	10.8
西 藏	128	26.6	18.0
陕 西	5094	50.3	11.7
甘 肃	1493	49.6	9.8
青 海	314	37.3	10.8
宁 夏	1049	67.3	8.3
新 疆	1534	34.4	7.9

在开展产品或工艺创新活动企业中，有下列活动形式的企业占比(%)					
获得机器设备和软件	从外部获取相关技术	相关培训	市场推介	相关设计	其他创新活动
18.6	7.4	34.2	15.9	7.6	19.0
26.1	11.2	37.6	10.8	6.6	23.8
24.5	10.3	31.1	9.1	5.4	20.7
62.1	3.2	34.1	15.5	17.4	22.6
61.6	2.5	33.4	13.7	14.4	18.9
51.1	3.9	39.8	17.5	16.2	24.4
50.0	3.2	36.1	15.9	13.7	25.6
36.1	6.8	34.6	17.1	12.4	25.0
40.3	3.8	40.3	17.4	16.2	27.7
67.8	1.5	33.2	12.3	12.2	18.5
59.0	3.5	37.4	15.2	10.9	25.3
52.8	4.1	34.8	11.0	9.8	21.1
41.0	2.9	37.5	15.3	12.9	27.7
65.4	3.4	34.4	14.9	14.2	22.8
61.2	3.7	33.7	18.1	15.5	22.4
42.4	6.6	40.6	19.6	17.4	28.6
60.5	2.7	34.2	13.4	14.5	21.6
79.1	2.0	25.4	11.6	16.2	17.9
63.7	2.9	41.9	16.7	18.2	22.7
33.1	2.8	30.9	14.4	17.0	19.8
75.7	2.1	35.9	14.2	16.5	18.6
50.1	2.6	32.4	14.3	15.0	19.1
25.0	2.3	31.7	13.2	13.4	19.2
67.4	3.0	33.5	13.6	14.4	19.3
75.3	2.0	24.5	10.7	11.2	13.9
71.9	3.9	41.4	20.5	24.0	28.4
63.3	4.4	41.7	17.3	16.2	28.6
54.0	4.3	36.5	19.2	13.2	21.4
55.0	3.9	39.3	16.4	17.1	22.7
49.8	3.6	38.9	17.9	17.1	23.1
31.9	3.1	36.0	16.1	15.7	22.9
48.9	3.7	44.5	20.8	18.0	26.9
30.5	8.6	30.5	18.0	10.2	20.3
45.7	4.7	43.2	20.2	18.1	26.3
48.8	4.3	39.1	18.3	13.5	23.0
55.1	4.8	38.2	16.2	14.0	25.5
72.9	3.7	37.0	14.9	10.9	24.5
59.6	4.1	38.1	14.9	10.8	25.6

5-2 规模以上工业企业

项　目	开展产品或工艺创新活动企业数(个)		
		内部研发	外部研发
总　计	**269001**	**65.3**	**7.0**
#国有及国有控股	13981	67.9	18.8
一、按规模分			
大型企业	7268	85.2	28.5
中型企业	29487	79.1	14.1
小型企业	216327	64.1	5.6
微型企业	15919	46.4	3.2
二、按登记注册类型分			
内资企业	244512	65.1	6.8
国有企业	1235	64.1	16.1
集体企业	218	59.2	2.8
股份合作企业	396	56.3	4.3
联营企业	55	67.3	7.3
#国有联营企业	34	64.7	8.8
有限责任公司	37495	66.4	11.3
#国有独资公司	2172	65.2	18.6
股份有限公司	6895	81.2	24.2
私营企业	198166	64.4	5.3
其他企业	52	63.5	13.5
港、澳、台商投资企业	11160	68.0	8.1
合资经营企业	3542	72.4	9.6
合作经营企业	132	62.9	3.8
港、澳、台商独资经营企业	6768	64.6	5.9
港、澳、台商投资股份有限公司	551	82.4	24.9
其他港、澳、台投资企业	167	70.7	13.2
外商投资企业	13329	65.8	9.7
中外合资经营企业	4647	70.0	12.4
中外合作经营企业	144	60.4	7.6
外资企业	7959	62.5	7.2
外商投资股份有限公司	457	83.2	25.8
其他外商投资企业	122	67.2	11.5
三、按行业分			
采矿业	**3038**	**58.7**	**12.7**
煤炭开采和洗选业	1054	55.4	15.2
石油和天然气开采业	84	69.0	45.2
黑色金属矿采选业	347	61.7	9.8
有色金属矿采选业	424	67.0	19.6

产品或工艺创新活动类型

在开展产品或工艺创新活动企业中，有下列活动形式的企业占比(%)					
获得机器设备和软件	从外部获取相关技术	相关培训	市场推介	相关设计	其　他创新活动
71.7	**1.1**	**33.6**	**14.5**	**18.3**	**21.8**
72.4	2.7	44.4	17.8	14.8	32.5
78.9	5.9	55.6	27.2	26.5	39.0
73.7	2.1	43.6	19.5	22.6	28.5
71.6	0.8	32.3	13.8	17.9	20.7
65.1	0.5	23.3	9.2	12.1	15.7
72.0	1.0	33.1	14.4	18.1	21.1
65.7	1.5	41.6	15.8	14.3	30.7
62.4	0.5	28.0	6.4	12.8	19.3
76.3	0.8	23.2	8.1	16.2	12.9
67.3	1.8	38.2	9.1	12.7	20.0
70.6		32.4	8.8	8.8	17.6
71.9	1.6	40.5	17.2	18.6	27.7
68.5	2.2	43.4	16.6	12.8	30.9
80.8	3.5	50.1	28.3	27.1	33.7
71.7	0.8	31.1	13.4	17.7	19.3
71.2	1.9	42.3	13.5	11.5	25.0
72.7	1.3	38.6	15.9	21.1	26.8
74.3	1.3	39.1	17.3	19.5	27.5
71.2	1.5	35.6	14.4	11.4	19.7
71.0	1.2	36.9	13.7	21.3	25.7
82.2	3.4	55.9	30.9	29.2	35.9
81.4	1.2	41.9	28.1	25.7	32.9
65.1	2.5	39.4	16.2	19.7	30.8
70.4	2.5	39.1	17.2	18.9	29.8
64.6	1.4	41.0	13.2	18.8	22.2
61.2	2.5	38.6	14.6	19.6	31.0
75.9	2.6	51.2	32.6	28.7	37.4
73.0	2.5	51.6	24.6	23.8	39.3
53.8	**1.2**	**28.2**	**5.0**	**3.5**	**16.9**
48.7	1.0	28.5	3.6	2.0	18.7
70.2	1.2	46.4	7.1	7.1	32.1
49.0	0.3	31.4	8.4	6.9	15.9
58.7	2.4	30.4	2.4	2.4	18.2

5-2 续表 1

项 目	开展产品或工艺创新活动企业数（个）		
		内部研发	外部研发
非金属矿采选业	1028	57.7	4.9
开采专业及辅助性活动	97	48.5	21.6
其他采矿业	4	75.0	25.0
制造业	**261392**	**65.6**	**6.9**
农副食品加工业	10667	55.7	4.7
食品制造业	5595	58.5	8.5
酒、饮料和精制茶制造业	3027	44.4	6.2
烟草制品业	107	71.0	33.6
纺织业	10860	59.6	2.7
纺织服装、服饰业	4807	57.6	2.7
皮革、毛皮、羽毛及其制品和制鞋业	3866	64.8	1.6
木材加工和木、竹、藤、棕、草制品业	4041	65.5	2.2
家具制造业	3872	54.2	2.6
造纸和纸制品业	3703	55.7	2.6
印刷和记录媒介复制业	3734	63.7	3.4
文教、工美、体育和娱乐用品制造业	5637	57.5	3.4
石油、煤炭及其他燃料加工业	1109	62.8	9.5
化学原料和化学制品制造业	16196	66.8	9.6
医药制造业	7295	75.9	26.7
化学纤维制造业	1480	72.6	6.7
橡胶和塑料制品业	14825	65.1	3.9
非金属矿物制品业	20562	61.2	3.7
黑色金属冶炼和压延加工业	2669	62.7	5.8
有色金属冶炼和压延加工业	5073	66.3	6.5
金属制品业	19264	64.1	3.3
通用设备制造业	24194	70.5	6.6
专用设备制造业	19912	71.9	9.0
汽车制造业	12437	69.0	8.3
铁路、船舶、航空航天和其他运输设备制造业	4010	71.5	11.1
电气机械和器材制造业	23339	68.5	6.7
计算机、通信和其他电子设备制造业	20464	69.4	10.3
仪器仪表制造业	5603	73.1	14.1
其他制造业	1281	63.0	4.5
废弃资源综合利用业	1420	64.1	5.7
金属制品、机械和设备修理业	343	61.8	10.5
电力、热力、燃气及水生产和供应业	**4571**	**49.9**	**8.6**
电力、热力生产和供应业	2911	49.6	9.5
燃气生产和供应业	680	51.9	6.9
水的生产和供应业	980	49.2	6.9

在开展产品或工艺创新活动企业中，有下列活动形式的企业占比(%)					
获得机器设备和软件	从外部获取相关技术	相关培训	市场推介	相关设计	其　他创新活动
54.4	0.9	23.7	5.4	4.0	12.9
82.5	3.1	35.1	13.4	3.1	25.8
75.0		50.0			
72.2	**1.1**	**33.8**	**14.9**	**18.7**	**21.9**
59.0	0.9	26.8	16.8	24.1	13.4
75.4	1.2	34.7	23.6	33.4	19.1
73.3	1.3	31.3	21.1	31.3	16.5
76.6	6.5	68.2	35.5	50.5	60.7
81.9	0.6	23.5	8.6	11.2	12.6
58.8	0.5	22.2	9.8	16.0	11.0
59.0	0.2	18.1	7.0	15.9	10.0
52.2	0.5	22.1	9.4	11.6	9.8
69.3	0.4	28.0	14.4	23.5	14.6
80.2	0.6	29.5	11.9	19.3	17.6
67.1	0.6	31.4	8.5	22.7	16.6
80.8	0.9	25.8	12.6	24.0	14.2
78.3	1.9	33.3	12.8	9.4	22.9
82.9	1.5	36.3	16.6	15.0	22.7
73.1	3.4	44.3	22.6	25.7	28.1
64.7	0.8	26.6	11.7	10.4	14.7
68.8	0.7	31.9	12.8	17.6	20.8
75.5	0.6	28.9	10.0	9.7	17.7
82.6	1.5	32.4	10.3	7.2	19.2
82.0	0.8	33.6	10.1	10.0	19.9
67.4	0.7	31.8	10.5	14.6	19.8
70.2	1.2	35.0	16.1	18.5	24.1
70.5	1.2	37.6	19.4	20.2	25.8
66.7	1.6	38.9	11.8	17.0	28.9
70.1	2.1	38.3	14.5	19.8	28.1
74.3	1.1	38.1	17.4	24.0	26.7
76.6	1.7	43.2	19.6	24.8	30.8
73.5	1.4	42.5	24.0	27.9	30.8
69.8	0.7	30.6	15.2	22.2	19.2
65.6	0.6	29.4	7.1	3.7	17.3
65.9	1.5	39.1	8.5	5.0	31.2
55.8	**0.6**	**25.2**	**2.8**	**1.2**	**20.0**
58.6	0.8	24.1	2.1	1.0	20.4
47.8	0.6	27.6	5.0	1.8	20.4
53.0	0.3	26.6	3.2	1.5	18.4

5−2 续表 2

项 目	开展产品或工艺创新活动企业数（个）		
		内部研发	外部研发
四、按地区分			
东部地区	175339	65.6	6.7
中部地区	60627	67.2	7.0
西部地区	26707	61.7	8.4
东北地区	6328	52.8	9.8
北 京	2294	57.8	16.0
天 津	2846	57.3	8.0
河 北	7975	59.5	5.2
山 西	2443	44.0	7.6
内蒙古	1146	61.8	13.0
辽 宁	3905	58.1	9.1
吉 林	1083	39.5	12.0
黑龙江	1340	48.2	9.9
上 海	5449	54.6	8.4
江 苏	40190	78.6	8.5
浙 江	41776	59.5	6.2
安 徽	13318	68.6	9.0
福 建	9941	72.6	6.2
江 西	8279	62.1	4.2
山 东	22717	78.3	6.2
河 南	10276	77.3	5.4
湖 北	11241	62.2	7.8
湖 南	15070	69.3	7.1
广 东	41873	54.3	5.1
广 西	2727	62.5	5.6
海 南	278	55.0	20.9
重 庆	4709	68.1	5.9
四 川	7464	63.3	9.4
贵 州	2261	59.9	6.4
云 南	2063	59.7	8.7
西 藏	47	34.0	14.9
陕 西	3296	58.9	11.6
甘 肃	986	57.1	9.5
青 海	187	42.2	8.6
宁 夏	831	73.3	7.9
新 疆	990	35.7	6.2

在开展产品或工艺创新活动企业中，有下列活动形式的企业占比(%)					
获得机器设备和软件	从外部获取相关技术	相关培训	市场推介	相关设计	其他创新活动
74.0	1.1	33.3	14.9	19.3	22.3
70.5	1.0	31.9	12.7	15.5	18.3
61.6	1.4	39.2	16.5	18.6	25.2
59.2	1.3	36.5	15.0	15.7	26.7
89.1	1.5	42.8	24.9	23.8	35.3
50.9	0.8	42.0	18.4	21.5	29.9
74.9	0.6	31.9	11.8	13.1	18.0
72.0	1.0	36.8	13.8	11.3	25.7
61.9	1.8	33.0	10.2	9.9	21.5
46.4	1.2	38.2	15.4	14.8	28.5
81.7	1.0	35.1	14.3	17.3	24.6
78.3	1.9	32.4	14.5	17.2	23.2
63.4	1.3	44.8	21.2	24.4	34.2
67.9	1.1	33.6	12.8	15.3	21.2
86.9	1.0	24.2	11.1	17.0	17.4
72.3	1.3	41.6	16.1	20.0	22.8
36.9	0.9	30.2	13.4	18.3	19.5
85.7	0.7	35.0	13.2	17.2	18.1
55.8	1.0	30.7	13.3	16.1	18.4
25.4	0.7	29.6	11.9	14.9	18.4
79.7	1.2	31.9	12.6	15.7	18.8
84.3	0.9	22.4	9.7	11.5	12.7
87.6	1.3	41.8	20.7	27.4	28.9
78.5	1.2	41.1	16.3	18.4	29.2
92.8	1.8	36.7	16.5	17.6	24.1
64.3	1.3	38.4	15.5	19.5	23.5
60.9	1.4	39.0	17.2	19.9	23.9
34.5	1.0	35.3	14.0	17.5	22.9
57.3	1.0	41.9	19.7	20.5	28.3
57.4		25.5	14.9	10.6	23.4
56.3	1.9	43.9	20.7	21.1	28.9
59.8	1.1	38.7	15.7	15.7	25.5
75.4	1.1	41.2	14.4	18.7	25.1
85.2	1.4	35.9	13.2	11.8	23.8
75.8	1.4	37.5	12.4	12.6	25.1

5-3 资质等级以上建筑业企业

项　目	开展产品或工艺创新活动企业数(个)		
		内部研发	外部研发
总　计	**11480**	**46.5**	**11.6**
#国有及国有控股	2652	56.8	21.0
一、按规模分			
大型企业	2377	65.3	22.6
中型企业	4897	43.8	9.2
小型企业	3034	39.6	7.5
微型企业	1172	37.7	10.2
二、按登记注册类型分			
内资企业	11405	46.4	11.7
#国有企业	287	49.8	18.5
集体企业	64	32.8	6.3
股份合作企业	15	46.7	6.7
联营企业	8	25.0	12.5
有限责任公司	3481	54.4	17.9
#国有独资公司	692	56.6	22.7
股份有限公司	335	61.8	16.4
私营企业	7210	41.9	8.2
港、澳、台商投资企业	41	58.5	9.8
#合资经营企业	24	45.8	12.5
港、澳、台商独资经营企业	7	71.4	
港、澳、台商投资股份有限公司	7	85.7	
外商投资企业	34	61.8	
#中外合资经营企业	17	58.8	
外资企业	12	50.0	
外商投资股份有限公司	4	100.0	
三、按行业分			
房屋建筑业	4427	42.0	10.1
土木工程建筑业	3377	53.4	17.0
建筑安装业	1581	52.2	10.8
建筑装饰、装修和其他建筑业	2095	40.7	7.0
四、按地区分			
东部地区	5995	49.1	12.0
中部地区	2961	45.6	10.5
西部地区	2066	41.1	12.7
东北地区	458	43.7	9.4

产品或工艺创新活动类型

在开展产品或工艺创新活动企业中，有下列活动形式的企业占比(%)					
获得机器设备和软件	从外部获取相关技术	相关培训	市场推介	相关设计	其　他创新活动
30.2	**11.7**	**43.2**	**19.1**	**5.6**	**27.2**
36.4	14.7	54.8	18.8	3.2	33.8
41.9	15.8	58.4	21.1	4.8	35.5
28.1	11.7	41.3	16.9	4.6	25.0
24.8	9.8	37.6	19.2	7.5	24.3
28.9	8.4	34.6	23.4	6.7	26.6
30.2	11.8	43.1	19.0	5.6	27.1
32.1	13.6	49.5	14.3	5.2	31.0
37.5	10.9	37.5	20.3	9.4	23.4
		53.3	6.7		26.7
25.0		62.5	12.5		50.0
34.7	13.7	51.3	19.7	4.2	31.5
38.9	13.6	56.2	19.4	3.9	36.4
39.1	15.8	51.6	19.1	6.3	28.4
27.6	10.6	38.5	18.9	6.2	24.8
31.7	2.4	53.7	22.0	9.8	41.5
29.2		54.2	16.7	4.2	50.0
57.1	14.3	57.1	42.9	28.6	42.9
28.6		57.1	14.3	14.3	28.6
20.6	8.8	52.9	20.6	5.9	23.5
11.8	17.6	41.2	11.8		17.6
25.0		50.0	25.0	8.3	16.7
50.0		100.0	50.0	25.0	50.0
32.1	10.6	44.0	22.2	4.8	25.8
33.2	14.2	46.2	16.5	4.2	30.7
28.4	10.1	40.7	14.5	6.9	24.2
22.7	11.2	38.3	19.8	8.5	26.5
29.7	12.6	43.5	18.7	6.2	27.1
30.3	11.3	42.9	19.1	4.7	27.2
33.1	10.6	44.6	20.2	5.4	27.8
22.7	8.3	34.1	17.5	4.6	25.3

5-3 续表

项　目	开展产品或工艺创新活动企业数(个)		
		内部研发	外部研发
北　京	496	46.0	14.1
天　津	267	56.9	11.6
河　北	214	54.2	15.9
山　西	254	43.7	11.0
内蒙古	67	43.3	7.5
辽　宁	248	50.0	10.9
吉　林	100	42.0	7.0
黑龙江	110	30.9	8.2
上　海	299	43.8	14.4
江　苏	927	40.3	11.2
浙　江	984	49.3	12.4
安　徽	671	37.7	11.8
福　建	528	49.1	14.0
江　西	352	48.0	9.4
山　东	1032	51.7	10.3
河　南	707	45.1	8.6
湖　北	524	43.9	11.6
湖　南	453	58.9	10.8
广　东	1221	53.8	11.0
广　西	193	41.5	15.5
海　南	27	25.9	7.4
重　庆	200	40.0	10.5
四　川	552	41.3	11.8
贵　州	172	42.4	12.8
云　南	194	51.5	17.0
西　藏	15	40.0	13.3
陕　西	372	35.2	11.6
甘　肃	120	38.3	13.3
青　海	27	29.6	18.5
宁　夏	54	57.4	11.1
新　疆	100	37.0	14.0

在开展产品或工艺创新活动企业中，有下列活动形式的企业占比(%)					
获得机器设备和软件	从外部获取相关技术	相关培训	市场推介	相关设计	其　他创新活动
32.7	11.5	50.0	19.0	5.0	32.3
30.3	13.1	45.3	22.1	5.6	29.2
32.2	4.7	43.0	19.2	5.1	27.1
35.0	11.4	40.6	18.9	5.1	26.4
25.4	10.4	56.7	17.9	9.0	25.4
23.8	8.9	35.9	14.5	6.0	27.0
26.0	9.0	35.0	23.0	1.0	19.0
17.3	6.4	29.1	19.1	4.5	27.3
30.8	13.0	46.8	20.4	6.0	26.1
26.1	11.1	39.9	16.8	5.1	24.6
28.6	13.9	40.7	14.4	5.0	27.3
29.8	13.7	44.6	20.1	3.4	26.7
29.2	14.6	36.9	19.1	6.4	24.4
31.0	11.6	40.1	20.2	5.7	28.4
28.0	10.8	44.0	21.7	7.2	23.3
28.6	10.2	42.9	20.5	6.2	28.1
30.3	10.9	43.1	16.6	3.8	24.8
30.5	9.7	43.7	17.9	4.4	28.5
32.9	15.1	47.0	19.7	7.8	31.0
30.6	13.5	48.2	16.1	6.2	35.8
29.6	3.7	48.1	14.8	11.1	22.2
31.0	15.0	48.5	19.0	5.0	23.5
30.4	8.7	37.7	18.5	6.5	23.9
39.5	9.3	45.3	27.9	4.7	29.1
39.2	9.8	54.6	18.0	6.2	34.5
13.3	13.3	26.7	13.3	6.7	26.7
33.1	10.8	42.5	21.5	4.3	27.2
36.7	10.0	45.0	21.7	5.0	21.7
40.7	3.7	37.0	18.5		29.6
31.5	9.3	48.1	22.2	3.7	35.2
36.0	12.0	50.0	26.0	2.0	35.0

5-4 规模(限额)以上服务业

项　目	开展产品或工艺创新活动企业数(个)		
		内部研发	外部研发
总　计	**70767**	**38.8**	**12.2**
#国有及国有控股	10947	42.4	18.6
一、按规模分			
大型企业	5649	51.8	22.6
中型企业	19928	45.1	15.3
小型企业	37286	35.7	9.7
微型企业	7904	28.3	9.4
二、按登记注册类型分			
内资企业	65849	39.0	12.2
国有企业	1572	45.1	17.0
集体企业	79	25.3	13.9
股份合作企业	54	27.8	9.3
联营企业	37	35.1	10.8
#国有联营企业	19	36.8	15.8
有限责任公司	19188	39.1	14.9
#国有独资公司	2233	39.5	18.3
股份有限公司	2746	47.0	18.4
私营企业	42160	38.2	10.3
其他企业	13	38.5	30.8
港、澳、台商投资企业	2322	34.3	12.7
合资经营企业	495	38.8	14.7
合作经营企业	28	25.0	10.7
港、澳、台商独资经营企业	1603	31.8	11.4
港、澳、台商投资股份有限公司	110	42.7	18.2
其他港、澳、台投资企业	86	47.7	19.8
外商投资企业	2596	37.6	13.7
中外合资经营企业	708	46.5	15.8
中外合作经营企业	19	26.3	10.5
外资企业	1694	33.2	12.9
外商投资股份有限公司	118	51.7	11.9
其他外商投资企业	57	33.3	17.5
三、按行业分			
批发和零售业	**25132**	**44.9**	**17.1**
批发业	15714	49.8	19.4
零售业	9418	36.7	13.3
交通运输、仓储和邮政业	**3772**	**16.6**	**4.3**
铁路运输业	74	31.1	17.6
道路运输业	1721	16.7	4.1
水上运输业	289	20.8	7.3
航空运输业	111	19.8	8.1
管道运输业	30	53.3	26.7
多式联运和运输代理业	812	11.5	2.6
装卸搬运和仓储业	547	20.7	3.3
邮政业	188	6.4	1.6
信息传输、软件和信息技术服务业	**19998**	**30.4**	**9.7**
电信、广播电视和卫星传输服务	1271	28.1	8.0
互联网和相关服务	3171	32.6	9.2
软件和信息技术服务业	15556	30.1	10.0

企业产品或工艺创新活动类型

在开展产品或工艺创新活动企业中，有下列活动形式的企业占比(%)					
获得机器设备和软件	从外部获取相关技术	相关培训	市场推介	相关设计	其　他创新活动
23.0	**9.6**	**37.0**	**17.7**	**11.7**	**22.4**
30.4	11.8	39.6	16.0	7.9	25.4
34.1	13.6	45.9	20.8	12.0	27.7
25.8	10.5	39.6	19.4	12.1	23.3
20.8	8.9	35.0	15.9	10.8	21.4
18.0	7.5	33.8	19.8	14.4	20.9
22.8	9.5	37.0	17.5	11.5	22.2
32.1	10.5	41.3	13.7	7.4	24.4
20.3	3.8	21.5	11.4	7.6	25.3
22.2	5.6	44.4	18.5	7.4	24.1
24.3	8.1	37.8	21.6	8.1	24.3
36.8	10.5	47.4	21.1	10.5	26.3
25.3	10.7	37.5	16.9	9.7	23.1
32.0	12.7	38.7	15.5	7.7	24.3
28.2	12.8	40.4	21.8	11.6	26.7
20.9	8.8	36.3	17.6	12.5	21.3
15.4		30.8	7.7	15.4	15.4
24.4	9.5	36.3	20.5	14.9	24.5
28.9	10.7	37.6	19.6	14.7	26.1
21.4	7.1	42.9	14.3	14.3	25.0
22.4	8.7	36.0	20.1	14.7	23.5
30.0	7.3	33.6	28.2	12.7	30.9
30.2	19.8	37.2	25.6	23.3	27.9
26.3	10.6	39.3	20.5	12.9	25.4
24.4	11.4	37.7	20.3	13.1	24.4
15.8	10.5	42.1	10.5	10.5	26.3
27.0	10.3	39.7	20.7	12.8	25.9
28.8	11.0	41.5	19.5	11.9	27.1
26.3	10.5	40.4	21.1	17.5	21.1
23.0	**9.5**	**40.4**	**24.3**	**19.5**	**23.1**
24.1	10.3	39.5	21.9	18.4	25.2
21.2	8.1	42.0	28.4	21.3	19.6
28.7	**8.4**	**33.5**	**10.9**	**4.6**	**20.1**
29.7	16.2	29.7	9.5	5.4	31.1
25.2	8.9	31.6	11.8	5.0	19.2
34.9	6.9	32.9	7.6	1.4	27.0
37.8	10.8	37.8	16.2	5.4	25.2
23.3	10.0	26.7	3.3		23.3
24.4	5.8	34.7	11.2	4.4	18.7
36.6	9.5	36.7	6.8	3.8	18.8
41.5	8.5	37.8	16.5	8.5	20.2
20.7	**9.3**	**34.2**	**16.8**	**8.5**	**21.9**
19.0	9.8	33.5	20.2	7.8	20.0
16.8	7.6	28.7	16.5	7.6	17.3
21.6	9.7	35.4	16.6	8.8	22.9

5-4 续表

项目	开展产品或工艺创新活动企业数(个)		
		内部研发	外部研发
租赁和商务服务业	**5753**	**17.1**	**3.8**
租赁业	418	23.2	4.5
商务服务业	5335	16.6	3.7
科学研究和技术服务业	**14764**	**53.7**	**13.0**
研究和试验发展	2251	63.3	24.7
专业技术服务业	10186	53.4	10.7
科技推广和应用服务业	2327	45.4	12.1
水利、环境和公共设施管理业	**1348**	**40.4**	**8.1**
水利管理业	41	48.8	14.6
生态保护和环境治理业	588	54.3	12.1
公共设施管理业	654	28.6	4.6
土地管理业	65	27.7	3.1
四、按地区分			
东部地区	48364	39.3	12.6
中部地区	11307	39.8	11.2
西部地区	9383	34.5	11.7
东北地区	1713	41.6	12.1
北　京	7734	33.7	12.8
天　津	1389	41.5	11.6
河　北	1141	41.8	11.6
山　西	713	30.7	11.4
内蒙古	325	30.2	6.8
辽　宁	897	44.7	12.4
吉　林	339	33.3	11.2
黑龙江	477	41.5	12.4
上　海	6288	34.6	11.7
江　苏	6999	41.8	13.1
浙　江	4972	37.1	13.7
安　徽	2177	31.9	10.7
福　建	2736	45.8	15.6
江　西	1283	37.3	10.3
山　东	4116	45.7	13.2
河　南	2417	48.6	11.2
湖　北	2575	37.6	12.2
湖　南	2142	44.9	10.8
广　东	12711	40.7	11.6
广　西	945	37.0	11.6
海　南	278	28.1	10.8
重　庆	1322	39.4	11.6
四　川	2779	33.6	11.8
贵　州	608	28.8	11.7
云　南	817	35.6	14.7
西　藏	66	18.2	21.2
陕　西	1426	34.5	11.9
甘　肃	387	34.1	9.6
青　海	100	30.0	13.0
宁　夏	164	40.2	9.1
新　疆	444	30.9	10.4

在开展产品或工艺创新活动企业中，有下列活动形式的企业占比(%)					
获得机器设备和软件	从外部获取相关技术	相关培训	市场推介	相关设计	其他创新活动
18.6	**7.4**	**34.2**	**15.9**	**7.6**	**19.0**
24.4	8.1	30.1	11.2	7.2	22.2
18.1	7.3	34.5	16.2	7.6	18.8
26.1	**11.2**	**37.6**	**10.8**	**6.6**	**23.8**
32.0	14.6	41.6	15.7	11.5	30.4
25.6	10.7	37.4	8.9	5.1	22.5
22.7	9.8	34.6	14.4	8.5	22.8
24.5	**10.3**	**31.1**	**9.1**	**5.4**	**20.7**
31.7	12.2	36.6	7.3	7.3	22.0
24.2	12.2	31.1	6.6	3.9	26.4
24.6	8.9	31.8	11.2	7.0	16.4
21.5	6.2	20.0	10.8	1.5	12.3
22.8	9.8	36.1	17.3	11.8	23.1
21.9	8.5	38.7	17.5	11.3	20.2
25.0	9.8	40.3	19.9	11.9	21.1
23.2	8.7	35.1	18.5	8.9	21.5
20.7	8.1	31.1	14.6	9.4	21.5
20.6	8.1	35.9	14.4	7.4	22.9
25.3	7.1	40.6	14.4	7.0	20.3
22.9	9.5	38.4	18.8	11.2	23.8
26.5	10.8	36.6	12.3	9.2	19.1
22.4	8.7	34.7	14.9	6.7	24.2
25.1	9.1	31.9	14.5	8.3	18.3
23.3	8.4	38.4	28.1	13.4	18.9
24.8	10.8	36.6	18.1	11.8	23.8
22.2	10.8	36.8	16.5	11.5	23.6
23.1	8.5	32.6	15.4	11.4	19.7
21.5	9.8	43.2	19.2	11.9	20.9
20.0	7.5	32.1	17.2	13.9	19.7
23.1	8.3	40.2	19.1	15.4	19.3
24.2	9.2	38.8	17.9	11.1	21.9
22.3	6.5	37.3	16.5	9.1	19.9
21.4	8.9	38.4	17.2	11.1	20.4
21.3	8.5	35.4	16.0	10.6	19.2
23.7	11.6	39.3	19.9	14.4	26.4
26.1	11.6	42.0	20.5	11.6	25.3
17.6	6.8	35.3	22.3	9.0	18.7
25.6	11.6	41.3	19.3	10.7	19.6
23.8	8.6	38.7	19.8	11.7	20.9
20.2	9.2	36.0	20.7	12.0	21.1
30.1	9.1	48.6	24.2	14.6	21.7
15.2	13.6	34.8	21.2	10.6	16.7
24.5	9.4	41.8	18.7	14.7	19.9
24.3	10.6	38.2	23.8	10.3	17.3
21.0	12.0	33.0	19.0	9.0	25.0
24.4	13.4	39.0	20.7	8.5	24.4
29.1	8.3	36.7	17.8	8.8	24.6

5−5 规模以上高技术产业(制造业)

项目	开展产品或工艺创新活动企业数(个)	内部研发	外部研发
总计	**39730**	**71.7**	**14.4**
#国有及国有控股	1877	81.3	29.5
一、按规模分			
大型企业	1903	87.8	29.7
中型企业	5904	84.6	23.8
小型企业	30071	69.5	12.0
微型企业	1852	49.3	7.2
二、按登记注册类型分			
内资企业	34827	71.4	14.4
国有企业	147	81.6	31.3
集体企业	9	66.7	11.1
股份合作企业	35	62.9	14.3
联营企业	13	92.3	15.4
#国有联营企业	8	87.5	12.5
有限责任公司	7176	72.7	19.4
#国有独资公司	218	76.1	23.9
股份有限公司	1831	85.0	35.2
私营企业	25608	70.0	11.5
其他企业	8	87.5	37.5
港、澳、台商投资企业	2220	75.2	13.9
合资经营企业	619	80.6	18.4
合作经营企业	15	73.3	6.7
港、澳、台商独资经营企业	1379	71.8	9.5
港、澳、台商投资股份有限公司	156	85.3	32.7
其他港、澳、台投资企业	51	70.6	21.6
外商投资企业	2683	72.0	14.6
中外合资经营企业	808	78.3	22.2
中外合作经营企业	14	42.9	
外资企业	1682	67.8	9.5
外商投资股份有限公司	142	87.3	33.8
其他外商投资企业	37	75.7	10.8
三、按高技术行业(制造业)分			
医药制造业	**7295**	**75.9**	**26.7**
#化学药品制造	2320	79.6	37.7
中成药生产	1292	76.2	33.5
生物药品制品制造	975	81.8	29.0
电子及通信设备制造业	**21335**	**70.1**	**10.2**
#电子工业专用设备制造	1667	70.0	11.6
光纤、光缆制造及锂离子电池制造	1566	70.4	9.0
#锂离子电池制造	1252	70.0	9.6
通信设备制造、雷达及配套设备制造	2014	70.1	15.2
#通信系统设备制造	1050	70.0	15.6
通信终端设备制造	843	68.9	12.9
雷达及配套设备制造	121	78.5	28.1
广播电视设备制造	507	68.2	9.5
非专业视听设备制造	893	65.0	8.2
电子器件制造	4874	69.7	10.8
#电子真空器件制造	387	67.2	6.2
半导体分立器件制造	415	71.1	11.1
集成电路制造	1080	72.2	19.1
光电子器件制造	846	74.2	13.0
电子元件及电子专用设备制造	7195	71.6	7.9

产品或工艺创新活动类型

在开展产品或工艺创新活动企业中，有下列活动形式的企业占比(%)					
获得机器设备和软件	从外部获取相关技术	相关培训	市场推介	相关设计	其　他创新活动
75.4	**1.9**	**43.6**	**21.3**	**25.8**	**30.6**
78.1	4.0	56.4	27.4	24.8	41.2
76.4	6.9	58.6	26.8	28.5	42.7
76.8	3.1	52.2	25.1	27.5	36.1
75.4	1.5	41.7	20.6	25.7	29.2
68.7	0.9	31.3	14.2	18.8	23.0
76.2	1.9	43.4	21.5	26.1	29.8
64.6		53.1	25.9	19.0	46.3
66.7		11.1			11.1
74.3	2.9	40.0	17.1	28.6	28.6
76.9	7.7	61.5	15.4	23.1	23.1
62.5		62.5	12.5	12.5	12.5
77.2	2.4	47.6	22.9	25.7	34.0
73.4	2.8	54.1	19.7	20.2	39.0
83.7	4.6	56.4	34.5	34.4	38.8
75.4	1.5	41.2	20.2	25.6	27.9
62.5		50.0	12.5		12.5
74.2	2.3	44.9	19.6	23.5	35.3
77.9	1.9	49.0	24.1	25.2	38.3
53.3	6.7	33.3	13.3	6.7	40.0
71.3	1.7	41.0	15.1	22.4	32.6
85.3	8.3	60.3	35.3	28.2	44.2
82.4		54.9	41.2	23.5	45.1
65.8	2.4	45.3	20.0	23.9	36.2
74.4	2.8	46.9	24.8	24.3	36.1
64.3		71.4	28.6	28.6	35.7
60.3	2.2	42.9	15.9	23.1	35.4
79.6	3.5	57.7	38.0	29.6	40.1
75.7		62.2	29.7	24.3	54.1
73.1	**3.4**	**44.3**	**22.6**	**25.7**	**28.1**
75.8	4.7	49.3	20.6	18.7	31.1
74.9	3.0	45.7	23.5	32.4	30.6
74.8	4.2	49.8	29.0	28.0	32.6
76.5	**1.6**	**43.0**	**19.0**	**23.5**	**30.6**
75.3	1.3	42.2	19.7	22.8	30.3
75.7	1.8	44.4	18.5	23.8	31.0
76.2	1.8	44.7	18.7	25.9	31.2
77.1	1.7	43.4	21.5	28.6	32.4
77.0	1.6	43.7	21.7	27.0	33.3
77.7	1.8	41.8	21.0	30.5	30.6
73.6	2.5	52.9	22.3	28.9	37.2
78.1	1.6	42.0	24.1	32.0	28.6
82.0	1.6	39.3	23.0	37.5	27.7
77.1	2.0	45.1	20.7	22.6	31.6
73.1	0.8	38.5	13.2	20.7	23.8
72.3	1.9	49.4	22.4	20.7	35.9
79.4	3.9	47.7	22.4	16.6	36.1
78.4	1.8	45.5	23.3	25.3	33.9
74.5	1.3	41.7	14.1	16.7	29.2

5-5 续表

项　　目	开展产品或工艺创新活动企业数(个)		
		内部研发	外部研发
#电阻电容电感元件制造	959	73.0	6.0
电子专用材料制造	1889	77.5	11.4
电子电路制造	1441	67.8	4.7
智能消费设备制造	1374	69.4	13.7
其他电子设备制造	1245	67.1	10.0
计算机及办公设备制造业	**2471**	**64.8**	**10.8**
#计算机整机制造	314	58.0	12.4
计算机零部件制造	764	69.2	5.1
计算机外围设备制造	692	60.0	10.0
办公设备制造	203	73.4	12.8
医疗仪器设备及仪器仪表制造业	**7857**	**73.8**	**15.2**
#医疗仪器设备及器械制造	2553	74.0	16.3
#医疗诊断、监护及治疗设备制造	832	73.1	20.6
医疗、外科及兽医用器械制造	617	81.2	16.2
通用仪器仪表制造	3600	73.4	13.8
专用仪器仪表制造	1039	75.3	18.4
信息化学品制造业	**130**	**70.8**	**12.3**
四、按地区分			
东部地区	26951	70.9	13.9
中部地区	7953	74.9	14.0
西部地区	3957	72.1	16.3
东北地区	869	64.3	25.4
北　京	915	65.7	22.7
天　津	443	69.5	17.6
河　北	707	67.5	15.1
山　西	224	53.6	18.3
内蒙古	106	65.1	24.5
辽　宁	442	68.1	22.2
吉　林	241	57.3	29.0
黑龙江	186	64.5	28.5
上　海	1083	64.0	16.0
江　苏	6216	81.2	15.4
浙　江	4025	72.7	17.4
安　徽	1788	72.8	14.9
福　建	1130	80.9	18.8
江　西	1791	71.1	9.2
山　东	1862	87.8	19.0
河　南	1067	89.1	14.7
湖　北	1369	69.4	18.1
湖　南	1714	79.1	13.8
广　东	10510	61.4	8.7
广　西	309	69.3	15.2
海　南	60	86.7	66.7
重　庆	717	74.8	12.1
四　川	1397	74.4	16.0
贵　州	290	74.1	13.8
云　南	221	71.0	20.8
西　藏	11	63.6	36.4
陕　西	643	70.9	19.9
甘　肃	127	59.1	17.3
青　海	38	50.0	18.4
宁　夏	56	83.9	7.1
新　疆	42	40.5	19.0

在开展产品或工艺创新活动企业中，有下列活动形式的企业占比(%)					
获得机器设备和软件	从外部获取相关技术	相关培训	市场推介	相关设计	其　他创新活动
71.6	1.4	39.0	13.2	18.0	27.6
73.5	1.3	42.6	13.7	10.9	29.7
78.3	1.5	43.9	11.7	11.3	28.9
79.5	2.0	44.8	26.6	37.0	33.6
79.0	1.5	42.9	22.7	30.4	30.9
75.2	**1.8**	**44.1**	**23.7**	**34.3**	**32.2**
79.3	2.5	51.0	31.2	41.1	36.6
66.6	1.3	37.7	14.8	26.0	27.4
78.3	1.7	46.0	26.7	38.7	34.0
70.9	1.5	38.9	25.1	37.4	32.5
74.6	**1.5**	**43.8**	**26.4**	**30.5**	**31.5**
76.4	1.6	45.2	30.9	35.7	32.7
81.1	1.6	48.6	35.5	39.1	38.8
72.0	1.8	44.1	30.1	33.9	31.9
73.5	1.4	42.8	24.0	27.0	30.5
76.8	1.3	44.2	26.4	32.3	31.6
86.2	**1.5**	**43.1**	**13.8**	**13.8**	**30.8**
77.7	2.0	44.1	22.7	27.6	32.0
73.4	1.7	40.4	17.0	21.3	24.9
64.3	2.1	46.5	20.4	23.0	32.1
71.9	2.4	43.6	20.3	22.1	30.6
90.3	1.2	45.2	29.6	26.9	36.6
56.7	1.4	52.4	26.2	31.4	38.4
80.8	1.8	39.9	19.1	20.2	25.6
81.7	1.8	53.1	22.3	23.2	33.9
68.9	4.7	37.7	14.2	13.2	32.1
53.8	1.8	48.9	24.0	23.1	36.2
89.2	1.7	37.8	16.2	21.6	23.7
92.5	4.8	38.7	16.7	20.4	26.3
67.5	1.0	48.7	24.6	27.8	38.7
62.0	1.8	43.2	17.9	20.6	29.9
91.0	2.6	36.5	19.5	25.0	27.1
72.0	2.2	48.7	20.4	25.8	28.9
49.6	2.6	41.8	20.3	26.2	29.6
86.2	0.8	38.3	14.0	19.4	23.5
52.1	2.1	42.8	23.4	26.7	28.5
23.9	2.1	37.0	16.1	21.9	24.9
83.1	2.6	41.2	19.3	22.2	27.2
83.7	1.3	33.7	14.8	17.4	19.0
89.9	1.9	47.4	26.3	33.3	35.2
82.2	2.3	48.9	18.8	28.2	35.3
98.3	5.0	48.3	20.0	26.7	26.7
62.5	2.8	45.5	18.3	24.4	28.2
63.6	2.1	44.3	20.5	22.7	30.9
50.7	0.7	50.0	19.0	25.2	35.5
65.2	0.9	43.0	19.0	24.9	28.1
63.6		27.3	18.2		18.2
61.4	1.9	52.3	27.2	23.2	36.5
55.1	1.6	43.3	15.7	18.9	31.5
71.1	2.6	50.0	18.4	15.8	36.8
89.3	3.6	57.1	17.9	14.3	37.5
95.2	2.4	47.6	9.5	9.5	35.7

5-6 规模(限额)以上

项目	创新费用支出合计(亿元)	1.内部研发经费支出	所占比重(%)
总计	**41128.7**	**23497.4**	**57.1**
#国有及国有控股	11607.7	5867.1	50.5
一、按规模分			
大型企业	22680.0	11988.6	52.9
中型企业	8923.1	5371.4	60.2
小型企业	9139.3	5936.2	65.0
微型企业	386.4	201.2	52.1
二、按登记注册类型分			
内资企业	32995.3	18896.9	57.3
国有企业	716.0	378.1	52.8
集体企业	17.9	8.5	47.5
股份合作企业	18.0	12.6	70.0
联营企业	14.8	5.3	35.8
#国有联营企业	4.4	2.2	50.0
有限责任公司	13913.2	7358.2	52.9
#国有独资公司	1897.3	855.6	45.1
股份有限公司	5072.1	2828.9	55.8
私营企业	13218.9	8287.7	62.7
其他企业	24.6	17.6	71.5
港、澳、台商投资企业	4074.3	2206.8	54.2
合资经营企业	890.1	557.7	62.7
合作经营企业	22.1	13.1	59.3
港、澳、台商独资经营企业	2637.7	1290.5	48.9
港、澳、台商投资股份有限公司	460.3	307.9	66.9
其他港、澳、台投资企业	64.3	37.6	58.5
外商投资企业	4059.2	2393.7	59.0
中外合资经营企业	1750.8	981.3	56.0
中外合作经营企业	24.3	13.4	55.1
外资企业	1898.4	1137.6	59.9
外商投资股份有限公司	345.5	234.9	68.0
其他外商投资企业	40.3	26.4	65.5
三、按行业分			
采矿业	779.1	466.0	59.8
制造业	30066.9	18619.6	61.9
电力、热力、燃气及水生产和供应业	697.9	276.2	39.6
建筑业	2162.9	851.4	39.4
批发和零售业	7.4	4.0	54.1
交通运输、仓储和邮政业	148.6	58.5	39.4
信息传输、软件和信息技术服务业	5006.7	1906.6	38.1

注：内部研发和外部研发数据不包括批发和零售业。以下各表同。

企业创新费用支出情况

2.外部研发经费支出	所占比重(%)	3.获得机器设备和软件经费支出	所占比重(%)	4.从外部获取相关技术经费支出	所占比重(%)
2135.1	**5.2**	**14504.5**	**35.3**	**991.7**	**2.4**
608.3	5.2	4734.4	40.8	397.9	3.4
1502.1	6.6	8492.3	37.4	697.0	3.1
377.4	4.2	2927.5	32.8	246.8	2.8
226.9	2.5	2930.0	32.1	46.2	0.5
28.7	7.4	154.8	40.1	1.7	0.4
1644.0	5.0	11765.3	35.7	689.1	2.1
51.9	7.2	256.3	35.8	29.7	4.1
0.2	1.1	9.2	51.4		
0.3	1.7	5.1	28.3		
0.1	0.7	9.4	63.5		
0.1	2.3	2.1	47.7		
863.5	6.2	5364.5	38.6	327.0	2.4
116.1	6.1	889.6	46.9	36.0	1.9
244.4	4.8	1882.4	37.1	116.4	2.3
478.6	3.6	4237.1	32.1	215.5	1.6
5.0	20.3	1.5	6.1	0.5	2.0
226.2	5.6	1599.6	39.3	41.7	1.0
29.5	3.3	289.2	32.5	13.7	1.5
0.5	2.3	8.4	38.0	0.1	0.5
179.0	6.8	1148.1	43.5	20.1	0.8
15.0	3.3	129.9	28.2	7.5	1.6
2.3	3.6	24.2	37.6	0.2	0.3
264.9	6.5	1139.7	28.1	260.9	6.4
80.4	4.6	505.4	28.9	183.7	10.5
0.7	2.9	9.2	37.9	1.0	4.1
160.5	8.5	528.4	27.8	71.9	3.8
17.6	5.1	88.7	25.7	4.3	1.2
5.6	13.9	8.2	20.3	0.1	0.2
45.5	5.8	266.4	34.2	1.2	0.2
1283.5	4.3	9234.1	30.7	929.7	3.1
65.0	9.3	331.3	47.5	25.4	3.6
23.7	1.1	1287.3	59.5	0.5	0.0
0.3	4.1	3.0	40.5	0.1	1.4
11.7	7.9	78.2	52.6	0.2	0.1
428.3	8.6	2652.6	53.0	19.2	0.4

5-6 续表

项　目	创新费用支出合计(亿元)	1.内部研发经费支出	所占比重(%)
租赁和商务服务业	254.9	124.7	48.9
科学研究和技术服务业	1958.4	1166.3	59.6
水利、环境和公共设施管理业	46.3	24.0	51.8
四、按地区分			
东部地区	27752.6	15667.6	56.5
中部地区	7331.4	4530.6	61.8
西部地区	4891.9	2658.7	54.3
东北地区	1153.1	640.5	55.5
北　京	2950.8	1219.2	41.3
天　津	611.4	433.5	70.9
河　北	1123.5	700.3	62.3
山　西	505.4	229.4	45.4
内蒙古	369.9	181.1	49.0
辽　宁	691.5	433.4	62.7
吉　林	280.2	101.3	36.2
黑龙江	181.4	105.8	58.3
上　海	2878.2	1319.7	45.9
江　苏	5050.5	3311.8	65.6
浙　江	3673.9	2033.7	55.4
安　徽	1636.4	901.7	55.1
福　建	1271.4	944.7	74.3
江　西	777.7	461.0	59.3
山　东	2891.6	1922.1	66.5
河　南	1192.5	979.0	82.1
湖　北	1710.8	987.7	57.7
湖　南	1508.7	971.9	64.4
广　东	7240.3	3762.9	52.0
广　西	434.5	169.7	39.1
海　南	61.2	19.8	32.4
重　庆	801.3	540.9	67.5
四　川	1241.4	717.9	57.8
贵　州	320.2	154.1	48.1
云　南	362.8	222.8	61.4
西　藏	4.2	2.0	47.6
陕　西	736.0	441.0	59.9
甘　肃	194.0	77.2	39.8
青　海	44.1	19.3	43.8
宁　夏	158.2	64.0	40.5
新　疆	225.6	68.8	30.5

2.外部研发经费支出	所占比重(%)	3.获得机器设备和软件经费支出	所占比重(%)	4.从外部获取相关技术经费支出	所占比重(%)
17.6	6.9	107.1	42.0	5.5	2.2
258.7	13.2	523.5	26.7	9.9	0.5
0.9	1.9	21.3	46.0	0.1	0.2
1535.2	5.5	9743.4	35.1	806.4	2.9
286.5	3.9	2472.9	33.7	41.4	0.6
236.2	4.8	1889.0	38.6	108.0	2.2
77.1	6.7	399.4	34.6	36.1	3.1
177.6	6.0	1532.3	51.9	21.7	0.7
38.7	6.3	133.9	21.9	5.3	0.9
28.0	2.5	382.7	34.1	12.5	1.1
14.2	2.8	260.6	51.6	1.2	0.2
13.2	3.6	151.3	40.9	24.3	6.6
29.7	4.3	218.8	31.6	9.6	1.4
39.4	14.1	115.4	41.2	24.1	8.6
8.0	4.4	65.3	36.0	2.3	1.3
182.5	6.3	1204.3	41.8	171.7	6.0
198.3	3.9	1316.9	26.1	223.5	4.4
254.1	6.9	1345.7	36.6	40.4	1.1
104.2	6.4	621.4	38.0	9.1	0.6
29.2	2.3	270.7	21.3	26.8	2.1
18.6	2.4	286.9	36.9	11.2	1.4
91.6	3.2	843.5	29.2	34.4	1.2
26.3	2.2	182.8	15.3	4.4	0.4
61.2	3.6	655.2	38.3	6.7	0.4
62.0	4.1	466.1	30.9	8.7	0.6
527.8	7.3	2680.0	37.0	269.6	3.7
10.2	2.3	231.9	53.4	22.7	5.2
7.5	12.3	33.5	54.7	0.4	0.7
38.9	4.9	199.2	24.9	22.3	2.8
41.0	3.3	470.3	37.9	12.2	1.0
44.9	14.0	120.4	37.6	0.8	0.3
18.5	5.1	108.4	29.9	13.1	3.6
0.3	7.1	1.9	45.2		
45.9	6.2	239.7	32.6	9.4	1.3
6.4	3.3	109.9	56.6	0.5	0.3
5.5	12.5	19.3	43.8		
2.2	1.4	90.7	57.3	1.3	0.8
9.2	4.1	146.2	64.8	1.4	0.6

5-7 规模以上工业企业

项 目	创新费用支出合计(亿元)	1.内部研发经费支出	所占比重(%)
总 计	**31543.7**	**19361.8**	**61.4**
#国有及国有控股	8384.8	4392.3	52.4
一、按规模分			
大型企业	15957.7	9081.7	56.9
中型企业	6955.0	4486.9	64.5
小型企业	8321.8	5613.2	67.5
微型企业	309.1	180.0	58.2
二、按登记注册类型分			
内资企业	25674.3	15689.6	61.1
国有企业	516.2	268.2	52.0
集体企业	9.2	7.1	77.2
股份合作企业	16.9	12.2	72.2
联营企业	12.7	4.4	34.6
#国有联营企业	3.4	2.2	64.7
有限责任公司	9619.0	5498.8	57.2
#国有独资公司	1176.4	558.8	47.5
股份有限公司	4366.3	2505.4	57.4
私营企业	11110.0	7375.9	66.4
其他企业	24.5	17.6	71.8
港、澳、台商投资企业	2488.6	1603.8	64.4
合资经营企业	792.8	524.8	66.2
合作经营企业	17.3	12.0	69.4
港、澳、台商独资经营企业	1187.7	731.7	61.6
港、澳、台商投资股份有限公司	440.1	303.2	68.9
其他港、澳、台投资企业	50.8	32.0	63.0
外商投资企业	3380.9	2068.4	61.2
中外合资经营企业	1631.4	920.3	56.4
中外合作经营企业	22.5	13.3	59.1
外资企业	1392.1	901.1	64.7
外商投资股份有限公司	301.0	210.3	69.9
其他外商投资企业	33.8	23.5	69.5
三、按行业分			
采矿业	**779.1**	**466.0**	**59.8**
煤炭开采和洗选业	381.9	182.6	47.8
石油和天然气开采业	175.3	121.8	69.5
黑色金属矿采选业	57.5	44.1	76.7
有色金属矿采选业	56.1	35.6	63.5

创新费用支出情况

2.外部研发经费支出	所占比重(%)	3.获得机器设备和软件经费支出	所占比重(%)	4.从外部获取相关技术经费支出	所占比重(%)
1393.9	**4.4**	**9831.7**	**31.2**	**956.3**	**3.0**
433.4	5.2	3173.8	37.9	385.3	4.6
989.0	6.2	5209.2	32.6	677.8	4.2
219.2	3.2	2012.4	28.9	236.5	3.4
168.0	2.0	2500.3	30.0	40.3	0.5
17.8	5.8	109.7	35.5	1.6	0.5
1125.5	4.4	8201.2	31.9	658.0	2.6
38.7	7.5	180.0	34.9	29.3	5.7
		2.1	22.8		
0.3	1.8	4.4	26.0		
0.1	0.8	8.2	64.6		
0.1	2.9	1.1	32.4		
538.8	5.6	3268.9	34.0	312.5	3.2
79.3	6.7	502.9	42.7	35.4	3.0
206.9	4.7	1545.1	35.4	108.9	2.5
335.8	3.0	3191.5	28.7	206.8	1.9
5.0	20.4	1.4	5.7	0.5	2.0
77.7	3.1	768.6	30.9	38.5	1.5
21.9	2.8	232.9	29.4	13.2	1.7
0.3	1.7	4.9	28.3	0.1	0.6
40.8	3.4	397.7	33.5	17.5	1.5
13.2	3.0	116.2	26.4	7.5	1.7
1.5	3.0	17.1	33.7	0.2	0.4
190.7	5.6	862.0	25.5	259.8	7.7
72.0	4.4	456.0	28.0	183.1	11.2
0.6	2.7	7.6	33.8	1.0	4.4
99.6	7.2	319.7	23.0	71.7	5.2
13.3	4.4	73.4	24.4	4.0	1.3
5.1	15.1	5.2	15.4		
45.5	**5.8**	**266.4**	**34.2**	**1.2**	**0.2**
18.3	4.8	180.2	47.2	0.8	0.2
20.0	11.4	33.5	19.1		
1.6	2.8	11.7	20.3	0.1	0.2
1.8	3.2	18.6	33.2	0.1	0.2

5-7 续表 1

项　　目	创新费用支出合计(亿元)	1.内部研发经费支出	所占比重(%)
非金属矿采选业	47.0	32.2	68.5
开采专业及辅助性活动	61.4	49.5	80.6
其他采矿业	0.3	0.2	66.7
制造业	**30066.9**	**18619.6**	**61.9**
农副食品加工业	481.2	346.0	71.9
食品制造业	306.3	164.8	53.8
酒、饮料和精制茶制造业	198.6	67.7	34.1
烟草制品业	158.8	25.8	16.2
纺织业	413.6	246.3	59.6
纺织服装、服饰业	154.6	117.8	76.2
皮革、毛皮、羽毛及其制品和制鞋业	140.3	117.0	83.4
木材加工和木、竹、藤、棕、草制品业	118.8	96.0	80.8
家具制造业	143.6	101.8	70.9
造纸和纸制品业	256.2	138.4	54.0
印刷和记录媒介复制业	168.3	111.7	66.4
文教、工美、体育和娱乐用品制造业	176.3	105.9	60.1
石油加工、炼焦和核燃料加工业	463.0	170.6	36.8
化学原料和化学制品制造业	1875.9	1004.9	53.6
医药制造业	1587.9	1048.9	66.1
化学纤维制造业	224.2	171.0	76.3
橡胶和塑料制品业	767.4	535.5	69.8
非金属矿物制品业	1078.3	628.7	58.3
黑色金属冶炼和压延加工业	2221.9	816.4	36.7
有色金属冶炼和压延加工业	942.7	505.1	53.6
金属制品业	1039.5	757.5	72.9
通用设备制造业	1687.5	1190.6	70.6
专用设备制造业	1550.0	1150.1	74.2
汽车制造业	2772.1	1651.7	59.6
铁路、船舶、航空航天和其他运输设备制造业	977.8	633.2	64.8
电气机械和器材制造业	3130.9	2098.5	67.0
计算机、通信和其他电子设备制造业	6301.8	4099.9	65.1
仪器仪表制造业	497.0	354.1	71.2
其他制造业	93.8	70.5	75.2
废弃资源综合利用业	98.4	70.2	71.3
金属制品、机械和设备修理业	40.9	22.9	56.0
电力、热力、燃气及水生产和供应业	**697.9**	**276.2**	**39.6**
电力、热力生产和供应业	609.2	217.9	35.8
燃气生产和供应业	55.7	37.6	67.5
水的生产和供应业	32.9	20.7	62.9

2.外部研发经费支出	所占比重(%)	3.获得机器设备和软件经费支出	所占比重(%)	4.从外部获取相关技术经费支出	所占比重(%)
0.6	1.3	14.0	29.8	0.2	0.4
3.2	5.2	8.6	14.0	0.1	0.2
		0.1	33.3		
1283.5	**4.3**	**9234.1**	**30.7**	**929.7**	**3.1**
3.8	0.8	130.4	27.1	1.0	0.2
6.4	2.1	126.4	41.3	8.7	2.8
2.9	1.5	124.7	62.8	3.3	1.7
4.2	2.6	107.7	67.8	21.1	13.3
2.8	0.7	161.3	39.0	3.2	0.8
1.0	0.6	35.6	23.0	0.2	0.1
1.3	0.9	21.9	15.6	0.1	0.1
0.6	0.5	22.0	18.5	0.2	0.2
1.2	0.8	40.0	27.9	0.6	0.4
2.8	1.1	113.7	44.4	1.3	0.5
1.0	0.6	52.9	31.4	2.7	1.6
1.7	1.0	68.1	38.6	0.6	0.3
7.0	1.5	282.5	61.0	2.9	0.6
35.9	1.9	816.0	43.5	19.1	1.0
164.5	10.4	320.7	20.2	53.8	3.4
2.9	1.3	48.5	21.6	1.8	0.8
15.1	2.0	209.4	27.3	7.4	1.0
7.4	0.7	437.8	40.6	4.4	0.4
12.5	0.6	1310.7	59.0	82.3	3.7
9.6	1.0	426.4	45.2	1.6	0.2
7.0	0.7	267.8	25.8	7.2	0.7
39.5	2.3	431.6	25.6	25.8	1.5
32.9	2.1	359.4	23.2	7.6	0.5
246.4	8.9	655.0	23.6	219.0	7.9
73.9	7.6	208.5	21.3	62.2	6.4
61.7	2.0	750.8	24.0	219.9	7.0
514.1	8.2	1527.8	24.2	160.0	2.5
15.9	3.2	120.3	24.2	6.7	1.3
4.7	5.0	18.5	19.7	0.1	0.1
1.5	1.5	26.6	27.0	0.1	0.1
1.2	2.9	12.1	29.6	4.7	11.5
65.0	**9.3**	**331.3**	**47.5**	**25.4**	**3.6**
62.8	10.3	303.3	49.8	25.2	4.1
1.6	2.9	16.4	29.4	0.1	0.2
0.6	1.8	11.6	35.3		

5-7 续表 2

项目	创新费用支出合计(亿元)	1.内部研发经费支出	所占比重(%)
四、按地区分			
东部地区	20326.5	12607.1	62.0
中部地区	6224.0	3960.2	63.6
西部地区	3950.1	2228.1	56.4
东北地区	1043.2	566.3	54.3
北　京	621.0	349.0	56.2
天　津	400.2	284.6	71.1
河　北	1011.4	635.9	62.9
山　西	401.7	202.3	50.4
内蒙古	349.7	170.9	48.9
辽　宁	618.6	375.7	60.7
吉　林	260.0	92.6	35.6
黑龙江	164.6	98.0	59.5
上　海	1465.5	766.0	52.3
江　苏	4484.6	2993.7	66.8
浙　江	2879.4	1768.1	61.4
安　徽	1418.7	820.6	57.8
福　建	1110.4	848.6	76.4
江　西	729.6	439.7	60.3
山　东	2548.2	1728.7	67.8
河　南	1028.0	845.5	82.2
湖　北	1345.5	793.2	59.0
湖　南	1300.4	858.9	66.0
广　东	5759.8	3217.8	55.9
广　西	379.3	150.6	39.7
海　南	46.3	14.9	32.2
重　庆	683.9	479.3	70.1
四　川	874.6	530.1	60.6
贵　州	243.9	131.8	54.0
云　南	315.4	198.7	63.0
西　藏	3.5	1.7	48.6
陕　西	531.4	354.4	66.7
甘　肃	179.7	72.0	40.1
青　海	32.9	14.9	45.3
宁　夏	152.4	59.7	39.2
新　疆	203.6	64.1	31.5

2.外部研发经费支出	所占比重 (%)	3.获得机器设备和软件经费支出	所占比重 (%)	4.从外部获取相关技术经费支出	所占比重 (%)
952.7	4.7	5989.2	29.5	777.5	3.8
206.1	3.3	2019.0	32.4	38.7	0.6
162.9	4.1	1454.7	36.8	104.4	2.6
72.2	6.9	368.9	35.4	35.8	3.4
40.2	6.5	213.0	34.3	18.8	3.0
21.7	5.4	88.8	22.2	5.1	1.3
22.6	2.2	340.5	33.7	12.4	1.2
13.7	3.4	184.6	46.0	1.1	0.3
13.0	3.7	141.5	40.5	24.3	6.9
26.6	4.3	206.9	33.4	9.4	1.5
39.0	15.0	104.3	40.1	24.1	9.3
6.6	4.0	57.8	35.1	2.2	1.3
65.9	4.5	465.8	31.8	167.8	11.5
156.4	3.5	1115.1	24.9	219.4	4.9
121.7	4.2	950.2	33.0	39.4	1.4
50.1	3.5	539.5	38.0	8.5	0.6
18.5	1.7	217.4	19.6	25.9	2.3
18.0	2.5	260.9	35.8	11.0	1.5
77.6	3.0	708.2	27.8	33.7	1.3
24.1	2.3	154.2	15.0	4.2	0.4
42.2	3.1	504.9	37.5	5.2	0.4
58.0	4.5	374.9	28.8	8.6	0.7
421.0	7.3	1866.2	32.4	254.8	4.4
9.9	2.6	196.3	51.8	22.5	5.9
7.2	15.6	24.0	51.8	0.2	0.4
27.2	4.0	155.4	22.7	22.0	3.2
31.4	3.6	303.7	34.7	9.4	1.1
9.8	4.0	101.6	41.7	0.7	0.3
15.3	4.9	88.4	28.0	13.0	4.1
0.3	8.6	1.5	42.9		
40.8	7.7	127.0	23.9	9.2	1.7
4.0	2.2	103.2	57.4	0.5	0.3
1.2	3.6	16.8	51.1		
1.8	1.2	89.6	58.8	1.3	0.9
8.2	4.0	129.9	63.8	1.4	0.7

5-8 资质等级以上建筑业

项　目	创新费用支出合计（亿元）	1.内部研发经费支出	所占比重（%）
总　计	**2162.9**	**851.4**	**39.4**
#国有及国有控股	1719.2	673.5	39.2
一、按规模分			
大型企业	1973.3	778.7	39.5
中型企业	166.3	65.2	39.2
小型企业	9.5	3.3	34.7
微型企业	13.9	4.2	30.2
二、按登记注册类型分			
内资企业	2137.6	839.9	39.3
#国有企业	83.9	39.8	47.4
集体企业	1.4	0.9	64.3
股份合作企业	0.5	0.2	40.0
联营企业	0.2		
#国有联营企业	0.1		
有限责任公司	1667.9	656.1	39.3
#国有独资公司	446.8	138.1	30.9
股份有限公司	122.1	40.1	32.8
私营企业	261.8	102.7	39.2
港、澳、台商投资企业	14.2	5.3	37.3
#合资经营企业	6.6	1.0	15.2
合作经营企业	1.0	0.5	50.0
港、澳、台商独资经营企业	2.1	1.5	71.4
港、澳、台商投资股份有限公司	1.8	0.5	27.8
外商投资企业	11.1	6.2	55.9
#中外合资经营企业	1.9	1.0	52.6
外资企业	4.5	1.2	26.7
外商投资股份有限公司	4.7	4.0	85.1
三、按行业分			
房屋建筑业	1005.6	350.4	34.8
土木工程建筑业	949.9	411.9	43.4
建筑安装业	116.4	49.0	42.1
建筑装饰、装修和其他建筑业	91.0	40.0	44.0
四、按地区分			
东部地区	1170.1	441.8	37.8
中部地区	605.4	273.0	45.1
西部地区	346.4	111.7	32.2
东北地区	40.9	24.9	60.9

注：创新费用及分项指标数据仅包括资质等级特、一级建筑业企业。

企业创新费用支出情况

2.外部研发经费支出	所占比重(%)	3.获得机器设备和软件经费支出	所占比重(%)	4.从外部获取相关技术经费支出	所占比重(%)
23.7	**1.1**	**1287.3**	**59.5**	**0.5**	
19.5	1.1	1025.8	59.7	0.4	
21.7	1.1	1172.4	59.4	0.5	
1.7	1.0	99.4	59.8		
0.1	1.1	6.1	64.2		
0.1	0.7	9.6	69.1		
23.6	1.1	1273.6	59.6	0.5	
5.2	6.2	38.9	46.4		
		0.5	35.7		
		0.3	60.0		
		0.2	100.0		
		0.1	100.0		
14.8	0.9	996.6	59.8	0.4	
6.6	1.5	302.1	67.6		
0.6	0.5	81.4	66.7		
3.0	1.1	156.0	59.6	0.1	
0.1	0.7	8.8	62.0		
0.1	1.5	5.5	83.3		
		0.5	50.0		
		0.6	28.6		
		1.3	72.2		
		4.9	44.1		
		0.9	47.4		
		3.3	73.3		
		0.7	14.9		
4.6	0.5	650.3	64.7	0.3	
16.6	1.7	521.1	54.9	0.3	
2.0	1.7	65.4	56.2		
0.4	0.4	50.6	55.6		
7.7	0.7	720.3	61.6	0.3	
8.3	1.4	324.0	53.5	0.1	
7.4	2.1	227.2	65.6	0.1	
0.2	0.5	15.8	38.6		

5-8 续表

项　目	创新费用支出合计（亿元）	1.内部研发经费支出	所占比重（%）
北　京	283.7	104.8	36.9
天　津	97.1	75.5	77.8
河　北	40.6	12.2	30.0
山　西	74.7	21.2	28.4
内蒙古	11.5	4.1	35.7
辽　宁	29.0	22.6	77.9
吉　林	5.1	0.5	9.8
黑龙江	6.8	1.7	25.0
上　海	156.3	18.8	12.0
江　苏	79.7	40.8	51.2
浙　江	93.5	28.6	30.6
安　徽	86.7	35.2	40.6
福　建	43.8	21.5	49.1
江　西	27.5	10.0	36.4
山　东	163.2	72.5	44.4
河　南	94.0	74.7	79.5
湖　北	196.6	78.8	40.1
湖　南	126.1	53.0	42.0
广　东	211.6	67.0	31.7
广　西	36.7	8.6	23.4
海　南	1.0	0.1	10.0
重　庆	24.5	7.4	30.2
四　川	113.8	28.7	25.2
贵　州	17.4	5.7	32.8
云　南	29.8	11.9	39.9
西　藏			
陕　西	76.9	33.3	43.3
甘　肃	7.8	3.0	38.5
青　海	9.6	3.9	40.6
宁　夏	2.4	1.9	79.2
新　疆	16.1	3.3	20.5

2.外部研发经费支出	所占比重(%)	3.获得机器设备和软件经费支出	所占比重(%)	4.从外部获取相关技术经费支出	所占比重(%)
1.2	0.4	177.7	62.6		
1.0	1.0	20.6	21.2		
1.0	2.5	27.4	67.5		
0.1	0.1	53.4	71.5		
		7.4	64.3		
0.2	0.7	6.2	21.4		
		4.6	90.2		
		5.1	75.0		
0.7	0.4	136.6	87.4	0.2	0.1
1.2	1.5	37.7	47.3		
0.6	0.6	64.3	68.8		
1.6	1.8	49.9	57.6		
0.6	1.4	21.7	49.5		
0.2	0.7	17.3	62.9		
0.8	0.5	89.9	55.1		
0.3	0.3	19.0	20.2		
5.8	3.0	111.9	56.9	0.1	0.1
0.4	0.3	72.7	57.7		
0.9	0.4	143.7	67.9		
		28.1	76.6		
		0.9	90.0		
0.1	0.4	17.0	69.4		
1.5	1.3	83.5	73.4	0.1	0.1
		11.7	67.2		
0.7	2.3	17.2	57.7		
0.3	0.4	43.3	56.3		
0.3	3.8	4.5	57.7		
4.2	43.8	1.5	15.6		
		0.5	20.8		
0.2	1.2	12.6	78.3		

5-9 规模(限额)以上服务业企业

项　目	创新费用支出合计(亿元)	1.内部研发经费支出	所占比重(%)
总　计	**7422.1**	**3284.2**	**44.2**
#国有及国有控股	1503.7	801.2	53.3
一、按规模分			
大型企业	4749.0	2128.2	44.8
中型企业	1801.7	819.2	45.5
小型企业	808.0	319.8	39.6
微型企业	63.4	17.0	26.8
二、按登记注册类型分			
内资企业	5183.2	2367.4	45.7
国有企业	115.5	70.0	60.6
集体企业	7.3	0.5	6.8
股份合作企业	0.6	0.2	33.3
联营企业	2.0	0.9	45.0
#国有联营企业	0.9		
有限责任公司	2626.5	1203.3	45.8
#国有独资公司	274.2	158.7	57.9
股份有限公司	583.7	283.4	48.6
私营企业	1847.3	809.1	43.8
其他企业	0.1		
港、澳、台商投资企业	1571.6	597.8	38.0
合资经营企业	90.9	31.9	35.1
合作经营企业	3.7	0.6	16.2
港、澳、台商独资经营企业	1447.9	557.3	38.5
港、澳、台商投资股份有限公司	18.6	4.2	22.6
其他港、澳、台投资企业	10.6	3.7	34.9
外商投资企业	667.3	319.0	47.8
中外合资经营企业	117.4	60.0	51.1
中外合作经营企业	1.8	0.2	11.1
外资企业	501.8	235.3	46.9
外商投资股份有限公司	39.8	20.5	51.5
其他外商投资企业	6.4	2.9	45.3
三、按行业分			
交通运输、仓储和邮政业	**148.6**	**58.5**	**39.4**
铁路运输业	26.5	3.0	11.3
道路运输业	63.0	32.3	51.3
水上运输业	21.2	6.8	32.1
航空运输业	5.4	1.9	35.2
管道运输业	6.4	3.9	60.9
多式联运和运输代理业	12.5	4.8	38.4
装卸搬运和仓储业	10.3	4.0	38.8
邮政业	3.2	1.7	53.1
信息传输、软件和信息技术服务业	**5006.7**	**1906.6**	**38.1**
电信、广播电视和卫星传输服务	180.1	70.0	38.9
互联网和相关服务	1431.8	730.1	51.0
软件和信息技术服务业	3394.7	1106.4	32.6
租赁和商务服务业	**254.9**	**124.7**	**48.9**
租赁业	14.0	4.9	35.0
商务服务业	241.0	119.8	49.7

创新费用支出情况(不含批发零售业)

2.外部研发经费支出	所占比重(%)	3.获得机器设备和软件经费支出	所占比重(%)	4.从外部获取相关技术经费支出	所占比重(%)
717.5	**9.7**	**3385.5**	**45.6**	**34.9**	**0.5**
155.4	10.3	534.9	35.6	12.2	0.8
491.4	10.3	2110.7	44.4	18.7	0.4
156.5	8.7	815.7	45.3	10.3	0.6
58.8	7.3	423.6	52.4	5.8	0.7
10.7	16.9	35.6	56.2	0.1	0.2
494.8	9.5	2290.4	44.2	30.6	0.6
7.9	6.8	37.3	32.3	0.3	0.3
0.2	2.7	6.6	90.4		
		0.4	66.7		
		1.1	55.0		
		0.9	100.0		
309.9	11.8	1099.2	41.9	14.1	0.5
30.2	11.0	84.7	30.9	0.6	0.2
36.9	6.3	255.9	43.8	7.5	1.3
139.9	7.6	889.8	48.2	8.5	0.5
		0.1	100.0		
148.4	9.4	822.2	52.3	3.2	0.2
7.5	8.3	50.9	56.0	0.6	0.7
0.1	2.7	3.0	81.1		
138.2	9.5	749.7	51.8	2.7	0.2
1.8	9.7	12.6	67.7		
0.8	7.5	6.1	57.5		
74.2	11.1	273.0	40.9	1.1	0.2
8.4	7.2	48.4	41.2	0.6	0.5
0.1	5.6	1.5	83.3		
60.9	12.1	205.4	40.9	0.2	
4.3	10.8	14.7	36.9	0.3	0.8
0.5	7.8	3.0	46.9		
11.7	**7.9**	**78.2**	**52.6**	**0.2**	**0.1**
3.4	12.8	20.0	75.5	0.1	0.4
3.9	6.2	26.8	42.5		
1.4	6.6	13.0	61.3		
0.8	14.8	2.7	50.0		
1.2	18.8	1.3	20.3		
0.3	2.4	7.4	59.2		
0.3	2.9	6.0	58.3		
0.4	12.5	1.1	34.4		
428.3	**8.6**	**2652.6**	**53.0**	**19.2**	**0.4**
51.3	28.5	56.7	31.5	2.1	1.2
163.4	11.4	537.0	37.5	1.3	0.1
213.6	6.3	2058.9	60.7	15.8	0.5
17.6	**6.9**	**107.1**	**42.0**	**5.5**	**2.2**
0.5	3.6	8.5	60.7	0.1	0.7
17.1	7.1	98.7	41.0	5.4	2.2

5−9 续表

项　目	创新费用支出合计(亿元)	1.内部研发经费支出	所占比重(%)
科学研究和技术服务业	**1958.4**	**1166.3**	**59.6**
研究和试验发展	863.2	479.7	55.6
专业技术服务业	868.9	551.4	63.5
科技推广和应用服务业	226.5	135.3	59.7
水利、环境和公共设施管理业	**46.3**	**24.0**	**51.8**
水利管理业	1.6	1.1	68.8
生态保护和环境治理业	26.9	12.8	47.6
公共设施管理业	15.1	7.7	51.0
土地管理业	2.8	2.5	89.3
四、按地区分			
东部地区	6256.0	2618.6	41.9
中部地区	502.1	297.4	59.2
西部地区	595.3	318.9	53.6
东北地区	69.0	49.3	71.4
北　京	2046.1	765.3	37.4
天　津	114.1	73.5	64.4
河　北	71.5	52.2	73.0
山　西	28.8	5.8	20.1
内蒙古	8.8	6.1	69.3
辽　宁	43.8	35.1	80.1
吉　林	15.2	8.2	53.9
黑龙江	10.1	6.0	59.4
上　海	1256.4	534.9	42.6
江　苏	486.3	277.4	57.0
浙　江	701.1	237.1	33.8
安　徽	131.1	45.8	34.9
福　建	117.4	74.5	63.5
江　西	20.6	11.3	54.9
山　东	180.2	120.9	67.1
河　南	70.5	58.8	83.4
湖　北	168.7	115.7	68.6
湖　南	82.3	60.0	72.9
广　东	1268.9	478.1	37.7
广　西	18.4	10.5	57.1
海　南	14.0	4.8	34.3
重　庆	92.9	54.2	58.3
四　川	253.0	159.1	62.9
贵　州	59.0	16.7	28.3
云　南	17.7	12.3	69.5
西　藏	0.8	0.3	37.5
陕　西	127.7	53.3	41.7
甘　肃	6.4	2.2	34.4
青　海	1.6	0.5	31.3
宁　夏	3.3	2.4	72.7
新　疆	5.8	1.3	22.4

2.外部研发经费支出	所占比重(%)	3.获得机器设备和软件经费支出	所占比重(%)	4.从外部获取相关技术经费支出	所占比重(%)
258.7	**13.2**	**523.5**	**26.7**	**9.9**	**0.5**
179.8	20.8	200.1	23.2	3.6	0.4
59.3	6.8	255.2	29.4	3.0	0.3
19.7	8.7	68.2	30.1	3.3	1.5
0.9	**1.9**	**21.3**	**46.0**	**0.1**	**0.2**
0.1	6.3	0.4	25.0		
0.6	2.2	13.5	50.2		
0.2	1.3	7.1	47.0	0.1	0.7
0.1	3.6	0.2	7.1		
574.8	9.2	3034.0	48.5	28.6	0.5
72.1	14.4	130.0	25.9	2.6	0.5
65.9	11.1	207.0	34.8	3.5	0.6
4.7	6.8	14.7	21.3	0.3	0.4
136.2	6.7	1141.7	55.8	2.9	0.1
16.0	14.0	24.5	21.5	0.1	0.1
4.4	6.2	14.8	20.7	0.1	0.1
0.4	1.4	22.5	78.1	0.1	0.3
0.3	3.4	2.4	27.3		
2.8	6.4	5.8	13.2	0.1	0.2
0.4	2.6	6.5	42.8	0.1	0.7
1.4	13.9	2.6	25.7	0.1	1.0
115.9	9.2	601.9	47.9	3.7	0.3
40.7	8.4	164.1	33.7	4.1	0.8
131.9	18.8	331.1	47.2	1.0	0.1
52.5	40.0	32.2	24.6	0.6	0.5
10.2	8.7	31.8	27.1	0.9	0.8
0.4	1.9	8.7	42.2	0.2	1.0
13.2	7.3	45.4	25.2	0.7	0.4
1.9	2.7	9.6	13.6	0.2	0.3
13.2	7.8	38.4	22.8	1.4	0.8
3.6	4.4	18.6	22.6	0.1	0.1
105.9	8.3	670.2	52.8	14.7	1.2
0.3	1.6	7.4	40.2	0.2	1.1
0.3	2.1	8.6	61.4	0.3	2.1
11.6	12.5	26.9	29.0	0.2	0.2
8.1	3.2	83.1	32.8	2.7	1.1
35.1	59.5	7.1	12.0	0.1	0.2
2.5	14.1	2.8	15.8	0.1	0.6
0.1	12.5	0.4	50.0		
4.8	3.8	69.5	54.4	0.1	0.1
2.0	31.3	2.2	34.4		
0.1	6.3	1.0	62.5		
0.4	12.1	0.5	15.2		
0.8	13.8	3.7	63.8		

5−10 规模以上高技术产业

项　目	创新费用支出合计(亿元)	1.内部研发经费支出	所占比重(%)
总　计	**9938.7**	**6507.7**	**65.5**
#国有及国有控股	1768.1	1206.6	68.2
一、按规模分			
大型企业	6159.2	3956.8	64.2
中型企业	1956.6	1323.1	67.6
小型企业	1759.2	1191.5	67.7
微型企业	63.9	36.3	56.8
二、按登记注册类型分			
内资企业	7744.0	5051.9	65.2
国有企业	79.8	65.5	82.1
集体企业	0.4	0.3	75.0
股份合作企业	1.9	1.5	78.9
联营企业	9.1	2.2	24.2
#国有联营企业	1.4	1.3	92.9
有限责任公司	3421.5	2203.8	64.4
#国有独资公司	164.9	83.2	50.5
股份有限公司	1394.8	962.4	69.0
私营企业	2830.1	1811.3	64.0
其他企业	6.6	4.9	74.2
港、澳、台商投资企业	1106.8	701.5	63.4
合资经营企业	262.5	178.6	68.0
合作经营企业	1.1	0.8	72.7
港、澳、台商独资经营企业	590.6	354.1	60.0
港、澳、台商投资股份有限公司	216.1	144.9	67.1
其他港、澳、台投资企业	36.7	23.1	62.9
外商投资企业	1087.9	754.3	69.3
中外合资经营企业	315.6	206.8	65.5
中外合作经营企业	1.5	1.1	73.3
外资企业	633.0	439.8	69.5
外商投资股份有限公司	119.4	91.2	76.4
其他外商投资企业	18.5	15.5	83.8
三、按高技术行业(制造业)分			
医药制造业	**1587.9**	**1048.9**	**66.1**
#化学药品制造	767.3	489.6	63.8
中成药生产	183.3	118.0	64.4
生物药品制品制造	427.0	300.9	70.5
电子及通信设备制造业	**6544.0**	**4245.7**	**64.9**
#电子工业专用设备制造	186.6	134.2	71.9
光纤、光缆制造及锂离子电池制造	584.6	367.1	62.8
#锂离子电池制造	536.7	329.3	61.4
通信设备制造、雷达及配套设备制造	2338.9	1315.0	56.2
#通信系统设备制造	436.5	285.0	65.3
通信终端设备制造	1864.0	998.4	53.6
雷达及配套设备制造	38.6	31.6	81.9
广播电视设备制造	62.8	43.5	69.3
非专业视听设备制造	187.5	131.5	70.1
电子器件制造	1531.9	1100.7	71.9
#电子真空器件制造	36.8	29.0	78.8
半导体分立器件制造	64.6	41.9	64.9
集成电路制造	737.6	527.1	71.5
光电子器件制造	137.2	104.8	76.4
电子元件及电子专用设备制造	1215.5	848.7	69.8
#电阻电容电感元件制造	102.0	62.3	61.1

(制造业)创新费用支出情况

2.外部研发经费支出	所占比重(%)	3.获得机器设备和软件经费支出	所占比重(%)	4.从外部获取相关技术经费支出	所占比重(%)
764.1	**7.7**	**2373.9**	**23.9**	**293.0**	**2.9**
153.8	8.7	354.8	20.1	52.9	3.0
553.2	9.0	1403.1	22.8	246.1	4.0
113.7	5.8	485.4	24.8	34.4	1.8
86.0	4.9	469.6	26.7	12.1	0.7
11.3	17.7	15.9	24.9	0.4	0.6
642.2	8.3	1806.7	23.3	243.2	3.1
3.9	4.9	10.4	13.0		
		0.1	25.0		
		0.4	21.1		
		6.9	75.8		
		0.1	7.1		
313.1	9.2	819.3	23.9	85.3	2.5
18.1	11.0	44.8	27.2	18.8	11.4
93.1	6.7	323.8	23.2	15.5	1.1
231.0	8.2	645.5	22.8	142.3	5.0
1.2	18.2	0.5	7.6		
45.3	4.1	336.0	30.4	24.0	2.2
11.6	4.4	62.6	23.8	9.7	3.7
0.1	9.1	0.2	18.2		
22.3	3.8	205.5	34.8	8.7	1.5
9.9	4.6	55.6	25.7	5.7	2.6
1.4	3.8	12.2	33.2		
76.6	7.0	231.2	21.3	25.8	2.4
19.2	6.1	85.4	27.1	4.2	1.3
		0.4	26.7		
47.4	7.5	124.6	19.7	21.2	3.3
9.2	7.7	18.6	15.6	0.4	0.3
0.7	3.8	2.3	12.4		
164.5	**10.4**	**320.7**	**20.2**	**53.8**	**3.4**
97.2	12.7	145.8	19.0	34.7	4.5
24.0	13.1	37.7	20.6	3.6	2.0
34.5	8.1	81.1	19.0	10.5	2.5
486.5	**7.4**	**1621.4**	**24.8**	**190.4**	**2.9**
3.9	2.1	47.2	25.3	1.3	0.7
16.8	2.9	168.7	28.9	32.0	5.5
16.1	3.0	159.6	29.7	31.7	5.9
330.0	14.1	574.9	24.6	119.0	5.1
28.3	6.5	122.8	28.1	0.4	0.1
300.7	16.1	446.3	23.9	118.6	6.4
1.1	2.9	5.9	15.3		
0.6	1.0	18.4	29.3	0.3	0.5
5.9	3.1	45.2	24.1	4.9	2.6
72.8	4.8	340.2	22.2	18.2	1.2
0.2	0.5	7.5	20.4	0.1	0.3
1.7	2.6	20.9	32.4	0.1	0.2
54.4	7.4	143.4	19.4	12.7	1.7
3.4	2.5	28.6	20.8	0.4	0.3
25.5	2.1	328.3	27.0	13.0	1.1
1.6	1.6	37.0	36.3	1.1	1.1

5-10 续表

项　目	创新费用支出合计（亿元）	1.内部研发经费支出	所占比重（%）
电子专用材料制造	482.7	364.6	75.5
电子电路制造	248.9	158.8	63.8
智能消费设备制造	277.6	185.6	66.9
其他电子设备制造	159.0	119.5	75.2
计算机及办公设备制造业	**526.0**	**355.1**	**67.5**
#计算机整机制造	200.2	119.8	59.8
计算机零部件制造	101.1	77.2	76.4
计算机外围设备制造	85.0	59.1	69.5
办公设备制造	22.4	17.8	79.5
医疗仪器设备及仪器仪表制造业	**787.3**	**565.9**	**71.9**
#医疗仪器设备及器械制造	302.3	220.1	72.8
#医疗诊断、监护及治疗设备制造	154.7	111.5	72.1
医疗、外科及兽医用器械制造	56.6	42.2	74.6
通用仪器仪表制造	310.6	226.2	72.8
专用仪器仪表制造	98.2	69.0	70.3
信息化学品制造业	**16.0**	**9.6**	**60.0**
四、按地区分			
东部地区	7355.6	4717.4	64.1
中部地区	1415.7	1020.3	72.1
西部地区	971.0	656.3	67.6
东北地区	196.3	113.7	57.9
北　京	386.8	221.0	57.1
天　津	120.3	92.0	76.5
河　北	117.4	72.1	61.4
山　西	26.2	14.2	54.2
内蒙古	25.5	18.1	71.0
辽　宁	118.7	78.7	66.3
吉　林	46.2	16.7	36.1
黑龙江	31.5	18.3	58.1
上　海	398.9	280.0	70.2
江　苏	1378.0	1046.3	75.9
浙　江	764.4	492.7	64.5
安　徽	325.4	213.9	65.7
福　建	431.4	307.3	71.2
江　西	241.7	164.8	68.2
山　东	480.5	363.6	75.7
河　南	176.7	150.9	85.4
湖　北	387.0	293.3	75.8
湖　南	258.7	183.3	70.9
广　东	3261.5	1835.5	56.3
广　西	63.9	18.1	28.3
海　南	16.6	7.0	42.2
重　庆	151.7	118.1	77.9
四　川	325.2	223.4	68.7
贵　州	67.7	47.4	70.0
云　南	64.1	41.1	64.1
西　藏	0.7	0.4	57.1
陕　西	209.5	146.3	69.8
甘　肃	20.0	15.6	78.0
青　海	10.0	6.1	61.0
宁　夏	28.8	19.4	67.4
新　疆	4.3	2.4	55.8

2.外部研发经费支出	所占比重(%)	3.获得机器设备和软件经费支出	所占比重(%)	4.从外部获取相关技术经费支出	所占比重(%)
3.8	0.8	112.8	23.4	1.5	0.3
1.0	0.4	81.1	32.6	8.0	3.2
27.5	9.9	63.5	22.9	1.0	0.4
3.7	2.3	35.1	22.1	0.7	0.4
44.7	**8.5**	**123.3**	**23.4**	**2.9**	**0.6**
24.2	12.1	55.3	27.6	0.9	0.5
1.5	1.5	21.8	21.6	0.6	0.6
3.3	3.9	22.2	26.1	0.4	0.5
0.4	1.8	4.2	18.8		
28.7	**3.6**	**184.7**	**23.5**	**8.0**	**1.0**
13.0	4.3	67.9	22.5	1.3	0.4
7.7	5.0	35.1	22.7	0.4	0.3
2.0	3.5	12.1	21.4	0.3	0.5
9.0	2.9	71.3	23.0	4.1	1.3
4.1	4.2	24.7	25.2	0.4	0.4
0.2	**1.3**	**6.2**	**38.8**		
598.1	8.1	1784.0	24.3	256.1	3.5
74.3	5.2	311.8	22.0	9.3	0.7
60.5	6.2	230.2	23.7	24.0	2.5
31.2	15.9	47.9	24.4	3.5	1.8
27.8	7.2	125.1	32.3	12.9	3.3
14.1	11.7	13.6	11.3	0.6	0.5
15.9	13.5	19.3	16.4	10.1	8.6
1.5	5.7	10.4	39.7	0.1	0.4
1.2	4.7	6.1	23.9	0.1	0.4
10.7	9.0	26.5	22.3	2.8	2.4
17.1	37.0	12.2	26.4	0.2	0.4
3.4	10.8	9.3	29.5	0.5	1.6
27.2	6.8	68.1	17.1	23.6	5.9
77.5	5.6	231.4	16.8	22.8	1.7
41.6	5.4	216.0	28.3	14.1	1.8
18.8	5.8	90.9	27.9	1.8	0.6
10.2	2.4	91.5	21.2	22.4	5.2
8.3	3.4	65.0	26.9	3.6	1.5
30.9	6.4	68.9	14.3	17.1	3.6
8.7	4.9	15.6	8.8	1.5	0.8
20.3	5.2	72.2	18.7	1.2	0.3
16.6	6.4	57.7	22.3	1.1	0.4
347.4	10.7	946.2	29.0	132.4	4.1
1.4	2.2	29.0	45.4	15.4	24.1
5.6	33.7	4.0	24.1		
8.4	5.5	21.8	14.4	3.4	2.2
14.8	4.6	84.6	26.0	2.4	0.7
2.5	3.7	17.7	26.1	0.1	0.1
8.4	13.1	14.6	22.8		
0.2	28.6	0.1	14.3		
22.4	10.7	38.4	18.3	2.4	1.1
0.5	2.5	3.9	19.5		
0.3	3.0	3.6	36.0		
		9.2	31.9	0.2	0.7
0.3	7.0	1.6	37.2		

六、规模（限额）以上企业组织和营销创新情况（2022 年）

6-1 规模(限额)以上企业

项目	实现组织或营销创新企业数(个)	#实现组织创新企业	#实现营销创新企业
总计	**300377**	**232604**	**210416**
#国有及国有控股	25330	21619	13339
一、按规模分			
大型企业	12275	10429	8022
中型企业	51526	41345	34318
小型企业	200350	153377	143980
微型企业	36226	27453	24096
二、按登记注册类型分			
内资企业	280388	217835	196342
国有企业	3311	2844	1687
集体企业	448	362	248
股份合作企业	322	224	243
联营企业	87	70	53
#国有联营企业	42	34	28
有限责任公司	54706	44692	34109
#国有独资公司	5169	4522	2491
股份有限公司	7954	6494	5856
私营企业	213490	163092	154105
其他企业	70	57	41
港、澳、台商投资企业	9373	6857	6846
合资经营企业	2683	2013	1953
合作经营企业	112	83	87
港、澳、台商独资经营企业	5869	4215	4261
港、澳、台商投资股份有限公司	496	384	372
其他港、澳、台投资企业	213	162	173
外商投资企业	10616	7912	7228
中外合资经营企业	3440	2692	2363
中外合作经营企业	110	82	74
外资企业	6492	4677	4379
外商投资股份有限公司	429	351	314
其他外商投资企业	145	110	98
三、按行业分			
采矿业	2100	1900	884
制造业	166384	126189	126977
电力、热力、燃气及水生产和供应业	3478	3160	1108
建筑业	15887	14995	5831
批发和零售业	69833	49777	51111
交通运输、仓储和邮政业	6664	5900	2940
信息传输、软件和信息技术服务业	14002	11923	9540

组织和营销创新情况

在全部企业中占比(%)					
实现组织或营销创新企业	#实现组织创新企业	#实现营销创新企业	#同时实现组织和营销创新企业	#仅实现组织创新企业	#仅实现营销创新企业
28.2	**21.8**	**19.7**	**13.4**	**8.4**	**6.4**
31.7	27.1	16.7	12.0	15.0	4.6
52.6	44.7	34.4	26.5	18.2	7.9
36.1	28.9	24.0	16.9	12.0	7.1
30.2	23.1	21.7	14.6	8.5	7.1
15.2	11.5	10.1	6.4	5.1	3.7
28.0	21.8	19.6	13.4	8.4	6.3
28.4	24.4	14.5	10.5	14.0	4.0
14.6	11.8	8.1	5.3	6.5	2.8
19.3	13.4	14.6	8.7	4.7	5.9
22.7	18.2	13.8	9.4	8.9	4.4
22.0	17.8	14.7	10.5	7.3	4.2
31.5	25.8	19.7	13.9	11.9	5.8
29.5	25.8	14.2	10.5	15.3	3.7
51.7	42.2	38.1	28.6	13.6	9.5
26.9	20.5	19.4	13.1	7.5	6.3
23.6	19.2	13.8	9.4	9.8	4.4
30.9	22.6	22.5	14.3	8.3	8.3
36.8	27.6	26.8	17.6	10.0	9.2
26.2	19.4	20.3	13.6	5.8	6.8
27.7	19.9	20.1	12.3	7.6	7.8
52.9	41.0	39.7	27.7	13.2	12.0
41.0	31.2	33.3	23.5	7.7	9.8
29.5	22.0	20.1	12.6	9.4	7.5
36.9	28.9	25.4	17.3	11.6	8.0
27.2	20.2	18.3	11.4	8.9	6.9
26.1	18.8	17.6	10.3	8.5	7.3
48.8	39.9	35.7	26.8	13.1	8.9
33.3	25.3	22.5	14.5	10.8	8.0
17.5	15.9	7.4	5.7	10.2	1.7
37.8	28.7	28.9	19.7	9.0	9.1
18.3	16.6	5.8	4.2	12.5	1.7
23.2	21.9	8.5	7.2	14.7	1.3
19.1	13.6	14.0	8.5	5.1	5.5
15.2	13.4	6.7	5.0	8.5	1.7
49.0	41.7	33.4	26.1	15.6	7.3

6-1 续表

项　　目	实现组织或营销创新企业数（个）	#实现组织创新企业	#实现营销创新企业
租赁和商务服务业	10283	8323	5952
科学研究和技术服务业	10266	9166	5333
水利、环境和公共设施管理业	1480	1271	740
四、按地区分			
东部地区	182631	139594	129499
中部地区	65689	51753	47232
西部地区	43380	34625	28124
东北地区	8677	6632	5561
北　京	7815	5955	4834
天　津	4149	3281	2592
河　北	8166	6211	5866
山　西	3623	2938	2112
内蒙古	1657	1263	977
辽　宁	4376	3376	2798
吉　林	1697	1312	1048
黑龙江	2604	1944	1715
上　海	10600	8110	7055
江　苏	36171	28576	24691
浙　江	30887	22650	22704
安　徽	14575	11642	10559
福　建	13386	10133	9579
江　西	9357	7152	6994
山　东	24081	18961	16979
河　南	14114	11098	10001
湖　北	12395	9856	8788
湖　南	11625	9067	8778
广　东	46599	35115	34725
广　西	4247	3275	2773
海　南	777	602	474
重　庆	5874	4717	4139
四　川	12362	9869	8039
贵　州	3558	2890	2294
云　南	3913	3134	2599
西　藏	215	178	126
陕　西	6213	4982	4039
甘　肃	1857	1502	1177
青　海	413	349	236
宁　夏	973	785	605
新　疆	2098	1681	1120

在全部企业中占比(%)					
实现组织或营销创新企业	#实现组织创新企业	#实现营销创新企业	#同时实现组织和营销创新企业	#仅实现组织创新企业	#仅实现营销创新企业
19.0	15.4	11.0	7.4	8.0	3.6
35.1	31.3	18.2	14.5	16.9	3.8
24.5	21.0	12.2	8.8	12.2	3.5
28.3	21.7	20.1	13.4	8.2	6.7
29.6	23.3	21.3	15.0	8.3	6.3
27.1	21.6	17.5	12.1	9.5	5.5
21.8	16.7	14.0	8.8	7.8	5.1
26.2	20.0	16.2	10.0	10.0	6.2
19.5	15.4	12.2	8.1	7.3	4.1
25.9	19.7	18.6	12.4	7.3	6.2
19.5	15.8	11.4	7.7	8.2	3.7
19.7	15.0	11.6	6.9	8.1	4.7
20.5	15.8	13.1	8.4	7.4	4.7
21.5	16.6	13.3	8.4	8.2	4.9
24.6	18.3	16.2	10.0	8.4	6.2
25.6	19.6	17.0	11.0	8.6	6.0
28.0	22.1	19.1	13.2	8.9	5.9
29.5	21.6	21.7	13.8	7.8	7.9
36.8	29.4	26.7	19.3	10.2	7.4
26.2	19.8	18.7	12.4	7.4	6.4
27.2	20.8	20.4	13.9	6.9	6.4
30.2	23.7	21.3	14.8	8.9	6.4
27.1	21.3	19.2	13.4	7.9	5.8
31.1	24.8	22.1	15.7	9.1	6.4
30.7	24.0	23.2	16.4	7.5	6.8
30.6	23.1	22.8	15.3	7.8	7.5
21.9	16.9	14.3	9.3	7.6	5.0
22.4	17.3	13.6	8.6	8.7	5.0
30.1	24.1	21.2	15.3	8.9	5.9
30.4	24.3	19.8	13.6	10.6	6.1
27.6	22.4	17.8	12.6	9.8	5.2
28.9	23.1	19.2	13.4	9.7	5.7
25.8	21.4	15.1	10.7	10.7	4.4
29.2	23.4	19.0	13.2	10.2	5.8
28.1	22.7	17.8	12.4	10.3	5.4
24.9	21.0	14.2	10.4	10.7	3.9
31.9	25.8	19.9	13.7	12.1	6.2
16.9	13.6	9.0	5.7	7.9	3.4

6–2 规模以上工业企业

项 目	实现组织或营销创新企业数(个)	#实现组织创新企业	#实现营销创新企业
总 计	**171962**	**131249**	**128969**
#国有及国有控股	9721	8289	5389
一、按规模分			
大型企业	5111	4277	3685
中型企业	19422	15725	14130
小型企业	136271	102913	103286
微型企业	11158	8334	7868
二、按登记注册类型分			
内资企业	157536	120538	118788
国有企业	942	816	491
集体企业	139	111	93
股份合作企业	194	129	158
联营企业	39	29	24
#国有联营企业	19	13	13
有限责任公司	25945	21156	17379
#国有独资公司	1576	1363	815
股份有限公司	5004	4051	3839
私营企业	125236	94214	96784
其他企业	37	32	20
港、澳、台商投资企业	6727	4897	4950
合资经营企业	2125	1598	1570
合作经营企业	80	61	62
港、澳、台商独资经营企业	4018	2854	2937
港、澳、台商投资股份有限公司	388	293	297
其他港、澳、台投资企业	116	91	84
外商投资企业	7699	5814	5231
中外合资经营企业	2768	2157	1921
中外合作经营企业	94	71	63
外资企业	4440	3271	2963
外商投资股份有限公司	318	256	236
其他外商投资企业	79	59	48
三、按行业分			
采矿业	**2100**	**1900**	**884**
#煤炭开采和洗选业	754	700	275
石油和天然气开采业	42	41	12
黑色金属矿采选业	231	216	105
有色金属矿采选业	273	256	91
非金属矿采选业	715	609	379
开采专业及辅助性活动	84	77	22

组织和营销创新情况

在全部企业中占比(%)					
实现组织或营销创新企业	#实现组织创新企业	#实现营销创新企业	#同时实现组织和营销创新企业	#仅实现组织创新企业	#仅实现营销创新企业
36.5	**27.9**	**27.4**	**18.7**	**9.1**	**8.6**
36.2	30.8	20.1	14.7	16.1	5.3
62.5	52.3	45.1	34.9	17.4	10.2
52.2	42.2	37.9	28.0	14.2	9.9
37.6	28.4	28.5	19.3	9.1	9.2
17.7	13.3	12.5	8.0	5.2	4.5
36.8	28.2	27.8	19.1	9.1	8.6
30.8	26.7	16.1	11.9	14.8	4.1
17.1	13.7	11.5	8.0	5.7	3.4
26.5	17.6	21.6	12.7	4.9	8.9
34.8	25.9	21.4	12.5	13.4	8.9
31.7	21.7	21.7	11.7	10.0	10.0
39.2	32.0	26.3	19.0	13.0	7.2
31.7	27.4	16.4	12.1	15.3	4.3
61.1	49.5	46.9	35.2	14.2	11.6
35.9	27.0	27.8	18.9	8.2	8.9
34.6	29.9	18.7	14.0	15.9	4.7
34.2	24.9	25.2	15.9	9.0	9.3
39.9	30.0	29.5	19.6	10.4	9.9
28.1	21.4	21.8	15.1	6.3	6.7
30.6	21.7	22.3	13.5	8.2	8.9
59.8	45.1	45.8	31.1	14.0	14.6
46.0	36.1	33.3	23.4	12.7	9.9
32.8	24.7	22.3	14.2	10.5	8.0
39.5	30.7	27.4	18.7	12.1	8.7
31.3	23.7	21.0	13.3	10.3	7.7
28.8	21.2	19.2	11.6	9.6	7.6
57.2	46.0	42.4	31.3	14.7	11.2
36.7	27.4	22.3	13.0	14.4	9.3
17.5	**15.9**	**7.4**	**5.7**	**10.2**	**1.7**
15.7	14.5	5.7	4.6	9.9	1.1
28.0	27.3	8.0	7.3	20.0	0.7
15.4	14.4	7.0	6.0	8.4	1.0
22.2	20.8	7.4	6.0	14.8	1.4
18.2	15.5	9.6	6.9	8.5	2.7
25.2	23.1	6.6	4.5	18.6	2.1

6-2 续表 1

项　　目	实现组织或营销创新企业数(个)	#实现组织创新企业	#实现营销创新企业
制造业	**166384**	**126189**	**126977**
农副食品加工业	8786	5560	7673
食品制造业	4543	2820	4100
酒、饮料和精制茶制造业	2624	1639	2380
烟草制品业	82	61	57
纺织业	5837	4468	4301
纺织服装、服饰业	3132	2194	2423
皮革、毛皮、羽毛及其制品和制鞋业	2140	1505	1730
木材加工和木、竹、藤、棕、草制品业	2485	1849	2012
家具制造业	2666	1873	2281
造纸和纸制品业	2385	1681	1877
印刷和记录媒介复制业	2437	1810	1855
文教、工美、体育和娱乐用品制造业	3725	2424	3187
石油、煤炭及其他燃料加工业	728	577	493
化学原料和化学制品制造业	9997	7649	7560
医药制造业	4978	3600	4043
化学纤维制造业	731	603	536
橡胶和塑料制品业	8975	6630	6995
非金属矿物制品业	12903	10286	8712
黑色金属冶炼和压延加工业	1564	1295	1027
有色金属冶炼和压延加工业	2885	2374	1956
金属制品业	11732	9146	8491
通用设备制造业	14364	11260	10876
专用设备制造业	12624	9972	9611
汽车制造业	7317	6061	4922
铁路、船舶、航空航天和其他运输设备制造业	2524	2015	1726
电气机械和器材制造业	15090	11481	11933
计算机、通信和其他电子设备制造业	13464	10914	10032
仪器仪表制造业	3765	2955	2909
其他制造业	848	582	711
废弃资源综合利用业	836	708	478
金属制品、机械和设备修理业	217	197	90
电力、热力、燃气及水生产和供应业	**3478**	**3160**	**1108**
电力、热力生产和供应业	2076	1908	577
燃气生产和供应业	765	668	355
水的生产和供应业	637	584	176

在全部企业中占比(%)					
实现组织或营销创新企业	#实现组织创新企业	#实现营销创新企业	#同时实现组织和营销创新企业	#仅实现组织创新企业	#仅实现营销创新企业
37.8	**28.7**	**28.9**	**19.7**	**9.0**	**9.1**
36.3	22.9	31.7	18.3	4.6	13.3
48.0	29.8	43.3	25.1	4.7	18.2
45.6	28.5	41.3	24.2	4.2	17.1
61.2	45.5	42.5	26.9	18.7	15.7
28.6	21.9	21.1	14.4	7.5	6.7
23.0	16.1	17.8	10.9	5.2	6.9
25.1	17.6	20.3	12.8	4.8	7.4
20.7	15.4	16.8	11.5	3.9	5.3
36.6	25.7	31.3	20.4	5.3	10.9
31.7	22.4	25.0	15.6	6.8	9.4
35.7	26.5	27.2	18.0	8.5	9.2
35.2	22.9	30.1	17.8	5.1	12.3
31.8	25.2	21.6	15.0	10.3	6.6
41.0	31.4	31.0	21.4	10.0	9.6
54.0	39.1	43.9	28.9	10.2	15.0
33.0	27.2	24.2	18.4	8.8	5.8
35.9	26.5	28.0	18.6	7.9	9.4
27.4	21.8	18.5	12.9	8.9	5.6
26.4	21.9	17.4	12.8	9.1	4.5
31.8	26.2	21.6	16.0	10.3	5.6
34.3	26.8	24.8	17.3	9.5	7.6
43.5	34.1	33.0	23.5	10.6	9.4
48.9	38.7	37.3	27.0	11.7	10.3
40.5	33.5	27.2	20.3	13.2	6.9
43.1	34.4	29.5	20.8	13.6	8.7
46.4	35.3	36.7	25.6	9.7	11.1
51.4	41.6	38.3	28.5	13.1	9.7
57.0	44.7	44.0	31.8	13.0	12.3
39.9	27.4	33.4	20.9	6.4	12.5
25.9	21.9	14.8	10.8	11.1	4.0
30.1	27.4	12.5	9.7	17.6	2.8
18.3	**16.6**	**5.8**	**4.2**	**12.5**	**1.7**
17.2	15.8	4.8	3.4	12.4	1.4
22.3	19.5	10.4	7.5	12.0	2.8
18.0	16.5	5.0	3.5	13.0	1.5

6–2 续表 2

项　目	实现组织或营销创新企业数（个）	#实现组织创新企业	#实现营销创新企业
四、按地区分			
东部地区	106207	79940	80724
中部地区	39897	31111	30464
西部地区	21030	16517	14586
东北地区	4828	3681	3195
北　京	1278	957	857
天　津	1915	1501	1294
河　北	5644	4220	4307
山　西	1762	1436	1042
内蒙古	812	626	460
辽　宁	2558	1973	1694
吉　林	904	680	600
黑龙江	1366	1028	901
上　海	3410	2563	2427
江　苏	22876	18005	16377
浙　江	22069	15780	17149
安　徽	9456	7517	7254
福　建	6702	5033	5186
江　西	5869	4420	4656
山　东	14147	10975	10987
河　南	7955	6189	5952
湖　北	7044	5537	5360
湖　南	7811	6012	6200
广　东	27960	20755	22007
广　西	2059	1562	1444
海　南	206	151	133
重　庆	3119	2468	2348
四　川	6185	4823	4339
贵　州	1773	1409	1233
云　南	1718	1362	1194
西　藏	50	44	34
陕　西	2836	2242	2008
甘　肃	842	680	555
青　海	175	145	94
宁　夏	574	457	367
新　疆	887	699	510

在全部企业中占比(%)					
实现组织或营销创新企业	#实现组织创新企业	#实现营销创新企业	#同时实现组织和营销创新企业	#仅实现组织创新企业	#仅实现营销创新企业
37.8	28.5	28.7	19.4	9.1	9.4
36.7	28.6	28.0	19.9	8.7	8.1
32.5	25.5	22.5	15.6	10.0	7.0
29.1	22.2	19.3	12.4	9.9	6.9
41.0	30.7	27.5	17.2	13.5	10.3
33.1	26.0	22.4	15.2	10.7	7.2
31.3	23.4	23.9	16.0	7.4	7.9
22.9	18.7	13.6	9.3	9.4	4.2
22.7	17.5	12.8	7.6	9.8	5.2
29.0	22.3	19.2	12.6	9.8	6.6
28.1	21.1	18.6	11.7	9.4	7.0
30.2	22.7	19.9	12.4	10.3	7.5
36.2	27.2	25.8	16.8	10.4	9.0
37.4	29.4	26.8	18.8	10.6	8.0
39.2	28.0	30.5	19.3	8.7	11.2
44.2	35.1	33.9	24.8	10.3	9.1
32.4	24.3	25.1	17.0	7.3	8.1
33.3	25.1	26.4	18.2	6.9	8.2
40.0	31.0	31.1	22.1	8.9	9.0
33.4	26.0	25.0	17.6	8.4	7.4
38.4	30.2	29.2	21.0	9.2	8.2
39.3	30.2	31.2	22.1	8.1	9.0
39.8	29.5	31.3	21.1	8.5	10.2
23.0	17.5	16.1	10.6	6.9	5.6
31.0	22.7	20.0	11.7	11.0	8.3
41.0	32.4	30.9	22.3	10.1	8.6
35.4	27.6	24.8	17.0	10.6	7.8
33.3	26.4	23.1	16.3	10.1	6.8
35.2	27.9	24.5	17.2	10.7	7.3
27.2	23.9	18.5	15.2	8.7	3.3
36.6	28.9	25.9	18.2	10.7	7.7
33.4	27.0	22.0	15.6	11.4	6.4
27.6	22.8	14.8	10.1	12.8	4.7
38.8	30.9	24.8	16.9	14.0	7.9
20.4	16.1	11.7	7.4	8.7	4.3

6-3 资质等级以上建筑业

项目	实现组织或营销创新企业数(个)	#实现组织创新企业	#实现营销创新企业
总计	**15887**	**14995**	**5831**
#国有及国有控股	2409	2298	897
一、按规模分			
大型企业	1793	1705	829
中型企业	5831	5535	2101
小型企业	5607	5275	1914
微型企业	2656	2480	987
二、按登记注册类型分			
内资企业	15812	14927	5797
#国有企业	361	342	110
集体企业	117	111	38
股份合作企业	22	20	10
联营企业	8	8	2
#国有联营企业	4	4	1
有限责任公司	3672	3505	1372
#国有独资公司	621	603	227
股份有限公司	304	280	152
私营企业	11327	10660	4112
港、澳、台商投资企业	43	39	23
#合资经营企业	24	22	14
港、澳、台商独资经营企业	12	10	4
港、澳、台商投资股份有限公司	4	4	4
外商投资企业	32	29	11
#中外合资经营企业	14	12	6
外资企业	13	12	4
外商投资股份有限公司	3	3	1
三、按行业分			
房屋建筑业	6713	6411	2298
土木工程建筑业	3932	3740	1390
建筑安装业	1832	1729	723
建筑装饰、装修和其他建筑业	3410	3115	1420
四、按地区分			
东部地区	7544	7079	2855
中部地区	4170	3956	1574
西部地区	3448	3286	1143
东北地区	725	674	259

企业组织和营销创新情况

在全部企业中占比(%)					
实现组织或营销创新企业	#实现组织创新企业	#实现营销创新企业	#同时实现组织和营销创新企业	#仅实现组织创新企业	#仅实现营销创新企业
23.2	**21.9**	**8.5**	**7.2**	**14.7**	**1.3**
38.4	36.6	14.3	12.5	24.1	1.8
57.2	54.4	26.5	23.6	30.8	2.8
28.0	26.6	10.1	8.7	17.9	1.4
19.8	18.7	6.8	5.6	13.1	1.2
16.4	15.3	6.1	5.0	10.3	1.1
23.2	21.9	8.5	7.2	14.7	1.3
30.1	28.5	9.2	7.6	20.9	1.6
15.5	14.7	5.0	4.2	10.5	0.8
18.5	16.8	8.4	6.7	10.1	1.7
33.3	33.3	8.3	8.3	25.0	
44.4	44.4	11.1	11.1	33.3	
30.5	29.1	11.4	10.0	19.1	1.4
40.0	38.8	14.6	13.4	25.4	1.2
37.5	34.5	18.7	15.8	18.7	3.0
21.3	20.1	7.7	6.5	13.6	1.3
22.6	20.5	12.1	10.0	10.5	2.1
22.4	20.6	13.1	11.2	9.3	1.9
19.4	16.1	6.5	3.2	12.9	3.2
40.0	40.0	40.0	40.0		
24.1	21.8	8.3	6.0	15.8	2.3
22.6	19.4	9.7	6.5	12.9	3.2
21.7	20.0	6.7	5.0	15.0	1.7
60.0	60.0	20.0	20.0	40.0	
22.5	21.5	7.7	6.7	14.8	1.0
27.2	25.9	9.6	8.3	17.6	1.3
23.9	22.5	9.4	8.1	14.4	1.3
20.7	18.9	8.6	6.8	12.1	1.8
23.3	21.8	8.8	7.4	14.5	1.4
25.8	24.5	9.7	8.4	16.1	1.3
23.1	22.0	7.6	6.6	15.4	1.1
14.7	13.7	5.2	4.2	9.4	1.0

6-3 续表

项　目	实现组织或营销创新企业数(个)	#实现组织创新企业	#实现营销创新企业
北　京	413	373	157
天　津	275	257	87
河　北	337	319	104
山　西	318	305	112
内蒙古	99	95	28
辽　宁	341	311	136
吉　林	190	178	65
黑龙江	194	185	58
上　海	326	306	118
江　苏	1434	1341	529
浙　江	1056	1013	378
安　徽	966	922	322
福　建	795	748	284
江　西	469	444	181
山　东	1545	1461	619
河　南	1174	1091	512
湖　北	786	760	270
湖　南	457	434	177
广　东	1328	1231	568
广　西	247	233	90
海　南	35	30	11
重　庆	280	265	99
四　川	1011	955	334
贵　州	321	314	114
云　南	324	309	105
西　藏	36	34	13
陕　西	638	606	207
甘　肃	201	193	70
青　海	43	43	12
宁　夏	82	78	25
新　疆	166	161	46

在全部企业中占比(%)					
实现组织或营销创新企业	#实现组织创新企业	#实现营销创新企业	#同时实现组织和营销创新企业	#仅实现组织创新企业	#仅实现营销创新企业
20.4	18.4	7.7	5.8	12.6	2.0
18.1	16.9	5.7	4.5	12.4	1.2
20.4	19.3	6.3	5.2	14.1	1.1
21.9	21.0	7.7	6.8	14.2	0.9
18.2	17.5	5.1	4.4	13.1	0.7
14.4	13.1	5.7	4.5	8.6	1.3
17.5	16.4	6.0	4.9	11.5	1.1
13.1	12.5	3.9	3.3	9.2	0.6
20.8	19.6	7.5	6.3	13.3	1.3
22.3	20.8	8.2	6.8	14.1	1.4
21.6	20.7	7.7	6.8	13.9	0.9
29.0	27.7	9.7	8.4	19.3	1.3
23.0	21.6	8.2	6.9	14.8	1.4
24.6	23.3	9.5	8.2	15.1	1.3
28.1	26.5	11.2	9.7	16.8	1.5
25.1	23.3	11.0	9.2	14.2	1.8
25.9	25.0	8.9	8.0	17.0	0.9
25.9	24.6	10.0	8.7	15.8	1.3
25.5	23.7	10.9	9.1	14.6	1.9
25.6	24.1	9.3	7.9	16.3	1.5
23.3	20.0	7.3	4.0	16.0	3.3
18.2	17.3	6.5	5.5	11.8	1.0
24.5	23.1	8.1	6.7	16.4	1.4
26.7	26.1	9.5	8.9	17.2	0.6
21.8	20.8	7.1	6.1	14.7	1.0
19.8	18.7	7.1	6.0	12.6	1.1
24.9	23.6	8.1	6.8	16.8	1.2
23.7	22.7	8.2	7.3	15.4	0.9
19.5	19.5	5.4	5.4	14.0	
20.7	19.7	6.3	5.3	14.4	1.0
19.2	18.6	5.3	4.7	13.9	0.6

6-4 规模(限额)以上服务业

项 目	实现组织或营销创新企业数(个)	#实现组织创新企业	#实现营销创新企业
总 计	**112528**	**86360**	**75616**
#国有及国有控股	13200	11032	7053
一、按规模分			
大型企业	5371	4447	3508
中型企业	26273	20085	18087
小型企业	58472	45189	38780
微型企业	22412	16639	15241
二、按登记注册类型分			
内资企业	107040	82370	71757
国有企业	2008	1686	1086
集体企业	192	140	117
股份合作企业	106	75	75
联营企业	40	33	27
#国有联营企业	19	17	14
有限责任公司	25089	20031	15358
#国有独资公司	2972	2556	1449
股份有限公司	2646	2163	1865
私营企业	76927	58218	53209
其他企业	32	24	20
港、澳、台商投资企业	2603	1921	1873
合资经营企业	534	393	369
合作经营企业	31	21	25
港、澳、台商独资经营企业	1839	1351	1320
港、澳、台商投资股份有限公司	104	87	71
其他港、澳、台投资企业	95	69	88
外商投资企业	2885	2069	1986
中外合资经营企业	658	523	436
中外合作经营企业	15	10	11
外资企业	2039	1394	1412
外商投资股份有限公司	108	92	77
其他外商投资企业	65	50	50
三、按行业分			
批发和零售业	**69833**	**49777**	**51111**
批发业	38557	29467	25266
零售业	31276	20310	25845
交通运输、仓储和邮政业	**6664**	**5900**	**2940**
铁路运输业	78	74	25
道路运输业	3348	2996	1397
水上运输业	375	337	146
航空运输业	131	104	77
管道运输业	23	20	6
多式联运和运输代理业	1494	1294	723
装卸搬运和仓储业	818	735	325
邮政业	397	340	241
信息传输、软件和信息技术服务业	**14002**	**11923**	**9540**
电信、广播电视和卫星传输服务	1192	979	901
互联网和相关服务	2406	1971	1753
软件和信息技术服务业	10404	8973	6886

企业组织和营销创新情况

在全部企业中占比(%)					
实现组织或营销创新企业	#实现组织创新企业	#实现营销创新企业	#同时实现组织和营销创新企业	#仅实现组织创新企业	#仅实现营销创新企业
21.3	**16.4**	**14.3**	**9.4**	**7.0**	**5.0**
28.2	23.6	15.1	10.4	13.1	4.6
44.7	37.0	29.2	21.5	15.5	7.7
31.0	23.7	21.3	14.0	9.6	7.3
21.5	16.6	14.3	9.4	7.2	4.9
14.1	10.5	9.6	6.0	4.5	3.6
21.2	16.3	14.2	9.3	7.0	4.9
27.2	22.8	14.7	10.3	12.5	4.4
12.7	9.3	7.7	4.3	5.0	3.4
13.0	9.2	9.2	5.4	3.8	3.8
16.1	13.3	10.9	8.1	5.2	2.8
15.6	13.9	11.5	9.8	4.1	1.6
26.3	21.0	16.1	10.8	10.2	5.3
27.0	23.2	13.2	9.4	13.8	3.8
41.5	33.9	29.2	21.7	12.2	7.6
19.6	14.8	13.5	8.8	6.0	4.8
17.6	13.2	11.0	6.6	6.6	4.4
24.8	18.3	17.8	11.3	6.9	6.5
28.8	21.2	19.9	12.3	8.9	7.6
22.5	15.2	18.1	10.9	4.3	7.2
23.0	16.9	16.5	10.4	6.5	6.1
37.4	31.3	25.5	19.4	11.9	6.1
36.3	26.3	33.6	23.7	2.7	9.9
23.4	16.8	16.1	9.5	7.3	6.6
29.4	23.4	19.5	13.4	9.9	6.0
15.0	10.0	11.0	6.0	4.0	5.0
21.6	14.8	15.0	8.1	6.6	6.8
33.9	28.8	24.1	19.1	9.7	5.0
29.7	22.8	22.8	16.0	6.8	6.8
19.1	**13.6**	**14.0**	**8.5**	**5.1**	**5.5**
16.6	12.7	10.9	7.0	5.7	3.9
23.4	15.2	19.3	11.1	4.1	8.2
15.2	**13.4**	**6.7**	**5.0**	**8.5**	**1.7**
18.2	17.2	5.8	4.9	12.4	0.9
14.5	13.0	6.0	4.5	8.4	1.5
14.4	12.9	5.6	4.1	8.8	1.5
29.4	23.3	17.3	11.2	12.1	6.1
19.2	16.7	5.0	2.5	14.2	2.5
14.8	12.9	7.2	5.2	7.7	2.0
16.1	14.5	6.4	4.8	9.7	1.6
18.9	16.2	11.4	8.7	7.4	2.7
49.0	**41.7**	**33.4**	**26.1**	**15.6**	**7.3**
38.6	31.7	29.2	22.3	9.4	6.9
44.5	36.4	32.4	24.4	12.1	8.0
51.8	44.7	34.3	27.2	17.5	7.1

6-4 续表

项　目	实现组织或营销创新企业数（个）	#实现组织创新企业	#实现营销创新企业
租赁和商务服务业	**10283**	**8323**	**5952**
租赁业	714	613	357
商务服务业	9569	7710	5595
科学研究和技术服务业	**10266**	**9166**	**5333**
研究和试验发展	1418	1243	840
专业技术服务业	7129	6474	3372
科技推广和应用服务业	1719	1449	1121
水利、环境和公共设施管理业	**1480**	**1271**	**740**
水利管理业	39	33	16
生态保护和环境治理业	383	349	171
公共设施管理业	935	768	520
土地管理业	123	121	33
四、按地区分			
东部地区	68880	52575	45920
中部地区	21622	16686	15194
西部地区	18902	14822	12395
东北地区	3124	2277	2107
北　京	6124	4625	3820
天　津	1959	1523	1211
河　北	2185	1672	1455
山　西	1543	1197	958
内蒙古	746	542	489
辽　宁	1477	1092	968
吉　林	603	454	383
黑龙江	1044	731	756
上　海	6864	5241	4510
江　苏	11861	9230	7785
浙　江	7762	5857	5177
安　徽	4153	3203	2983
福　建	5889	4352	4109
江　西	3019	2288	2157
山　东	8389	6525	5373
河　南	4985	3818	3537
湖　北	4565	3559	3158
湖　南	3357	2621	2401
广　东	17311	13129	12150
广　西	1941	1480	1239
海　南	536	421	330
重　庆	2475	1984	1692
四　川	5166	4091	3366
贵　州	1464	1167	947
云　南	1871	1463	1300
西　藏	129	100	79
陕　西	2739	2134	1824
甘　肃	814	629	552
青　海	195	161	130
宁　夏	317	250	213
新　疆	1045	821	564

在全部企业中占比(%)					
实现组织或营销创新企业	#实现组织创新企业	#实现营销创新企业	#同时实现组织和营销创新企业	#仅实现组织创新企业	#仅实现营销创新企业
19.0	**15.4**	**11.0**	**7.4**	**8.0**	**3.6**
17.8	15.2	8.9	6.4	8.9	2.5
19.1	15.4	11.2	7.5	7.9	3.7
35.1	**31.3**	**18.2**	**14.5**	**16.9**	**3.8**
49.1	43.0	29.1	23.0	20.0	6.1
32.7	29.7	15.5	12.5	17.2	3.0
37.6	31.7	24.5	18.6	13.1	5.9
24.5	**21.0**	**12.2**	**8.8**	**12.2**	**3.5**
23.8	20.1	9.8	6.1	14.0	3.7
27.0	24.6	12.1	9.7	15.0	2.4
23.1	19.0	12.9	8.7	10.3	4.1
29.5	29.0	7.9	7.4	21.6	0.5
20.8	15.9	13.9	8.9	6.9	4.9
22.2	17.2	15.6	10.6	6.6	5.1
23.4	18.4	15.4	10.3	8.1	5.1
17.1	12.4	11.5	6.9	5.6	4.6
24.9	18.8	15.5	9.4	9.4	6.1
14.0	10.9	8.6	5.5	5.3	3.1
18.5	14.1	12.3	8.0	6.2	4.3
16.4	12.7	10.2	6.5	6.2	3.7
17.4	12.6	11.4	6.6	6.0	4.8
14.6	10.8	9.6	5.8	5.0	3.8
16.8	12.6	10.6	6.5	6.1	4.1
22.7	15.9	16.5	9.6	6.3	6.8
22.6	17.2	14.8	9.5	7.7	5.3
19.2	15.0	12.6	8.4	6.6	4.3
17.8	13.5	11.9	7.5	5.9	4.4
28.0	21.6	20.1	13.7	7.9	6.4
21.8	16.1	15.2	9.5	6.6	5.7
20.3	15.4	14.5	9.6	5.8	4.9
21.5	16.7	13.8	9.0	7.7	4.8
21.2	16.2	15.0	10.1	6.2	5.0
24.8	19.3	17.1	11.7	7.6	5.5
20.8	16.2	14.9	10.3	5.9	4.6
22.6	17.1	15.8	10.4	6.7	5.5
20.4	15.5	13.0	8.2	7.4	4.8
20.1	15.8	12.4	8.1	7.7	4.3
23.8	19.1	16.3	11.5	7.5	4.7
27.1	21.5	17.7	12.0	9.5	5.6
23.0	18.3	14.9	10.2	8.1	4.7
26.0	20.4	18.1	12.4	7.9	5.7
27.7	21.5	17.0	10.7	10.7	6.2
25.0	19.5	16.7	11.1	8.4	5.5
25.1	19.4	17.1	11.3	8.1	5.7
24.3	20.0	16.2	11.9	8.1	4.2
27.0	21.3	18.2	12.5	8.9	5.7
14.5	11.4	7.8	4.7	6.7	3.1

6-5 规模以上高技术产业

项　目	实现组织或营销创新企业数（个）	#实现组织创新企业	#实现营销创新企业
总　计	**26571**	**20978**	**20230**
#国有及国有控股	1276	1076	841
一、按规模分			
大型企业	1307	1114	894
中型企业	4020	3364	2902
小型企业	19977	15513	15485
微型企业	1267	987	949
二、按登记注册类型分			
内资企业	23718	18803	18256
国有企业	96	85	59
集体企业	7	5	3
股份合作企业	24	17	23
联营企业	8	5	7
#国有联营企业	4	2	4
有限责任公司	4964	4057	3637
#国有独资公司	137	119	70
股份有限公司	1344	1096	1062
私营企业	17267	13530	13463
其他企业	8	8	2
港、澳、台商投资企业	1312	959	941
合资经营企业	394	284	299
合作经营企业	9	8	7
港、澳、台商独资经营企业	761	552	528
港、澳、台商投资股份有限公司	111	84	79
其他港、澳、台投资企业	37	31	28
外商投资企业	1541	1216	1033
中外合资经营企业	514	415	362
中外合作经营企业	8	6	5
外资企业	906	697	594
外商投资股份有限公司	93	81	59
其他外商投资企业	20	17	13
三、按高技术行业(制造业)分			
医药制造业	**4978**	**3600**	**4043**
#化学药品制造	1376	1082	986
中成药生产	989	669	855
生物药品制品制造	637	509	494

(制造业)组织和营销创新情况

在全部企业中占比(%)					
实现组织或营销创新企业	#实现组织创新企业	#实现营销创新企业	#同时实现组织和营销创新企业	#仅实现组织创新企业	#仅实现营销创新企业
53.5	**42.2**	**40.7**	**29.5**	**12.8**	**11.3**
61.1	51.6	40.3	30.7	20.8	9.6
63.9	54.4	43.7	34.2	20.2	9.4
61.9	51.8	44.7	34.6	17.2	10.1
54.2	42.1	42.0	29.9	12.2	12.1
29.5	23.0	22.1	15.6	7.4	6.5
55.7	44.2	42.9	31.3	12.8	11.5
54.9	48.6	33.7	27.4	21.1	6.3
24.1	17.2	10.3	3.4	13.8	6.9
53.3	37.8	51.1	35.6	2.2	15.6
50.0	31.3	43.8	25.0	6.3	18.8
50.0	25.0	50.0	25.0		25.0
58.6	47.9	42.9	32.2	15.7	10.7
54.2	47.0	27.7	20.6	26.5	7.1
70.3	57.3	55.5	42.6	14.7	13.0
54.1	42.4	42.2	30.5	11.9	11.7
61.5	61.5	15.4	15.4	46.2	
42.3	30.9	30.3	18.9	12.0	11.4
53.0	38.2	40.2	25.4	12.8	14.8
42.9	38.1	33.3	28.6	9.5	4.8
36.2	26.3	25.1	15.2	11.1	9.9
64.9	49.1	46.2	30.4	18.7	15.8
55.2	46.3	41.8	32.8	13.4	9.0
38.5	30.4	25.8	17.7	12.7	8.1
52.9	42.7	37.2	27.1	15.6	10.2
42.1	31.6	26.3	15.8	15.8	10.5
32.3	24.8	21.2	13.7	11.1	7.5
59.2	51.6	37.6	29.9	21.7	7.6
44.4	37.8	28.9	22.2	15.6	6.7
54.0	**39.1**	**43.9**	**28.9**	**10.2**	**15.0**
51.4	40.4	36.9	25.9	14.6	11.0
61.5	41.6	53.2	33.3	8.3	19.9
59.4	47.4	46.0	34.1	13.3	11.9

6-5 续表 1

项目	实现组织或营销创新企业数(个)	#实现组织创新企业	#实现营销创新企业
电子及通信设备制造业	**14015**	**11442**	**10336**
#电子工业专用设备制造	1121	949	786
光纤、光缆制造及锂离子电池制造	1098	898	848
#锂离子电池制造	908	749	716
通信设备制造、雷达及配套设备制造	1359	1109	979
#通信系统设备制造	687	567	484
通信终端设备制造	586	462	445
雷达及配套设备制造	86	80	50
广播电视设备制造	355	254	301
非专业视听设备制造	636	438	554
电子器件制造	3177	2670	2302
#电子真空器件制造	226	174	180
半导体分立器件制造	268	235	174
集成电路制造	702	620	451
光电子器件制造	569	482	413
电子元件及电子专用设备制造	4424	3672	3066
#电阻电容电感元件制造	559	453	399
电子专用材料制造	1174	1010	743
电子电路制造	879	751	583
智能消费设备制造	993	774	817
其他电子设备制造	852	678	683
计算机及办公设备制造业	**1736**	**1369**	**1372**
#计算机整机制造	250	200	197
计算机零部件制造	477	384	341
计算机外围设备制造	507	379	431
办公设备制造	141	114	105
医疗仪器设备及仪器仪表制造业	**5346**	**4123**	**4225**
#医疗仪器设备及器械制造	1774	1298	1482
#医疗诊断、监护及治疗设备制造	567	419	481
医疗、外科及兽医用器械制造	434	314	353
通用仪器仪表制造	2430	1927	1847
专用仪器仪表制造	713	553	571
信息化学品制造业	**76**	**56**	**54**
四、按地区分			
东部地区	17658	13793	13521
中部地区	5450	4427	4249
西部地区	2880	2303	2034
东北地区	583	455	426

在全部企业中占比(%)					
实现组织或营销创新企业	#实现组织创新企业	#实现营销创新企业	#同时实现组织和营销创新企业	#仅实现组织创新企业	#仅实现营销创新企业
51.5	**42.1**	**38.0**	**28.5**	**13.5**	**9.5**
55.0	46.5	38.5	30.1	16.4	8.4
56.3	46.1	43.5	33.2	12.8	10.3
57.6	47.5	45.4	35.3	12.2	10.1
55.1	44.9	39.7	29.5	15.4	10.1
55.8	46.1	39.3	29.6	16.5	9.7
52.8	41.7	40.1	28.9	12.7	11.2
67.2	62.5	39.1	34.4	28.1	4.7
54.3	38.8	46.0	30.6	8.3	15.4
52.1	35.9	45.4	29.2	6.7	16.2
52.6	44.2	38.1	29.7	14.5	8.4
41.5	31.9	33.0	23.5	8.4	9.5
52.3	45.9	34.0	27.5	18.4	6.4
55.8	49.2	35.8	29.3	19.9	6.5
57.5	48.7	41.7	32.9	15.8	8.8
46.1	38.2	31.9	24.1	14.1	7.8
42.0	34.0	30.0	22.0	12.0	8.0
49.3	42.4	31.2	24.3	18.1	6.9
45.9	39.2	30.4	23.7	15.4	6.7
61.3	47.8	50.5	36.9	10.9	13.5
53.2	42.3	42.6	31.8	10.5	10.9
54.6	**43.0**	**43.1**	**31.6**	**11.4**	**11.5**
63.1	50.5	49.7	37.1	13.4	12.6
44.5	35.9	31.8	23.2	12.7	8.7
58.7	43.9	49.9	35.1	8.8	14.8
49.1	39.7	36.6	27.2	12.5	9.4
58.3	**44.9**	**46.0**	**32.7**	**12.2**	**13.3**
58.7	43.0	49.1	33.3	9.7	15.8
61.1	45.2	51.8	35.9	9.3	15.9
58.1	42.0	47.3	31.2	10.8	16.1
58.3	46.2	44.3	32.2	14.0	12.1
60.8	47.1	48.7	35.0	12.1	13.6
44.7	**32.9**	**31.8**	**20.0**	**12.9**	**11.8**
53.5	41.8	40.9	29.2	12.5	11.7
53.9	43.8	42.0	31.9	11.9	10.1
53.5	42.8	37.8	27.1	15.7	10.7
50.8	39.6	37.1	26.0	13.7	11.2

6-5 续表 2

项　目	实现组织或营销创新企业数(个)	#实现组织创新企业	#实现营销创新企业
北　京	508	366	352
天　津	306	239	208
河　北	445	320	353
山　西	152	120	110
内蒙古	59	50	44
辽　宁	285	231	203
吉　林	163	117	130
黑龙江	135	107	93
上　海	639	487	457
江　苏	3734	3043	2620
浙　江	2572	1970	1960
安　徽	1266	1050	985
福　建	795	633	592
江　西	1229	982	976
山　东	1281	1028	1016
河　南	813	647	646
湖　北	906	775	679
湖　南	1084	853	853
广　东	7339	5682	5932
广　西	239	181	182
海　南	39	25	31
重　庆	459	374	346
四　川	1046	827	720
贵　州	217	173	145
云　南	178	141	133
西　藏	9	6	9
陕　西	475	396	327
甘　肃	104	77	76
青　海	30	26	15
宁　夏	39	32	22
新　疆	25	20	15

在全部企业中占比(%)					
实现组织或营销创新企业	#实现组织创新企业	#实现营销创新企业	#同时实现组织和营销创新企业	#仅实现组织创新企业	#仅实现营销创新企业
51.2	36.9	35.4	21.1	15.7	14.3
52.4	40.9	35.6	24.1	16.8	11.5
48.0	34.5	38.0	24.6	9.9	13.5
54.9	43.3	39.7	28.2	15.2	11.6
45.0	38.2	33.6	26.7	11.5	6.9
50.8	41.2	36.2	26.6	14.6	9.6
45.9	33.0	36.6	23.7	9.3	13.0
58.2	46.1	40.1	28.0	18.1	12.1
46.2	35.2	33.0	22.0	13.2	11.0
48.9	39.9	34.3	25.3	14.6	9.1
55.7	42.7	42.5	29.4	13.3	13.0
58.3	48.4	45.4	35.4	12.9	10.0
54.9	43.7	40.9	29.7	14.0	11.2
48.5	38.7	38.5	28.7	10.0	9.7
56.9	45.7	45.1	33.9	11.8	11.2
53.3	42.4	42.4	31.5	11.0	10.9
55.9	47.8	41.9	33.8	14.0	8.1
54.7	43.1	43.1	31.4	11.7	11.7
55.9	43.3	45.2	32.6	10.7	12.6
43.4	32.8	33.0	22.5	10.3	10.5
53.4	34.2	42.5	23.3	11.0	19.2
50.4	41.1	38.0	28.7	12.4	9.3
55.4	43.8	38.2	26.6	17.3	11.6
53.2	42.4	35.5	24.8	17.6	10.8
57.2	45.3	42.8	30.9	14.5	11.9
50.0	33.3	50.0	33.3		16.7
58.6	48.8	40.3	30.6	18.2	9.7
60.8	45.0	44.4	28.7	16.4	15.8
63.8	55.3	31.9	23.4	31.9	8.5
65.0	53.3	36.7	25.0	28.3	11.7
31.3	25.0	18.8	12.5	12.5	6.3

七、规模（限额）以上企业创新信息来源及创新合作情况（2022 年）

7-1 规模(限额)以上企业

项　目	开展创新活动企业数(个)	企业内部信息或企业集团内部信息	来自高等学校或研究机构的信息	来自政府部门或行业协会的信息
总　计	**450042**	**37.3**	**9.9**	**26.5**
#国有及国有控股	36574	58.2	16.4	40.0
一、按规模分				
大型企业	17178	59.3	20.9	39.9
中型企业	71297	46.0	12.0	31.8
小型企业	313897	35.4	9.5	24.9
微型企业	47670	28.8	5.8	24.2
二、按登记注册类型分				
内资企业	416129	36.4	10.0	26.8
国有企业	4506	55.0	15.7	41.3
集体企业	620	30.6	9.2	32.1
股份合作企业	575	35.3	8.3	27.7
联营企业	133	53.4	15.8	40.6
#国有联营企业	71	60.6	18.3	43.7
有限责任公司	78326	48.1	12.7	32.9
#国有独资公司	7264	57.8	16.0	42.6
股份有限公司	11036	47.4	20.1	36.9
私营企业	320832	32.9	8.9	24.8
其他企业	101	33.7	15.8	24.8
港、澳、台商投资企业	15567	44.8	9.2	23.0
合资经营企业	4494	45.1	12.0	25.6
合作经营企业	192	41.7	10.9	27.1
港、澳、台商独资经营企业	9866	44.7	7.2	21.2
港、澳、台商投资股份有限公司	717	45.6	18.7	30.0
其他港、澳、台投资企业	298	43.6	9.4	26.2
外商投资企业	18346	51.5	8.6	20.6
中外合资经营企业	5870	49.9	10.7	23.7
中外合作经营企业	185	55.1	14.1	25.4
外资企业	11447	52.4	7.0	18.4
外商投资股份有限公司	626	48.9	17.4	31.0
其他外商投资企业	218	49.5	7.3	16.5
三、按行业分				
采矿业	3867	38.7	16.6	28.3
制造业	283104	37.7	10.9	23.1
电力、热力、燃气及水生产和供应业	6304	50.0	11.9	34.7
建筑业	20169	39.8	11.7	45.4
批发和零售业	75739	29.1	4.0	23.8
交通运输、仓储和邮政业	8156	40.4	5.3	33.8
信息传输、软件和信息技术服务业	21441	45.9	11.6	37.6

创新信息来源情况

在开展创新活动企业中，下列信息对创新影响较大的企业占比(%)					
来自设备、原材料、组件或软件供应商的信息	来自客户或消费者的信息	来自竞争对手、同行业其他企业的信息	来自咨询顾问、市场分析及中介机构的信息	来自商品交易会、展览会的信息，或来自文献、期刊、出版物的信息或互联网媒体的信息	其他
23.1	**44.4**	**28.7**	**10.5**	**18.3**	**5.2**
17.3	33.9	26.6	9.8	11.3	5.0
17.1	41.9	32.4	12.9	15.8	3.6
20.4	44.2	31.1	12.2	18.4	4.9
24.1	45.1	28.2	10.0	19.0	5.0
22.2	40.9	26.8	10.6	15.0	7.5
23.1	44.1	28.5	10.5	18.1	5.3
17.0	32.4	24.0	9.7	9.7	6.3
18.4	32.9	21.0	7.7	10.6	6.8
17.4	38.4	25.9	8.2	17.9	6.4
18.8	30.8	21.1	10.5	15.8	3.0
15.5	26.8	26.8	9.9	14.1	2.8
20.5	40.3	28.6	10.8	15.4	5.1
17.5	31.2	24.2	10.4	10.7	5.8
18.3	48.2	33.6	12.0	21.4	3.6
24.0	45.0	28.4	10.4	18.8	5.4
20.8	31.7	22.8	12.9	18.8	6.9
22.9	48.1	30.8	11.5	22.1	3.9
22.7	46.6	31.0	11.6	22.3	4.0
15.6	44.3	25.0	8.9	21.4	5.7
23.5	48.5	30.4	11.3	21.7	3.9
19.2	52.3	34.7	11.3	25.8	2.5
17.8	50.0	37.2	16.8	25.2	4.0
22.7	48.7	30.8	10.7	20.0	3.7
22.7	48.8	32.9	10.3	20.1	3.7
24.3	43.8	23.2	10.8	16.2	3.8
22.9	48.7	29.5	10.8	19.7	3.7
17.4	47.9	36.9	12.8	26.8	3.0
27.5	53.7	33.5	12.8	17.9	9.6
22.1	19.7	16.9	8.9	6.7	7.1
25.5	46.6	28.2	8.9	20.3	4.3
23.5	12.8	14.2	7.9	4.9	5.9
26.4	25.8	26.3	14.5	10.8	9.4
22.3	47.4	31.7	12.4	19.5	7.5
12.8	38.5	31.4	12.8	9.6	7.3
12.1	48.1	34.1	13.3	13.1	4.0

7–1 续表

项　　目	开展创新活动企业数(个)			
		企业内部信息或企业集团内部信息	来自高等学校或研究机构的信息	来自政府部门或行业协会的信息
租赁和商务服务业	12405	37.8	6.6	34.5
科学研究和技术服务业	16768	44.3	18.4	43.2
水利、环境和公共设施管理业	2089	43.7	13.8	42.6
四、按地区分				
东部地区	283506	37.3	9.4	25.0
中部地区	96863	36.4	10.9	27.1
西部地区	57456	38.7	10.4	31.9
东北地区	12217	37.7	12.4	30.0
北　京	12933	38.6	10.9	30.6
天　津	6029	41.1	10.1	27.6
河　北	12185	36.4	10.1	26.2
山　西	5166	36.0	12.5	30.0
内蒙古	2404	42.3	12.8	35.2
辽　宁	6624	39.2	13.1	28.7
吉　林	2297	39.0	12.8	31.2
黑龙江	3296	33.9	10.6	31.6
上　海	15493	43.3	9.4	26.2
江　苏	58938	34.2	11.7	23.5
浙　江	54376	39.1	7.8	23.7
安　徽	20374	36.8	12.9	30.8
福　建	18936	37.2	8.9	23.6
江　西	13218	39.1	10.2	28.4
山　东	35844	39.0	10.8	27.7
河　南	19490	35.5	9.9	24.9
湖　北	18428	35.3	11.5	28.6
湖　南	20187	36.1	9.5	22.6
广　东	67774	35.6	7.5	24.3
广　西	5826	39.4	10.1	31.8
海　南	998	45.3	8.3	32.1
重　庆	8215	41.1	9.1	30.3
四　川	16275	38.1	10.3	30.2
贵　州	4680	37.9	9.5	31.4
云　南	4892	39.3	9.9	34.4
西　藏	254	39.4	9.1	35.8
陕　西	7864	36.3	11.8	31.4
甘　肃	2369	37.7	11.0	34.4
青　海	527	42.1	11.6	39.7
宁　夏	1374	40.3	14.1	41.6
新　疆	2776	37.4	9.4	33.4

在开展创新活动企业中，下列信息对创新影响较大的企业占比(%)					
来自设备、原材料、组件或软件供应商的信息	来自客户或消费者的信息	来自竞争对手、同行业其他企业的信息	来自咨询顾问、市场分析及中介机构的信息	来自商品交易会、展览会的信息，或来自文献、期刊、出版物的信息或互联网媒体的信息	其他
8.3	40.4	29.4	17.9	12.6	6.4
12.1	35.8	26.5	14.7	12.3	4.5
13.0	27.0	22.4	13.8	10.2	6.6
22.9	45.8	29.4	10.7	20.1	4.5
23.0	40.8	25.7	9.4	14.7	5.8
24.3	44.2	30.9	11.7	16.0	7.4
21.1	40.5	24.5	9.8	17.3	5.8
15.1	44.0	30.9	11.8	17.0	2.8
22.5	46.4	28.8	12.0	19.4	4.1
21.6	41.4	25.3	9.0	18.8	5.9
21.7	36.9	24.7	10.1	14.9	7.5
21.0	34.9	25.1	12.3	15.3	6.2
21.6	42.3	25.2	9.8	18.2	4.4
21.9	41.0	25.0	10.4	16.1	7.6
19.4	36.3	22.5	9.6	16.2	7.4
19.6	48.2	33.9	13.2	21.2	3.5
22.4	42.1	26.7	9.0	17.6	3.8
22.2	49.3	29.6	10.6	23.5	5.0
24.8	45.8	27.9	10.7	17.1	4.9
22.0	40.7	26.2	10.4	18.0	6.6
25.8	44.0	27.7	11.4	17.0	6.9
22.6	42.7	25.4	9.9	16.7	5.1
23.0	39.0	25.0	9.5	13.4	6.1
23.3	42.1	27.7	8.9	14.7	6.5
19.3	35.3	21.4	7.0	11.9	4.7
26.9	49.9	34.2	12.1	22.6	4.1
25.1	44.0	32.0	12.7	16.4	8.0
20.4	40.7	31.0	12.5	16.0	7.5
25.9	48.1	32.3	10.2	16.8	5.6
23.1	46.3	32.3	10.9	16.3	6.4
24.0	39.1	27.9	11.9	13.7	10.4
26.5	46.6	30.2	14.0	16.0	8.0
21.3	38.2	26.8	14.2	13.4	7.5
24.0	46.1	31.3	11.9	17.2	8.0
26.1	39.9	28.9	10.0	15.7	9.8
23.3	34.0	23.7	13.1	14.8	10.2
23.9	38.2	31.3	14.1	14.9	7.4
23.8	36.1	29.0	13.5	14.0	8.8

7-2 规模以上工业企业

项　目	开展创新活动企业数（个）	企业内部信息或企业集团内部信息	来自高等学校或研究机构的信息	来自政府部门或行业协会的信息
总　计	**293275**	**38.0**	**11.0**	**23.4**
#国有及国有控股	15705	57.9	19.4	33.9
一、按规模分				
大型企业	7411	60.2	23.3	32.2
中型企业	30575	50.7	15.8	27.3
小型企业	235397	36.3	10.2	22.8
微型企业	19892	29.8	8.0	21.2
二、按登记注册类型分				
内资企业	266911	37.0	11.1	23.7
国有企业	1455	56.1	18.6	35.1
集体企业	264	31.1	10.6	20.8
股份合作企业	422	37.4	9.2	22.7
联营企业	62	53.2	19.4	35.5
#国有联营企业	36	61.1	19.4	41.7
有限责任公司	41246	47.5	14.5	28.1
#国有独资公司	2537	57.0	19.5	33.5
股份有限公司	7092	46.7	22.9	34.3
私营企业	216309	34.5	10.0	22.4
其他企业	61	34.4	19.7	19.7
港、澳、台商投资企业	12012	44.5	10.2	22.2
合资经营企业	3742	44.7	12.9	24.4
合作经营企业	152	40.8	13.8	25.7
港、澳、台商独资经营企业	7372	44.3	7.9	20.3
港、澳、台商投资股份有限公司	566	47.0	20.7	31.4
其他港、澳、台投资企业	180	41.1	12.2	24.4
外商投资企业	14352	51.7	8.9	19.5
中外合资经营企业	4909	50.3	11.0	22.3
中外合作经营企业	159	54.7	14.5	24.5
外资企业	8681	52.7	7.1	17.4
外商投资股份有限公司	470	48.5	19.4	30.9
其他外商投资企业	133	45.9	8.3	15.0
三、按行业分				
采矿业	**3867**	**38.7**	**16.6**	**28.3**
煤炭开采和洗选业	1396	39.9	19.7	30.3
石油和天然气开采业	89	67.4	50.6	44.9
黑色金属矿采选业	431	40.4	15.5	26.5
有色金属矿采选业	514	46.1	23.9	30.7

创新信息来源情况

在开展创新活动企业中，下列信息对创新影响较大的企业占比(%)					
来自设备、原材料、组件或软件供应商的信息	来自客户或消费者的信息	来自竞争对手、同行业其他企业的信息	来自咨询顾问、市场分析及中介机构的信息	来自商品交易会、展览会的信息，或来自文献、期刊、出版物的信息或互联网媒体的信息	其他
25.4	**45.6**	**27.7**	**8.9**	**19.8**	**4.3**
21.5	34.6	27.9	7.6	12.5	4.3
21.5	46.7	34.5	12.0	19.2	2.8
23.0	48.0	31.0	10.1	21.9	3.6
25.9	45.9	27.5	8.8	20.1	4.4
24.7	37.2	22.5	7.7	13.8	5.2
25.5	45.2	27.5	8.8	19.6	4.4
22.0	30.4	24.8	7.5	10.9	4.4
19.7	34.1	18.2	3.8	9.8	4.2
17.8	39.3	25.1	7.6	18.2	5.5
19.4	21.0	21.0	9.7	16.1	3.2
8.3	16.7	27.8	5.6	13.9	5.6
24.8	42.0	28.7	8.9	17.2	4.4
22.3	34.3	25.4	7.8	11.1	4.8
20.6	50.6	34.2	11.1	24.8	3.3
25.8	45.7	27.1	8.8	20.0	4.4
19.7	34.4	23.0	8.2	21.3	8.2
25.6	48.8	29.6	10.1	23.6	3.8
24.5	46.7	30.3	10.6	22.9	3.9
17.8	44.7	22.4	6.6	23.7	5.9
26.7	49.7	29.0	9.8	23.6	3.9
21.9	52.8	34.1	11.0	28.6	1.9
23.9	42.8	30.6	15.0	24.4	3.9
24.3	49.8	30.5	9.5	20.7	3.7
23.7	49.3	33.1	9.4	20.5	3.9
25.8	45.3	23.9	10.7	13.8	3.1
24.9	50.0	28.7	9.4	20.5	3.6
18.3	50.0	37.4	13.0	28.9	3.2
30.8	56.4	32.3	12.0	15.8	6.0
22.1	**19.7**	**16.9**	**8.9**	**6.7**	**7.1**
23.5	15.1	13.1	8.0	7.5	8.0
10.1	6.7	18.0	5.6	5.6	6.7
21.8	17.9	15.1	9.3	5.6	4.4
25.7	16.0	16.5	8.9	6.8	7.0

7-2 续表 1

项 目	开展创新活动企业数(个)			
		企业内部信息或企业集团内部信息	来自高等学校或研究机构的信息	来自政府部门或行业协会的信息
非金属矿采选业	1306	31.5	8.4	24.8
开采专业及辅助性活动	127	44.1	15.0	26.0
其他采矿业	4	50.0	25.0	50.0
制造业	**283104**	**37.7**	**10.9**	**23.1**
农副食品加工业	13024	35.1	12.1	24.5
食品制造业	6338	40.8	13.8	21.8
酒、饮料和精制茶制造业	3610	39.1	14.1	27.5
烟草制品业	111	63.1	14.4	27.9
纺织业	11929	31.8	7.1	18.9
纺织服装、服饰业	5709	32.6	5.6	18.1
皮革、毛皮、羽毛及其制品和制鞋业	4320	35.3	4.3	16.0
木材加工和木、竹、藤、棕、草制品业	4784	30.3	6.8	19.3
家具制造业	4309	35.7	6.0	18.6
造纸和纸制品业	4141	35.9	6.2	19.5
印刷和记录媒介复制业	4107	35.4	7.2	23.0
文教、工美、体育和娱乐用品制造业	6255	34.3	6.9	18.4
石油、煤炭及其他燃料加工业	1242	42.4	16.5	28.3
化学原料和化学制品制造业	17232	39.8	17.4	25.5
医药制造业	7645	45.4	23.6	32.7
化学纤维制造业	1559	33.2	12.4	21.7
橡胶和塑料制品业	15979	34.9	8.3	20.2
非金属矿物制品业	23536	35.0	9.6	25.6
黑色金属冶炼和压延加工业	2963	36.3	11.2	24.8
有色金属冶炼和压延加工业	5477	37.8	13.8	24.5
金属制品业	20916	35.5	8.6	22.3
通用设备制造业	25220	38.3	10.9	22.2
专用设备制造业	20656	38.9	13.4	25.0
汽车制造业	13017	45.1	8.8	22.6
铁路、船舶、航空航天和其他运输设备制造业	4233	41.6	12.8	23.5
电气机械和器材制造业	24491	38.4	10.3	23.4
计算机、通信和其他电子设备制造业	21145	41.3	10.7	22.7
仪器仪表制造业	5774	41.1	15.5	27.4
其他制造业	1386	34.4	7.8	19.3
废弃资源综合利用业	1612	39.3	12.7	26.9
金属制品、机械和设备修理业	384	50.8	13.3	24.2
电力、热力、燃气及水生产和供应业	**6304**	**50.0**	**11.9**	**34.7**
电力、热力生产和供应业	3922	52.3	13.2	34.5
燃气生产和供应业	1125	49.0	5.5	34.6
水的生产和供应业	1257	43.6	13.7	35.1

在开展创新活动企业中，下列信息对创新影响较大的企业占比(%)					
来自设备、原材料、组件或软件供应商的信息	来自客户或消费者的信息	来自竞争对手、同行业其他企业的信息	来自咨询顾问、市场分析及中介机构的信息	来自商品交易会、展览会的信息，或来自文献、期刊、出版物的信息或互联网媒体的信息	其他
19.6	27.0	19.8	9.7	5.8	7.3
27.6	26.0	34.6	11.8	12.6	4.7
	25.0	25.0		25.0	
25.5	**46.6**	**28.2**	**8.9**	**20.3**	**4.3**
21.7	42.5	24.6	8.2	17.9	4.6
22.1	48.7	27.9	10.1	26.5	5.2
19.0	46.5	23.1	8.9	23.2	4.4
24.3	57.7	54.1	8.1	15.3	3.6
24.7	43.6	23.1	7.2	21.0	3.8
22.9	42.1	19.5	8.4	21.4	4.0
22.3	41.9	20.0	7.2	18.9	4.6
25.6	37.9	21.7	6.7	13.8	4.3
24.1	48.4	25.8	10.1	29.1	3.7
30.8	44.8	27.5	9.2	17.9	4.4
32.4	45.1	24.9	8.2	19.6	4.3
20.8	46.5	24.1	7.6	28.2	4.3
28.3	34.9	24.3	12.0	13.3	4.5
24.6	43.4	28.8	9.5	19.3	4.0
19.7	38.4	26.4	12.1	23.9	4.2
23.2	41.9	23.0	8.0	17.1	3.8
30.4	48.6	28.1	8.5	20.7	4.5
25.3	37.7	24.8	8.1	12.4	5.1
27.5	41.4	28.3	10.0	11.1	4.3
27.5	41.2	25.5	9.4	15.0	3.8
26.1	45.4	26.8	8.8	18.7	4.6
24.9	50.1	29.5	8.8	22.5	4.0
23.1	50.5	31.6	9.3	24.8	3.9
27.6	51.9	30.0	8.8	15.9	4.8
22.9	49.9	29.3	9.0	19.9	4.3
27.0	51.3	32.4	9.7	23.1	3.8
30.7	54.9	35.7	9.7	21.8	3.9
22.5	54.8	35.2	9.4	26.4	3.4
25.1	49.8	27.7	8.3	26.1	4.7
25.2	29.0	25.1	9.7	8.4	4.7
24.5	47.7	27.1	10.4	11.5	7.3
23.5	**12.8**	**14.2**	**7.9**	**4.9**	**5.9**
24.4	9.5	14.3	6.8	4.2	6.0
23.3	22.0	16.1	10.4	6.4	6.0
20.8	14.7	12.4	9.1	5.7	5.6

7-2 续表 2

项　目	开展创新活动企业数(个)	企业内部信息或企业集团内部信息	来自高等学校或研究机构的信息	来自政府部门或行业协会的信息
四、按地区分				
东部地区	187366	37.7	10.0	22.1
中部地区	66693	37.4	12.4	24.1
西部地区	31654	40.7	12.9	28.6
东北地区	7562	39.1	14.5	28.0
北　京	2373	42.1	14.2	29.7
天　津	3139	42.8	10.9	24.4
河　北	9159	37.1	11.2	24.3
山　西	2959	38.7	16.5	28.3
内蒙古	1402	45.9	17.3	33.7
辽　宁	4356	39.9	14.7	26.9
吉　林	1337	40.2	15.5	27.2
黑龙江	1869	36.4	13.4	31.1
上　海	5789	43.6	11.0	24.0
江　苏	43052	35.0	12.7	21.2
浙　江	43265	39.3	7.7	21.1
安　徽	14514	38.0	14.8	28.0
福　建	11191	40.6	10.3	21.9
江　西	9254	41.6	11.8	26.4
山　东	24312	40.6	12.4	25.4
河　南	12348	37.7	11.7	23.0
湖　北	12129	34.9	13.0	24.3
湖　南	15489	35.9	9.9	19.1
广　东	44764	35.1	7.6	20.7
广　西	3254	40.8	12.2	28.7
海　南	322	46.3	14.3	32.6
重　庆	5021	43.7	9.6	26.9
四　川	9081	39.4	12.3	26.1
贵　州	2690	38.5	11.2	26.1
云　南	2458	41.7	13.1	32.2
西　藏	69	39.1	15.9	33.3
陕　西	3962	39.4	15.9	28.5
甘　肃	1205	40.0	16.0	32.8
青　海	243	44.9	16.0	40.3
宁　夏	912	41.6	17.3	41.9
新　疆	1357	39.8	13.4	30.8

在开展创新活动企业中，下列信息对创新影响较大的企业占比(%)					
来自设备、原材料、组件或软件供应商的信息	来自客户或消费者的信息	来自竞争对手、同行业其他企业的信息	来自咨询顾问、市场分析及中介机构的信息	来自商品交易会、展览会的信息，或来自文献、期刊、出版物的信息或互联网媒体的信息	其他
25.3	47.5	28.7	9.1	22.1	3.9
24.9	40.9	24.4	7.9	15.1	4.7
27.8	44.6	29.9	10.0	16.8	5.9
23.8	42.6	24.9	8.8	18.5	4.7
19.6	50.6	36.3	9.0	24.7	2.1
27.5	51.0	29.7	10.2	22.5	3.4
23.3	41.2	24.6	7.9	20.2	5.1
23.1	35.3	22.7	8.3	15.7	6.3
21.8	30.0	24.5	11.6	14.3	4.7
24.0	44.7	25.2	8.5	19.4	3.6
23.5	42.0	25.5	9.5	17.1	6.6
23.5	37.9	23.9	8.9	17.3	5.7
25.2	53.6	35.8	9.9	25.7	2.9
23.7	43.4	26.2	7.7	18.4	3.3
23.2	50.5	28.6	9.7	24.9	4.4
27.6	47.7	27.6	9.3	18.1	4.2
25.3	43.8	26.4	9.1	21.5	5.0
28.1	43.9	27.0	10.5	18.1	5.6
23.6	43.1	24.2	8.2	17.5	4.0
25.2	39.8	24.3	7.8	14.5	4.8
25.7	41.7	25.9	7.0	14.7	5.3
20.1	34.1	19.3	5.5	11.4	3.9
30.2	52.0	33.4	10.4	25.2	3.7
28.9	44.3	30.4	11.4	16.8	6.1
29.2	37.3	32.0	11.5	16.5	5.0
29.9	50.1	32.0	8.8	17.1	4.6
26.8	48.1	31.9	9.2	18.1	5.1
27.0	37.9	26.5	9.2	13.4	9.7
31.9	46.3	29.0	12.5	15.6	5.8
20.3	31.9	23.2	18.8	23.2	2.9
27.2	47.4	30.1	9.6	18.6	6.0
29.7	37.6	25.7	8.3	15.8	7.6
28.0	31.7	23.9	8.2	14.8	7.4
25.8	37.7	29.6	13.2	16.1	5.7
27.7	33.0	25.8	13.3	13.6	7.0

7-3 规模(限额)以上

项　　目	开展创新合作的企业数(个)	创新合作企业占全部企业的比重(%)		
			集团内其他企业	高等学校
总　计	**279154**	**26.2**	**32.7**	**26.0**
#国有及国有控股	25504	31.9	64.4	39.9
一、按规模分				
大型企业	13793	59.1	66.5	50.0
中型企业	48197	33.7	46.0	31.6
小型企业	190642	28.8	27.8	24.8
微型企业	26522	11.1	25.4	12.3
二、按登记注册类型分				
内资企业	257153	25.7	31.0	26.1
国有企业	3053	26.2	60.2	37.3
集体企业	325	10.6	26.2	20.3
股份合作企业	307	18.4	21.5	23.1
联营企业	97	25.3	56.7	25.8
#国有联营企业	52	27.2	59.6	28.8
有限责任公司	51719	29.8	51.8	32.1
#国有独资公司	4997	28.5	63.9	39.2
股份有限公司	8520	55.4	47.5	51.0
私营企业	193076	24.3	24.3	23.2
其他企业	56	18.9	37.5	39.3
港、澳、台商投资企业	9975	32.9	46.9	26.3
合资经营企业	3016	41.4	45.2	33.9
合作经营企业	119	27.8	43.7	27.7
港、澳、台商独资经营企业	6072	28.7	47.2	20.2
港、澳、台商投资股份有限公司	567	60.5	54.3	51.0
其他港、澳、台投资企业	201	38.7	42.3	27.4
外商投资企业	12026	33.5	55.6	25.1
中外合资经营企业	4004	43.0	51.1	32.2
中外合作经营企业	128	31.6	55.5	28.9
外资企业	7249	29.1	58.1	19.3
外商投资股份有限公司	492	55.9	56.1	50.0
其他外商投资企业	153	35.2	54.9	31.4
三、按行业分				
采矿业	2179	18.2	39.1	34.3
制造业	178875	40.7	30.7	29.2
电力、热力、燃气及水生产和供应业	3457	18.2	56.4	23.0
建筑业	12574	18.4	37.9	26.1
批发和零售业	43140	11.8	26.8	9.6
交通运输、仓储和邮政业	4644	10.6	40.2	12.2
信息传输、软件和信息技术服务业	14718	51.5	47.7	30.7

企业创新合作开展情况

在创新合作企业中，与下列伙伴开展合作的企业占比(%)						
研究机构	政府部门或行业协会	供应商	客户或消费者	竞争对手或同行业企业	咨询顾问、市场分析及中介机构	其他合作对象
14.4	**20.9**	**38.6**	**47.2**	**19.8**	**17.4**	**16.1**
24.7	27.6	30.7	27.2	14.6	13.7	13.4
30.0	28.0	32.9	29.7	14.4	16.5	10.4
17.2	23.7	34.8	39.9	17.3	18.0	13.9
13.5	19.6	40.2	49.6	20.2	17.5	16.2
8.0	21.6	36.3	52.8	24.3	16.5	22.4
14.5	21.4	38.4	47.4	20.2	17.5	16.5
22.8	30.7	28.1	27.1	16.0	14.0	15.1
15.4	32.0	32.0	42.5	16.0	11.4	22.2
11.4	21.5	29.0	50.2	18.2	14.7	18.6
12.4	23.7	29.9	32.0	13.4	11.3	13.4
11.5	19.2	32.7	28.8	13.5	13.5	19.2
18.8	23.6	33.5	37.2	17.0	15.7	14.8
24.4	30.8	29.5	25.2	15.0	14.4	14.6
30.1	28.2	32.4	37.9	16.0	16.6	11.4
12.6	20.3	40.2	50.9	21.3	18.1	17.1
25.0	21.4	21.4	50.0	16.1	12.5	19.6
13.8	16.4	40.7	46.8	16.4	18.5	13.4
17.9	17.8	39.8	43.6	14.7	17.4	11.9
13.4	16.0	37.0	42.0	7.6	13.4	19.3
10.6	14.8	41.8	49.1	17.2	19.0	14.1
27.2	25.8	35.3	39.5	16.8	18.3	10.1
13.9	19.4	38.3	47.3	20.4	21.9	18.9
12.4	13.7	40.6	44.3	13.9	15.7	11.2
16.2	15.6	39.2	43.3	14.8	15.3	11.8
15.6	20.3	38.3	37.5	11.7	15.6	10.2
9.3	11.8	41.7	45.5	13.6	15.7	11.0
25.6	23.6	35.8	36.6	11.0	17.7	8.9
10.5	19.0	40.5	41.8	15.0	15.0	13.7
26.8	16.6	36.9	22.1	12.4	13.1	14.5
16.2	17.4	42.2	48.4	17.7	16.3	13.5
19.3	21.8	39.5	12.2	8.8	12.5	15.0
13.5	35.1	39.2	27.7	20.9	21.3	22.0
5.9	21.5	36.7	59.4	26.9	19.3	23.7
7.5	25.0	26.3	42.2	26.1	17.5	21.9
13.8	30.9	25.5	43.2	23.6	17.0	16.0

7-3 续表

项　目	开展创新合作的企业数（个）	创新合作企业占全部企业的比重（%）		
			集团内其他企业	高等学校
租赁和商务服务业	7107	13.2	39.1	16.9
科学研究和技术服务业	11196	38.3	43.9	43.9
水利、环境和公共设施管理业	1264	20.9	43.7	29.5
四、按地区分				
东部地区	173354	26.9	32.3	25.4
中部地区	60440	27.2	32.1	27.7
西部地区	38034	23.7	34.5	25.4
东北地区	7326	18.4	35.0	30.8
北　京	7360	24.7	45.1	29.6
天　津	3566	16.7	40.0	25.7
河　北	6522	20.7	29.1	26.0
山　西	3089	16.7	31.0	30.5
内蒙古	1513	18.0	39.8	28.0
辽　宁	3990	18.7	36.3	33.5
吉　林	1490	18.9	35.0	30.9
黑龙江	1846	17.4	32.2	24.8
上　海	9859	23.8	46.7	26.0
江　苏	34743	26.9	32.1	34.2
浙　江	34850	33.3	25.6	19.8
安　徽	13178	33.3	29.7	33.9
福　建	11863	23.2	32.0	20.1
江　西	8563	24.9	33.3	20.4
山　东	22081	27.6	33.4	27.3
河　南	12153	23.4	29.5	25.3
湖　北	11834	29.7	31.9	28.8
湖　南	11623	30.7	37.4	26.5
广　东	41890	27.5	31.6	22.4
广　西	3670	18.9	36.6	25.9
海　南	620	17.8	47.1	20.0
重　庆	5776	29.6	37.8	20.4
四　川	10626	26.1	32.8	25.8
贵　州	3154	24.4	34.3	23.3
云　南	3250	24.0	34.7	24.7
西　藏	166	20.0	42.8	23.5
陕　西	5336	25.1	30.1	28.6
甘　肃	1570	23.8	34.5	26.6
青　海	353	21.3	39.9	30.6
宁　夏	916	30.1	36.4	36.4
新　疆	1704	13.7	35.8	23.8

在创新合作企业中，与下列伙伴开展合作的企业占比(%)						
研究机构	政府部门或行业协会	供应商	客户或消费者	竞争对手或同行业企业	咨询顾问、市场分析及中介机构	其他合作对象
7.3	34.0	18.8	45.6	24.7	25.9	22.5
24.3	33.8	23.1	31.6	19.0	20.9	15.9
17.3	36.8	23.5	23.3	16.2	20.0	15.8
13.8	19.4	39.9	49.3	20.0	18.6	15.7
15.3	22.6	36.6	43.7	19.0	15.4	16.1
15.4	24.8	36.7	44.4	21.0	16.0	18.0
17.6	21.6	33.0	41.5	15.2	14.2	15.9
19.0	24.7	31.3	41.9	17.6	17.3	14.4
14.0	18.5	38.3	45.4	16.8	17.0	14.9
14.3	19.4	34.6	42.6	17.5	14.0	16.1
16.8	19.8	33.6	38.7	17.6	15.6	18.6
21.0	21.0	29.5	33.0	15.7	13.3	14.1
17.7	19.1	34.2	41.5	14.6	14.7	15.2
18.7	22.7	31.7	39.5	14.8	12.9	15.9
16.6	26.3	31.5	43.3	16.9	14.1	17.6
13.9	20.7	38.8	46.9	18.1	20.9	15.2
16.6	19.4	39.8	47.6	18.3	16.8	14.2
10.3	17.7	38.2	52.7	20.2	19.3	14.7
16.8	23.6	39.9	47.5	19.5	19.6	16.7
11.1	20.0	37.2	47.3	20.8	16.7	17.5
13.3	22.8	37.9	47.0	20.6	16.2	17.1
15.3	20.2	35.2	44.7	16.8	14.5	13.9
13.9	19.0	33.9	40.0	17.7	14.3	15.4
15.0	24.0	36.8	44.1	20.0	13.8	16.4
16.3	24.1	35.5	41.8	18.0	12.8	14.5
13.2	19.0	47.4	54.6	24.3	22.8	18.6
14.9	25.2	37.0	42.3	23.6	17.5	22.1
16.6	24.2	30.6	37.1	20.0	18.2	25.0
13.5	23.1	40.9	48.7	20.6	15.8	14.5
14.6	24.2	36.3	46.2	21.4	15.9	16.7
14.9	26.4	35.5	43.1	20.3	17.7	22.3
16.6	26.0	40.1	46.7	21.9	17.2	18.6
16.9	32.5	31.3	43.4	19.9	18.1	19.3
15.2	24.3	35.2	46.9	21.6	14.4	18.6
18.3	29.1	36.2	41.6	22.0	14.7	20.0
20.7	29.2	29.7	35.1	16.4	15.3	18.4
18.8	29.9	31.2	30.1	16.9	18.8	15.1
17.5	25.2	35.9	36.3	19.3	15.5	20.7

7-4 规模以上工业企业

项　　目	开展创新合作的企业数(个)	创新合作企业占全部企业的比重(%)		
			集 团 内其他企业	高等学校
总　计	**184511**	**39.2**	**31.3**	**29.1**
#国有及国有控股	11347	42.2	64.2	46.3
一、按规模分				
大型企业	6326	77.4	68.9	54.6
中型企业	22911	61.5	48.3	40.2
小型企业	144719	39.9	27.3	27.0
微型企业	10555	16.8	25.9	18.4
二、按登记注册类型分				
内资企业	167235	39.1	29.3	29.3
国有企业	1014	33.2	64.0	42.9
集体企业	138	17.0	26.1	27.5
股份合作企业	223	30.5	20.2	26.5
联营企业	41	36.6	65.9	31.7
#国有联营企业	23	38.3	78.3	34.8
有限责任公司	27993	42.3	49.9	36.5
#国有独资公司	1824	36.7	64.1	45.3
股份有限公司	5674	69.3	44.1	57.0
私营企业	132117	37.9	24.1	26.4
其他企业	35	32.7	40.0	45.7
港、澳、台商投资企业	7767	39.5	44.1	28.8
合资经营企业	2531	47.5	44.2	36.3
合作经营企业	86	30.2	41.9	31.4
港、澳、台商独资经营企业	4575	34.8	43.2	22.1
港、澳、台商投资股份有限公司	465	71.6	54.4	53.1
其他港、澳、台投资企业	110	43.7	40.0	28.2
外商投资企业	9509	40.5	55.2	26.7
中外合资经营企业	3376	48.1	51.4	33.0
中外合作经营企业	111	37.0	55.9	28.8
外资企业	5546	36.0	57.5	20.8
外商投资股份有限公司	384	69.1	53.6	55.5
其他外商投资企业	92	42.8	57.6	35.9
三、按行业分				
采矿业	**2179**	**18.2**	**39.1**	**34.3**
#煤炭开采和洗选业	813	16.9	38.0	40.8
石油和天然气开采业	64	42.7	78.1	76.6
黑色金属矿采选业	233	15.5	34.3	30.5
有色金属矿采选业	325	26.4	47.1	40.9
非金属矿采选业	662	16.8	34.0	19.3
开采专业及辅助性活动	80	24.0	42.5	41.3

创新合作开展情况

在创新合作企业中，与下列伙伴开展合作的企业占比(%)						
研究机构	政府部门或行业协会	供应商	客户或消费者	竞争对手或同行业企业	咨询顾问、市场分析及中介机构	其他合作对象
16.4	**17.5**	**42.1**	**47.4**	**17.5**	**16.2**	**13.6**
31.4	20.1	35.6	26.0	12.4	11.0	10.8
36.5	22.0	38.2	31.7	11.9	14.0	7.6
22.4	18.3	38.4	38.9	13.2	15.3	9.2
14.8	17.2	42.9	49.4	18.3	16.6	14.2
12.2	17.4	42.1	46.8	19.1	13.9	17.8
16.6	17.9	42.0	47.5	17.8	16.3	13.8
29.6	22.2	35.1	24.0	14.2	10.5	12.4
19.6	18.1	34.1	47.8	17.4	6.5	13.8
12.1	18.8	30.5	51.1	18.4	13.5	15.7
22.0	26.8	34.1	29.3	12.2	4.9	9.8
17.4	17.4	26.1	30.4	17.4		13.0
22.3	18.0	38.7	37.0	14.6	13.8	12.1
31.4	20.7	36.5	24.8	11.6	10.6	12.0
34.1	24.2	33.8	38.0	14.3	16.4	9.9
14.6	17.5	43.1	50.3	18.7	16.9	14.4
31.4	14.3	25.7	45.7	20.0	8.6	14.3
14.8	15.0	43.9	47.2	15.1	17.1	12.0
18.8	16.8	40.7	43.5	13.9	16.4	11.0
15.1	11.6	40.7	45.3	7.0	9.3	16.3
11.2	13.2	46.3	50.2	15.8	17.5	12.8
28.0	24.5	38.3	40.2	15.1	19.1	8.8
13.6	11.8	43.6	41.8	19.1	17.3	14.5
12.7	12.4	42.7	45.0	13.4	14.4	10.2
16.2	14.5	40.4	43.5	14.8	14.3	11.1
16.2	19.8	37.8	36.0	12.6	16.2	9.9
9.3	10.1	44.4	46.4	12.7	14.0	9.9
28.9	25.0	37.2	39.1	11.7	18.2	7.6
16.3	18.5	51.1	52.2	15.2	16.3	12.0
26.8	**16.6**	**36.9**	**22.1**	**12.4**	**13.1**	**14.5**
32.0	15.6	39.2	15.7	10.9	12.1	14.0
56.3	20.3	34.4	4.7	20.3	4.7	10.9
25.3	15.0	38.2	19.3	13.7	15.0	15.0
39.1	13.5	32.6	13.2	8.0	12.3	14.2
12.2	19.2	35.8	35.8	14.7	15.4	15.6
26.3	20.0	38.8	30.0	15.0	8.8	15.0

7-4 续表 1

项　目	开展创新合作的企业数（个）	创新合作企业占全部企业的比重（%）	集团内其他企业	高等学校
制造业	**178875**	**40.7**	**30.7**	**29.2**
农副食品加工业	7824	32.3	30.9	28.4
食品制造业	4188	44.2	33.3	35.1
酒、饮料和精制茶制造业	2370	41.1	31.3	31.3
烟草制品业	93	69.4	55.9	50.5
纺织业	6774	33.2	23.2	18.8
纺织服装、服饰业	3226	23.7	27.0	12.7
皮革、毛皮、羽毛及其制品和制鞋业	2424	28.4	27.2	9.2
木材加工和木、竹、藤、棕、草制品业	2651	22.1	24.5	14.7
家具制造业	2666	36.6	27.3	14.5
造纸和纸制品业	2421	32.2	27.2	18.0
印刷和记录媒介复制业	2449	35.9	25.1	20.3
文教、工美、体育和娱乐用品制造业	3758	35.5	24.4	17.7
石油、煤炭及其他燃料加工业	782	34.2	37.2	34.8
化学原料和化学制品制造业	11372	46.7	34.0	42.4
医药制造业	5705	61.9	39.5	46.6
化学纤维制造业	919	41.4	31.0	32.2
橡胶和塑料制品业	9603	38.4	24.4	23.7
非金属矿物制品业	13353	28.3	30.7	24.1
黑色金属冶炼和压延加工业	1747	29.5	32.4	28.2
有色金属冶炼和压延加工业	3383	37.3	32.0	32.0
金属制品业	12260	35.9	26.2	22.5
通用设备制造业	16267	49.3	28.5	32.1
专用设备制造业	13844	53.7	30.1	37.7
汽车制造业	8938	49.4	38.8	27.4
铁路、船舶、航空航天和其他运输设备制造业	2793	47.7	37.0	34.2
电气机械和器材制造业	16030	49.2	30.9	28.5
计算机、通信和其他电子设备制造业	14835	56.6	36.7	32.0
仪器仪表制造业	4179	63.2	30.3	43.6
其他制造业	839	39.4	26.9	21.3
废弃资源综合利用业	936	29.0	35.2	30.3
金属制品、机械和设备修理业	246	34.2	43.9	37.8
电力、热力、燃气及水生产和供应业	**3457**	**18.2**	**56.4**	**23.0**
电力、热力生产和供应业	2237	18.6	59.5	24.2
燃气生产和供应业	576	16.8	54.3	12.2
水的生产和供应业	644	18.2	47.7	28.7

在创新合作企业中，与下列伙伴开展合作的企业占比(%)						
研究机构	政府部门或行业协会	供应商	客户或消费者	竞争对手或同行业企业	咨询顾问、市场分析及中介机构	其他合作对象
16.2	**17.4**	**42.2**	**48.4**	**17.7**	**16.3**	**13.5**
17.0	21.1	35.1	45.6	16.3	12.9	13.6
18.5	17.6	36.4	43.2	14.2	17.1	13.4
22.3	26.4	32.9	43.1	13.8	14.7	12.3
40.9	10.8	55.9	32.3	24.7	17.2	11.8
10.1	17.3	44.4	54.9	19.6	15.7	12.4
7.4	15.7	42.9	55.0	18.4	16.4	14.5
7.1	16.1	39.5	55.8	21.5	13.3	13.9
10.9	19.5	46.7	48.3	18.2	13.2	15.5
9.0	17.9	42.8	55.8	21.4	19.9	15.7
10.7	15.4	50.6	49.1	18.8	19.2	14.3
8.8	17.8	52.2	52.6	18.6	17.9	14.4
10.1	15.8	40.0	54.7	19.1	17.0	14.2
27.6	18.3	39.0	33.8	15.2	17.1	13.7
24.2	17.9	35.1	38.7	14.5	16.8	12.0
40.8	18.6	27.0	25.9	13.7	17.0	14.1
16.2	17.6	39.0	49.9	16.8	15.3	11.8
12.2	15.3	48.5	54.3	18.7	18.3	14.4
14.6	20.0	41.2	41.2	17.5	14.6	14.5
20.3	18.0	41.8	44.8	17.9	16.4	12.5
20.2	18.2	40.6	43.6	16.6	13.9	13.2
12.5	17.2	45.0	50.8	19.9	17.0	14.8
15.5	16.6	42.5	51.4	17.0	16.4	13.2
17.4	17.9	40.2	48.7	17.0	16.3	13.6
12.5	13.9	46.0	52.1	16.0	14.1	11.6
21.7	16.0	39.7	49.7	16.9	15.5	13.0
15.8	16.9	46.1	51.1	19.3	19.1	13.5
15.5	15.6	48.8	53.5	19.8	16.3	13.5
20.3	18.9	37.6	47.5	18.5	14.9	12.8
12.6	16.9	45.3	55.3	23.2	19.1	11.6
16.5	22.5	39.2	31.7	16.6	16.1	14.2
15.9	15.9	37.8	41.1	11.8	13.0	14.6
19.3	**21.8**	**39.5**	**12.2**	**8.8**	**12.5**	**15.0**
23.2	20.9	40.1	8.9	8.2	12.0	14.4
10.8	22.7	41.0	23.8	12.7	15.6	17.7
13.7	23.9	36.0	13.4	7.3	11.5	14.8

7-4 续表 2

项　目	开展创新合作的企业数(个)	创新合作企业占全部企业的比重(%)		
			集团内其他企业	高等学校
四、按地区分				
东部地区	116425	41.5	30.0	27.6
中部地区	42010	38.6	32.4	31.5
西部地区	21421	33.1	35.2	31.1
东北地区	4655	28.1	34.9	37.1
北　京	1557	50.0	46.8	38.5
天　津	1943	33.6	39.3	29.1
河　北	4801	26.6	28.0	28.8
山　西	1814	23.6	31.4	37.9
内蒙古	881	24.6	44.5	38.3
辽　宁	2700	30.6	35.8	39.1
吉　林	892	27.7	35.2	38.1
黑龙江	1063	23.5	32.3	31.3
上　海	3873	41.1	45.1	32.9
江　苏	26205	42.8	31.5	36.9
浙　江	27756	49.3	23.4	20.2
安　徽	9690	45.3	29.0	38.5
福　建	7195	34.8	32.9	23.4
江　西	5983	34.0	35.0	23.1
山　东	14961	42.3	33.9	31.5
河　南	7981	33.5	30.7	29.7
湖　北	7840	42.8	30.6	33.0
湖　南	8702	43.7	37.8	28.4
广　东	27925	39.7	28.8	23.4
广　西	2059	23.0	37.5	30.1
海　南	209	31.4	47.8	32.1
重　庆	3578	47.0	39.0	21.9
四　川	6109	34.9	32.2	31.2
贵　州	1847	34.6	32.8	27.8
云　南	1663	34.1	36.7	31.6
西　藏	44	23.9	50.0	43.2
陕　西	2790	36.0	30.3	37.5
甘　肃	827	32.8	36.4	34.0
青　海	161	25.4	48.4	40.4
宁　夏	612	41.4	36.8	46.2
新　疆	850	19.6	37.5	33.1

在创新合作企业中，与下列伙伴开展合作的企业占比(%)						
研究机构	政府部门或行业协会	供应商	客户或消费者	竞争对手或同行业企业	咨询顾问、市场分析及中介机构	其他合作对象
14.9	16.4	43.5	50.6	18.0	17.4	13.5
17.9	19.3	39.4	42.1	16.6	13.8	13.5
20.1	19.8	41.2	41.9	17.3	14.9	14.5
21.7	17.2	35.9	39.8	12.1	13.1	12.6
27.4	20.7	35.1	41.4	14.0	14.7	9.9
15.1	15.1	45.1	46.3	14.6	14.7	11.3
16.4	17.0	37.2	41.5	15.7	13.3	14.6
22.2	15.7	36.5	30.9	13.4	13.9	15.2
31.0	17.5	30.3	24.1	11.0	13.4	11.0
20.7	15.9	36.8	40.5	11.5	14.2	11.8
25.4	16.6	33.0	37.3	11.5	10.3	12.7
21.4	20.9	35.9	40.2	14.1	12.8	14.4
16.1	17.5	46.6	49.8	15.9	17.5	11.5
17.7	16.6	42.0	47.5	16.3	15.7	12.2
10.7	15.5	40.1	54.4	18.9	18.9	13.3
19.3	20.2	43.5	47.3	17.1	18.2	14.0
13.5	17.8	42.0	47.9	18.6	15.4	14.1
15.6	19.2	40.9	45.3	18.8	15.7	14.4
17.9	17.7	37.2	43.1	14.0	12.7	11.5
16.9	16.9	35.3	36.8	14.7	12.3	13.3
17.8	19.8	40.3	42.6	17.8	12.2	13.7
17.9	20.9	37.4	41.0	16.0	10.6	12.1
14.0	15.7	53.2	57.1	22.1	21.7	16.2
18.9	19.8	43.5	39.8	18.5	18.0	18.6
31.1	17.7	35.9	29.2	13.4	18.7	21.5
15.9	17.9	46.5	49.6	17.7	14.3	12.6
18.0	19.1	40.9	45.5	18.2	14.3	13.6
19.4	19.3	38.2	38.4	16.7	16.6	20.2
23.9	20.7	46.2	41.3	17.7	15.2	13.3
36.4	25.0	36.4	36.4	22.7	20.5	11.4
21.2	20.8	38.9	44.3	17.6	13.2	14.2
26.2	25.4	39.5	34.7	18.1	15.4	16.9
32.9	24.2	31.1	25.5	10.6	13.7	10.6
22.7	25.3	32.8	26.1	13.4	19.3	10.3
24.2	21.5	42.1	28.7	15.3	14.2	15.3

7-5 规模(限额)以上企业

项　　目	开展创新合作的企业数(个)			
		集团内其他企业	高等学校	研究机构
总　计	**279154**	**28.5**	**22.0**	**11.6**
#国有及国有控股	25504	57.3	33.4	19.1
一、按规模分				
大型企业	13793	57.0	41.3	22.8
中型企业	48197	40.3	26.2	13.7
小型企业	190642	24.3	21.1	11.0
微型企业	26522	22.3	10.2	6.3
二、按登记注册类型分				
内资企业	257153	26.9	22.1	11.8
国有企业	3053	54.3	31.6	17.9
集体企业	325	23.1	17.8	12.9
股份合作企业	307	18.2	20.8	10.1
联营企业	97	51.5	22.7	11.3
#国有联营企业	52	53.8	26.9	11.5
有限责任公司	51719	45.9	26.9	14.8
#国有独资公司	4997	56.3	33.0	18.3
股份有限公司	8520	39.5	42.8	24.2
私营企业	193076	20.9	19.7	10.3
其他企业	56	35.7	33.9	23.2
港、澳、台商投资企业	9975	41.2	21.3	10.9
合资经营企业	3016	40.0	27.3	14.0
合作经营企业	119	37.8	25.2	12.6
港、澳、台商独资经营企业	6072	42.0	16.3	8.4
港、澳、台商投资股份有限公司	567	42.3	42.2	21.9
其他港、澳、台投资企业	201	34.8	22.4	10.4
外商投资企业	12026	50.8	20.2	9.5
中外合资经营企业	4004	46.2	26.4	12.4
中外合作经营企业	128	50.8	26.6	12.5
外资企业	7249	53.6	15.1	7.1
外商投资股份有限公司	492	49.2	41.5	19.7
其他外商投资企业	153	44.4	23.5	7.2
三、按行业分				
采矿业	2179	35.3	30.9	23.8
制造业	178875	26.7	24.8	13.3
电力、热力、燃气及水生产和供应业	3457	52.1	20.0	16.4
建筑业	12574	32.8	22.5	10.5
批发和零售业	43140	23.2	7.5	4.4
交通运输、仓储和邮政业	4644	37.0	10.2	6.0
信息传输、软件和信息技术服务业	14718	41.2	25.0	10.0

创新合作伙伴情况

在创新合作企业中，下列合作伙伴对企业创新有较大价值的企业占比(%)					
政府部门或行业协会	供应商	客户或消费者	竞争对手或同行业企业	咨询顾问、市场分析及中介机构	其他合作对象
17.8	**32.9**	**43.4**	**16.5**	**13.8**	**11.9**
22.7	23.9	23.3	11.0	9.6	9.5
21.1	24.3	25.6	10.3	11.2	6.6
19.9	29.0	36.2	14.0	14.1	10.1
16.8	34.7	45.8	17.0	14.0	12.0
19.0	31.5	48.5	20.6	13.2	17.2
18.3	32.7	43.5	16.9	13.8	12.1
26.4	21.7	22.8	12.0	9.9	10.6
29.5	28.0	37.8	14.2	8.9	17.5
17.3	25.7	45.6	16.0	12.1	14.7
20.6	26.8	32.0	11.3	8.2	9.3
19.2	28.8	28.8	11.5	11.5	11.5
19.7	27.5	33.3	13.7	11.8	10.6
26.0	22.7	21.0	11.2	10.6	10.5
22.1	24.9	33.1	12.6	11.5	7.7
17.6	34.7	47.1	18.0	14.6	12.7
16.1	16.1	42.9	12.5	12.5	17.9
13.0	34.8	43.6	13.1	14.8	9.8
14.3	33.7	40.5	11.7	13.6	8.9
14.3	31.1	37.0	6.7	10.9	13.4
11.7	36.2	46.1	13.9	15.5	10.4
19.0	25.9	34.9	12.3	13.4	6.5
15.4	33.8	42.8	17.4	18.9	13.9
10.7	35.0	41.2	11.2	12.3	8.3
11.9	33.0	40.2	12.0	11.9	8.9
16.4	33.6	34.4	10.9	9.4	3.9
9.5	36.5	42.5	10.9	12.5	8.0
16.9	27.8	33.1	8.5	12.6	6.3
15.7	35.9	38.6	13.1	11.1	11.1
13.7	30.6	18.7	9.3	9.7	11.0
14.4	36.3	44.8	14.9	12.9	9.9
18.7	33.8	10.3	7.1	9.8	11.6
31.4	33.3	23.7	17.0	17.3	16.8
18.6	31.6	54.6	22.4	15.3	17.5
22.4	22.5	38.3	22.4	14.9	17.4
27.2	20.2	39.6	19.5	12.6	11.7

7-5 续表

项　　目	开展创新合作的企业数（个）			
		集团内其他企业	高等学校	研究机构
租赁和商务服务业	7107	34.5	13.2	5.3
科学研究和技术服务业	11196	37.7	37.3	19.0
水利、环境和公共设施管理业	1264	38.5	25.3	14.2
四、按地区分				
东部地区	173354	28.1	21.3	11.1
中部地区	60440	28.1	23.7	12.4
西部地区	38034	30.3	21.4	12.5
东北地区	7326	31.1	26.9	14.9
北　京	7360	39.5	24.7	14.9
天　津	3566	35.6	22.1	11.1
河　北	6522	25.6	22.5	11.7
山　西	3089	27.3	26.4	13.7
内蒙古	1513	35.8	25.0	18.7
辽　宁	3990	32.3	29.2	14.9
吉　林	1490	31.1	26.6	15.6
黑龙江	1846	28.4	22.0	14.2
上　海	9859	41.0	20.9	10.6
江　苏	34743	27.5	28.9	13.4
浙　江	34850	22.4	17.0	8.4
安　徽	13178	25.3	29.0	13.5
福　建	11863	28.3	16.5	8.7
江　西	8563	29.4	17.3	11.3
山　东	22081	29.2	23.6	12.7
河　南	12153	25.8	21.8	11.4
湖　北	11834	27.5	24.9	12.0
湖　南	11623	33.7	22.6	12.9
广　东	41890	27.1	17.9	10.4
广　西	3670	32.0	21.8	12.0
海　南	620	41.6	16.5	15.0
重　庆	5776	33.6	16.5	10.5
四　川	10626	28.5	21.8	11.4
贵　州	3154	30.2	19.3	12.4
云　南	3250	30.3	20.7	13.5
西　藏	166	35.5	18.1	13.3
陕　西	5336	26.3	24.6	11.8
甘　肃	1570	30.6	22.2	15.2
青　海	353	36.0	26.3	16.1
宁　夏	916	32.8	32.6	16.6
新　疆	1704	31.8	20.0	15.7

在创新合作企业中，下列合作伙伴对企业创新有较大价值的企业占比(%)					
政府部门或行业协会	供应商	客户或消费者	竞争对手或同行业企业	咨询顾问、市场分析及中介机构	其他合作对象
30.4	15.3	41.3	20.7	21.4	16.4
29.0	17.0	27.3	15.0	15.8	10.9
33.1	20.2	19.8	12.6	16.8	12.8
16.3	34.3	45.7	16.8	14.8	11.5
19.5	31.0	39.7	15.6	12.0	11.8
21.6	30.8	40.1	17.3	12.4	13.6
18.8	27.6	38.3	12.8	11.3	12.1
20.9	25.9	38.7	14.6	13.2	10.7
14.7	32.4	42.3	13.8	12.9	11.2
16.9	29.3	39.1	14.5	11.1	12.5
16.9	27.8	34.7	14.1	11.8	13.7
18.4	24.9	29.7	13.3	11.1	11.2
16.4	28.5	38.3	12.3	11.9	11.0
19.6	26.9	36.4	12.2	9.9	13.1
23.5	26.1	40.0	14.5	11.1	13.8
16.7	32.8	43.3	14.6	16.8	10.8
15.9	33.3	43.4	15.0	13.0	9.4
15.5	33.3	49.5	17.6	16.3	11.9
19.9	33.7	43.4	16.0	15.0	11.3
17.3	31.9	43.3	17.5	13.2	13.4
20.4	32.4	43.2	16.9	13.2	12.9
17.3	29.9	40.9	13.9	11.6	10.5
16.6	29.1	36.3	14.6	11.4	11.6
20.5	31.2	40.0	16.5	10.8	12.5
20.8	29.6	37.4	14.7	9.5	10.6
15.7	41.7	51.0	20.6	17.9	13.0
21.6	31.1	38.3	19.8	13.8	17.0
20.5	25.2	33.4	17.1	13.9	19.0
20.2	34.3	44.4	17.0	12.3	11.0
20.9	30.3	41.7	17.8	12.0	12.6
23.0	30.1	38.4	16.0	13.5	17.3
22.5	33.8	42.5	17.7	13.7	13.6
29.5	27.7	36.1	16.9	15.1	16.9
21.3	29.2	42.4	17.7	11.2	13.9
25.4	31.2	36.3	18.1	10.4	14.8
26.1	24.4	31.7	14.2	13.0	14.2
26.2	26.0	26.0	13.5	15.1	11.5
22.4	31.3	32.8	16.3	12.1	15.8

7–6 规模以上工业企业

项　目	开展创新合作的企业数(个)			
		集团内其他企业	高等学校	研究机构
总　计	**184511**	**27.3**	**24.7**	**13.4**
#国有及国有控股	11347	56.9	38.6	25.2
一、按规模分				
大型企业	6326	59.2	44.7	28.9
中型企业	22911	42.4	33.5	18.3
小型企业	144719	23.8	23.1	12.2
微型企业	10555	23.0	15.8	10.1
二、按登记注册类型分				
内资企业	167235	25.5	25.0	13.7
国有企业	1014	58.1	35.8	24.0
集体企业	138	21.7	24.6	17.4
股份合作企业	223	17.5	23.3	10.3
联营企业	41	58.5	29.3	19.5
#国有联营企业	23	69.6	34.8	17.4
有限责任公司	27993	44.2	30.8	18.2
#国有独资公司	1824	56.6	37.9	25.3
股份有限公司	5674	36.3	48.1	28.2
私营企业	132117	20.8	22.7	12.1
其他企业	35	40.0	37.1	31.4
港、澳、台商投资企业	7767	39.1	23.7	11.8
合资经营企业	2531	39.1	29.6	14.9
合作经营企业	86	37.2	30.2	15.1
港、澳、台商独资经营企业	4575	39.0	18.1	9.0
港、澳、台商投资股份有限公司	465	41.9	44.3	22.6
其他港、澳、台投资企业	110	34.5	26.4	10.9
外商投资企业	9509	50.3	21.5	9.7
中外合资经营企业	3376	46.4	27.1	12.6
中外合作经营企业	111	51.4	27.0	13.5
外资企业	5546	53.0	16.2	7.1
外商投资股份有限公司	384	46.6	45.6	22.1
其他外商投资企业	92	43.5	26.1	10.9
三、按行业分				
采矿业	**2179**	**35.3**	**30.9**	**23.8**
#煤炭开采和洗选业	813	33.1	37.6	28.4
石油和天然气开采业	64	73.4	67.2	51.6
黑色金属矿采选业	233	31.3	25.8	22.3
有色金属矿采选业	325	42.8	36.9	34.5
非金属矿采选业	662	31.4	16.9	11.5
开采专业及辅助性活动	80	41.3	40.0	17.5

创新合作伙伴情况

在创新合作企业中，下列合作伙伴对企业创新有较大价值的企业占比(%)					
政府部门或行业协会	供应商	客户或消费者	竞争对手或同行业企业	咨询顾问、市场分析及中介机构	其他合作对象
14.5	**36.2**	**43.8**	**14.7**	**12.8**	**10.0**
15.1	27.9	22.5	9.1	7.2	7.4
14.0	28.9	27.5	8.1	9.1	4.4
14.2	31.9	35.7	10.7	11.6	6.5
14.5	37.1	45.8	15.5	13.3	10.5
15.2	36.9	43.4	16.4	11.0	13.6
14.9	36.1	43.9	15.0	12.9	10.2
18.0	27.3	19.5	10.2	6.4	8.8
15.9	29.0	44.2	15.9	4.3	9.4
14.8	27.8	46.6	16.1	11.2	13.0
22.0	31.7	29.3	12.2	2.4	4.9
17.4	26.1	30.4	17.4		4.3
14.3	32.4	33.5	11.7	10.3	8.4
16.0	28.2	21.2	8.9	7.3	8.0
18.0	26.0	33.4	11.3	11.4	6.4
14.9	37.4	46.7	15.9	13.5	10.7
5.7	17.1	34.3	17.1	8.6	11.4
11.7	37.8	44.1	12.4	13.7	8.7
13.3	34.4	40.5	11.1	12.8	8.1
10.5	33.7	39.5	5.8	8.1	11.6
10.2	40.6	47.1	13.3	14.3	9.2
17.8	28.0	35.5	10.5	13.8	5.2
11.8	40.0	40.0	15.5	14.5	12.7
9.6	37.1	42.0	10.9	11.2	7.6
10.9	34.5	40.5	11.9	11.0	8.5
16.2	33.3	32.4	11.7	9.0	3.6
8.0	39.1	43.5	10.4	11.3	7.2
17.7	28.9	34.6	9.6	12.8	4.4
15.2	44.6	47.8	12.0	10.9	8.7
13.7	**30.6**	**18.7**	**9.3**	**9.7**	**11.0**
13.2	30.4	12.5	7.1	8.2	11.1
4.7	25.0	1.6	7.8	1.6	6.3
11.6	34.8	17.6	10.7	11.6	11.6
10.2	26.2	10.5	5.2	9.5	9.5
16.9	32.2	31.9	13.1	11.8	11.8
20.0	31.3	21.3	12.5	8.8	11.3

7-6 续表 1

项　目	开展创新合作的企业数(个)			
		集 团 内其他企业	高等学校	研究机构
制造业	**178875**	**26.7**	**24.8**	**13.3**
农副食品加工业	7824	27.7	24.5	14.4
食品制造业	4188	28.7	30.9	15.6
酒、饮料和精制茶制造业	2370	27.7	26.9	18.4
烟草制品业	93	43.0	39.8	37.6
纺织业	6774	19.9	16.0	8.0
纺织服装、服饰业	3226	23.9	10.5	6.0
皮革、毛皮、羽毛及其制品和制鞋业	2424	24.6	7.0	6.0
木材加工和木、竹、藤、棕、草制品业	2651	22.1	12.0	8.5
家具制造业	2666	24.2	11.9	7.1
造纸和纸制品业	2421	24.0	14.9	8.2
印刷和记录媒介复制业	2449	22.4	17.1	6.7
文教、工美、体育和娱乐用品制造业	3758	21.4	15.3	8.3
石油、煤炭及其他燃料加工业	782	33.8	30.1	23.0
化学原料和化学制品制造业	11372	29.8	37.2	20.4
医药制造业	5705	34.6	41.4	36.4
化学纤维制造业	919	26.9	27.9	13.1
橡胶和塑料制品业	9603	21.0	20.0	9.4
非金属矿物制品业	13353	27.2	21.1	12.1
黑色金属冶炼和压延加工业	1747	27.4	24.2	16.3
有色金属冶炼和压延加工业	3383	28.6	27.7	16.9
金属制品业	12260	22.7	19.2	10.2
通用设备制造业	16267	24.7	27.1	12.6
专用设备制造业	13844	26.0	32.2	14.1
汽车制造业	8938	34.5	21.9	9.5
铁路、船舶、航空航天和其他运输设备制造业	2793	32.4	28.3	17.9
电气机械和器材制造业	16030	26.5	23.6	12.9
计算机、通信和其他电子设备制造业	14835	31.3	26.0	12.0
仪器仪表制造业	4179	25.7	37.1	16.9
其他制造业	839	23.1	17.2	9.8
废弃资源综合利用业	936	31.3	27.2	14.0
金属制品、机械和设备修理业	246	41.1	31.7	13.0
电力、热力、燃气及水生产和供应业	**3457**	**52.1**	**20.0**	**16.4**
电力、热力生产和供应业	2237	55.4	20.5	19.7
燃气生产和供应业	576	49.7	9.9	8.2
水的生产和供应业	644	42.7	27.5	12.1

在创新合作企业中，下列合作伙伴对企业创新有较大价值的企业占比(%)					
政府部门或行业协会	供应商	客户或消费者	竞争对手或同行业企业	咨询顾问、市场分析及中介机构	其他合作对象
14.4	**36.3**	**44.8**	**14.9**	**12.9**	**9.9**
18.1	30.1	41.3	13.3	10.0	10.5
14.6	30.6	39.5	11.6	13.6	10.3
23.0	27.2	39.5	11.4	11.8	8.9
7.5	43.0	29.0	12.9	10.8	8.6
15.1	39.0	51.2	17.1	12.8	9.6
14.1	38.4	51.9	16.0	14.0	11.1
14.1	35.1	53.1	18.6	10.7	10.8
16.7	41.4	42.7	15.1	10.6	11.9
15.1	38.0	52.2	18.6	16.8	12.1
13.1	44.3	45.2	16.1	15.9	10.3
15.1	47.4	49.0	15.8	14.9	11.1
13.5	35.1	52.0	16.4	14.3	10.7
14.8	31.8	30.2	12.8	15.1	9.2
14.2	29.3	35.0	11.8	12.9	8.5
14.7	21.2	22.7	10.8	13.0	9.9
14.1	32.4	46.2	14.7	11.9	8.8
12.9	42.7	50.8	15.9	14.7	10.6
17.4	35.7	37.4	14.7	11.8	11.1
14.5	35.9	41.0	14.7	13.6	9.3
15.1	34.6	39.9	13.8	10.7	10.1
14.6	39.1	47.3	17.1	13.8	10.8
13.6	36.4	48.0	14.3	12.9	9.7
14.9	33.8	45.2	14.3	12.7	9.6
11.4	39.0	48.7	13.5	10.6	8.6
12.5	33.7	46.3	13.8	11.8	9.3
13.5	39.7	47.3	16.3	15.3	9.7
12.2	42.2	50.0	16.4	12.4	9.1
15.0	31.2	43.9	15.7	11.4	9.3
15.0	39.3	53.3	20.0	15.1	8.2
19.7	34.1	28.5	13.8	13.0	11.3
13.8	33.3	35.4	9.8	8.1	12.2
18.7	**33.8**	**10.3**	**7.1**	**9.8**	**11.6**
17.3	34.8	7.5	6.8	9.3	10.8
20.7	34.9	20.0	9.5	11.6	14.2
21.6	29.0	11.3	5.9	10.1	12.1

7–6 续表 2

项　　目	开展创新合作的企业数(个)			
		集团内其他企业	高等学校	研究机构
四、按地区分				
东部地区	116425	26.0	23.3	12.2
中部地区	42010	28.5	27.2	14.7
西部地区	21421	31.2	26.3	16.7
东北地区	4655	31.0	32.6	18.5
北　京	1557	40.8	32.2	22.0
天　津	1943	35.5	25.1	12.1
河　北	4801	24.7	25.1	13.6
山　西	1814	27.8	33.4	19.1
内蒙古	881	40.9	33.6	27.6
辽　宁	2700	31.8	34.4	17.6
吉　林	892	31.5	32.7	21.4
黑龙江	1063	28.7	27.9	18.3
上　海	3873	39.2	26.4	12.7
江　苏	26205	27.0	31.4	14.5
浙　江	27756	20.6	17.4	8.8
安　徽	9690	24.6	33.1	15.6
福　建	7195	29.1	19.2	10.8
江　西	5983	31.2	19.8	13.5
山　东	14961	29.7	27.4	14.9
河　南	7981	27.1	25.7	14.1
湖　北	7840	26.4	28.8	14.5
湖　南	8702	34.3	24.2	14.3
广　东	27925	24.5	18.9	11.2
广　西	2059	32.8	26.2	15.5
海　南	209	42.6	26.3	30.6
重　庆	3578	35.4	17.4	12.8
四　川	6109	28.4	26.7	14.6
贵　州	1847	28.6	22.9	16.5
云　南	1663	32.4	26.3	19.8
西　藏	44	38.6	34.1	34.1
陕　西	2790	26.6	31.8	17.0
甘　肃	827	31.7	28.3	23.1
青　海	161	44.7	34.2	26.7
宁　夏	612	33.3	41.5	20.4
新　疆	850	33.4	28.6	22.1

在创新合作企业中，下列合作伙伴对企业创新有较大价值的企业占比(%)					
政府部门或行业协会	供应商	客户或消费者	竞争对手或同行业企业	咨询顾问、市场分析及中介机构	其他合作对象
13.5	37.7	47.2	15.3	14.0	9.9
16.2	33.5	38.3	13.6	10.6	9.8
16.6	35.0	37.8	14.4	11.5	10.9
14.3	29.8	36.8	10.2	10.4	9.5
16.8	28.6	38.9	11.1	11.3	7.4
11.1	38.3	43.3	11.9	10.4	8.7
14.8	31.5	38.1	13.1	10.6	11.5
13.1	30.2	27.6	10.1	10.0	11.4
14.3	25.3	20.7	9.1	11.4	8.6
13.3	30.3	37.6	9.8	11.6	8.4
13.1	27.9	34.8	9.8	7.1	10.8
17.8	29.9	36.5	11.8	10.1	11.1
13.4	40.2	46.3	12.7	14.3	8.4
13.3	35.4	43.7	13.4	12.3	8.1
13.4	35.0	51.4	16.7	16.1	10.9
16.5	36.7	43.3	14.1	13.6	9.4
15.1	36.2	44.2	15.6	12.0	10.6
16.9	35.4	41.9	15.1	12.9	10.6
14.9	31.7	39.3	11.6	10.1	8.6
14.3	30.1	33.6	12.0	9.7	9.8
16.3	34.5	38.5	14.8	9.4	10.5
17.8	31.3	36.5	13.1	7.6	9.0
12.6	47.2	53.8	18.8	17.0	11.1
15.9	37.2	35.8	15.5	14.0	14.2
14.4	28.2	24.9	12.4	14.8	14.8
14.8	39.7	45.6	14.8	11.2	9.4
15.9	34.4	41.4	15.5	10.6	10.1
16.4	33.0	34.2	13.7	12.9	15.8
17.7	40.1	37.3	14.4	12.6	9.7
22.7	29.5	29.5	20.5	15.9	6.8
17.8	32.3	39.9	14.4	10.0	10.4
21.4	34.0	30.2	15.0	10.5	12.5
20.5	23.6	23.0	8.7	11.2	7.5
21.1	27.6	22.7	10.1	15.4	7.8
18.8	37.2	25.6	13.1	10.7	12.0

7−7 规模(限额)以上企业

项　　目	开展产学研合作的企业数(个)	在创新合作企业中产学研合作企业占比(%)		
			建立或参与创新联合体	合作共同完成科研项目
总　计	**87646**	**31.4**	**22.3**	**65.4**
#国有及国有控股	11781	46.2	25.0	79.5
一、按规模分				
大型企业	7633	55.3	26.1	79.3
中型企业	17916	37.2	22.3	68.7
小型企业	57838	30.3	21.4	63.4
微型企业	4259	16.1	27.7	53.2
二、按登记注册类型分				
内资企业	80913	31.5	22.5	65.2
国有企业	1310	42.9	27.2	77.9
集体企业	90	27.7	28.9	56.7
股份合作企业	86	28.0	30.2	62.8
联营企业	29	29.9	27.6	72.4
#国有联营企业	16	30.8	25.0	75.0
有限责任公司	19717	38.1	23.3	71.6
#国有独资公司	2227	44.6	28.6	79.4
股份有限公司	4986	58.5	23.2	75.4
私营企业	54669	28.3	22.0	61.6
其他企业	26	46.4	7.7	61.5
港、澳、台商投资企业	3163	31.7	20.1	67.9
合资经营企业	1218	40.4	18.4	71.0
合作经营企业	40	33.6	22.5	75.0
港、澳、台商独资经营企业	1511	24.9	22.2	63.5
港、澳、台商投资股份有限公司	326	57.5	18.4	74.8
其他港、澳、台投资企业	68	33.8	11.8	72.1
外商投资企业	3570	29.7	20.3	67.6
中外合资经营企业	1501	37.5	19.6	71.1
中外合作经营企业	43	33.6	20.9	67.4
外资企业	1696	23.4	21.0	62.8
外商投资股份有限公司	274	55.7	20.8	79.6
其他外商投资企业	56	36.6	16.1	62.5
三、按行业分				
采矿业	928	42.6	18.1	80.1
制造业	63368	35.4	20.5	65.9
电力、热力、燃气及水生产和供应业	1111	32.1	22.4	75.2
建筑业	3799	30.2	28.2	67.5
批发和零售业	5187	12.0	30.3	50.5
交通运输、仓储和邮政业	705	15.2	30.4	60.4
信息传输、软件和信息技术服务业	5140	34.9	26.6	68.1

注：产学研合作指企业与高等学校或研究机构开展创新合作。

产学研合作形式

在产学研合作企业中，以下列为主要合作形式的企业占比(%)						
合作建立研发机构	开展联合人才培养	聘用高等学校或研究机构人员到企业兼职	转化或实施知识产权产品或其他科研成果	使用科研场所或设备	使用检验检测等科研辅助服务	其他形式
18.8	**33.0**	**19.7**	**16.1**	**10.3**	**15.0**	**13.4**
15.7	32.1	11.3	16.6	10.5	14.3	12.2
18.1	39.8	14.7	15.6	8.2	12.5	10.6
17.9	35.9	18.0	15.8	9.3	13.9	12.5
18.9	31.1	20.7	16.3	10.9	15.8	13.7
21.0	33.6	21.5	15.2	11.4	13.3	17.8
18.9	33.0	20.1	16.1	10.3	14.8	13.4
14.8	35.5	11.7	16.6	9.5	12.1	12.8
14.4	40.0	18.9	15.6	10.0	16.7	13.3
19.8	19.8	16.3	8.1	8.1	16.3	11.6
24.1	44.8	6.9	13.8	10.3	10.3	13.8
25.0	31.3	6.3	12.5	12.5	12.5	18.8
17.1	33.4	15.9	16.7	10.3	14.7	13.3
15.8	32.8	10.1	17.0	10.7	13.0	13.2
20.3	35.6	18.3	15.9	8.8	13.4	10.7
19.6	32.6	21.9	15.9	10.4	14.9	13.7
26.9	26.9	26.9	7.7	19.2	26.9	3.8
17.4	33.8	16.5	16.1	9.8	15.9	12.3
17.7	33.0	16.3	14.9	9.3	14.9	10.8
15.0	35.0	17.5	5.0	12.5	15.0	10.0
16.5	32.8	16.2	17.1	10.0	16.3	14.4
21.8	41.4	18.1	16.6	11.0	17.5	7.7
14.7	30.9	17.6	17.6	5.9	19.1	16.2
16.0	30.4	14.5	15.5	12.0	19.1	13.8
17.3	30.7	14.3	16.1	11.5	18.9	12.7
11.6	11.6	14.0	18.6	4.7	14.0	11.6
15.3	30.1	13.6	15.1	12.8	19.7	14.9
13.1	31.8	20.4	14.2	9.5	16.8	12.8
19.6	42.9	16.1	14.3	19.6	23.2	14.3
15.2	23.5	11.2	16.1	9.3	11.6	14.0
19.2	30.9	20.1	15.9	10.6	16.1	12.8
13.6	23.0	9.1	17.3	9.8	13.0	14.2
18.9	39.4	18.6	16.3	9.8	12.3	15.1
19.3	38.2	22.1	16.3	11.1	14.9	18.1
17.6	36.5	13.3	14.8	8.4	9.5	16.6
18.5	40.2	18.2	18.4	6.2	6.3	13.9

7-7 续表

项目	开展产学研合作的企业数(个)	在创新合作企业中产学研合作企业占比(%)		
			建立或参与创新联合体	合作共同完成科研项目
租赁和商务服务业	1370	19.3	32.2	41.9
科学研究和技术服务业	5603	50.0	24.5	71.7
水利、环境和公共设施管理业	435	34.4	27.1	66.2
四、按地区分				
东部地区	53087	30.6	21.6	66.3
中部地区	20115	33.3	22.7	61.9
西部地区	11750	30.9	23.5	66.7
东北地区	2694	36.8	26.4	68.4
北　京	2634	35.8	20.8	77.0
天　津	1082	30.3	19.4	71.6
河　北	2061	31.6	17.5	63.3
山　西	1101	35.6	17.4	65.7
内蒙古	544	36.0	25.0	76.7
辽　宁	1549	38.8	28.5	67.0
吉　林	568	38.1	22.9	71.5
黑龙江	577	31.3	24.3	69.0
上　海	3002	30.4	21.8	70.7
江　苏	13788	39.7	20.8	67.5
浙　江	8496	24.4	22.0	63.6
安　徽	5187	39.4	20.3	66.8
福　建	2890	24.4	25.5	60.5
江　西	2262	26.4	27.7	55.4
山　东	7237	32.8	21.1	64.9
河　南	3763	31.0	21.1	57.5
湖　北	4058	34.3	25.1	62.0
湖　南	3744	32.2	23.8	62.1
广　东	11729	28.0	22.7	65.4
广　西	1143	31.1	26.0	66.1
海　南	168	27.1	23.2	73.8
重　庆	1469	25.4	25.2	62.7
四　川	3292	31.0	22.1	65.6
贵　州	913	28.9	22.7	68.3
云　南	993	30.6	22.3	65.3
西　藏	48	28.9	29.2	58.3
陕　西	1791	33.6	22.6	65.8
甘　肃	513	32.7	27.3	69.0
青　海	133	37.7	25.6	71.4
宁　夏	390	42.6	19.7	72.8
新　疆	521	30.6	25.0	70.4

在产学研合作企业中，以下列为主要合作形式的企业占比(%)						
合作建立研发机构	开展联合人才培养	聘用高等学校或研究机构人员到企业兼职	转化或实施知识产权产品或其他科研成果	使用科研场所或设备	使用检验检测等科研辅助服务	其他形式
14.8	50.2	23.4	11.8	6.6	6.9	22.6
15.8	39.2	18.1	16.9	11.8	15.8	11.2
20.2	32.0	19.1	16.8	10.6	12.6	14.7
18.8	32.1	19.0	16.9	10.6	15.5	13.0
20.7	34.2	22.0	15.1	9.3	13.3	13.6
15.8	34.9	19.8	14.5	10.6	15.6	15.2
17.5	31.0	15.5	15.6	10.4	15.1	12.2
15.4	28.4	14.3	19.6	13.5	16.9	8.8
16.5	33.3	17.0	17.9	11.3	17.4	10.9
17.8	31.5	15.4	12.1	11.5	14.9	13.8
16.8	30.5	17.7	12.8	8.4	12.3	14.2
14.5	24.3	12.9	16.5	11.0	15.8	13.1
19.3	32.4	15.0	16.3	10.9	15.4	11.4
14.1	30.1	13.7	14.4	10.0	13.7	13.2
15.9	28.3	18.4	14.6	9.5	15.6	13.5
16.7	30.9	16.7	18.2	13.2	19.6	11.8
21.5	30.5	20.6	17.2	9.9	15.1	11.8
14.7	27.3	17.0	13.6	9.0	15.8	14.9
22.7	32.7	23.3	18.2	9.5	14.6	13.1
16.7	33.9	20.0	12.9	9.9	12.6	15.4
19.7	33.0	25.6	12.6	9.8	15.1	15.1
18.9	33.6	20.2	13.9	9.9	13.2	13.4
20.2	35.5	18.6	11.9	9.7	12.2	14.4
22.2	34.4	20.3	15.6	8.7	13.2	12.7
18.5	36.7	24.8	15.4	9.1	12.1	13.4
20.6	37.4	20.1	21.5	11.8	16.3	13.2
17.6	41.3	17.0	15.4	9.5	14.0	16.7
12.5	33.9	16.1	14.3	11.9	15.5	20.8
15.1	37.6	20.8	11.4	10.8	16.1	14.6
16.1	33.0	22.2	14.6	10.7	14.7	14.4
15.9	36.9	22.0	12.6	10.5	15.2	17.2
17.5	40.1	20.3	16.1	12.0	18.3	13.7
27.1	52.1	20.8	6.3	12.5	8.3	16.7
15.0	32.2	18.2	14.6	10.6	16.8	15.7
16.4	33.1	18.3	17.0	10.3	17.9	15.4
12.0	38.3	18.8	13.5	9.0	12.8	19.5
15.1	26.7	21.0	17.7	10.5	15.9	14.9
12.9	36.9	17.7	14.8	9.6	13.6	18.2

7-8 规模以上工业企业

项　目	开展产学研合作的企业数(个)	在创新合作企业中产学研合作企业占比(%)		
			建立或参与创新联合体	合作共同完成科研项目
总　计	**65407**	**35.4**	**20.5**	**66.2**
#国有及国有控股	6267	55.2	21.7	81.4
一、按规模分				
大型企业	3880	61.3	24.6	79.9
中型企业	10886	47.5	19.7	71.4
小型企业	48071	33.2	20.2	64.3
微型企业	2570	24.3	23.0	58.6
二、按登记注册类型分				
内资企业	59729	35.7	20.6	66.0
国有企业	518	51.1	25.1	80.1
集体企业	53	38.4	20.8	50.9
股份合作企业	71	31.8	28.2	59.2
联营企业	17	41.5	41.2	64.7
#国有联营企业	9	39.1	33.3	66.7
有限责任公司	12428	44.4	20.6	72.0
#国有独资公司	976	53.5	25.1	81.6
股份有限公司	3711	65.4	21.3	76.9
私营企业	42913	32.5	20.4	63.2
其他企业	18	51.4	5.6	55.6
港、澳、台商投资企业	2682	34.5	19.1	68.3
合资经营企业	1083	42.8	17.5	70.5
合作经营企业	34	39.5	26.5	70.6
港、澳、台商独资经营企业	1245	27.2	20.7	64.4
港、澳、台商投资股份有限公司	281	60.4	17.8	76.2
其他港、澳、台投资企业	39	35.5	10.3	74.4
外商投资企业	2996	31.5	19.8	67.7
中外合资经营企业	1294	38.3	19.5	71.2
中外合作经营企业	38	34.2	23.7	68.4
外资企业	1384	25.0	20.1	62.4
外商投资股份有限公司	239	62.2	20.1	79.9
其他外商投资企业	41	44.6	17.1	63.4
三、按行业分				
采矿业	**928**	**42.6**	**18.1**	**80.1**
#煤炭开采和洗选业	394	48.5	13.7	85.0
石油和天然气开采业	51	79.7	31.4	86.3
黑色金属矿采选业	97	41.6	20.6	76.3
有色金属矿采选业	180	55.4	18.9	79.4
非金属矿采选业	163	24.6	18.4	69.3
开采专业及辅助性活动	42	52.5	33.3	78.6

产学研合作形式

在产学研合作企业中，以下列为主要合作形式的企业占比(%)						
合作建立研发机构	开展联合人才培养	聘用高等学校或研究机构人员到企业兼职	转化或实施知识产权产品或其他科研成果	使用科研场所或设备	使用检验检测等科研辅助服务	其他形式
19.1	**30.7**	**19.8**	**15.9**	**10.6**	**16.0**	**12.8**
15.1	28.7	11.1	16.7	11.5	16.7	11.5
18.8	37.6	14.5	15.8	8.5	14.1	10.4
18.2	33.5	17.8	15.4	9.3	15.3	11.3
19.2	29.6	20.7	16.1	11.0	16.4	13.2
21.7	28.3	20.5	15.7	12.1	14.8	15.4
19.3	30.6	20.2	16.0	10.5	15.8	12.8
13.3	31.9	12.2	19.3	9.7	13.9	11.4
7.5	39.6	13.2	13.2	11.3	22.6	17.0
18.3	18.3	14.1	7.0	9.9	18.3	12.7
29.4	52.9		17.6	11.8	11.8	11.8
22.2	44.4		22.2	11.1	22.2	22.2
17.3	30.7	16.2	16.7	11.0	16.4	12.8
15.3	28.6	9.8	16.2	12.4	16.1	12.3
20.4	34.0	18.5	15.5	9.1	14.7	9.9
19.9	30.3	21.7	15.8	10.5	15.7	13.0
27.8	27.8	22.2	11.1	22.2	33.3	5.6
17.9	33.0	16.6	16.1	10.0	16.3	12.2
17.9	32.3	16.8	14.5	9.3	15.1	11.3
17.6	35.3	14.7	2.9	11.8	14.7	8.8
17.3	32.0	16.1	17.9	10.4	17.1	14.4
21.4	40.6	18.1	15.3	11.4	17.8	6.4
12.8	28.2	12.8	23.1	7.7	15.4	15.4
15.8	29.4	14.6	15.5	11.7	19.6	14.1
17.3	29.8	14.1	15.4	10.8	19.6	12.8
13.2	7.9	13.2	18.4	5.3	15.8	13.2
14.9	29.0	14.1	15.6	12.9	20.3	15.5
12.6	30.5	19.2	14.6	9.2	15.9	13.8
19.5	41.5	19.5	14.6	22.0	24.4	9.8
15.2	**23.5**	**11.2**	**16.1**	**9.3**	**11.6**	**14.0**
14.2	18.3	6.1	16.8	8.6	7.9	15.0
9.8	25.5	7.8	11.8	3.9	17.6	23.5
19.6	21.6	10.3	13.4	17.5	12.4	9.3
12.8	23.9	11.7	17.2	11.7	15.0	13.3
19.0	31.9	25.2	12.3	6.1	14.7	12.9
16.7	38.1	9.5	31.0	4.8	11.9	11.9

7-8 续表 1

项　目	开展产学研合作的企业数（个）	在创新合作企业中产学研合作企业占比(%)		
			建立或参与创新联合体	合作共同完成科研项目
制造业	**63368**	**35.4**	**20.5**	**65.9**
农副食品加工业	2744	35.1	20.4	65.2
食品制造业	1731	41.3	19.9	68.7
酒、饮料和精制茶制造业	946	39.9	20.4	68.4
烟草制品业	55	59.1	21.8	90.9
纺织业	1598	23.6	22.4	61.4
纺织服装、服饰业	527	16.3	27.7	56.2
皮革、毛皮、羽毛及其制品和制鞋业	315	13.0	27.9	54.6
木材加工和木、竹、藤、棕、草制品业	514	19.4	23.0	56.8
家具制造业	503	18.9	26.0	51.1
造纸和纸制品业	568	23.5	23.1	61.8
印刷和记录媒介复制业	612	25.0	24.5	61.8
文教、工美、体育和娱乐用品制造业	847	22.5	23.8	57.7
石油、煤炭及其他燃料加工业	360	46.0	24.4	72.5
化学原料和化学制品制造业	5767	50.7	19.1	67.5
医药制造业	3519	61.7	15.9	76.0
化学纤维制造业	347	37.8	19.6	68.9
橡胶和塑料制品业	2806	29.2	20.7	60.7
非金属矿物制品业	4112	30.8	20.4	61.8
黑色金属冶炼和压延加工业	615	35.2	19.4	72.0
有色金属冶炼和压延加工业	1339	39.6	19.3	68.0
金属制品业	3410	27.8	23.3	62.1
通用设备制造业	6140	37.7	20.4	65.7
专用设备制造业	6027	43.5	18.8	68.1
汽车制造业	2898	32.4	21.1	63.6
铁路、船舶、航空航天和其他运输设备制造业	1157	41.4	20.7	73.7
电气机械和器材制造业	5605	35.0	21.4	64.4
计算机、通信和其他电子设备制造业	5571	37.6	20.9	67.0
仪器仪表制造业	2075	49.7	18.3	70.2
其他制造业	221	26.3	22.2	62.4
废弃资源综合利用业	336	35.9	21.7	62.5
金属制品、机械和设备修理业	103	41.9	19.4	68.0
电力、热力、燃气及水生产和供应业	**1111**	**32.1**	**22.4**	**75.2**
电力、热力生产和供应业	794	35.5	23.0	77.2
燃气生产和供应业	99	17.2	23.2	66.7
水的生产和供应业	218	33.9	19.7	72.0

在产学研合作企业中，以下列为主要合作形式的企业占比(%)						
合作建立研发机构	开展联合人才培养	聘用高等学校或研究机构人员到企业兼职	转化或实施知识产权产品或其他科研成果	使用科研场所或设备	使用检验检测等科研辅助服务	其他形式
19.2	**30.9**	**20.1**	**15.9**	**10.6**	**16.1**	**12.8**
19.7	29.3	24.5	14.6	9.5	14.4	12.5
20.2	31.5	21.4	16.4	10.2	15.5	13.2
20.1	32.7	23.8	13.2	9.2	11.9	10.6
14.5	27.3	9.1	16.4	18.2	12.7	9.1
21.6	29.1	19.7	15.5	9.6	14.3	12.2
19.7	34.9	19.7	14.8	9.3	10.8	11.2
26.0	27.9	21.3	12.1	9.8	10.8	10.8
25.9	30.4	24.1	14.8	9.7	14.6	12.5
23.1	36.2	21.7	14.1	8.5	14.1	16.1
18.7	30.5	15.7	18.5	10.7	14.3	13.6
22.4	33.5	18.3	17.0	9.0	11.3	14.4
22.2	29.5	20.3	14.4	8.6	12.8	13.5
19.4	25.6	14.4	16.7	10.0	18.1	11.9
18.9	28.5	20.9	16.2	12.1	18.9	11.6
16.5	26.1	18.5	15.7	11.5	21.7	11.9
19.0	30.3	19.9	15.9	11.8	16.4	11.8
18.7	29.3	20.1	16.7	13.3	18.9	14.3
20.6	30.4	19.6	14.1	10.3	18.0	13.6
24.2	29.4	17.4	13.7	10.2	18.2	11.5
18.4	31.1	19.9	13.6	11.0	18.7	12.2
22.3	32.4	19.7	14.5	10.5	16.1	13.0
19.0	31.2	20.6	16.1	9.8	14.4	13.2
18.4	30.9	20.7	16.8	11.0	13.5	12.4
17.4	34.7	18.6	15.7	10.5	16.7	12.5
16.9	29.4	16.9	16.3	11.2	17.5	12.2
18.5	31.6	19.3	17.1	11.1	18.3	14.0
18.9	34.0	20.4	16.6	9.9	14.0	13.4
17.2	33.3	19.0	17.6	9.3	12.7	11.3
19.5	31.7	18.1	19.9	10.4	17.6	12.2
24.4	28.9	25.0	15.5	10.4	15.5	8.9
7.8	32.0	14.6	17.5	10.7	13.6	18.4
13.6	**23.0**	**9.1**	**17.3**	**9.8**	**13.0**	**14.2**
13.4	21.2	8.3	18.0	7.3	12.7	14.9
21.2	29.3	16.2	12.1	14.1	12.1	16.2
11.0	26.6	8.7	17.0	17.0	14.2	11.0

7-8 续表 2

项　目	开展产学研合作的企业数(个)	在创新合作企业中产学研合作企业占比(%)		
			建立或参与创新联合体	合作共同完成科研项目
四、按地区分				
东部地区	38972	33.5	19.9	66.6
中部地区	16061	38.2	21.2	63.2
西部地区	8283	38.7	21.0	69.1
东北地区	2091	44.9	23.8	70.3
北　京	749	48.1	16.2	78.9
天　津	666	34.3	16.1	70.3
河　北	1712	35.7	16.5	63.7
山　西	819	45.1	14.3	69.4
内蒙古	440	49.9	24.1	78.4
辽　宁	1233	45.7	26.2	68.4
吉　林	431	48.3	19.7	73.8
黑龙江	427	40.2	20.8	72.4
上　海	1485	38.3	18.0	70.6
江　苏	11240	42.9	19.3	68.5
浙　江	6970	25.1	21.2	63.9
安　徽	4351	44.9	19.3	68.2
福　建	2065	28.7	22.6	61.7
江　西	1809	30.2	26.7	56.6
山　东	5700	38.1	19.6	66.2
河　南	2928	36.7	19.3	58.6
湖　北	3138	40.0	22.8	63.1
湖　南	3016	34.7	22.6	63.1
广　东	8289	29.7	20.7	66.1
广　西	767	37.3	22.2	71.4
海　南	96	45.9	17.7	81.3
重　庆	1018	28.5	22.9	62.7
四　川	2327	38.1	20.0	66.8
贵　州	657	35.6	20.2	71.8
云　南	674	40.5	18.5	67.8
西　藏	24	54.5	29.2	70.8
陕　西	1243	44.6	19.8	68.9
甘　肃	361	43.7	24.4	72.9
青　海	83	51.6	20.5	78.3
宁　夏	325	53.1	19.7	74.8
新　疆	364	42.8	22.8	73.6

在产学研合作企业中，以下列为主要合作形式的企业占比(%)						
合作建立研发机构	开展联合人才培养	聘用高等学校或研究机构人员到企业兼职	转化或实施知识产权产品或其他科研成果	使用科研场所或设备	使用检验检测等科研辅助服务	其他形式
18.8	30.0	19.2	16.5	10.8	16.4	12.8
21.7	32.1	22.1	15.1	9.4	14.1	12.7
15.7	31.7	19.3	14.5	11.5	17.6	13.4
17.2	28.8	15.8	16.8	10.8	16.3	11.3
16.7	24.8	12.4	18.0	15.5	20.7	7.6
16.5	31.7	17.4	18.2	12.5	18.3	11.7
18.3	30.0	15.2	12.4	11.6	16.1	13.4
18.2	27.5	17.3	12.7	8.7	12.9	13.1
13.9	21.1	10.7	17.3	11.6	16.4	13.2
19.0	30.2	15.2	17.6	11.4	16.3	10.9
14.2	27.6	14.6	15.1	10.0	15.5	12.5
15.0	26.0	18.7	16.4	9.6	17.1	11.2
14.1	27.8	17.8	20.5	14.7	24.4	12.0
21.3	28.0	20.4	17.1	10.1	15.6	11.7
14.8	25.1	16.7	13.5	9.4	17.0	14.3
23.6	30.3	23.3	18.1	9.7	15.2	12.7
16.5	31.9	19.9	12.4	10.8	14.7	14.5
20.0	30.7	25.4	12.3	10.2	16.5	14.3
19.4	32.1	20.6	14.0	10.1	13.6	12.8
20.6	33.7	18.1	12.0	9.2	12.8	13.5
24.4	32.3	20.9	15.4	8.7	14.0	11.2
19.1	34.8	25.0	15.6	9.5	12.5	12.5
20.4	35.5	20.4	21.1	12.1	17.5	13.2
17.6	38.1	15.5	16.2	10.4	15.1	14.7
15.6	29.2	11.5	14.6	14.6	22.9	18.8
15.0	35.5	19.4	11.5	11.5	18.0	13.3
16.4	30.3	21.9	14.5	11.3	16.2	12.9
15.8	32.6	21.5	13.1	11.1	17.8	14.3
17.2	36.2	20.3	16.9	13.9	21.4	11.9
29.2	37.5	25.0	8.3	12.5	16.7	8.3
14.8	30.1	18.6	14.2	11.9	19.1	12.8
15.8	28.0	17.7	14.1	11.1	22.2	14.4
13.3	38.6	13.3	12.0	10.8	15.7	18.1
13.8	24.6	21.2	16.0	11.7	17.2	13.8
13.2	33.2	19.0	15.7	10.7	14.8	16.2

八、规模（限额）以上企业创新阻碍因素、知识产权及创新战略目标相关情况（2022 年）

8-1 规模(限额)以上企业

项 目	缺乏内部资金	缺乏风险投资	缺乏银行贷款	创新成本过高
总 计	**11.6**	**7.3**	**8.9**	**21.9**
#国有及国有控股	15.5	5.3	6.6	18.6
一、按规模分				
大型企业	12.8	6.3	7.2	32.6
中型企业	12.2	7.0	8.7	24.6
小型企业	12.0	7.7	9.5	24.1
微型企业	10.0	6.4	7.5	13.4
二、按登记注册类型分				
内资企业	11.7	7.4	9.2	21.7
国有企业	14.4	5.1	6.4	15.7
集体企业	11.7	6.0	6.6	12.8
股份合作企业	8.5	5.3	5.0	16.9
联营企业	14.1	6.5	8.6	14.8
#国有联营企业	15.7	6.3	7.3	14.7
有限责任公司	13.8	6.7	9.2	21.6
#国有独资公司	16.3	5.5	6.7	17.2
股份有限公司	13.3	8.7	11.6	33.6
私营企业	11.1	7.6	9.1	21.6
其他企业	9.4	8.4	9.1	20.5
港、澳、台商投资企业	10.4	5.8	5.8	26.3
合资经营企业	11.6	6.5	7.3	29.8
合作经营企业	8.6	5.1	5.8	20.6
港、澳、台商独资经营企业	10.0	5.4	5.1	24.8
港、澳、台商投资股份有限公司	10.5	6.4	9.7	34.4
其他港、澳、台投资企业	9.6	9.6	8.7	27.9
外商投资企业	11.4	5.0	4.7	24.5
中外合资经营企业	12.2	6.4	7.0	28.8
中外合作经营企业	10.1	4.2	4.2	22.0
外资企业	11.2	4.4	3.7	22.5
外商投资股份有限公司	11.1	6.8	8.4	34.5
其他外商投资企业	11.7	7.1	6.4	25.7
三、按行业分				
采矿业	11.2	6.2	8.9	14.2
制造业	12.9	8.5	10.7	30.6
电力、热力、燃气及水生产和供应业	10.4	4.4	6.9	12.8
建筑业	15.9	9.1	10.5	20.4
批发和零售业	9.6	6.1	7.5	13.4
交通运输、仓储和邮政业	9.3	5.4	5.9	11.8
信息传输、软件和信息技术服务业	13.3	9.9	10.2	37.4

创新活动阻碍因素情况

在全部企业中，下列各项是创新主要阻碍因素的企业占比(%)							
缺乏人才或人才流失	缺乏技术信息	缺乏市场信息	难以找到创新合作伙伴	市场已被占领	不能确定市场需求	创新成果易被低成本模仿	没有创新的必要
28.1	**16.6**	**10.4**	**6.4**	**3.0**	**12.4**	**5.1**	**15.5**
31.1	17.1	10.5	5.5	3.3	10.6	3.8	14.9
45.5	21.3	10.8	7.1	3.8	15.1	9.3	7.9
32.3	17.9	10.5	6.5	3.2	13.1	5.8	13.8
30.5	18.4	11.0	6.7	3.1	13.4	5.8	14.8
16.8	10.2	8.5	5.3	2.7	8.9	2.3	19.2
28.0	16.5	10.4	6.4	3.0	12.2	4.9	15.6
28.3	16.3	9.6	5.2	3.3	9.7	2.8	15.7
21.1	12.0	8.4	4.9	3.2	8.1	1.8	21.5
25.2	15.0	7.4	5.6	2.7	11.2	4.0	19.3
25.5	13.0	12.8	5.5	2.9	9.6	3.9	17.4
27.2	14.1	14.7	4.7	3.7	9.4	4.7	13.1
29.7	16.4	10.5	5.9	3.2	11.7	4.6	14.9
29.9	16.3	10.2	5.5	2.9	9.8	3.1	15.4
45.2	21.8	12.1	7.6	4.1	14.6	8.9	7.5
27.3	16.5	10.3	6.5	2.9	12.3	5.0	15.8
23.6	12.8	9.1	5.1	1.7	10.4	4.0	18.5
30.5	17.9	10.3	6.1	3.4	15.3	8.0	12.9
36.6	21.5	11.3	6.9	3.2	14.9	8.5	10.9
26.2	18.7	7.0	7.9	2.6	10.5	5.6	15.2
27.8	16.5	10.0	5.7	3.4	15.4	7.6	13.7
45.8	21.3	12.1	7.0	5.1	18.5	14.0	8.3
33.3	18.5	6.9	8.7	4.0	14.8	8.7	11.7
28.8	16.8	10.1	6.0	3.9	15.2	8.7	14.2
35.8	20.2	11.7	6.7	4.0	15.6	9.1	11.3
28.1	17.3	11.1	5.7	2.7	13.6	6.9	12.6
25.6	15.4	9.4	5.7	3.9	15.0	8.5	15.5
44.5	19.1	11.3	7.8	4.5	16.1	10.2	8.6
31.3	19.1	11.3	4.4	3.7	15.2	8.3	14.9
24.0	16.4	7.6	5.0	1.2	8.8	1.5	22.6
38.7	23.5	11.9	7.0	3.0	15.8	8.4	9.8
18.0	13.6	6.0	3.6	1.5	6.2	1.2	23.1
26.9	18.4	10.0	7.6	2.7	12.3	2.5	22.6
17.3	9.8	9.1	5.8	3.1	9.5	2.6	19.8
16.3	9.6	8.0	5.1	2.9	7.7	1.8	21.3
41.1	17.4	12.5	7.8	5.2	15.7	7.2	7.6

8-1 续表

项　目	缺乏内部资金	缺乏风险投资	缺乏银行贷款	创新成本过高
租赁和商务服务业	9.6	5.3	5.5	13.6
科学研究和技术服务业	12.8	7.3	7.5	26.9
水利、环境和公共设施管理业	13.7	6.4	9.2	15.7
四、按地区分				
东部地区	10.8	6.9	7.5	22.5
中部地区	12.7	8.4	10.9	22.0
西部地区	13.5	7.5	11.6	21.0
东北地区	10.8	6.7	9.8	16.0
北　京	9.1	6.0	6.6	22.9
天　津	8.6	4.9	7.6	15.4
河　北	10.4	6.3	9.2	18.1
山　西	10.7	6.1	9.7	14.4
内蒙古	11.3	5.1	9.7	14.9
辽　宁	10.0	6.2	9.2	15.5
吉　林	12.3	7.2	10.5	17.1
黑龙江	11.5	7.3	10.6	16.3
上　海	10.5	6.3	6.0	21.8
江　苏	9.8	7.2	6.7	20.6
浙　江	10.0	6.7	4.8	25.1
安　徽	11.1	8.3	11.1	24.4
福　建	12.8	8.1	7.7	22.1
江　西	13.3	8.7	10.2	22.9
山　东	11.7	7.3	9.8	19.4
河　南	13.0	8.3	10.9	19.4
湖　北	12.7	8.9	11.8	23.7
湖　南	14.5	9.2	11.0	24.1
广　东	11.9	7.1	9.0	26.2
广　西	13.7	7.0	11.8	21.4
海　南	11.7	5.4	8.9	17.5
重　庆	14.6	8.4	10.9	24.6
四　川	13.5	8.0	10.2	23.5
贵　州	15.3	7.3	14.4	20.0
云　南	13.5	7.0	13.5	21.5
西　藏	14.7	7.0	10.5	15.3
陕　西	12.8	8.8	12.1	20.6
甘　肃	15.8	7.2	15.2	18.2
青　海	16.6	7.5	13.4	17.5
宁　夏	14.6	6.3	13.4	22.7
新　疆	10.4	5.9	9.4	14.3

在全部企业中，下列各项是创新主要阻碍因素的企业占比(%)							
缺乏人才或人才流失	缺乏技术信息	缺乏市场信息	难以找到创新合作伙伴	市场已被占领	不能确定市场需求	创新成果易被低成本模仿	没有创新的必要
18.8	9.8	9.2	5.8	2.9	9.1	2.9	19.6
35.9	18.0	11.9	7.5	3.5	12.9	5.5	12.9
23.4	13.4	8.3	5.2	2.2	8.4	2.7	17.1
28.1	16.7	10.3	6.4	3.1	12.8	5.9	14.5
29.1	16.7	10.1	6.3	2.8	11.7	4.4	15.1
28.1	16.8	11.3	6.7	3.4	12.4	3.8	19.3
21.6	12.3	9.0	5.5	2.7	9.4	2.8	16.6
26.6	13.1	10.0	6.5	3.3	12.4	5.1	18.0
19.0	11.1	8.8	4.7	2.4	9.0	3.5	16.2
28.1	17.4	11.1	5.2	2.4	11.8	4.2	17.9
26.5	15.7	10.8	5.4	2.0	10.0	2.1	19.7
24.3	15.8	10.6	5.9	2.4	10.2	2.3	24.0
20.1	11.5	8.2	4.8	2.5	8.5	2.9	14.3
22.5	13.1	9.7	6.2	3.1	9.9	2.4	18.6
23.8	13.4	10.1	6.5	2.9	10.7	3.0	19.7
24.1	12.4	8.3	6.4	3.4	11.3	5.9	15.6
26.8	16.1	9.2	6.1	2.8	10.5	5.3	11.7
33.5	21.7	11.9	7.6	3.0	17.0	7.5	15.8
34.5	19.4	10.1	6.6	2.9	11.3	5.3	9.9
26.7	15.6	9.7	6.5	2.8	13.5	4.7	17.2
29.4	17.6	10.2	7.2	2.9	12.4	4.3	15.1
27.9	17.7	11.9	6.2	2.8	12.1	4.7	17.6
26.5	15.8	10.1	5.1	2.4	11.2	4.0	19.5
28.3	15.9	10.6	7.0	3.2	13.2	5.1	16.0
28.9	15.9	9.1	6.3	2.8	11.1	4.2	11.4
28.9	16.4	10.1	6.5	3.7	13.2	7.1	11.5
26.4	17.5	10.4	6.4	3.1	13.1	3.4	18.7
20.2	12.7	10.0	4.9	3.0	11.9	2.6	21.0
27.9	16.6	11.3	6.6	3.7	12.9	4.7	17.7
28.2	15.9	10.4	6.8	3.5	13.0	4.9	18.8
27.5	15.9	10.5	6.9	3.9	11.7	2.8	19.4
29.8	18.7	12.3	7.8	3.1	13.3	4.1	18.7
28.1	15.7	12.1	4.3	5.0	12.6	4.0	22.6
29.8	17.5	13.1	6.8	3.3	12.2	3.5	18.6
31.4	19.2	12.7	6.8	3.6	11.2	2.6	19.6
30.8	19.3	12.0	6.3	4.0	11.0	2.0	24.2
34.9	24.4	12.8	6.7	3.0	12.8	3.9	16.4
24.8	14.3	11.0	6.0	3.0	10.5	2.5	23.1

8–2 规模以上工业企业

项 目	缺乏内部资 金	缺乏风险投 资	缺乏银行贷 款	创 新成本过高
总 计	**12.8**	**8.3**	**10.5**	**29.5**
#国有及国有控股	16.0	5.2	7.4	22.5
一、按规模分				
大型企业	11.4	5.9	7.4	38.4
中型企业	12.3	7.6	9.1	36.2
小型企业	13.2	8.7	11.0	30.7
微型企业	10.6	6.8	8.6	17.3
二、按登记注册类型分				
内资企业	12.9	8.5	10.9	29.5
国有企业	14.0	4.6	7.3	19.0
集体企业	12.2	6.0	5.7	15.3
股份合作企业	11.3	7.0	7.0	26.6
联营企业	21.4	7.1	17.0	17.9
#国有联营企业	21.7	5.0	10.0	13.3
有限责任公司	14.5	7.3	11.4	28.0
#国有独资公司	16.7	5.1	6.5	19.6
股份有限公司	12.3	9.0	12.9	40.0
私营企业	12.7	8.8	10.9	29.7
其他企业	15.9	7.5	10.3	29.0
港、澳、台商投资企业	10.9	6.1	6.3	30.3
合资经营企业	12.2	6.8	7.2	33.1
合作经营企业	10.9	6.3	7.7	25.3
港、澳、台商独资经营企业	10.4	5.7	5.6	28.7
港、澳、台商投资股份有限公司	10.2	6.9	10.9	39.0
其他港、澳、台投资企业	9.9	9.5	9.1	32.9
外商投资企业	11.8	5.4	5.2	28.1
中外合资经营企业	12.7	6.3	7.2	30.9
中外合作经营企业	10.0	4.7	4.3	23.3
外资企业	11.5	4.9	4.1	26.3
外商投资股份有限公司	10.6	6.8	9.2	41.5
其他外商投资企业	10.7	5.6	6.5	32.6
三、按行业分				
采矿业	**11.2**	**6.2**	**8.9**	**14.2**
煤炭开采和洗选业	11.9	6.0	8.8	11.9
石油和天然气开采业	16.7	4.0	2.0	22.7
黑色金属矿采选业	9.2	5.9	9.4	13.6
有色金属矿采选业	13.4	7.2	9.9	18.9

创新活动阻碍因素情况

在全部企业中，下列各项是创新主要阻碍因素的企业占比(%)							
缺乏人才或人才流失	缺乏技术信　息	缺乏市场信　息	难以找到创新合作伙伴	市场已被占　领	不能确定市场需求	创新成果易被低成本模仿	没有创新的 必 要
37.5	**22.9**	**11.6**	**6.8**	**2.9**	**15.2**	**7.9**	**10.6**
37.0	21.9	11.0	5.1	3.3	11.3	5.1	14.3
57.5	27.7	12.3	6.8	3.8	17.2	13.2	4.3
48.9	26.9	12.0	6.6	3.1	16.7	10.9	6.8
38.7	24.0	12.1	7.1	3.0	15.9	8.2	10.6
21.2	13.8	8.2	5.0	2.3	10.2	3.5	14.0
37.7	23.1	11.6	6.8	2.8	15.0	7.7	10.6
30.6	19.2	9.6	5.0	3.5	9.6	4.0	15.6
25.2	17.7	9.0	5.3	2.1	9.6	2.8	16.6
36.2	24.0	9.7	6.7	2.2	15.4	6.6	12.3
36.6	19.6	14.3	2.7	4.5	15.2	6.3	17.9
36.7	21.7	15.0	1.7	5.0	10.0	6.7	15.0
38.4	22.2	11.3	5.7	3.1	13.4	6.7	11.6
33.5	19.5	9.6	5.1	3.2	9.9	3.9	15.7
54.8	27.0	12.9	7.9	4.0	16.1	11.6	4.6
37.3	23.2	11.6	7.0	2.7	15.4	7.8	10.5
34.6	20.6	10.3	5.6	1.9	16.8	8.4	10.3
37.3	22.8	11.7	6.6	3.4	17.6	9.6	10.2
41.7	24.9	12.3	7.2	3.3	16.4	10.0	9.2
31.2	21.8	9.1	7.0	2.5	10.9	6.7	13.0
34.7	21.8	11.6	6.3	3.4	18.1	9.2	10.9
53.9	26.3	11.9	7.9	5.2	20.6	16.6	4.9
42.1	25.4	6.0	8.3	3.6	16.3	9.9	8.3
34.4	20.9	11.3	6.2	4.1	17.1	10.6	11.9
39.5	23.0	12.3	6.5	4.2	16.8	10.4	10.0
32.7	20.3	12.7	6.0	2.7	13.3	8.7	11.0
31.4	19.8	10.7	6.0	4.0	17.3	10.7	13.0
53.6	25.4	12.6	9.2	4.3	18.7	11.7	6.1
38.6	23.3	13.5	6.0	2.8	16.7	11.2	14.0
24.0	**16.4**	**7.6**	**5.0**	**1.2**	**8.8**	**1.5**	**22.6**
25.6	17.0	8.0	5.2	0.9	8.2	1.0	23.7
33.3	26.7	4.7	3.3		6.0	2.0	16.7
18.2	14.2	5.9	4.2	0.8	6.3	1.1	23.6
29.9	20.9	6.1	5.0	0.7	8.8	1.5	21.2

8-2 续表 1

项 目	缺乏内部资金	缺乏风险投资	缺乏银行贷款	创新成本过高
非金属矿采选业	10.0	6.2	8.7	15.1
开采专业及辅助性活动	15.3	6.3	11.1	18.9
其他采矿业	25.0	12.5	12.5	12.5
制造业	**12.9**	**8.5**	**10.7**	**30.6**
农副食品加工业	13.6	9.3	13.7	25.8
食品制造业	12.5	8.2	11.3	30.4
酒、饮料和精制茶制造业	15.5	10.4	14.0	30.0
烟草制品业	9.0	1.5	2.2	16.4
纺织业	11.6	8.4	8.0	26.3
纺织服装、服饰业	11.7	7.9	6.3	22.7
皮革、毛皮、羽毛及其制品和制鞋业	13.4	8.1	6.7	23.8
木材加工和木、竹、藤、棕、草制品业	13.6	10.0	10.2	21.7
家具制造业	13.7	8.1	8.7	30.1
造纸和纸制品业	11.7	6.8	8.5	27.5
印刷和记录媒介复制业	12.0	7.6	7.9	30.0
文教、工美、体育和娱乐用品制造业	12.1	7.8	7.3	28.2
石油、煤炭及其他燃料加工业	13.8	8.2	13.3	23.0
化学原料和化学制品制造业	12.2	8.6	11.5	32.0
医药制造业	13.6	10.0	12.8	41.6
化学纤维制造业	12.9	8.8	9.2	30.0
橡胶和塑料制品业	12.3	8.4	9.2	30.8
非金属矿物制品业	13.0	7.7	11.9	23.2
黑色金属冶炼和压延加工业	11.4	7.6	10.8	23.6
有色金属冶炼和压延加工业	13.6	8.4	13.4	30.0
金属制品业	12.9	8.3	10.5	28.9
通用设备制造业	13.3	8.8	10.3	35.0
专用设备制造业	13.7	9.1	11.7	37.4
汽车制造业	14.1	7.9	10.7	34.3
铁路、船舶、航空航天和其他运输设备制造业	13.6	7.9	9.4	33.5
电气机械和器材制造业	13.4	8.7	11.3	36.3
计算机、通信和其他电子设备制造业	12.8	9.3	11.7	40.2
仪器仪表制造业	11.8	8.4	10.3	41.8
其他制造业	11.3	7.8	7.9	29.2
废弃资源综合利用业	12.7	8.3	11.5	22.9
金属制品、机械和设备修理业	11.8	7.4	6.7	24.9
电力、热力、燃气及水生产和供应业	**10.4**	**4.4**	**6.9**	**12.8**
电力、热力生产和供应业	10.1	4.4	7.0	12.4
燃气生产和供应业	9.9	4.4	6.6	12.0
水的生产和供应业	12.1	4.2	6.5	14.8

在全部企业中，下列各项是创新主要阻碍因素的企业占比(%)							
缺乏人才或人才流失	缺乏技术信息	缺乏市场信息	难以找到创新合作伙伴	市场已被占领	不能确定市场需求	创新成果易被低成本模仿	没有创新的必要
21.4	14.4	7.7	4.9	1.8	10.8	2.2	21.7
32.0	19.2	14.4	8.4	1.8	6.3	2.7	19.8
12.5	25.0	12.5	12.5		12.5		37.5
38.7	**23.5**	**11.9**	**7.0**	**3.0**	**15.8**	**8.4**	**9.8**
32.0	20.8	11.3	6.7	2.9	15.2	6.0	13.1
38.8	22.6	12.8	6.8	3.4	20.6	10.9	7.8
35.5	20.3	12.9	7.5	3.3	18.3	6.8	9.0
45.5	38.8	16.4	9.0	8.2	23.9	13.4	6.0
33.3	22.7	11.8	6.7	2.4	17.1	7.7	11.0
27.7	16.7	9.8	6.3	2.1	14.5	6.1	13.1
29.8	17.8	10.4	5.7	2.7	14.3	6.4	11.9
28.0	19.6	10.0	5.7	2.1	12.6	4.4	13.9
35.1	21.7	12.1	6.8	2.9	18.4	10.6	8.7
32.8	22.4	11.6	6.0	2.8	15.8	7.7	12.5
35.9	25.2	11.6	6.8	2.5	16.6	6.8	11.0
34.8	21.3	12.1	6.7	2.7	17.4	10.6	9.9
33.5	22.8	10.4	6.9	1.9	12.2	4.4	13.5
41.9	25.8	12.4	7.4	3.2	15.6	9.0	9.2
50.7	26.9	12.1	7.4	3.7	16.8	6.5	5.4
36.5	23.5	12.0	6.9	3.2	17.6	7.8	9.7
38.4	25.3	12.7	7.1	3.2	16.9	9.4	9.6
29.1	19.5	10.8	5.8	3.0	14.1	5.5	15.8
30.5	22.1	10.0	6.3	2.5	13.5	5.1	14.0
36.6	25.0	10.6	6.9	2.2	13.6	5.6	11.3
37.0	24.0	11.7	6.8	2.5	15.4	7.6	10.4
46.5	26.7	12.7	7.5	3.1	15.8	10.5	6.6
48.9	26.7	12.7	8.1	3.2	15.2	11.9	5.5
44.0	25.3	12.2	7.1	3.6	16.0	7.7	7.7
43.3	24.5	12.1	7.1	3.1	16.0	9.7	7.5
45.9	26.6	13.0	7.5	3.7	17.1	10.7	6.7
48.3	25.5	13.1	7.9	4.0	17.2	10.3	5.3
55.1	26.0	13.4	7.9	3.2	16.6	14.4	3.7
38.2	23.4	13.0	8.1	3.6	18.5	10.9	10.0
28.8	18.6	8.6	6.6	1.9	10.2	4.3	14.5
37.6	22.8	10.8	5.4	1.0	11.0	4.7	13.1
18.0	**13.6**	**6.0**	**3.6**	**1.5**	**6.2**	**1.2**	**23.1**
17.6	13.6	6.0	3.6	1.5	6.2	1.2	24.1
17.8	12.8	7.4	3.8	2.2	7.5	1.4	22.8
19.5	14.2	4.5	3.2	0.6	5.3	1.1	20.1

8-2 续表 2

项目	缺乏内部资金	缺乏风险投资	缺乏银行贷款	创新成本过高
四、按地区分				
东部地区	12.0	7.9	8.6	30.9
中部地区	14.2	9.5	13.1	28.2
西部地区	14.3	8.0	13.7	27.3
东北地区	11.8	7.2	12.6	22.9
北京	10.2	6.9	8.6	39.9
天津	9.8	6.3	9.4	27.1
河北	11.1	7.2	10.9	22.8
山西	11.5	6.3	11.8	18.4
内蒙古	11.9	5.8	11.2	18.0
辽宁	11.0	6.7	11.9	23.6
吉林	12.7	7.3	13.0	22.4
黑龙江	12.5	8.1	13.8	21.7
上海	11.5	7.1	7.0	33.2
江苏	11.4	8.6	8.0	29.2
浙江	10.4	7.2	4.6	32.7
安徽	12.4	9.5	13.5	31.7
福建	13.9	9.0	8.5	30.0
江西	14.3	8.9	11.3	28.6
山东	13.2	8.3	11.8	26.8
河南	14.4	9.2	13.1	24.4
湖北	14.0	10.3	14.5	30.6
湖南	17.1	10.7	13.7	30.1
广东	13.0	8.0	10.1	34.9
广西	14.0	7.5	13.5	26.6
海南	13.7	6.2	12.5	28.1
重庆	16.7	9.0	12.9	34.9
四川	14.1	8.4	12.1	29.6
贵州	16.1	7.4	17.4	25.5
云南	13.5	7.2	16.4	27.4
西藏	11.4	6.5	16.3	16.3
陕西	13.7	9.8	14.5	27.2
甘肃	16.7	8.4	17.9	23.0
青海	15.4	7.1	15.9	22.2
宁夏	15.2	6.2	16.6	29.1
新疆	11.1	6.2	10.9	19.3

在全部企业中，下列各项是创新主要阻碍因素的企业占比(%)							
缺乏人才或人才流失	缺乏技术信　息	缺乏市场信　息	难以找到创新合作伙伴	市场已被占　领	不能确定市场需求	创新成果易被低成本模仿	没有创新的 必 要
38.9	24.1	12.2	7.1	3.1	16.5	9.3	9.4
36.7	21.4	10.4	6.2	2.5	13.0	6.1	10.3
34.7	21.9	11.3	6.6	2.8	14.7	5.6	16.0
30.0	17.7	9.9	6.1	2.5	11.4	4.4	13.1
45.9	21.9	13.5	7.5	4.1	17.8	11.2	9.0
31.2	19.3	11.5	5.2	2.5	13.3	7.8	10.2
34.9	22.0	12.3	5.5	2.2	14.0	6.0	14.8
33.0	21.6	10.4	5.6	1.4	10.8	3.0	17.6
30.7	21.9	9.7	5.0	1.7	11.5	2.9	21.2
29.9	17.4	9.6	5.6	2.4	10.9	4.8	10.2
29.7	18.1	9.3	5.8	2.5	11.0	3.6	15.2
30.4	18.2	10.8	7.5	2.6	12.5	4.2	17.4
39.9	21.5	10.9	7.4	3.9	15.0	11.9	7.9
37.5	23.2	11.0	7.4	3.1	13.7	8.4	7.5
44.2	29.9	14.1	8.0	3.1	21.2	11.0	9.8
42.9	24.2	10.5	6.7	2.5	12.8	7.2	7.0
36.2	21.5	11.4	6.8	2.5	17.1	7.5	12.8
36.4	22.0	10.3	7.2	2.8	14.0	5.9	11.4
38.5	25.2	13.4	6.5	2.6	14.7	7.6	11.0
33.7	20.3	10.3	4.7	2.2	12.2	5.4	12.9
35.6	20.7	11.4	7.1	3.0	15.4	7.3	11.2
36.2	19.6	9.3	6.1	2.6	12.1	5.8	6.1
38.3	21.9	11.5	6.9	3.7	16.7	10.9	7.7
31.2	22.2	10.1	6.1	2.2	16.2	4.4	17.4
31.6	22.3	11.1	4.4	2.6	15.3	4.5	20.2
38.3	23.1	12.1	6.5	3.9	16.4	7.7	10.6
34.1	20.5	10.4	7.0	3.1	15.1	7.4	15.4
33.4	19.6	10.4	6.6	3.3	13.4	4.0	15.9
36.0	24.1	12.7	7.7	2.3	16.5	6.2	16.1
25.5	13.0	13.0	4.9	5.4	14.1	4.3	28.8
38.4	23.5	13.4	6.6	2.6	13.9	5.2	14.6
36.2	23.8	12.1	7.1	3.5	11.8	3.3	18.2
35.6	25.5	10.1	5.2	3.2	11.5	2.5	23.0
45.2	31.1	12.9	6.5	2.2	14.5	5.3	13.1
30.9	18.7	11.7	6.2	2.2	12.6	3.5	21.9

8-3 规模(限额)以上企业

项　　目	采取了知识产权保护或相关措施的企业数(个)	采取了知识产权保护或相关措施的企业占全部企业的比重(%)		
			申请了发明专利	申请了实用新型或外观设计专利
总　计	**501002**	**47.0**	**8.2**	**11.8**
#国有及国有控股	35951	45.0	13.8	15.4
一、按规模分				
大型企业	16526	70.8	36.1	37.4
中型企业	73319	51.3	13.0	15.1
小型企业	340740	51.4	8.8	13.9
微型企业	70417	29.6	1.0	1.6
二、按登记注册类型分				
内资企业	466348	46.6	7.9	11.5
国有企业	4722	40.6	8.7	9.6
集体企业	943	30.6	1.1	2.4
股份合作企业	652	39.1	4.6	7.2
联营企业	152	39.6	6.5	8.9
#国有联营企业	75	39.3	6.3	9.4
有限责任公司	80885	46.6	11.1	13.6
#国有独资公司	7134	40.7	11.2	12.7
股份有限公司	10901	70.9	33.6	34.0
私营企业	367980	46.3	6.8	10.6
其他企业	113	38.0	8.4	10.1
港、澳、台商投资企业	15948	52.5	12.8	18.0
合资经营企业	4497	61.7	19.6	25.4
合作经营企业	201	47.0	9.1	14.5
港、澳、台商独资经营企业	10220	48.2	9.3	14.4
港、澳、台商投资股份有限公司	713	76.1	39.7	41.7
其他港、澳、台投资企业	317	61.0	17.5	19.0
外商投资企业	18706	52.1	11.6	16.5
中外合资经营企业	5785	62.1	19.4	25.9
中外合作经营企业	181	44.7	8.6	14.3
外资企业	11889	47.8	7.8	12.4
外商投资股份有限公司	619	70.3	35.7	36.3
其他外商投资企业	232	53.3	12.9	15.4
三、按行业分				
采矿业	3987	33.3	4.6	6.5
制造业	287884	65.4	16.1	24.7
电力、热力、燃气及水生产和供应业	6434	33.8	5.1	7.3
建筑业	27623	40.4	3.8	4.8
批发和零售业	108135	29.6	0.0	0.0
交通运输、仓储和邮政业	11013	25.1	0.8	1.1
信息传输、软件和信息技术服务业	20359	71.2	20.6	13.2

注：年末拥有有效发明专利数不包含资质等级二级的建筑业以及批发零售业企业数据，以下各表同。

知识产权及相关情况

在全部企业中，采取下列知识产权保护或相关措施的企业占比(%)						年末拥有有效发明专利数(件)
申请了注册商标	进行了版权登记	形成了国家或行业技术标准	对技术秘密进行内部保护	应用了难以复制的复杂技术	发挥了时间上的先发优势	
9.3	**3.0**	**4.8**	**10.5**	**2.3**	**16.3**	**2588171**
5.7	4.5	8.9	10.4	2.3	13.5	702566
15.3	12.0	18.5	22.7	5.4	15.3	1190243
11.3	5.0	7.2	12.3	2.7	15.6	488790
10.4	2.9	4.8	11.7	2.4	16.3	866985
4.6	1.0	2.2	4.7	1.2	16.5	42153
9.3	2.9	4.8	10.0	2.2	16.5	2202034
4.5	3.9	7.1	8.5	2.0	14.2	55356
3.7	0.8	3.5	5.1	1.4	16.8	1651
7.1	1.1	4.4	9.1	1.5	15.1	1214
6.0	2.9	5.5	6.8	3.4	16.1	4594
6.3	2.1	5.8	5.2	3.7	13.1	4212
7.8	4.0	6.4	10.9	2.5	15.0	792363
5.0	3.8	8.0	8.5	2.0	13.6	111316
20.7	11.4	17.9	21.9	4.5	14.9	426416
9.5	2.5	4.1	9.6	2.1	16.9	919651
10.8	1.7	3.7	8.4	2.7	13.1	789
11.2	3.9	6.2	16.1	3.2	13.2	202534
13.3	4.4	8.9	17.9	3.1	13.7	49851
11.7	2.8	7.9	13.6	1.9	10.7	766
9.5	3.3	4.6	14.9	3.2	12.9	125347
27.4	11.8	21.3	27.4	6.0	16.4	24492
19.6	8.1	6.9	17.1	3.3	13.3	2078
9.0	3.1	5.8	19.3	3.9	12.6	183603
12.4	4.5	8.7	20.5	3.7	12.8	67654
7.4	2.5	5.4	14.6	3.5	10.9	850
7.2	2.3	4.4	18.6	3.9	12.4	91713
23.4	9.5	15.6	27.6	5.6	14.9	21404
12.0	4.6	6.4	17.9	5.3	13.8	1982
1.9	0.7	4.0	7.0	2.2	15.0	18838
14.4	3.1	7.3	17.5	3.4	15.3	1910893
1.3	1.1	5.6	6.1	1.9	11.4	51367
3.5	1.5	5.1	5.8	2.1	18.5	60713
6.0	1.3	2.2	4.0	1.0	17.4	704
2.7	1.0	2.2	3.2	1.0	15.8	5304
16.3	27.8	6.1	19.6	4.4	16.2	311868

8-3 续表

项　目	采取了知识产权保护或相关措施的企业数(个)	采取了知识产权保护或相关措施的企业占全部企业的比重(%)		
			申请了发明专利	申请了实用新型或外观设计专利
租赁和商务服务业	15444	28.6	0.9	1.0
科学研究和技术服务业	17825	61.0	18.1	22.2
水利、环境和公共设施管理业	2298	38.0	6.3	8.8
四、按地区分				
东部地区	308503	47.9	9.1	13.3
中部地区	109561	49.3	8.2	11.6
西部地区	67551	42.1	5.3	7.2
东北地区	15387	38.6	4.4	7.5
北　京	13463	45.2	11.2	10.9
天　津	7425	34.9	4.9	7.9
河　北	14719	46.7	6.5	10.2
山　西	6358	34.3	3.5	5.1
内蒙古	3095	36.8	5.0	6.0
辽　宁	8155	38.2	4.8	9.3
吉　林	3100	39.2	4.3	5.9
黑龙江	4132	39.0	3.6	5.0
上　海	17958	43.4	7.3	9.0
江　苏	60489	46.8	11.8	15.4
浙　江	57221	54.6	9.7	16.5
安　徽	20691	52.3	14.0	16.3
福　建	23449	45.8	5.2	8.8
江　西	16242	47.3	6.4	10.7
山　东	38630	48.4	7.8	11.5
河　南	27170	52.2	4.7	9.2
湖　北	19740	49.6	8.0	12.2
湖　南	19360	51.2	11.4	13.4
广　东	74050	48.7	9.8	15.1
广　西	7142	36.8	3.6	5.8
海　南	1099	31.6	4.0	4.0
重　庆	9366	47.9	7.3	10.0
四　川	17963	44.2	6.2	8.0
贵　州	5594	43.3	4.8	5.6
云　南	5625	41.5	3.8	6.8
西　藏	305	36.7	2.0	1.6
陕　西	9427	44.3	5.7	7.4
甘　肃	2956	44.7	4.6	6.1
青　海	688	41.4	3.8	4.8
宁　夏	1451	47.6	11.6	16.2
新　疆	3939	31.8	2.3	3.7

在全部企业中，采取下列知识产权保护或相关措施的企业占比(%)						年末拥有有效发明专利数(件)
申请了注册商标	进行了版权登记	形成了国家或行业技术标准	对技术秘密进行内部保护	应用了难以复制的复杂技术	发挥了时间上的先发优势	
5.0	2.1	1.9	4.2	1.0	16.3	52259
8.5	7.3	8.9	15.3	3.2	14.8	171147
6.4	1.8	4.3	5.2	1.3	14.4	5078
10.1	3.4	4.9	11.0	2.2	15.3	1933255
8.7	2.3	4.6	10.3	2.5	18.9	367943
7.7	2.2	4.9	9.2	2.1	16.7	221433
6.8	1.8	4.7	8.0	1.8	14.6	65540
10.2	8.4	5.0	11.0	2.2	11.7	301964
5.0	2.3	3.9	7.7	1.3	12.9	38870
9.1	1.5	4.6	9.2	1.7	17.2	44412
4.6	1.3	4.1	6.0	1.4	15.7	15542
4.8	1.3	4.8	6.4	1.5	15.1	8701
5.7	2.0	4.7	8.9	2.0	13.3	43428
7.1	2.0	4.8	7.3	1.6	15.0	10090
8.7	1.3	4.5	6.8	1.5	16.9	12022
9.7	5.0	4.6	11.4	2.6	13.6	131706
9.0	2.4	4.6	10.9	2.1	14.2	336261
10.6	2.2	5.6	12.1	2.1	16.4	174129
10.9	2.8	5.6	12.3	2.5	16.3	101642
10.7	3.2	4.0	8.5	2.2	17.5	62159
8.5	1.9	4.0	9.7	2.5	18.5	26747
7.9	1.9	5.1	11.2	2.2	19.4	152587
7.3	2.0	4.2	9.7	2.6	25.3	56462
9.5	2.7	4.9	10.3	2.5	17.4	101229
9.5	2.6	4.4	11.6	3.1	16.6	66321
13.0	5.3	5.3	11.8	2.7	13.9	687803
7.3	1.8	4.7	7.9	2.0	14.3	14148
6.0	2.4	4.1	5.9	1.2	13.5	3364
8.4	2.6	4.4	11.5	2.4	17.1	34348
8.4	2.7	4.5	11.1	2.2	16.2	73673
8.3	2.3	5.7	9.5	2.7	19.0	14537
9.7	2.4	5.4	8.4	1.9	16.7	16220
7.1	2.4	7.3	6.7	1.9	15.0	362
7.7	2.4	5.1	8.7	2.2	19.0	38333
6.7	1.6	6.6	7.9	1.9	20.8	6454
4.6	1.1	6.9	7.3	1.7	18.7	2086
7.4	2.4	6.8	9.4	1.7	14.0	4348
4.9	1.2	4.3	6.1	1.2	14.3	8223

8-4 规模以上工业企业

项　目	采取了知识产权保护或相关措施的企业数(个)	采取了知识产权保护或相关措施的企业占全部企业的比重(%)			
			申请了发明专利	申请了实用新型或外观设计专利	申请了注册商标
总　计	**298305**	**63.3**	**15.3**	**23.6**	**13.5**
#国有及国有控股	15432	57.4	24.1	28.2	7.3
一、按规模分					
大型企业	7116	87.0	56.5	62.2	22.3
中型企业	29343	78.8	35.2	44.3	18.6
小型企业	238203	65.7	14.4	23.7	14.0
微型企业	23643	37.6	3.3	5.7	7.0
二、按登记注册类型分					
内资企业	271928	63.6	15.2	23.4	13.8
国有企业	1487	48.7	16.6	18.8	5.8
集体企业	307	37.8	3.3	7.6	7.1
股份合作企业	432	59.0	9.3	14.8	11.5
联营企业	66	58.9	13.4	20.5	8.9
#国有联营企业	37	61.7	13.3	21.7	8.3
有限责任公司	41177	62.3	20.0	26.8	11.1
#国有独资公司	2530	50.9	19.9	23.0	6.2
股份有限公司	6944	84.8	49.5	52.8	26.5
私营企业	221454	63.5	13.5	22.2	14.1
其他企业	61	57.0	22.4	26.2	12.2
港、澳、台商投资企业	12109	61.6	17.2	25.9	12.0
合资经营企业	3675	69.0	24.2	32.6	13.9
合作经营企业	158	55.4	9.8	16.8	14.0
港、澳、台商独资经营企业	7527	57.2	12.7	21.7	10.3
港、澳、台商投资股份有限公司	563	86.7	52.1	57.2	31.3
其他港、澳、台投资企业	186	73.8	27.0	36.1	15.5
外商投资企业	14268	60.7	15.8	23.7	9.8
中外合资经营企业	4803	68.5	22.7	32.0	12.5
中外合作经营企业	149	49.7	11.3	18.0	8.0
外资企业	8706	56.5	11.5	19.0	7.9
外商投资股份有限公司	469	84.4	49.3	53.4	28.8
其他外商投资企业	141	65.6	20.5	26.5	10.7
三、按行业分					
采矿业	**3987**	**33.3**	**4.6**	**6.5**	**1.9**
煤炭开采和洗选业	1358	28.2	3.7	4.8	1.1
石油和天然气开采业	87	58.0	27.3	25.3	2.7
黑色金属矿采选业	482	32.0	4.5	5.5	0.9
有色金属矿采选业	527	42.8	8.5	13.3	2.3

知识产权及相关情况

在全部企业中，采取下列知识产权保护或相关措施的企业占比(%)					年末拥有有效发明专利数(件)	对最主要的主营产品拥有品牌所有权的企业占全部企业的比重(%)	#该品牌由本企业独立开发的企业占全部企业的比重
进行了版权登记	形成了国家或行业技术标准	对技术秘密进行内部保护	应用了难以复制的复杂技术	发挥了时间上的先发优势			
3.0	**7.1**	**16.7**	**3.3**	**15.2**	**1981098**	**32.6**	**30.0**
4.0	13.0	17.1	3.4	11.9	443471	28.8	24.3
10.8	28.5	37.0	7.8	16.0	822574	56.9	51.6
5.6	15.0	25.3	5.0	14.6	349269	47.9	44.2
2.8	6.5	16.8	3.3	15.5	781474	33.4	30.8
1.2	3.2	8.4	1.8	13.4	27781	16.3	14.4
3.0	7.1	16.2	3.2	15.4	1706014	32.5	30.1
3.3	9.8	14.3	3.0	12.1	36197	22.4	19.0
1.2	3.7	9.4	2.2	13.7	1026	17.7	15.4
1.4	6.7	16.7	2.7	17.1	1056	28.1	25.7
4.5	11.6	11.6	6.3	18.8	4233	29.5	23.2
1.7	11.7	8.3	5.0	18.3	4169	30.0	21.7
3.4	9.4	17.9	3.8	13.7	558093	34.0	30.0
3.1	11.7	14.7	2.9	11.2	70162	24.0	20.4
10.8	25.6	29.5	5.8	14.0	310129	65.1	62.1
2.7	6.2	15.6	3.1	15.8	794492	31.6	29.5
1.9	9.3	18.7	4.7	16.8	788	37.4	31.8
3.2	7.9	19.6	3.8	13.0	131089	32.7	29.2
3.6	10.7	20.9	3.5	13.2	44709	38.8	35.1
1.8	9.8	16.8	2.1	9.8	587	27.4	25.3
2.5	5.8	18.3	3.7	12.7	61662	28.7	25.3
13.3	26.3	34.2	6.5	17.6	22667	62.3	59.8
6.7	9.9	27.0	5.2	13.5	1464	43.7	38.1
2.7	7.1	23.3	4.5	12.4	143995	35.2	28.9
3.7	9.8	23.6	4.0	12.7	56542	39.6	34.0
1.7	6.3	16.3	3.7	12.0	760	28.3	24.7
1.9	5.4	22.8	4.7	12.2	67058	32.2	25.4
10.3	20.3	34.5	5.9	14.4	18020	64.2	60.8
2.8	9.3	25.1	5.6	14.0	1615	42.8	39.1
0.7	**4.0**	**7.0**	**2.2**	**15.0**	**18838**	**6.0**	**5.4**
0.7	3.7	4.9	1.7	14.1	2897	4.2	3.5
4.0	21.3	20.0	8.7	15.3	6705	10.7	8.0
0.5	3.2	6.0	1.8	15.5	2619	3.7	3.5
0.9	4.3	11.4	3.3	12.0	1676	6.7	6.2

8-4 续表 1

项　　目	采取了知识产权保护或相关措施的企业数（个）	采取了知识产权保护或相关措施的企业占全部企业的比重（%）			
			申请了发明专利	申请了实用新型或外观设计专利	申请了注册商标
非金属矿采选业	1381	35.1	3.2	5.4	2.8
开采专业及辅助性活动	148	44.3	10.5	15.9	4.2
其他采矿业	4	50.0	12.5	12.5	
制造业	**287884**	**65.4**	**16.1**	**24.7**	**14.4**
农副食品加工业	14196	58.6	6.7	9.8	22.3
食品制造业	6477	68.4	13.3	17.1	26.5
酒、饮料和精制茶制造业	3713	64.5	8.7	13.7	28.9
烟草制品业	111	82.8	44.8	57.5	36.6
纺织业	11208	54.9	7.8	12.8	9.3
纺织服装、服饰业	5962	43.8	4.2	7.2	10.3
皮革、毛皮、羽毛及其制品和制鞋业	4518	53.0	4.4	10.3	11.5
木材加工和木、竹、藤、棕、草制品业	5451	45.5	4.0	6.2	9.2
家具制造业	4499	61.7	8.4	17.8	15.9
造纸和纸制品业	4182	55.7	9.0	17.3	9.6
印刷和记录媒介复制业	4081	59.8	11.5	20.6	8.0
文教、工美、体育和娱乐用品制造业	6464	61.1	9.5	18.9	15.3
石油、煤炭及其他燃料加工业	1265	55.3	13.3	17.5	9.4
化学原料和化学制品制造业	17434	71.6	22.6	24.9	16.7
医药制造业	7391	80.2	31.2	29.9	24.7
化学纤维制造业	1370	61.8	15.4	20.9	10.6
橡胶和塑料制品业	16507	66.1	13.5	24.3	13.4
非金属矿物制品业	25016	53.1	8.8	14.3	8.8
黑色金属冶炼和压延加工业	3065	51.8	11.7	17.6	8.1
有色金属冶炼和压延加工业	5651	62.4	15.9	23.1	10.9
金属制品业	21584	63.1	12.2	22.7	11.8
通用设备制造业	25323	76.7	22.4	37.3	15.2
专用设备制造业	20652	80.1	28.6	43.0	17.7
汽车制造业	12803	70.8	19.4	32.7	10.5
铁路、船舶、航空航天和其他运输设备制造业	4274	73.1	22.5	34.6	14.1
电气机械和器材制造业	24906	76.5	22.7	37.9	17.9
计算机、通信和其他电子设备制造业	20704	79.0	31.1	42.6	16.6
仪器仪表制造业	5699	86.2	36.5	50.8	21.2
其他制造业	1400	65.8	13.7	24.0	16.7
废弃资源综合利用业	1592	49.3	11.0	14.2	4.8
金属制品、机械和设备修理业	386	53.6	12.4	22.8	6.0
电力、热力、燃气及水生产和供应业	**6434**	**33.8**	**5.1**	**7.3**	**1.3**
电力、热力生产和供应业	4260	35.3	6.2	8.3	1.1
燃气生产和供应业	968	28.2	2.0	4.2	1.7
水的生产和供应业	1206	34.0	4.5	7.2	1.9

在全部企业中，采取下列知识产权保护或相关措施的企业占比(%)					年末拥有有效发明专利数(件)	对最主要的主营产品拥有品牌所有权的企业占全部企业的比重(%)	#该品牌由本企业独立开发的企业占全部企业的比重
进行了版权登记	形成了国家或行业技术标准	对技术秘密进行内部保护	应用了难以复制的复杂技术	发挥了时间上的先发优势			
0.5	3.7	7.6	2.2	16.7	1310	8.4	7.7
3.3	5.7	13.2	4.2	14.7	3610	9.3	8.4
			12.5	37.5	21	12.5	12.5
3.1	**7.3**	**17.5**	**3.4**	**15.3**	**1910893**	**34.5**	**31.8**
2.6	5.0	13.0	2.1	15.9	18895	48.7	44.5
4.2	7.2	19.6	3.1	14.2	20724	56.8	52.9
4.7	7.7	14.8	2.6	14.4	6523	55.4	50.0
17.2	15.7	32.8	7.5	11.2	9705	58.2	53.7
1.3	4.7	14.0	3.0	18.4	19539	17.9	16.5
1.4	3.3	8.3	2.2	17.2	6251	16.4	14.8
1.5	3.3	10.2	2.7	19.1	4928	18.9	17.3
1.2	3.9	9.0	2.4	19.1	5288	17.0	15.4
2.5	4.6	12.7	3.0	16.4	9246	32.9	30.5
1.7	5.2	12.5	2.8	16.2	11227	22.3	20.3
2.2	5.8	13.7	3.2	16.2	11528	16.2	15.0
3.7	4.7	14.0	2.8	16.9	13705	28.6	26.5
1.7	6.9	17.1	2.6	13.7	7770	25.2	22.1
2.5	10.1	23.9	4.3	13.3	102588	45.5	41.6
4.3	13.2	24.6	4.8	14.4	74357	59.0	53.3
1.4	8.6	18.1	3.2	17.3	6610	26.6	24.2
2.1	6.5	17.1	3.3	14.9	53000	29.6	27.5
1.4	6.4	13.2	2.7	15.8	60576	24.4	21.7
1.4	7.2	13.3	2.6	13.8	28595	20.9	19.0
1.5	7.8	16.6	3.7	14.5	26968	27.5	25.1
1.8	6.3	15.1	2.8	14.8	69840	26.3	24.4
3.8	8.8	21.6	4.1	14.6	150683	42.2	39.3
5.6	9.7	23.5	5.0	14.3	169109	48.3	45.8
2.1	7.0	20.6	3.5	14.9	91011	31.4	28.0
3.5	8.9	22.4	3.8	14.4	57941	37.9	34.5
4.5	9.6	19.9	3.5	14.3	228830	44.6	41.5
7.8	8.4	24.7	5.2	15.4	580723	39.8	37.1
12.7	14.0	27.0	5.8	13.9	50747	59.2	56.4
3.9	7.1	16.2	3.5	14.3	7523	32.2	30.5
0.9	5.6	11.9	2.7	14.1	4315	12.3	10.8
2.6	4.0	15.1	3.8	12.5	2148	14.9	13.2
1.1	**5.6**	**6.1**	**1.9**	**11.4**	**51367**	**6.2**	**4.2**
1.2	5.8	6.3	2.1	11.4	48752	5.2	3.7
0.8	4.1	4.6	1.1	12.8	759	8.6	4.2
1.1	6.5	6.6	1.9	10.1	1856	7.3	5.7

8-4 续表 2

项　目	采取了知识产权保护或相关措施的企业数(个)	采取了知识产权保护或相关措施的企业占全部企业的比重(%)			
			申请了发明专利	申请了实用新型或外观设计专利	申请了注册商标
四、按地区分					
东部地区	186460	66.4	17.0	26.8	14.6
中部地区	67570	62.1	14.9	21.4	12.2
西部地区	35582	54.9	10.4	15.0	11.5
东北地区	8693	52.4	9.0	15.8	11.8
北　京	2237	71.8	35.0	41.3	16.6
天　津	3357	58.1	13.0	22.9	10.4
河　北	10619	58.9	10.1	16.1	13.8
山　西	3303	43.0	6.6	10.2	6.9
内蒙古	1696	47.3	10.5	12.5	7.0
辽　宁	4778	54.1	10.0	20.2	9.9
吉　林	1652	51.3	9.0	12.3	11.9
黑龙江	2263	50.0	7.2	10.0	15.3
上　海	6206	65.9	19.4	28.3	14.3
江　苏	40461	66.1	22.2	30.0	13.2
浙　江	41558	73.8	16.0	28.7	14.3
安　徽	14216	66.4	23.5	28.0	15.0
福　建	12448	60.2	10.8	19.6	15.2
江　西	10306	58.5	11.6	19.6	11.5
山　东	23567	66.6	15.1	23.2	12.3
河　南	14499	60.9	8.6	17.7	11.0
湖　北	12106	66.0	14.3	23.1	13.3
湖　南	13140	66.0	19.7	23.2	12.5
广　东	45664	65.0	17.2	28.9	17.6
广　西	4088	45.7	6.5	11.0	10.8
海　南	343	51.6	14.4	14.4	13.4
重　庆	5210	68.5	15.2	22.2	12.4
四　川	9928	56.8	10.9	15.4	11.8
贵　州	2876	53.9	9.5	11.5	12.2
云　南	2747	56.3	8.3	15.5	15.5
西　藏	88	47.8	6.0	4.9	14.7
陕　西	4398	56.7	12.0	16.5	12.0
甘　肃	1490	59.1	10.0	13.2	10.9
青　海	317	49.9	7.7	9.4	6.9
宁　夏	945	63.9	21.7	30.9	10.6
新　疆	1799	41.4	5.3	8.6	8.4

在全部企业中，采取下列知识产权保护或相关措施的企业占比(%)					年末拥有有效发明专利数(件)	对最主要的主营产品拥有品牌所有权的企业占全部企业的比重(%)	#该品牌由本企业独立开发的企业占全部企业的比重
进行了版权登记	形成了国家或行业技术标准	对技术秘密进行内部保护	应用了难以复制的复杂技术	发挥了时间上的先发优势			
3.4	7.5	17.6	3.3	15.2	1430985	33.4	31.0
2.4	6.1	15.6	3.6	16.5	315029	32.3	29.6
2.3	7.2	15.5	2.9	13.9	177397	29.7	26.5
2.1	7.1	13.9	2.8	11.3	57687	33.2	29.4
7.8	9.5	24.4	4.6	10.6	77167	53.5	50.0
3.2	7.6	16.9	2.6	11.4	28517	34.2	30.4
1.6	6.0	13.1	2.4	16.6	38203	32.6	30.2
1.3	6.3	10.1	2.0	13.0	12861	19.4	17.3
1.7	6.8	10.5	2.1	12.2	7911	21.9	18.4
2.4	7.5	15.9	3.1	10.0	38171	32.4	29.2
2.0	6.7	12.4	2.7	11.5	8925	32.7	28.3
1.5	6.5	11.1	2.4	13.8	10591	35.1	30.8
5.3	9.1	21.8	4.8	11.4	81347	43.0	39.1
2.7	7.0	17.5	3.1	13.6	299124	33.0	30.1
2.1	8.2	18.0	2.9	17.1	146012	30.6	28.8
3.1	7.6	18.0	3.6	14.7	91651	36.8	33.9
3.4	5.9	14.2	3.2	15.7	55076	29.4	27.6
1.7	5.1	14.5	3.5	16.2	24847	27.7	25.6
2.4	7.9	19.1	3.5	18.7	130077	34.6	32.1
2.0	5.3	14.2	3.6	20.1	45993	31.2	28.6
2.7	6.6	16.3	3.6	16.4	81317	35.5	32.2
3.0	5.7	17.0	4.6	15.5	58360	34.6	32.2
5.6	7.6	18.1	3.9	13.8	572589	34.7	32.3
2.0	6.3	12.0	2.6	12.1	12721	23.9	21.1
2.7	9.6	13.5	2.3	10.2	2873	31.9	27.7
2.8	6.3	20.8	3.4	15.3	27681	34.3	31.0
2.5	6.7	18.1	3.1	13.6	57722	32.4	29.4
2.3	7.4	15.6	3.5	16.5	10342	27.8	24.5
2.9	8.4	15.2	2.9	14.4	14054	33.8	29.9
6.5	9.8	12.0	3.3	10.3	314	33.7	27.2
2.6	8.1	15.4	3.3	14.2	27942	33.0	29.8
2.2	10.3	13.1	2.9	19.2	5733	29.0	25.7
1.1	9.6	12.9	2.7	14.3	1740	26.5	22.8
2.4	9.6	15.0	2.2	11.7	4012	30.8	27.0
1.3	6.9	10.0	1.9	11.1	7225	21.3	18.0

8-5 规模(限额)以上企业

项　目	制定创新战略目标的企业数(个)	制定创新战略目标企业占全部企业的比重(%)	
			保持本领域的国际领先地位
总　计	**440393**	**41.3**	**3.9**
#国有及国有控股	40016	50.1	4.1
一、按规模分			
大型企业	16998	72.8	9.7
中型企业	73444	51.4	5.4
小型企业	295049	44.5	3.4
微型企业	54902	23.1	2.7
二、按登记注册类型分			
内资企业	407888	40.8	3.2
国有企业	5270	45.3	3.6
集体企业	737	23.9	1.2
股份合作企业	530	31.8	2.3
联营企业	140	36.5	2.9
#国有联营企业	78	40.8	2.6
有限责任公司	82058	47.3	3.8
#国有独资公司	8239	47.0	3.2
股份有限公司	10776	70.1	6.6
私营企业	308268	38.8	3.0
其他企业	109	36.7	4.6
港、澳、台商投资企业	14635	48.2	9.2
合资经营企业	4147	56.9	7.2
合作经营企业	175	40.9	6.3
港、澳、台商独资经营企业	9355	44.2	10.1
港、澳、台商投资股份有限公司	677	72.3	10.3
其他港、澳、台投资企业	281	54.0	6.8
外商投资企业	17870	49.7	14.7
中外合资经营企业	5404	58.0	10.4
中外合作经营企业	186	45.9	8.1
外资企业	11422	45.9	17.3
外商投资股份有限公司	623	70.8	10.4
其他外商投资企业	235	54.0	6.0
三、按行业分			
采矿业	3507	29.3	1.9
制造业	242857	55.2	4.5
电力、热力、燃气及水生产和供应业	6641	34.9	3.9
建筑业	24840	36.3	1.4
批发和零售业	96043	26.3	3.2
交通运输、仓储和邮政业	11898	27.1	3.1
信息传输、软件和信息技术服务业	19428	68.0	4.7

创新战略目标制定情况

在制定创新战略目标企业中，制定下列目标的企业占比(%)				
赶超同行业国际领先企业	赶超同行业国内领先企业	增加创新投入，提升企业竞争力	保持现有的技术水平和生产经营状况	其他目标
4.4	**18.7**	**49.2**	**19.9**	**3.9**
4.6	20.0	50.5	16.1	4.7
8.6	22.6	48.6	8.7	1.7
5.5	20.9	48.2	16.4	3.6
4.2	18.5	50.9	19.5	3.5
2.9	15.2	41.6	30.2	7.5
4.2	18.8	49.6	20.2	4.0
3.9	16.7	52.2	18.2	5.5
2.3	9.6	45.2	34.2	7.5
1.9	16.0	46.8	28.5	4.5
6.4	22.9	35.7	26.4	5.7
9.0	30.8	28.2	25.6	3.8
4.6	20.8	49.2	17.3	4.4
3.8	19.0	50.7	17.6	5.7
7.9	23.3	51.1	9.2	1.9
3.9	18.2	49.6	21.3	4.0
3.7	17.4	49.5	20.2	4.6
7.2	17.7	46.3	16.9	2.7
7.1	21.1	48.2	14.1	2.3
6.3	20.6	46.3	16.6	4.0
7.1	15.7	45.2	18.8	3.0
10.6	20.4	48.9	8.1	1.6
6.8	25.6	46.3	13.2	1.4
8.2	15.9	41.7	17.1	2.4
8.1	19.1	46.8	13.8	1.9
5.9	16.1	45.2	21.5	3.2
8.0	14.1	38.9	19.1	2.7
12.4	20.4	47.7	8.0	1.1
8.5	21.7	46.4	14.9	2.6
2.6	12.1	49.6	29.4	4.5
5.3	19.5	53.6	15.3	1.8
3.8	18.8	43.0	25.7	4.8
1.9	12.1	49.8	29.7	5.1
3.2	17.8	38.6	28.4	8.8
3.5	20.7	37.7	28.3	6.7
4.8	20.2	55.7	12.6	1.9

8-5 续表

项　　目	制定创新战略目标的企业数(个)	制定创新战略目标企业占全部企业的比重(%)	
			保持本领域的国际领先地位
租赁和商务服务业	16508	30.6	3.8
科学研究和技术服务业	16364	56.0	4.3
水利、环境和公共设施管理业	2307	38.2	2.0
四、按地区分			
东部地区	269949	41.9	4.4
中部地区	94622	42.6	3.1
西部地区	61753	38.5	2.8
东北地区	14069	35.3	4.6
北　京	13062	43.9	5.3
天　津	7209	33.8	4.9
河　北	12967	41.1	3.6
山　西	6403	34.5	2.7
内蒙古	2854	33.9	3.6
辽　宁	7520	35.3	5.6
吉　林	2925	37.0	3.9
黑龙江	3624	34.2	3.3
上　海	16740	40.5	7.9
江　苏	53294	41.2	4.7
浙　江	47187	45.1	3.5
安　徽	20201	51.1	2.8
福　建	16963	33.2	4.0
江　西	13151	38.3	3.5
山　东	35372	44.3	3.8
河　南	20205	38.9	2.6
湖　北	18300	46.0	3.1
湖　南	16362	43.3	3.8
广　东	65965	43.4	4.3
广　西	6776	34.9	2.9
海　南	1190	34.2	4.2
重　庆	7904	40.4	3.4
四　川	16500	40.6	2.8
贵　州	4654	36.1	2.5
云　南	5496	40.5	3.0
西　藏	309	37.1	4.5
陕　西	8692	40.9	2.5
甘　肃	2741	41.5	2.2
青　海	630	38.0	1.9
宁　夏	1380	45.3	2.7
新　疆	3817	30.8	2.7

在制定创新战略目标企业中，制定下列目标的企业占比(%)				
赶超同行业国际领先企业	赶超同行业国内领先企业	增加创新投入，提升企业竞争力	保持现有的技术水平和生产经营状况	其他目标
3.2	18.5	42.6	25.1	7.0
4.1	18.8	53.6	16.7	2.5
2.8	18.1	51.1	21.1	4.9
4.9	19.0	48.7	19.3	3.6
3.7	18.6	50.7	19.8	4.2
3.4	17.1	50.0	21.9	4.7
4.4	18.4	43.1	24.4	5.1
4.8	19.6	45.7	22.3	2.4
4.8	19.4	41.8	24.5	4.6
4.2	18.9	49.8	19.6	3.9
2.4	16.3	45.9	26.8	5.9
4.4	17.7	45.2	25.4	3.6
5.0	18.6	42.6	23.5	4.8
3.9	18.2	44.3	24.1	5.6
3.6	18.3	43.0	26.5	5.2
6.7	20.3	42.4	19.0	3.7
4.9	19.6	47.9	19.4	3.4
4.8	18.4	52.1	18.5	2.6
3.6	19.8	53.4	16.1	4.4
4.5	17.2	49.6	20.5	4.2
4.1	19.6	49.4	18.8	4.6
4.6	19.5	49.2	18.9	4.0
3.3	17.6	48.9	23.6	3.9
3.9	18.9	49.5	20.5	4.0
3.9	17.9	53.9	16.9	3.7
5.0	18.8	49.4	18.4	4.0
3.1	15.4	49.3	23.0	6.2
4.5	18.7	43.8	21.5	7.3
3.8	18.0	51.7	19.6	3.6
3.4	18.1	50.2	21.5	4.1
3.4	15.7	52.1	21.2	5.1
3.1	14.7	52.8	21.6	4.8
3.2	14.6	45.6	26.5	5.5
3.7	18.6	49.2	21.4	4.7
3.1	16.1	49.7	23.3	5.5
2.2	17.0	47.3	25.7	5.9
4.1	17.3	55.7	16.4	3.8
2.9	16.4	44.2	27.2	6.6

九、规模（限额）以上企业企业家对创新的认识情况（2022 年）

9-1 规模(限额)以上企业企业家对创新的总体认识

项　目	在企业家中，认为创新对企业的生存和发展(%)		
	起了重要作用的人员占比	起了一定作用的人员占比	不起作用的人员占比
总　计	**39.2**	**52.1**	**8.7**
#有创新活动的企业	53.4	44.5	2.1
#有技术创新活动的企业	56.4	42.0	1.6
#国有及国有控股	46.9	47.6	5.5
一、按规模分			
大型企业	59.2	37.7	3.2
中型企业	46.4	47.8	5.8
小型企业	37.5	53.6	8.9
微型企业	27.7	57.8	14.5
二、按登记注册类型分			
内资企业	38.7	52.5	8.9
国有企业	42.9	50.0	7.1
集体企业	21.0	58.4	20.6
股份合作企业	32.1	56.5	11.5
联营企业	53.3	33.3	13.3
#国有联营企业	53.8	34.6	11.5
有限责任公司	44.8	48.7	6.5
#国有独资公司	44.3	50.5	5.3
股份有限公司	61.4	35.5	3.1
私营企业	35.2	54.8	10.1
其他企业	40.0	40.0	20.0
港、澳、台商投资企业	44.5	48.5	7.0
合资经营企业	49.5	45.0	5.6
合作经营企业	47.7	46.2	6.2
港、澳、台商独资经营企业	40.7	51.1	8.2
港、澳、台商投资股份有限公司	64.5	35.5	
其他港、澳、台投资企业	48.0	46.0	6.0
外商投资企业	46.5	47.5	6.0
中外合资经营企业	49.9	45.8	4.4
中外合作经营企业	38.8	47.8	13.4
外资企业	44.0	49.2	6.8
外商投资股份有限公司	65.7	31.3	3.0
其他外商投资企业	41.5	50.9	7.5
三、按行业分			
采矿业	30.0	56.0	14.0
制造业	43.5	49.8	6.7
电力、热力、燃气及水生产和供应业	37.2	54.4	8.5
建筑业	24.3	61.3	14.4
批发和零售业	32.1	56.6	11.2
交通运输、仓储和邮政业	27.5	58.9	13.7

9-1 续表

项 目	在企业家中，认为创新对企业的生存和发展(%)		
	起了重要作用的人员占比	起了一定作用的人员占比	不起作用的人员占比
信息传输、软件和信息技术服务业	55.1	42.0	2.9
租赁和商务服务业	26.6	58.3	15.1
科学研究和技术服务业	47.2	46.3	6.5
水利、环境和公共设施管理业	35.0	54.5	10.5
四、按地区分			
东部地区	40.3	51.8	7.9
中部地区	38.8	53.3	7.9
西部地区	39.6	51.1	9.2
东北地区	34.1	54.0	11.9
北 京	43.8	49.4	6.8
天 津	34.6	55.2	10.2
河 北	41.1	49.4	9.5
山 西	34.2	54.5	11.3
内蒙古	37.7	51.8	10.5
辽 宁	33.1	55.5	11.5
吉 林	36.5	51.7	11.8
黑龙江	32.9	54.5	12.6
上 海	39.3	51.9	8.8
江 苏	40.8	53.0	6.2
浙 江	43.0	50.7	6.3
安 徽	43.8	51.5	4.8
福 建	34.2	55.5	10.3
江 西	32.1	57.6	10.3
山 东	47.2	47.0	5.8
河 南	38.5	53.3	8.2
湖 北	41.4	52.1	6.6
湖 南	41.2	51.6	7.2
广 东	38.2	54.9	6.9
广 西	35.7	52.4	11.9
海 南	38.8	49.7	11.5
重 庆	41.8	50.4	7.8
四 川	40.8	51.2	8.1
贵 州	40.8	50.3	9.0
云 南	43.1	48.4	8.5
西 藏	33.2	54.4	12.4
陕 西	40.9	50.9	8.2
甘 肃	39.6	51.5	8.9
青 海	35.1	53.5	11.4
宁 夏	42.7	48.8	8.5
新 疆	35.5	54.0	10.5

9–2 规模(限额)以上企业创新成功影响因素情况

项　　目	在开展创新活动企业中，认为下列各项因素对创新成功影响程度为“高”的企业家占比(%)								
	有创新精神的企业家	充足的经费支持	高素质的人才	员工对企业的认同感	企业内部的激励措施	有效的技术战略或计划	畅通的信息渠道	可信赖的创新合作伙伴	优惠政策的扶持
总　计	**64.8**	**59.6**	**64.5**	**68.2**	**63.6**	**61.0**	**60.8**	**56.1**	**59.3**
#国有及国有控股	71.8	66.7	73.2	75.1	71.7	68.9	67.4	61.3	62.8
一、按规模分									
大型企业	84.7	79.9	84.8	83.4	82.3	81.5	77.5	71.6	72.5
中型企业	73.3	67.7	73.0	75.0	71.7	69.5	68.0	62.7	65.0
小型企业	63.4	57.8	62.6	67.1	61.8	59.0	59.3	54.6	58.3
微型企业	49.0	46.3	51.1	55.7	50.8	47.8	49.0	46.2	49.1
二、按登记注册类型分									
内资企业	64.2	58.8	63.8	67.8	63.1	60.3	60.2	55.6	59.0
国有企业	67.7	63.8	70.2	73.9	69.3	64.9	65.2	59.2	59.9
集体企业	43.9	40.2	46.6	51.1	46.6	37.5	39.8	38.3	37.9
股份合作企业	54.6	48.7	51.3	57.1	54.6	51.3	53.8	45.4	53.8
联营企业	65.0	52.5	72.5	67.5	57.5	67.5	60.0	57.5	57.5
#国有联营企业	68.2	59.1	77.3	68.2	59.1	77.3	68.2	63.6	59.1
有限责任公司	69.4	64.2	70.3	72.9	68.9	66.4	65.2	59.9	62.4
#国有独资公司	70.5	64.9	72.3	74.1	71.1	67.6	66.7	60.5	61.8
股份有限公司	83.7	76.9	83.2	82.7	80.5	80.6	76.3	72.0	73.8
私营企业	61.2	55.8	60.2	65.0	59.9	56.9	57.5	53.1	57.1
其他企业	33.3	33.3	55.6	55.6	66.7	44.4	66.7	55.6	55.6
港、澳、台商投资企业	71.8	67.6	72.1	72.6	69.5	69.1	67.6	62.8	62.9
合资经营企业	76.1	71.2	76.0	75.7	73.5	73.2	71.0	64.6	66.6
合作经营企业	70.9	70.9	78.2	70.9	65.5	65.5	63.6	65.5	61.8
港、澳、台商独资经营企业	68.8	65.5	69.4	70.4	66.8	66.8	65.3	61.0	60.5
港、澳、台商投资股份有限公司	83.6	73.0	82.2	83.6	83.6	78.3	79.6	75.0	71.7
其他港、澳、台投资企业	79.6	67.3	73.5	75.5	71.4	67.3	65.3	65.3	69.4
外商投资企业	72.2	69.1	73.7	73.0	69.5	69.6	67.2	62.3	61.5
中外合资经营企业	76.2	72.1	76.9	77.1	71.7	72.3	70.4	65.3	66.5
中外合作经营企业	61.3	56.5	54.8	51.6	56.5	54.8	54.8	45.2	48.4
外资企业	69.7	67.0	71.7	70.9	67.7	67.9	64.9	60.4	58.3
外商投资股份有限公司	87.5	85.2	89.1	85.2	86.7	84.4	85.9	75.8	78.1
其他外商投资企业	64.7	66.7	70.6	64.7	64.7	66.7	60.8	62.7	60.8
三、按行业分									
采矿业	54.7	51.5	55.2	59.7	55.0	50.9	51.1	46.4	50.1
制造业	69.8	63.8	67.5	70.7	66.3	64.4	63.7	59.0	63.3
电力、热力、燃气及水生产和供应业	61.7	58.6	64.4	68.6	64.0	59.9	59.8	52.5	57.6
建筑业	48.0	44.4	51.4	57.3	51.1	47.3	48.2	43.6	45.9
批发和零售业	55.7	50.8	57.4	64.2	59.6	54.0	56.1	51.5	52.7
交通运输、仓储和邮政业	52.4	48.7	54.3	60.2	54.8	50.6	52.2	48.8	49.9
信息传输、软件和信息技术服务业	78.8	73.3	80.9	80.9	78.0	77.6	76.0	71.1	70.5

9-2 续表

项　目	在开展创新活动企业中，认为下列各项因素对创新成功影响程度为“高”的企业家占比(%)								
	有创新精神的企业家	充足的经费支持	高素质的人才	员工对企业的认同感	企业内部的激励措施	有效的技术战略或计划	畅通的信息渠道	可信赖的创新合作伙伴	优惠政策的扶持
租赁和商务服务业	50.3	46.6	52.7	57.6	52.8	48.3	50.8	47.4	48.5
科学研究和技术服务业	72.7	66.3	76.2	76.3	71.5	71.2	68.8	64.3	64.8
水利、环境和公共设施管理业	62.3	55.3	62.3	66.6	61.4	58.4	58.1	54.2	55.8
四、按地区分									
东部地区	67.2	62.8	67.7	69.5	65.0	63.8	63.1	59.0	60.4
中部地区	68.5	62.8	67.1	70.3	66.4	63.2	63.4	58.6	63.0
西部地区	61.3	55.6	60.8	66.4	61.5	57.9	57.9	52.7	57.2
东北地区	57.4	52.2	58.0	63.9	57.1	54.6	54.8	49.9	52.6
北　京	69.8	64.7	73.4	73.1	66.4	68.1	65.1	61.1	60.4
天　津	62.7	58.1	65.0	67.1	61.2	60.2	60.8	56.5	55.6
河　北	65.0	58.4	64.1	67.1	61.9	59.0	60.3	53.9	61.1
山　西	58.7	53.5	57.8	64.4	59.4	54.4	54.7	48.7	53.6
内蒙古	59.1	53.1	58.5	63.3	60.1	55.8	55.7	50.4	53.6
辽　宁	59.2	53.7	59.7	65.0	59.1	56.4	56.5	51.6	51.0
吉　林	58.0	52.3	58.5	64.9	57.8	55.5	54.9	49.4	54.5
黑龙江	54.7	50.4	55.4	61.6	54.1	51.6	52.8	48.3	52.5
上　海	66.0	63.2	69.2	67.9	63.8	64.1	62.6	59.8	56.7
江　苏	69.7	63.4	68.8	69.9	66.2	65.1	64.7	62.2	58.2
浙　江	72.2	68.5	68.1	72.3	68.1	66.8	66.3	61.0	69.0
安　徽	74.3	68.4	72.2	75.3	71.0	67.8	68.7	65.2	65.7
福　建	61.2	58.9	61.6	64.5	60.8	58.7	57.7	54.6	57.8
江　西	64.5	59.3	63.3	67.1	63.0	60.3	60.4	55.7	62.0
山　东	72.5	66.7	71.5	73.6	70.1	67.8	68.4	62.4	66.9
河　南	68.2	63.4	67.6	70.5	66.4	63.1	63.7	59.5	63.7
湖　北	70.8	65.1	69.1	71.0	67.7	65.6	65.7	59.8	65.4
湖　南	71.6	64.1	69.7	71.6	69.0	65.4	64.8	60.2	65.0
广　东	66.4	63.0	68.1	68.7	65.8	64.4	61.9	59.0	56.9
广　西	59.1	54.0	57.7	62.1	57.1	55.8	54.9	50.5	53.7
海　南	61.5	57.4	64.3	69.9	63.6	60.4	59.7	57.3	58.5
重　庆	66.6	60.5	65.2	69.7	64.0	62.7	61.9	57.3	61.0
四　川	63.9	58.6	63.8	67.6	63.2	59.5	60.1	54.3	59.2
贵　州	60.4	53.6	59.1	66.6	62.1	57.5	57.0	52.7	57.7
云　南	63.5	57.3	61.8	67.5	61.9	59.6	58.4	53.2	56.6
西　藏	54.9	51.1	58.1	63.0	57.5	53.7	55.5	49.3	56.1
陕　西	63.2	56.4	63.3	68.9	62.8	59.0	59.6	54.1	57.9
甘　肃	59.4	52.9	60.3	67.3	62.7	57.2	58.0	52.7	56.8
青　海	52.4	49.5	53.0	60.9	57.8	50.3	53.0	47.4	53.5
宁　夏	63.7	57.7	61.9	69.1	63.6	60.2	60.0	52.0	61.2
新　疆	54.9	52.3	57.0	63.1	59.2	53.3	53.5	48.9	54.6

9−3　规模(限额)以上企业创新激励措施及效果情况

项　　目	在开展创新活动企业中，认为下列措施对激励创新效果明显的企业家占比(%)				
	股权或期　权	增加工资或奖金	汽车住房等物质奖励	岗位调整或升职机会	培训或深造机会
总　计	**11.9**	**54.3**	**11.3**	**47.5**	**36.6**
#国有及国有控股	8.7	55.4	7.9	54.3	44.5
一、按规模分					
大型企业	21.9	72.1	14.3	71.5	59.9
中型企业	15.0	61.1	12.1	58.1	45.6
小型企业	10.4	53.2	11.0	44.9	33.9
微型企业	9.4	40.9	10.0	32.4	24.4
二、按登记注册类型分					
内资企业	11.6	54.1	11.3	46.9	36.0
国有企业	9.8	52.8	8.8	50.0	43.5
集体企业	4.3	35.3	6.2	25.6	24.8
股份合作企业	12.6	48.7	11.8	37.8	28.6
联营企业	17.9	59.0	12.8	61.5	46.2
#国有联营企业	22.7	54.5	4.5	68.2	50.0
有限责任公司	11.6	55.3	10.0	53.0	41.5
#国有独资公司	6.7	52.1	7.5	53.5	42.9
股份有限公司	22.0	69.0	12.8	67.0	54.5
私营企业	11.2	53.0	11.8	43.6	32.8
其他企业		44.4	11.1	33.3	22.2
港、澳、台商投资企业	16.7	57.9	12.5	55.5	43.4
合资经营企业	15.7	62.1	12.8	59.0	48.6
合作经营企业	17.5	50.9	10.5	52.6	38.6
港、澳、台商独资经营企业	16.1	55.3	11.9	52.8	39.8
港、澳、台商投资股份有限公司	28.3	70.4	20.4	68.4	59.9
其他港、澳、台投资企业	22.9	54.2	10.4	66.7	52.1
外商投资企业	12.7	56.6	10.5	54.1	43.4
中外合资经营企业	12.6	58.9	10.8	57.2	47.1
中外合作经营企业	13.3	50.0	18.3	40.0	33.3
外资企业	11.5	54.4	9.7	51.8	40.5
外商投资股份有限公司	31.8	76.7	17.1	73.6	65.1
其他外商投资企业	17.6	60.8	11.8	49.0	45.1
三、按行业分					
采矿业	8.7	49.3	10.1	39.0	33.0
制造业	12.9	59.5	13.0	50.9	39.0
电力、热力、燃气及水生产和供应业	9.8	49.6	9.9	48.4	41.3
建筑业	7.1	37.8	8.3	32.5	26.5
批发和零售业	10.2	48.9	9.0	42.2	32.0
交通运输、仓储和邮政业	7.9	43.1	7.6	37.5	27.0
信息传输、软件和信息技术服务业	20.8	64.6	11.2	62.2	45.5

9-3 续表

项目	在开展创新活动企业中，认为下列措施对激励创新效果明显的企业家占比(%)				
	股权或期权	增加工资或奖金	汽车住房等物质奖励	岗位调整或升职机会	培训或深造机会
租赁和商务服务业	9.2	40.4	8.3	37.6	25.8
科学研究和技术服务业	14.9	58.6	9.6	54.2	42.7
水利、环境和公共设施管理业	8.6	44.7	9.5	44.8	32.6
四、按地区分					
东部地区	13.2	55.9	11.2	49.2	36.8
中部地区	14.2	59.6	14.7	51.6	40.1
西部地区	9.6	50.6	9.5	44.5	35.4
东北地区	8.6	47.4	9.3	40.5	30.6
北　京	13.7	53.5	6.8	50.1	35.9
天　津	9.3	49.3	7.9	44.1	32.5
河　北	10.1	54.1	9.4	45.2	37.4
山　西	8.2	49.6	8.3	40.0	34.9
内蒙古	8.2	50.7	8.4	43.4	34.5
辽　宁	7.7	49.3	9.2	41.3	30.3
吉　林	9.3	47.5	9.6	41.5	32.2
黑龙江	8.9	45.1	9.1	38.7	29.4
上　海	15.0	51.6	9.9	48.2	33.4
江　苏	14.1	58.9	12.8	50.5	37.0
浙　江	13.9	62.7	12.6	51.9	38.8
安　徽	12.9	65.5	13.2	56.8	42.8
福　建	13.9	54.0	14.8	46.5	35.4
江　西	14.2	57.5	14.9	49.2	36.0
山　东	14.4	62.8	14.1	55.3	44.2
河　南	15.4	58.9	16.6	51.5	39.3
湖　北	15.2	60.5	14.6	53.3	41.4
湖　南	18.0	62.9	19.1	55.5	44.3
广　东	14.0	55.8	11.5	50.4	35.5
广　西	9.5	47.4	10.6	39.8	30.7
海　南	10.0	50.2	8.9	46.3	34.9
重　庆	11.7	53.5	11.2	48.4	38.8
四　川	10.8	52.5	9.3	47.0	36.4
贵　州	11.1	49.0	12.1	45.3	36.5
云　南	7.4	48.8	7.9	43.3	35.9
西　藏	9.7	47.1	11.1	40.6	32.7
陕　西	9.3	54.1	9.7	47.3	36.8
甘　肃	8.8	50.9	8.8	44.2	35.4
青　海	8.7	44.8	7.5	39.6	33.2
宁　夏	8.7	53.8	7.4	44.8	36.7
新　疆	9.1	47.0	8.6	41.1	32.4

十、规模（限额）以上企业创新政策效果情况（2022 年）

10-1 有关政策对规模(限额)

项 目	1.企业研发费用加计扣除税收优惠政策	2.高新技术企业所得税优惠政策	3.企业研发活动专用仪器设备加速折旧政策
总 计	**38.2**	**30.7**	**23.5**
#国有及国有控股	36.1	27.7	19.1
一、按规模分			
大型企业	57.2	44.2	33.2
中型企业	46.5	37.5	27.1
小型企业	37.7	30.3	23.6
微型企业	19.3	15.7	13.1
二、按登记注册类型分			
内资企业	38.1	30.8	23.7
国有企业	31.0	24.8	17.6
集体企业	14.6	10.4	7.3
股份合作企业	35.3	31.1	21.0
联营企业	37.8	40.5	24.3
#国有联营企业	33.3	42.9	23.8
有限责任公司	37.6	29.5	20.8
#国有独资公司	30.0	22.8	16.8
股份有限公司	62.5	52.8	36.0
私营企业	37.4	30.5	24.5
其他企业	62.5	50.0	37.5
港、澳、台商投资企业	42.4	32.8	23.7
合资经营企业	51.3	41.2	27.8
合作经营企业	35.7	28.6	23.2
港、澳、台商独资经营企业	36.7	28.0	20.9
港、澳、台商投资股份有限公司	65.8	49.3	37.5
其他港、澳、台投资企业	49.0	28.6	24.5
外商投资企业	38.4	27.5	19.9
中外合资经营企业	46.4	35.3	24.1
中外合作经营企业	33.3	25.0	20.0
外资企业	33.0	22.3	16.7
外商投资股份有限公司	65.4	51.2	40.2
其他外商投资企业	30.0	20.0	14.0
三、按行业分			
采矿业	25.5	18.0	18.0
制造业	48.3	38.8	31.3
电力、热力、燃气及水生产和供应业	21.6	17.1	13.8
建筑业	19.3	16.2	11.6
批发和零售业	10.5	9.3	6.7
交通运输、仓储和邮政业	12.3	8.4	6.6
信息传输、软件和信息技术服务业	54.7	44.7	23.2

以上企业创新的影响情况

在开展创新活动企业中，认为下列政策效果明显的企业家占比(%)						
4.技术转让、技术开发收入免征增值税和技术转让减免所得税优惠政策	5.鼓励企业吸引和培养人才的相关政策	6.金融支持相关政策	7.创造和保护知识产权的相关政策	8.优先发展产业的支持政策	9.促进科技成果转化相关政策	10.关于推进大众创业万众创新的各项政策
17.2	**26.2**	**27.9**	**27.9**	**25.4**	**24.4**	**21.3**
16.2	28.5	23.9	28.1	25.2	23.8	18.4
25.1	44.5	33.5	46.2	38.2	38.1	27.9
19.2	32.3	29.6	34.0	29.5	29.2	23.7
16.9	24.6	28.5	26.7	24.6	23.6	21.2
11.7	16.3	19.4	15.5	16.6	14.1	14.7
17.3	26.2	28.4	27.9	25.5	24.5	21.6
16.7	27.2	23.3	25.0	24.9	21.9	19.3
5.4	9.6	9.6	9.6	8.8	9.2	8.8
17.6	21.8	23.5	26.9	24.4	27.7	21.8
21.6	35.1	21.6	35.1	37.8	40.5	24.3
19.0	47.6	19.0	33.3	33.3	38.1	19.0
16.1	27.4	24.6	27.9	25.0	23.8	19.3
14.8	26.8	23.4	23.9	23.0	20.7	16.8
26.6	44.6	41.3	50.0	42.8	43.6	32.5
17.4	24.9	29.5	27.0	25.0	24.0	22.1
25.0	37.5	62.5	37.5	62.5	50.0	50.0
16.9	27.8	24.3	30.5	24.6	25.2	20.3
18.9	31.7	29.6	36.3	30.3	31.6	24.1
19.6	21.4	23.2	30.4	26.8	25.0	21.4
15.4	24.7	20.4	26.1	20.7	20.9	17.6
24.3	46.7	44.1	53.3	37.5	42.8	32.2
16.3	32.7	32.7	36.7	36.7	28.6	24.5
15.2	26.3	18.9	26.1	21.9	21.2	16.0
18.0	31.1	24.7	32.4	26.8	27.0	19.2
15.0	11.7	13.3	20.0	21.7	18.3	16.7
13.3	22.9	15.0	21.9	18.4	17.3	13.7
25.2	50.4	37.8	48.0	40.2	40.9	30.7
12.0	20.0	12.0	16.0	16.0	12.0	6.0
12.8	18.5	18.3	17.4	17.0	16.3	15.5
21.2	31.4	35.0	35.6	32.1	31.5	27.0
12.2	21.0	21.9	17.7	19.2	15.5	14.9
10.2	15.8	16.9	14.7	13.3	12.7	12.1
6.4	13.8	16.3	9.3	11.2	7.8	9.5
6.1	12.2	14.2	8.3	10.4	7.4	8.3
24.0	35.3	26.6	37.6	31.4	30.5	24.7

10-1 续表

项　目	1.企业研发费用加计扣除税收优惠政策	2.高新技术企业所得税优惠政策	3.企业研发活动专用仪器设备加速折旧政策
租赁和商务服务业	13.7	10.6	7.4
科学研究和技术服务业	52.1	44.4	24.6
水利、环境和公共设施管理业	23.6	17.8	11.4
四、按地区分			
东部地区	42.5	34.2	23.6
中部地区	44.4	36.4	31.8
西部地区	31.0	23.7	18.8
东北地区	30.8	26.3	18.9
北　京	49.5	44.0	18.4
天　津	33.2	27.5	17.8
河　北	39.6	30.7	24.5
山　西	30.0	18.8	18.1
内蒙古	25.4	20.8	13.3
辽　宁	33.1	28.6	20.0
吉　林	30.8	26.1	18.8
黑龙江	28.2	23.8	17.8
上　海	41.1	33.2	18.5
江　苏	43.7	35.4	26.6
浙　江	56.7	41.6	31.5
安　徽	47.4	39.3	32.4
福　建	32.2	25.3	22.0
江　西	43.2	34.6	30.7
山　东	43.8	33.9	30.0
河　南	39.8	32.7	28.3
湖　北	46.7	41.5	35.5
湖　南	55.1	47.2	42.1
广　东	44.9	38.6	23.9
广　西	25.5	20.0	14.6
海　南	26.5	22.1	13.1
重　庆	39.7	31.5	25.3
四　川	33.0	24.7	20.7
贵　州	29.6	23.3	20.8
云　南	30.2	20.9	18.5
西　藏	23.4	20.8	15.7
陕　西	32.0	26.7	18.8
甘　肃	29.9	24.2	19.4
青　海	28.0	21.7	14.1
宁　夏	43.1	23.9	21.4
新　疆	24.5	20.0	14.7

在开展创新活动企业中，认为下列政策效果明显的企业家占比(%)						
4.技术转让、技术开发收入免征增值税和技术转让减免所得税优惠政策	5.鼓励企业吸引和培养人才的相关政策	6.金融支持相关政策	7.创造和保护知识产权的相关政策	8.优先发展产业的支持政策	9.促进科技成果转化相关政策	10.关于推进大众创业万众创新的各项政策
7.0	13.8	14.3	9.2	10.3	8.1	8.9
22.3	31.9	24.0	35.2	26.0	28.9	21.5
8.8	18.6	20.4	15.9	15.7	12.9	12.1
16.5	26.6	26.5	29.4	23.9	24.6	20.1
24.2	33.3	36.9	35.0	34.1	32.2	30.2
13.8	22.1	24.6	22.7	22.2	19.9	17.5
14.4	21.3	21.8	21.6	19.9	19.5	16.6
17.4	23.6	19.2	31.3	18.4	20.7	14.5
11.2	21.5	19.5	22.8	17.8	18.1	14.6
16.2	26.6	28.8	29.1	27.0	25.3	22.7
11.9	19.4	19.4	18.7	17.3	17.5	15.0
9.5	19.0	16.5	17.1	16.7	16.0	13.5
14.3	20.9	20.5	22.3	19.0	19.6	16.2
14.9	21.9	23.1	22.2	20.6	19.7	17.6
14.1	21.0	22.0	20.1	20.2	19.1	16.2
14.8	25.9	21.5	26.4	20.2	21.5	14.9
18.4	29.2	30.4	32.9	27.1	28.0	22.4
17.9	30.6	36.3	35.2	29.4	31.0	26.6
22.7	35.7	39.7	38.3	37.0	34.3	31.1
16.3	24.8	27.3	25.3	22.9	23.2	20.5
24.4	32.6	39.0	33.2	33.0	31.1	30.1
21.5	33.8	33.8	34.9	31.9	30.7	27.9
24.0	33.5	36.0	35.0	34.4	32.5	32.8
25.5	35.0	40.1	36.5	35.6	33.3	30.2
34.0	40.4	43.0	43.9	43.2	41.0	38.3
15.1	23.1	23.0	29.1	20.8	23.4	17.6
11.5	18.4	25.7	18.9	19.2	17.4	14.6
11.0	22.9	15.6	17.9	17.5	15.0	12.0
18.0	25.4	29.6	29.1	27.1	24.7	21.8
15.1	23.7	27.1	25.1	24.5	22.6	19.1
16.7	25.0	25.9	25.8	26.8	22.8	21.8
12.5	20.0	20.1	22.2	20.0	17.9	16.6
14.9	25.4	27.4	20.4	21.8	16.9	16.5
13.6	21.0	24.2	22.8	21.4	19.4	16.6
15.0	25.2	25.5	23.4	23.8	21.9	19.4
12.1	18.2	21.6	18.9	19.2	15.1	14.4
13.1	23.2	27.9	24.0	23.5	21.8	16.9
11.1	20.2	21.7	17.1	17.8	14.8	13.8

10–2 规模(限额)以上企业有关

项目	1.企业研发费用加计扣除税收优惠政策					
	不知道此政策	不具备享受该政策的资格	吸引力不足	办理手续繁琐	政府部门政策执行力度不够	其他原因
总计	**7.9**	**73.2**	**6.0**	**4.1**	**0.7**	**8.1**
#国有及国有控股	8.5	72.3	4.1	2.7	0.7	11.7
一、按规模分						
大型企业	5.5	73.5	5.2	4.9	0.5	10.4
中型企业	7.8	72.5	5.4	3.9	0.7	9.6
小型企业	7.9	73.2	6.3	4.4	0.7	7.4
微型企业	8.9	73.4	5.5	2.9	0.6	8.6
二、按登记注册类型分						
内资企业	8.2	73.0	6.0	4.1	0.7	7.9
国有企业	10.8	70.8	4.1	2.8	1.2	10.4
集体企业	11.5	71.4	6.5	3.7	0.5	6.5
股份合作企业	8.0	66.7	8.0	8.0		9.3
联营企业	4.3	69.6	13.0			13.0
#国有联营企业		78.6	14.3			7.1
有限责任公司	7.9	74.3	4.3	2.9	0.7	10.0
#国有独资公司	8.6	72.7	3.5	2.3	0.7	12.2
股份有限公司	6.4	68.2	6.1	3.5	0.9	15.0
私营企业	8.3	72.7	6.8	4.7	0.7	6.9
其他企业	33.3	33.3	33.3			
港、澳、台商投资企业	5.0	74.9	5.6	3.8	0.6	10.2
合资经营企业	6.0	70.5	4.5	5.4	0.7	12.9
合作经营企业	2.8	75.0	2.8	5.6		13.9
港、澳、台商独资经营企业	4.7	76.5	6.0	3.1	0.6	9.0
港、澳、台商投资股份有限公司	5.8	71.2	7.7	7.7		7.7
其他港、澳、台投资企业	4.0	76.0				20.0
外商投资企业	4.0	75.4	5.5	3.9	0.5	10.7
中外合资经营企业	4.6	75.9	6.1	3.4	0.3	9.8
中外合作经营企业	7.5	70.0	2.5	2.5		17.5
外资企业	3.6	75.6	5.3	4.3	0.6	10.8
外商投资股份有限公司	9.3	69.8	7.0	2.3		11.6
其他外商投资企业		71.4	8.6		2.9	17.1
三、按行业分						
采矿业	7.6	73.9	5.9	4.7	0.8	7.2
制造业	6.8	71.3	7.9	6.0	0.8	7.3
电力、热力、燃气及水生产和供应业	8.4	74.6	3.7	2.3	0.8	10.1
建筑业	13.1	71.8	4.8	3.0	0.6	6.7
批发和零售业	8.7	79.0	2.8	1.5	0.3	7.7
交通运输、仓储和邮政业	8.3	75.6	4.2	1.3	0.6	10.2
信息传输、软件和信息技术服务业	5.9	71.3	4.7	2.7	0.9	14.6

政策效果不明显的主要原因

在认为下列政策效果不明显或未享受下列政策的企业家中，对主要原因作出不同判断的企业家占比(%)								
2.高新技术企业所得税优惠政策						3.企业研发活动专用仪器设备加速折旧政策		
不知道此政策	不具备享受该政策的资格	吸引力不足	办理手续繁琐	政府部门政策执行力度不够	其他原因	不知道此政策	不具备享受该政策的资格	吸引力不足
6.4	**77.4**	**4.3**	**3.3**	**0.5**	**8.1**	**8.5**	**71.7**	**7.4**
6.8	77.5	2.7	1.6	0.7	10.8	10.2	70.3	5.3
4.0	78.8	3.0	2.4	0.5	11.3	8.9	64.4	10.0
6.1	77.3	3.6	3.0	0.5	9.4	8.7	68.2	8.8
6.3	77.5	4.5	3.6	0.5	7.6	8.4	72.4	7.3
7.9	77.0	4.5	2.5	0.4	7.7	8.7	75.8	4.7
6.7	77.2	4.3	3.3	0.5	8.0	8.7	71.8	7.2
8.7	76.5	3.0	2.2	0.9	8.7	12.2	70.2	4.2
10.8	71.7	6.3	3.6		7.6	12.5	72.0	5.6
5.1	74.7	6.3	5.1		8.9	5.5	75.8	5.5
4.5	77.3	4.5			13.6	14.3	64.3	3.6
	91.7				8.3	12.5	68.8	6.3
6.4	78.5	2.9	2.0	0.6	9.7	8.9	71.7	5.9
6.9	77.7	2.1	1.5	0.7	11.1	9.3	72.9	4.2
4.3	74.3	3.9	1.9	0.6	15.0	8.0	60.9	10.5
6.8	76.9	5.0	3.9	0.4	7.1	8.5	72.4	7.7
50.0	50.0					20.0	80.0	
3.8	78.8	4.2	3.0	0.2	10.1	6.0	69.9	9.1
3.7	77.1	3.2	3.4	0.2	12.5	7.3	66.2	8.9
5.0	85.0	2.5	2.5		5.0	7.0	76.7	7.0
3.7	79.1	4.7	3.0	0.2	9.2	5.2	71.5	8.9
4.1	78.1	5.5	1.4		11.0	7.6	65.2	17.4
2.9	85.7				11.4	13.9	69.4	2.8
3.0	81.0	3.6	2.9	0.4	9.0	5.7	70.6	9.0
2.6	81.9	4.0	2.2	0.4	8.9	5.7	69.8	9.8
2.3	79.5	2.3			15.9	4.3	63.8	12.8
3.1	80.8	3.5	3.3	0.4	8.9	5.5	71.6	8.4
6.7	75.0	3.3	1.7		13.3	12.5	56.9	15.3
	84.6	5.1	2.6	2.6	5.1	7.1	76.2	4.8
7.1	79.3	4.1	2.9	0.5	6.1	8.6	75.4	5.2
5.3	76.5	5.4	4.6	0.5	7.7	8.5	68.2	10.0
7.1	79.2	2.7	2.0	0.4	8.6	8.8	76.5	3.6
11.2	75.6	3.7	2.6	0.6	6.4	12.4	74.1	4.3
7.5	82.5	2.1	1.3	0.3	6.2	7.8	81.2	2.6
7.2	79.0	3.0	0.9	0.4	9.5	6.9	79.3	2.9
4.2	73.3	4.2	2.5	0.4	15.5	6.7	66.7	8.4

10-2 续表 1

项目	1.企业研发费用加计扣除税收优惠政策				
	不知道此政策	不具备享受该政策的资格	吸引力不足	办理手续繁琐	政府部门政策执行力度不够
租赁和商务服务业	8.0	78.0	3.5	1.5	0.5
科学研究和技术服务业	7.0	75.1	5.1	3.0	0.6
水利、环境和公共设施管理业	7.8	76.3	4.6	1.3	0.3
四、按地区分					
东部地区	7.5	72.7	6.8	4.2	0.6
中部地区	7.8	72.7	7.1	4.6	0.7
西部地区	7.9	74.3	4.6	4.1	0.8
东北地区	9.9	71.4	5.9	3.0	0.5
北京	7.0	73.0	5.9	2.6	0.6
天津	8.0	71.3	6.9	3.3	0.5
河北	8.0	72.8	5.9	4.2	0.4
山西	7.8	75.2	4.4	2.7	0.5
内蒙古	8.2	73.0	3.7	2.8	0.4
辽宁	10.5	68.0	7.8	3.0	0.7
吉林	10.9	72.1	4.3	3.2	0.4
黑龙江	8.2	74.6	5.3	2.8	0.4
上海	7.2	73.0	6.2	3.7	0.6
江苏	7.5	69.1	9.9	5.0	0.9
浙江	4.7	74.3	7.3	4.9	0.8
安徽	5.1	75.1	7.2	3.9	0.4
福建	8.0	73.5	6.7	5.5	0.7
江西	6.5	74.6	7.3	4.8	0.9
山东	6.6	77.6	4.8	3.3	0.5
河南	8.2	70.1	9.0	5.4	0.5
湖北	7.2	74.3	6.0	5.1	0.8
湖南	13.0	66.0	9.0	5.7	1.1
广东	9.5	68.0	8.2	5.9	0.5
广西	8.1	72.4	6.0	4.5	0.9
海南	7.4	78.1	4.4	1.5	1.2
重庆	6.5	75.9	4.9	5.0	0.7
四川	7.2	75.3	5.2	5.2	0.5
贵州	9.2	72.9	4.5	5.0	0.8
云南	6.8	73.9	4.9	4.1	0.9
西藏	12.0	71.3	4.3	1.9	0.8
陕西	7.7	75.6	3.9	4.9	0.7
甘肃	9.5	74.9	4.6	2.4	1.0
青海	9.2	74.1	4.3	2.2	0.9
宁夏	7.2	76.2	3.8	3.8	0.7
新疆	7.4	74.4	4.3	2.9	1.2

在认为下列政策效果不明显或未享受下列政策的企业家中，对主要原因作出不同判断的企业家占比(%)									
	2.高新技术企业所得税优惠政策						3.企业研发活动专用仪器设备加速折旧政策		
其他原因	不知道此政策	不具备享受该政策的资格	吸引力不足	办理手续繁琐	政府部门政策执行力度不够	其他原因	不知道此政策	不具备享受该政策的资格	吸引力不足
8.4	7.0	80.5	2.2	1.7	0.5	8.1	7.1	80.2	2.6
9.2	4.6	77.6	3.5	2.4	0.4	11.4	7.4	67.0	9.5
9.7	6.7	79.8	3.2	1.1	0.2	9.0	7.7	76.7	4.5
8.2	5.6	77.5	4.8	3.6	0.4	8.1	7.5	70.0	9.3
7.1	6.4	77.6	5.0	3.5	0.6	6.9	8.8	71.5	7.9
8.3	6.6	78.1	3.3	2.9	0.5	8.5	9.1	73.8	5.2
9.3	8.6	74.6	4.5	2.6	0.4	9.3	9.5	71.4	6.3
10.8	4.7	77.4	4.0	2.7	0.4	10.9	5.9	67.3	9.8
10.0	6.4	75.0	5.3	3.5	0.1	9.6	7.8	70.3	8.2
8.8	5.7	77.3	4.4	3.5	0.1	9.0	8.8	71.8	8.0
9.5	7.1	79.0	2.9	1.9	0.5	8.6	9.5	74.0	4.7
11.9	6.9	77.5	2.0	1.7	0.4	11.5	9.6	74.5	3.8
10.0	9.4	71.5	5.6	3.1	0.4	10.1	9.8	67.7	8.2
9.1	9.2	74.7	3.3	2.6	0.6	9.5	10.5	72.0	5.0
8.8	7.2	78.0	4.3	2.0	0.1	8.4	8.2	75.1	5.3
9.3	6.0	76.5	4.9	3.2	0.4	9.0	7.0	69.8	9.6
7.6	5.6	75.4	6.3	4.1	0.5	8.1	7.2	68.6	10.7
8.1	3.2	81.4	4.2	3.9	0.2	7.1	5.4	69.0	12.7
8.4	4.0	78.9	4.6	3.6	0.5	8.4	5.3	73.4	8.5
5.5	6.1	78.4	5.5	4.1	0.4	5.5	8.0	73.8	7.6
5.9	5.5	78.7	4.7	4.5	0.6	6.1	7.3	73.6	8.5
7.3	5.9	81.4	3.0	2.5	0.2	7.1	7.8	73.4	6.9
6.8	7.1	76.2	6.5	3.2	0.4	6.6	10.1	69.6	8.2
6.6	5.1	79.3	5.0	3.7	0.6	6.2	7.7	71.9	8.0
5.3	10.3	72.7	6.5	4.6	0.9	5.0	13.6	65.9	9.7
7.9	6.7	73.1	6.5	5.5	0.5	7.8	9.9	64.6	11.7
8.1	7.2	76.4	4.1	4.2	0.7	7.4	9.3	71.7	6.6
7.2	6.2	79.3	2.6	2.1	1.6	8.2	7.6	74.7	4.9
7.1	5.4	76.8	3.9	4.3	0.4	9.3	8.2	73.2	7.2
6.6	6.2	78.5	4.1	3.0	0.3	7.9	8.9	73.2	6.2
7.7	7.7	77.0	3.4	3.5	0.4	7.9	11.3	70.9	5.2
9.5	6.0	78.2	3.0	2.7	0.5	9.6	8.5	74.2	4.7
9.8	9.1	79.4	2.9	1.3	0.8	6.5	11.8	73.5	3.2
7.2	6.4	79.1	3.1	3.2	0.5	7.8	9.5	75.2	4.7
7.6	7.2	79.4	3.4	2.3	0.9	6.8	8.4	76.8	4.3
9.2	8.5	77.9	2.3	1.4	0.9	9.1	12.1	72.0	4.3
8.3	5.1	81.6	2.2	2.4	0.2	8.5	8.0	75.2	4.5
9.8	6.8	77.8	3.1	1.9	0.9	9.4	7.6	75.7	4.0

10-2 续表 2

项　　目	3.企业研发活动专用仪器设备加速折旧政策				
	办理手续繁　琐	政府部门政策执行力度不够	其他原因	不知道此政　策	不具备享受该政策的资格
总　计	**2.9**	**0.3**	**9.1**	**7.2**	**78.8**
#国有及国有控股	2.1	0.5	11.7	7.9	76.7
一、按规模分					
大型企业	3.8	0.5	12.3	6.2	76.3
中型企业	3.3	0.3	10.7	6.9	77.9
小型企业	3.0	0.3	8.5	7.2	79.3
微型企业	1.9	0.3	8.7	8.0	78.6
二、按登记注册类型分					
内资企业	2.9	0.3	8.9	7.4	78.7
国有企业	2.3	0.7	10.5	9.5	76.0
集体企业	3.0		6.9	11.4	75.4
股份合作企业	1.1		12.1	3.2	81.9
联营企业	3.6		14.3	7.1	78.6
#国有联营企业			12.5	6.3	81.3
有限责任公司	2.2	0.4	10.8	7.3	78.5
#国有独资公司	1.5	0.4	11.6	7.7	77.9
股份有限公司	4.4	0.5	15.8	5.4	74.1
私营企业	3.2	0.3	7.8	7.4	79.1
其他企业				40.0	60.0
港、澳、台商投资企业	3.6	0.2	11.1	5.1	79.2
合资经营企业	3.6	0.3	13.7	5.8	77.4
合作经营企业	2.3		7.0	4.4	82.2
港、澳、台商独资经营企业	3.6	0.3	10.4	4.6	80.2
港、澳、台商投资股份有限公司	3.3		6.5	6.3	76.8
其他港、澳、台投资企业	2.8		11.1	12.5	77.5
外商投资企业	2.9	0.3	11.5	4.9	80.2
中外合资经营企业	2.4	0.4	11.9	5.8	78.8
中外合作经营企业	2.1		17.0	4.0	74.0
外资企业	3.2	0.2	11.1	4.5	81.1
外商投资股份有限公司	2.8		12.5	6.5	76.3
其他外商投资企业		2.4	9.5	2.3	86.0
三、按行业分					
采矿业	3.0	0.5	7.3	7.0	80.2
制造业	4.2	0.4	8.8	7.0	78.1
电力、热力、燃气及水生产和供应业	1.6	0.4	9.1	7.7	79.8
建筑业	1.8	0.4	7.0	10.9	77.8
批发和零售业	0.8	0.2	7.4	7.1	82.7
交通运输、仓储和邮政业	0.8	0.1	9.9	6.5	81.1
信息传输、软件和信息技术服务业	2.4	0.2	15.6	5.7	76.0

在认为下列政策效果不明显或未享受下列政策的企业家中，对主要原因作出不同判断的企业家占比(%)									
4.技术转让、技术开发收入免征增值税和技术转让减免所得税优惠政策				5.鼓励企业吸引和培养人才的相关政策					
吸引力不足	办理手续繁琐	政府部门政策执行力度不够	其他原因	不知道此政策	不具备享受该政策的资格	吸引力不足	办理手续繁琐	政府部门政策执行力度不够	其他原因
3.7	**1.8**	**0.3**	**8.3**	**13.4**	**63.0**	**15.3**	**2.3**	**0.9**	**5.1**
3.0	1.3	0.4	10.9	13.3	61.5	15.3	1.4	1.2	7.3
3.8	2.3	0.4	11.1	13.6	55.2	21.5	2.6	1.5	5.7
3.7	1.9	0.2	9.3	14.3	59.4	17.7	2.3	1.1	5.2
3.7	1.8	0.3	7.7	13.4	63.7	15.2	2.3	0.8	4.7
3.6	1.4	0.3	8.2	12.7	67.0	11.1	2.0	0.5	6.8
3.7	1.8	0.3	8.1	13.5	63.0	15.3	2.3	0.9	5.0
3.2	1.6	0.8	9.0	14.1	61.7	14.4	1.2	1.4	7.2
4.7	2.5		5.9	12.8	64.2	14.2	2.7	0.4	5.8
5.3			9.6	6.7	64.4	15.6	1.1	2.2	10.0
			14.3	20.8	45.8	20.8		4.2	8.3
			12.5	27.3	54.5	18.2			
2.8	1.4	0.3	9.7	13.6	62.2	15.1	1.8	1.1	6.1
2.3	1.1	0.5	10.6	12.9	61.9	14.5	1.3	1.6	7.8
4.0	2.2	0.2	14.1	13.3	53.5	22.9	2.0	1.3	7.0
4.1	2.0	0.2	7.2	13.5	63.6	15.2	2.5	0.7	4.4
				50.0		50.0			
3.8	1.9	0.3	9.6	12.6	63.8	14.2	2.1	1.0	6.3
2.7	1.6	0.3	12.3	12.7	61.6	14.6	0.8	1.8	8.5
6.7	2.2		4.4	9.1	65.9	13.6	4.5		6.8
4.2	2.2	0.4	8.5	11.6	65.4	13.9	2.7	0.7	5.7
6.3			10.7	25.6	53.8	16.7		1.3	2.6
2.5			7.5	29.0	51.6	16.1			3.2
3.3	1.2	0.1	10.3	12.0	62.7	15.8	2.1	0.6	6.9
3.1	1.2	0.1	11.0	11.4	63.8	15.6	1.9	0.8	6.5
4.0			18.0	17.6	52.9	19.6			9.8
3.2	1.2	0.1	9.9	11.8	62.8	15.7	2.1	0.4	7.2
6.5	1.1		9.7	16.4	52.5	18.0	6.6	3.3	3.3
4.7		2.3	4.7	15.4	61.5	15.4	2.6	2.6	2.6
3.5	2.1	0.3	6.9	11.4	66.7	14.2	2.3	0.6	4.8
4.5	2.3	0.3	7.8	12.9	61.1	18.0	2.9	0.9	4.2
2.4	1.0	0.3	8.9	13.6	67.6	10.4	1.0	0.7	6.7
2.9	1.4	0.3	6.8	16.2	63.6	12.5	1.7	0.8	5.3
2.0	1.0	0.2	7.0	14.1	67.7	10.6	1.6	0.8	5.3
2.3	0.5	0.3	9.5	11.6	69.1	10.0	1.0	0.7	7.5
3.1	1.8	0.3	13.1	16.9	56.4	15.3	2.6	1.1	7.7

10—2 续表 3

项目	3.企业研发活动专用仪器设备加速折旧政策				
	办理手续繁琐	政府部门政策执行力度不够	其他原因	不知道此政策	不具备享受该政策的资格
租赁和商务服务业	1.2	0.4	8.5	6.8	81.6
科学研究和技术服务业	2.5	0.3	13.3	5.5	77.6
水利、环境和公共设施管理业	1.4	0.1	9.6	7.2	80.8
四、按地区分					
东部地区	3.1	0.2	9.8	6.6	78.5
中部地区	3.3	0.4	8.1	7.3	78.7
西部地区	2.9	0.4	8.6	7.5	79.6
东北地区	1.9	0.2	10.6	8.1	77.0
北京	2.4	0.2	14.5	5.3	77.6
天津	2.3	0.2	11.1	6.6	77.4
河北	2.6	0.2	8.6	7.3	78.6
山西	1.9	0.5	9.3	8.3	79.3
内蒙古	1.8	0.3	10.1	7.1	79.6
辽宁	2.1	0.1	12.1	8.5	74.9
吉林	1.8	0.4	10.3	8.8	77.4
黑龙江	1.8	0.2	9.4	7.0	79.1
上海	3.0	0.3	10.3	6.3	78.5
江苏	3.3	0.4	9.7	6.5	77.0
浙江	3.0	0.2	9.7	4.9	82.9
安徽	3.1	0.3	9.4	4.1	82.2
福建	4.1	0.3	6.2	7.9	78.5
江西	3.6	0.3	6.8	6.6	80.2
山东	2.7	0.1	9.2	6.3	79.8
河南	4.1	0.3	7.7	7.5	76.1
湖北	3.4	0.5	8.6	6.2	79.9
湖南	3.3	0.6	6.9	12.2	73.6
广东	4.5	0.2	9.1	8.7	75.7
广西	3.8	0.4	8.2	8.9	76.7
海南	2.1	0.4	10.3	5.6	79.7
重庆	3.5	0.3	7.7	6.9	81.4
四川	3.1	0.4	8.3	7.1	79.5
贵州	3.9	0.3	8.5	9.1	77.2
云南	2.9	0.5	9.1	7.2	79.0
西藏	1.7	0.5	9.3	9.5	77.8
陕西	3.0	0.4	7.2	7.5	80.8
甘肃	1.9	0.9	7.7	7.3	81.4
青海	2.0	0.3	9.4	9.4	77.7
宁夏	2.7	0.5	9.1	6.4	83.1
新疆	1.8	0.6	10.3	6.1	80.3

在认为下列政策效果不明显或未享受下列政策的企业家中，对主要原因作出不同判断的企业家占比(%)									
4.技术转让、技术开发收入免征增值税和技术转让减免所得税优惠政策				5.鼓励企业吸引和培养人才的相关政策					
吸引力不足	办理手续繁琐	政府部门政策执行力度不够	其他原因	不知道此政策	不具备享受该政策的资格	吸引力不足	办理手续繁琐	政府部门政策执行力度不够	其他原因
2.3	0.8	0.4	8.1	13.3	67.9	10.1	1.4	0.7	6.6
3.6	2.0	0.1	11.2	16.5	58.2	17.1	1.5	0.9	5.9
2.1	0.6	0.0	9.3	11.8	66.6	13.2	1.3	0.8	6.3
4.1	1.8	0.2	8.8	13.6	62.7	15.2	2.4	0.9	5.2
4.3	2.1	0.4	7.2	12.6	62.3	17.5	2.4	0.8	4.4
2.9	1.8	0.3	7.9	13.9	63.2	14.7	2.2	1.0	5.0
3.6	1.2	0.1	9.9	13.1	64.8	13.2	1.5	0.4	6.9
3.1	1.6	0.2	12.2	17.7	59.1	14.0	2.1	0.9	6.2
4.1	1.3		10.7	13.8	62.6	14.0	1.9	0.5	7.3
4.0	1.5	0.2	8.5	13.9	63.9	14.8	1.8	0.3	5.2
2.5	1.3	0.5	8.1	13.7	63.1	14.4	1.4	1.2	6.2
2.0	1.3	0.3	9.8	14.5	62.7	14.1	1.5	0.7	6.5
4.6	1.4	0.1	10.5	14.4	61.9	14.7	1.6	0.3	7.2
2.6	1.2	0.2	9.9	13.6	65.9	11.6	1.6	0.3	7.0
3.5	0.9	0.1	9.3	11.2	67.3	13.0	1.3	0.7	6.6
4.0	1.9	0.4	8.8	15.6	61.5	13.9	2.6	0.9	5.4
5.3	2.2	0.4	8.7	12.8	63.2	16.2	2.5	0.7	4.6
3.3	1.4	0.2	7.4	9.4	67.8	15.6	2.1	0.9	4.2
3.4	1.8	0.3	8.2	9.0	66.1	17.9	2.1	0.6	4.4
5.1	2.6	0.1	5.8	11.4	65.6	14.3	3.7	0.7	4.3
4.3	2.6	0.3	6.1	11.1	65.9	15.9	3.0	1.0	3.1
3.4	1.2	0.0	9.3	10.7	67.8	14.3	1.6	0.7	5.0
6.6	2.3	0.2	7.4	13.5	59.8	18.8	2.5	0.3	5.0
4.0	2.1	0.3	7.5	12.1	61.9	18.9	2.2	0.6	4.3
5.3	2.5	0.5	5.9	16.6	56.6	19.2	3.2	1.2	3.1
4.8	2.5	0.2	7.9	17.5	56.1	17.5	3.1	1.4	4.4
3.7	2.8	0.5	7.5	15.3	62.5	13.9	2.6	1.0	4.7
2.8	1.4	0.9	9.6	11.0	58.0	18.2	2.6	2.5	7.8
2.8	2.2	0.2	6.5	13.0	67.4	12.1	2.7	0.8	4.1
3.3	2.1	0.2	8.0	13.0	63.7	15.1	2.5	0.9	4.8
3.3	2.5	0.2	7.7	14.4	61.0	15.4	2.9	0.6	5.7
2.6	2.0	0.2	9.0	13.6	64.3	13.9	2.0	0.8	5.4
2.0	2.0	0.2	8.6	16.7	59.4	11.7	3.6	1.7	6.9
3.2	1.9	0.2	6.4	15.7	59.8	16.9	2.7	1.2	3.7
2.7	1.0	0.7	6.9	12.5	63.7	16.4	1.4	1.8	4.3
2.6	1.3	0.3	8.8	14.7	65.0	10.5	1.7	1.8	6.3
1.8	0.9	0.3	7.5	13.1	62.5	16.2	1.7	0.9	5.6
2.8	0.8	0.5	9.5	11.9	64.5	15.5	1.4	0.9	5.8

10-2 续表 4

项目	6.金融支持相关政策				
	不知道此政策	不具备享受该政策的资格	吸引力不足	办理手续繁琐	政府部门政策执行力度不够
总计	**12.5**	**61.4**	**10.2**	**6.8**	**1.6**
#国有及国有控股	12.5	65.6	7.6	3.0	1.3
一、按规模分					
大型企业	12.7	59.8	11.1	4.3	1.5
中型企业	12.6	60.0	10.8	6.1	1.6
小型企业	12.4	61.1	10.4	7.4	1.7
微型企业	12.6	64.9	7.9	5.8	1.1
二、按登记注册类型分					
内资企业	12.7	61.3	10.1	7.0	1.6
国有企业	13.0	66.4	7.0	3.4	1.6
集体企业	14.5	65.2	8.4	5.3	0.9
股份合作企业	10.1	66.3	9.0	6.7	1.1
联营企业	24.1	51.7	10.3	3.4	
#国有联营企业	17.6	58.8	11.8	5.9	
有限责任公司	12.8	63.4	8.4	4.8	1.4
#国有独资公司	12.1	66.1	8.1	2.5	1.6
股份有限公司	11.5	57.0	11.5	5.6	3.0
私营企业	12.6	60.4	10.9	8.2	1.7
其他企业	66.7	33.3			
港、澳、台商投资企业	11.5	62.0	10.8	4.8	0.9
合资经营企业	12.2	64.1	9.1	2.6	1.2
合作经营企业	9.3	76.7	4.7	7.0	
港、澳、台商独资经营企业	11.0	61.3	11.6	5.4	0.8
港、澳、台商投资股份有限公司	12.3	58.0	7.4	12.3	1.2
其他港、澳、台投资企业	25.8	48.4	16.1		
外商投资企业	9.7	62.1	10.9	3.3	0.7
中外合资经营企业	10.3	61.8	11.9	3.8	0.6
中外合作经营企业	9.8	54.9	17.6	2.0	
外资企业	9.3	63.0	10.2	3.1	0.4
外商投资股份有限公司	14.3	46.8	11.7	5.2	9.1
其他外商投资企业	9.3	65.1	14.0	2.3	2.3
三、按行业分					
采矿业	10.8	67.0	8.0	7.5	1.3
制造业	11.9	58.2	12.5	8.5	1.8
电力、热力、燃气及水生产和供应业	13.4	68.7	5.0	4.0	1.4
建筑业	15.5	63.7	7.1	6.1	1.6
批发和零售业	12.9	66.6	8.7	4.6	1.1
交通运输、仓储和邮政业	11.0	68.8	7.0	3.2	1.3
信息传输、软件和信息技术服务业	14.7	55.4	9.0	5.8	1.2

在认为下列政策效果不明显或未享受下列政策的企业家中，对主要原因作出不同判断的企业家占比(%)									
	7.创造和保护知识产权的相关政策						8.优先发展产业的支持政策		
其他原因	不知道此政策	不具备享受该政策的资格	吸引力不足	办理手续繁琐	政府部门政策执行力度不够	其他原因	不知道此政策	不具备享受该政策的资格	吸引力不足
7.6	**12.7**	**72.6**	**6.5**	**2.5**	**0.6**	**5.2**	**16.4**	**70.7**	**6.0**
10.1	12.3	72.3	5.6	1.6	0.7	7.6	15.0	71.6	4.8
10.5	12.9	68.3	8.7	2.7	1.0	6.4	17.2	68.8	6.3
8.9	12.8	70.9	7.5	2.6	0.7	5.6	17.0	69.8	5.8
7.0	12.9	72.9	6.4	2.6	0.6	4.6	16.5	70.8	6.1
7.6	11.6	74.7	5.0	1.6	0.4	6.6	14.4	72.0	5.7
7.3	12.8	72.5	6.5	2.5	0.6	5.0	16.4	70.6	6.0
8.7	13.2	72.8	5.1	1.6	0.8	6.5	15.4	71.2	4.7
5.7	13.7	72.6	5.8	2.2		5.8	16.6	68.1	7.4
6.7	8.4	72.3	9.6	2.4		7.2	12.6	72.4	5.7
10.3	12.5	62.5	12.5			12.5	21.7	69.6	4.3
5.9	7.1	71.4	14.3			7.1	7.1	85.7	7.1
9.2	12.6	73.2	5.5	1.7	0.7	6.3	16.4	71.1	4.9
9.6	11.5	73.7	4.7	1.5	0.9	7.7	14.3	71.9	4.7
11.4	13.7	64.2	10.2	2.8	0.8	8.2	18.7	66.2	6.3
6.2	12.9	72.6	6.8	2.9	0.6	4.3	16.4	70.5	6.5
	40.0	60.0					66.7	33.3	
9.9	10.7	73.6	7.0	2.0	0.6	6.0	16.3	71.4	5.3
10.7	11.9	72.9	7.2	1.4	0.5	6.2	16.7	71.7	5.5
2.3	15.8	76.3	2.6	2.6		2.6	19.5	73.2	2.4
9.9	9.7	74.1	7.0	2.4	0.6	6.2	15.9	71.3	5.3
8.6	14.7	72.1	8.8		1.5	2.9	17.4	72.8	4.3
9.7	24.1	62.1	6.9			6.9	20.0	66.7	6.7
13.2	10.4	73.5	6.6	1.8	0.5	7.3	15.1	73.2	5.5
11.5	11.8	72.1	8.0	1.5	0.7	5.9	17.4	71.3	5.4
15.7	10.6	66.0	6.4	4.3		12.8	13.0	71.7	4.3
14.0	9.5	74.7	5.8	1.8	0.2	7.9	13.9	74.5	5.4
13.0	20.3	62.5	6.3	1.6	4.7	4.7	21.9	65.8	4.1
7.0	5.0	75.0	12.5	2.5	2.5	2.5	12.2	70.7	14.6
5.4	9.9	76.9	5.5	2.4	0.4	4.9	12.0	75.5	5.3
7.1	13.2	70.0	8.6	3.5	0.7	4.0	17.3	68.6	7.5
7.4	11.3	76.7	3.5	0.9	0.5	7.2	14.1	74.5	3.8
6.1	13.9	74.2	4.5	1.6	0.4	5.3	16.9	72.1	4.3
6.1	10.3	79.3	3.5	1.2	0.2	5.5	13.2	76.5	3.8
8.7	9.6	78.2	3.2	0.7	0.3	7.9	11.7	76.0	3.8
14.0	17.2	65.7	6.4	2.2	0.8	7.6	22.9	63.8	5.0

10-2 续表 5

项　目	6.金融支持相关政策				
	不知道此政　策	不具备享受该政策的资格	吸引力不　足	办理手续繁　琐	政府部门政策执行力度不够
租赁和商务服务业	12.4	66.9	7.3	4.4	1.0
科学研究和技术服务业	13.9	57.3	11.5	4.9	1.1
水利、环境和公共设施管理业	12.1	66.2	7.5	4.8	1.6
四、按地区分					
东部地区	12.9	60.6	11.1	5.6	1.3
中部地区	11.5	59.8	11.5	8.5	1.8
西部地区	12.5	62.8	8.5	7.5	1.9
东北地区	12.7	63.0	9.3	5.0	0.9
北　京	12.7	60.9	8.8	4.9	0.9
天　津	13.6	60.4	11.6	3.3	0.8
河　北	13.4	61.3	10.1	6.4	1.0
山　西	13.6	64.7	7.5	5.7	1.5
内蒙古	13.7	63.9	7.0	5.7	1.5
辽　宁	14.1	59.3	11.0	5.3	0.9
吉　林	12.8	63.7	8.3	4.7	1.0
黑龙江	10.8	66.7	8.3	5.1	0.8
上　海	14.8	59.5	11.5	4.7	1.0
江　苏	12.5	60.1	12.4	4.7	1.4
浙　江	11.0	63.5	12.7	4.5	1.2
安　徽	8.8	61.0	13.0	7.4	0.9
福　建	12.0	61.0	11.1	8.3	2.0
江　西	10.8	62.7	10.6	8.7	2.1
山　东	10.5	64.6	10.1	5.2	1.2
河　南	10.6	59.0	12.8	9.1	1.6
湖　北	10.5	57.1	12.2	9.9	2.6
湖　南	15.2	54.1	12.7	10.3	1.9
广　东	15.6	54.7	12.6	7.9	1.8
广　西	12.6	62.0	9.3	7.5	2.1
海　南	12.5	61.5	8.3	6.0	2.2
重　庆	11.1	62.6	10.0	7.3	1.8
四　川	11.7	62.4	9.7	8.0	1.4
贵　州	14.6	58.6	9.5	8.9	1.2
云　南	12.5	63.9	7.6	7.1	2.2
西　藏	14.9	62.6	4.6	10.0	2.6
陕　西	13.6	60.5	8.8	9.8	2.0
甘　肃	11.7	64.6	8.8	6.8	2.7
青　海	13.0	65.3	6.3	6.1	2.2
宁　夏	11.2	65.5	6.8	6.5	2.1
新　疆	10.8	65.7	7.9	6.4	2.0

在认为下列政策效果不明显或未享受下列政策的企业家中，对主要原因作出不同判断的企业家占比(%)									
	7.创造和保护知识产权的相关政策						8.优先发展产业的支持政策		
其他原因	不知道此政策	不具备享受该政策的资格	吸引力不足	办理手续繁琐	政府部门政策执行力度不够	其他原因	不知道此政策	不具备享受该政策的资格	吸引力不足
8.0	11.1	77.8	3.5	1.2	0.4	6.0	13.8	75.5	3.6
11.4	16.0	68.3	7.5	2.1	0.8	5.3	21.3	66.6	5.5
7.9	10.9	76.7	4.1	1.3	0.2	6.8	14.4	74.2	4.2
8.4	13.5	70.8	7.4	2.4	0.6	5.3	17.6	69.7	6.2
6.9	12.0	73.2	7.0	2.8	0.6	4.4	15.0	71.0	6.9
6.8	12.2	74.1	5.6	2.5	0.6	5.0	16.1	71.6	5.3
9.1	12.5	72.6	5.7	1.8	0.4	7.0	15.5	71.0	5.7
11.8	15.1	68.8	7.0	2.1	0.7	6.4	20.5	67.7	4.9
10.3	13.9	70.5	7.0	1.6	0.2	6.8	17.9	69.1	5.8
7.8	13.3	71.9	6.6	2.5	0.4	5.4	16.7	70.3	6.1
7.0	11.5	75.8	4.1	1.7	0.6	6.1	14.3	73.0	4.7
8.2	11.8	75.2	4.2	1.4	0.7	6.7	15.3	73.2	3.6
9.5	14.0	69.8	6.5	2.1	0.2	7.4	17.3	68.8	6.5
9.5	12.9	72.7	5.3	1.7	0.4	7.1	15.2	71.8	4.5
8.3	10.3	75.8	5.4	1.5	0.5	6.6	13.8	72.9	5.9
8.4	15.3	69.5	6.9	2.4	0.6	5.4	19.4	68.3	6.0
8.8	11.8	70.9	8.9	2.6	0.6	5.2	15.8	70.1	7.4
7.2	11.4	74.0	7.6	2.2	0.6	4.2	14.4	74.0	6.7
8.8	9.0	76.7	6.9	2.2	0.6	4.6	12.2	75.9	5.6
5.5	12.5	72.3	7.5	3.3	0.5	4.0	14.6	71.3	7.1
5.1	10.9	75.2	6.5	3.0	0.7	3.7	12.7	73.0	6.9
8.4	11.5	75.0	6.1	1.7	0.5	5.3	14.4	74.2	5.3
6.9	11.9	70.4	9.0	3.5	0.4	4.8	14.5	68.6	8.6
7.7	12.0	73.4	7.4	2.8	0.4	4.0	16.2	70.6	7.4
5.9	17.7	67.1	7.9	3.6	0.9	2.8	20.6	63.9	8.5
7.4	17.1	64.1	9.5	3.7	1.0	4.7	23.7	62.8	6.6
6.4	13.4	72.5	5.3	3.1	0.9	4.8	17.3	69.8	5.9
9.5	11.8	73.3	5.0	1.4	1.6	6.9	16.7	70.4	4.6
7.3	11.8	74.4	6.3	3.2	0.4	4.0	16.1	73.4	4.7
6.8	12.4	72.8	7.1	2.8	0.6	4.4	17.1	70.1	5.9
7.2	12.5	72.4	6.3	3.4	0.4	5.2	17.2	68.5	6.1
6.7	11.7	74.8	5.2	2.5	0.3	5.5	15.3	72.9	4.3
5.4	14.1	74.2	3.4	2.1	0.8	5.5	16.2	72.4	5.6
5.2	14.4	72.6	5.6	3.1	0.6	3.7	17.6	69.9	5.8
5.4	10.9	76.8	5.9	1.1	1.3	4.1	14.8	72.5	6.4
7.2	12.4	73.1	4.5	2.8	0.6	6.7	17.0	72.3	3.8
7.8	11.9	75.5	4.8	2.1	0.7	5.0	14.7	74.6	4.1
7.3	9.9	76.7	5.0	1.3	0.6	6.4	12.8	73.5	5.9

10-2 续表 6

项　目	8.优先发展产业的支持政策				
	办理手续繁　琐	政府部门政策执行力度不够	其他原因	不知道此政　策	不具备享受该政策的资格
总　计	**1.9**	**0.8**	**4.3**	**12.8**	**74.5**
#国有及国有控股	1.0	1.1	6.6	11.9	74.0
一、按规模分					
大型企业	1.6	1.5	4.6	12.9	70.9
中型企业	1.8	0.9	4.7	12.9	73.7
小型企业	2.0	0.8	3.8	12.9	74.8
微型企业	1.5	0.6	5.8	12.0	75.6
二、按登记注册类型分					
内资企业	1.9	0.8	4.2	12.9	74.4
国有企业	1.5	1.1	6.1	12.8	73.9
集体企业	1.7	0.9	5.2	14.9	72.8
股份合作企业	2.3		6.9	10.7	76.2
联营企业			4.3	18.2	68.2
#国有联营企业				15.4	76.9
有限责任公司	1.2	1.0	5.4	12.3	75.0
#国有独资公司	0.8	1.3	7.0	11.5	74.4
股份有限公司	1.3	1.1	6.3	13.8	68.4
私营企业	2.2	0.8	3.6	13.0	74.4
其他企业				50.0	50.0
港、澳、台商投资企业	1.8	0.7	4.6	12.0	75.0
合资经营企业	0.8	1.1	4.2	13.7	73.5
合作经营企业	2.4		2.4	9.8	85.4
港、澳、台商独资经营企业	2.2	0.6	4.8	11.0	75.6
港、澳、台商投资股份有限公司	1.1	1.1	3.3	15.5	70.2
其他港、澳、台投资企业			6.7	20.6	70.6
外商投资企业	0.9	0.5	4.8	11.3	76.1
中外合资经营企业	1.2	0.6	4.2	12.9	74.5
中外合作经营企业			10.9	12.5	64.6
外资企业	0.8	0.3	5.1	10.6	77.4
外商投资股份有限公司	1.4	2.7	4.1	12.5	70.8
其他外商投资企业		2.4		9.3	74.4
三、按行业分					
采矿业	2.0	1.0	4.2	10.0	77.8
制造业	2.6	0.9	3.2	13.3	72.7
电力、热力、燃气及水生产和供应业	1.0	0.7	5.9	11.6	77.0
建筑业	1.3	0.7	4.7	14.3	75.1
批发和零售业	1.1	0.6	4.9	10.4	80.4
交通运输、仓储和邮政业	0.7	0.6	7.2	9.7	78.9
信息传输、软件和信息技术服务业	1.2	1.0	6.1	15.5	70.6

在认为下列政策效果不明显或未享受下列政策的企业家中，对主要原因作出不同判断的企业家占比(%)									
9.促进科技成果转化相关政策				10.关于推进大众创业万众创新的各项政策					
吸引力不足	办理手续繁琐	政府部门政策执行力度不够	其他原因	不知道此政策	不具备享受该政策的资格	吸引力不足	办理手续繁琐	政府部门政策执行力度不够	其他原因
5.5	**1.9**	**0.4**	**4.9**	**17.6**	**68.5**	**7.3**	**1.7**	**0.5**	**4.5**
4.7	1.3	0.5	7.6	16.1	70.1	5.8	0.9	0.6	6.6
7.3	2.4	0.8	5.8	17.0	67.1	8.2	1.1	1.2	5.3
5.9	2.0	0.5	5.1	18.4	67.8	7.0	1.5	0.6	4.7
5.5	2.0	0.4	4.4	18.0	68.4	7.4	1.8	0.5	3.9
4.4	1.3	0.3	6.4	15.0	70.3	6.8	1.5	0.3	6.0
5.5	1.9	0.4	4.8	17.7	68.3	7.4	1.7	0.5	4.4
4.0	1.4	0.7	7.3	17.1	68.9	5.7	1.2	0.7	6.4
5.3	1.8		5.3	15.3	71.2	7.0	0.9	0.4	5.2
3.6	1.2	1.2	7.1	11.1	68.9	11.1		1.1	7.8
			13.6	17.9	60.7	7.1	3.6		10.7
			7.7	17.6	64.7	11.8			5.9
4.6	1.4	0.5	6.2	17.2	69.4	6.2	1.2	0.6	5.5
4.3	1.4	0.5	7.9	15.0	70.8	5.3	0.9	0.8	7.2
7.2	1.5	1.0	8.2	18.4	64.8	8.5	1.1	0.9	6.4
5.9	2.2	0.4	4.0	17.9	68.0	7.9	2.0	0.5	3.8
				50.0	25.0	25.0			
5.4	1.6	0.4	5.7	16.6	69.8	6.6	1.5	0.4	5.1
5.8	1.0	0.5	5.6	17.7	70.3	5.9	0.7	0.3	5.2
2.4			2.4	11.4	75.0	9.1	2.3		2.3
5.2	1.9	0.4	5.9	15.9	69.5	7.0	1.8	0.5	5.2
7.1	2.4		4.8	19.0	73.0	4.0	1.0		3.0
2.9			5.9	25.0	58.3	8.3			8.3
4.9	1.4	0.3	6.0	16.8	70.7	5.5	1.1	0.4	5.4
5.2	1.8	0.2	5.5	18.0	70.5	5.5	1.1	0.4	4.5
6.3			16.7	14.3	65.3	10.2			10.2
4.6	1.2	0.2	6.1	16.0	71.3	5.4	1.1	0.2	5.9
8.3	1.4	2.8	4.2	23.3	62.8	4.7	1.2	2.3	5.8
7.0	2.3	2.3	4.7	17.4	69.6	8.7	2.2	2.2	
4.9	2.2	0.4	4.7	13.3	72.9	6.7	2.1	0.5	4.4
7.1	2.6	0.5	3.8	18.6	66.3	8.9	2.2	0.6	3.4
3.3	1.1	0.2	6.8	14.5	73.5	4.1	1.1	0.4	6.4
4.1	1.1	0.4	5.0	18.3	69.1	6.1	1.3	0.5	4.8
2.7	0.9	0.2	5.4	14.8	74.2	4.6	1.2	0.4	4.7
2.9	0.5	0.4	7.6	12.7	74.5	4.5	0.6	0.3	7.3
4.9	1.7	0.2	7.1	23.2	62.1	6.5	1.1	0.6	6.5

10-2 续表 7

项　目	8.优先发展产业的支持政策				
	办理手续繁　琐	政府部门政策执行力度不够	其他原因	不知道此政　策	不具备享受该政策的资格
租赁和商务服务业	0.8	0.7	5.5	11.1	79.3
科学研究和技术服务业	0.9	0.8	4.8	15.9	70.3
水利、环境和公共设施管理业	1.1	0.7	5.5	11.0	78.3
四、按地区分					
东部地区	1.7	0.7	4.2	13.6	73.2
中部地区	2.3	1.0	3.8	12.3	74.4
西部地区	1.9	0.9	4.2	12.2	76.2
东北地区	1.4	0.5	5.9	12.4	74.0
北　京	0.8	0.7	5.3	16.1	70.9
天　津	0.9	0.3	5.9	14.2	71.8
河　北	2.0	0.6	4.3	12.7	74.2
山　西	1.2	1.5	5.2	12.5	75.6
内蒙古	1.2	0.9	5.7	11.5	76.8
辽　宁	1.3	0.4	5.7	14.3	70.6
吉　林	1.9	0.5	6.2	12.3	74.9
黑龙江	1.1	0.5	5.9	10.1	77.2
上　海	1.7	0.7	4.0	14.7	72.9
江　苏	1.8	0.8	4.1	11.8	74.3
浙　江	1.4	0.5	3.1	11.4	76.3
安　徽	1.9	0.6	3.9	9.0	79.1
福　建	3.0	0.5	3.5	11.6	75.0
江　西	3.1	1.1	3.2	10.9	75.7
山　东	1.5	0.4	4.2	12.1	76.7
河　南	2.9	1.1	4.4	11.9	72.7
湖　北	1.9	0.6	3.3	12.1	75.1
湖　南	2.8	1.3	2.9	18.2	67.1
广　东	2.5	1.0	3.4	18.4	66.1
广　西	2.1	0.8	4.1	12.9	74.4
海　南	1.2	1.3	5.9	12.1	75.6
重　庆	1.9	0.6	3.3	12.6	76.8
四　川	2.4	0.7	3.8	11.7	76.4
贵　州	3.0	0.9	4.2	14.5	72.9
云　南	1.7	1.1	4.8	11.7	76.7
西　藏	1.6	0.8	3.4	13.5	77.4
陕　西	2.5	1.2	3.0	13.6	75.4
甘　肃	1.3	1.5	3.5	11.2	77.4
青　海	2.1	0.7	4.1	13.3	75.9
宁　夏	1.2	0.8	4.6	10.6	79.3
新　疆	1.1	1.1	5.6	9.4	78.2

在认为下列政策效果不明显或未享受下列政策的企业家中，对主要原因作出不同判断的企业家占比(%)									
9.促进科技成果转化相关政策				10.关于推进大众创业万众创新的各项政策					
吸引力不足	办理手续繁琐	政府部门政策执行力度不够	其他原因	不知道此政策	不具备享受该政策的资格	吸引力不足	办理手续繁琐	政府部门政策执行力度不够	其他原因
2.5	0.7	0.4	5.9	15.5	72.9	4.8	0.8	0.6	5.4
5.9	1.9	0.6	5.5	22.3	64.4	7.3	0.8	0.4	4.8
3.1	1.1	0.2	6.3	14.5	73.1	5.3	1.0	0.2	5.9
6.0	2.0	0.4	4.9	19.0	67.3	7.3	1.6	0.4	4.5
6.4	2.1	0.5	4.3	16.6	68.2	8.7	2.0	0.7	3.9
4.5	1.9	0.5	4.8	16.7	69.8	6.8	1.8	0.6	4.3
5.3	1.4	0.3	6.6	17.1	68.8	6.4	1.3	0.3	6.1
5.2	1.6	0.4	5.8	22.0	65.2	6.5	0.6	0.5	5.1
5.9	1.3	0.1	6.7	18.5	66.8	7.0	0.9	0.2	6.5
5.8	1.9	0.2	5.3	17.3	68.8	7.5	1.6	0.3	4.6
4.2	1.4	0.5	5.8	16.1	70.2	6.6	1.3	0.6	5.3
2.8	1.5	0.4	7.0	15.1	71.2	5.0	1.4	0.8	6.4
6.5	1.7	0.3	6.5	19.7	65.7	7.3	1.4	0.2	5.7
4.4	1.5	0.4	6.6	17.1	69.1	5.5	1.3	0.5	6.5
4.8	0.9	0.3	6.7	14.1	72.3	6.1	1.1	0.2	6.3
5.2	2.1	0.4	4.8	22.1	64.8	6.8	1.4	0.4	4.4
6.7	2.0	0.5	4.7	17.6	68.3	7.6	1.7	0.4	4.4
6.7	1.5	0.3	3.9	16.8	71.3	7.1	1.3	0.4	3.1
5.1	1.8	0.4	4.5	14.5	72.5	7.3	1.5	0.4	3.9
6.3	2.9	0.3	3.9	16.1	69.6	7.5	2.8	0.4	3.6
6.5	2.6	0.4	3.8	15.0	70.3	8.4	2.1	0.9	3.4
4.8	1.5	0.1	4.8	15.9	71.4	6.8	1.4	0.1	4.4
8.1	2.6	0.3	4.5	14.9	66.1	11.8	2.4	0.7	4.1
6.4	1.8	0.6	4.0	17.3	67.7	8.0	2.4	0.6	4.1
8.4	2.7	0.9	2.7	22.2	61.6	10.5	2.2	0.9	2.7
7.8	3.1	0.7	3.9	24.5	59.8	8.8	2.3	0.8	3.7
5.3	2.3	0.5	4.6	18.2	67.5	7.5	2.1	0.6	4.1
3.9	1.0	1.0	6.5	16.5	69.3	6.2	1.3	0.9	5.9
4.2	2.3	0.2	3.8	17.0	71.0	6.1	2.0	0.4	3.4
5.1	2.1	0.5	4.2	17.9	68.9	6.8	2.1	0.5	3.8
5.3	2.5	0.4	4.4	16.9	67.3	8.5	2.6	0.4	4.3
4.1	1.6	0.6	5.3	16.1	71.5	5.5	1.6	0.6	4.8
3.0	1.5	0.3	4.3	17.4	69.9	7.2	1.2	0.2	4.0
4.8	2.4	0.4	3.4	19.6	66.9	7.7	2.1	0.8	2.9
4.8	1.2	0.9	4.4	14.8	71.5	7.5	1.1	1.1	3.9
3.1	1.1	0.4	6.4	17.5	69.6	5.6	1.3	0.5	5.5
3.5	1.4	0.5	4.8	15.3	72.8	5.8	1.2	0.5	4.4
4.6	1.0	0.4	6.3	13.3	72.6	6.8	0.9	0.7	5.7

十一、规模以下企业创新及相关情况（2022 年）

11-1 规模以下企业

项目	调查企业数(个)	#开展创新活动企业	#实现创新企业	#实现产品或工艺创新企业	#实现产品创新企业	#实现工艺创新企业	#实现组织或营销创新企业
总计	**100823**	**15550**	**14508**	**6949**	**4198**	**3849**	**8563**
一、按行业分							
采矿业	3623	349	323	114	44	87	229
制造业	47598	7587	7162	3858	2100	2427	3832
电力、热力、燃气及水生产和供应业	4444	441	406	151	54	113	269
交通运输、仓储和邮政业	13373	1335	1245	290	213	107	1018
信息传输、软件和信息技术服务业	8861	2221	2041	1191	908	449	1030
租赁和商务服务业	10028	1275	1178	289	227	104	950
科学研究和技术服务业	6820	1458	1326	752	487	383	671
水利、环境和公共设施管理业	6076	884	827	304	165	179	564
二、按地区分							
东部地区	47927	7783	7252	3731	2257	2086	4022
中部地区	20600	3509	3345	1479	879	821	2075
西部地区	25820	3654	3355	1484	912	805	2135
东北地区	6476	604	556	255	150	137	331
北京	2261	366	310	226	151	115	114
天津	3435	391	355	242	149	130	136
河北	4032	634	585	208	115	123	408
山西	2460	427	408	151	87	81	280
内蒙古	2508	369	341	142	101	66	215
辽宁	3203	175	162	106	57	65	70
吉林	1644	194	178	68	44	27	118
黑龙江	1629	235	216	81	49	45	143
上海	3305	416	372	270	176	139	140
江苏	7341	1133	1077	533	290	333	611
浙江	7698	1460	1354	732	440	382	689
安徽	4816	578	537	323	189	186	267
福建	3535	676	639	264	179	118	413
江西	2825	363	339	138	79	77	220
山东	5252	1050	1000	401	232	235	661
河南	4171	975	950	342	217	181	653
湖北	3286	557	531	241	155	127	326
湖南	3042	609	580	284	152	169	329
广东	9786	1415	1334	778	474	471	685
广西	1976	296	281	108	76	49	198
海南	1282	242	226	77	51	40	165
重庆	3383	366	345	157	87	89	212
四川	2705	567	516	200	112	117	351
贵州	2018	311	289	113	76	56	211
云南	2237	319	298	140	85	76	187
西藏	2391	223	199	69	38	42	149
陕西	2030	301	274	155	109	70	133
甘肃	1936	242	225	101	56	56	145
青海	1294	118	107	48	33	24	71
宁夏	1444	253	226	151	76	100	89
新疆	1898	289	254	100	63	60	174

创新活动基本情况

		在调查企业中占比(%)							
#实现组织创新企业	#实现营销创新企业	#开展创新活动企业	#实现创新企业	#实现产品或工艺创新企业	#实现产品创新企业	#实现工艺创新企业	#实现组织或营销创新企业	#实现组织创新企业	#实现营销创新企业
4939	**4409**	**15.4**	**14.4**	**6.9**	**4.2**	**3.8**	**8.5**	**4.9**	**4.4**
171	83	9.6	8.9	3.1	1.2	2.4	6.3	4.7	2.3
1843	2370	15.9	15.0	8.1	4.4	5.1	8.1	3.9	5.0
204	81	9.9	9.1	3.4	1.2	2.5	6.1	4.6	1.8
692	417	10.0	9.3	2.2	1.6	0.8	7.6	5.2	3.1
609	532	25.1	23.0	13.4	10.2	5.1	11.6	6.9	6.0
592	426	12.7	11.7	2.9	2.3	1.0	9.5	5.9	4.2
440	289	21.4	19.4	11.0	7.1	5.6	9.8	6.5	4.2
388	211	14.5	13.6	5.0	2.7	2.9	9.3	6.4	3.5
2251	2121	16.2	15.1	7.8	4.7	4.4	8.4	4.7	4.4
1229	1025	17.0	16.2	7.2	4.3	4.0	10.1	6.0	5.0
1247	1113	14.2	13.0	5.7	3.5	3.1	8.3	4.8	4.3
212	150	9.3	8.6	3.9	2.3	2.1	5.1	3.3	2.3
68	57	16.2	13.7	10.0	6.7	5.1	5.0	3.0	2.5
80	71	11.4	10.3	7.0	4.3	3.8	4.0	2.3	2.1
235	197	15.7	14.5	5.2	2.9	3.1	10.1	5.8	4.9
189	113	17.4	16.6	6.1	3.5	3.3	11.4	7.7	4.6
139	96	14.7	13.6	5.7	4.0	2.6	8.6	5.5	3.8
39	38	5.5	5.1	3.3	1.8	2.0	2.2	1.2	1.2
82	47	11.8	10.8	4.1	2.7	1.6	7.2	5.0	2.9
91	65	14.4	13.3	5.0	3.0	2.8	8.8	5.6	4.0
96	65	12.6	11.3	8.2	5.3	4.2	4.2	2.9	2.0
319	339	15.4	14.7	7.3	4.0	4.5	8.3	4.3	4.6
369	370	19.0	17.6	9.5	5.7	5.0	9.0	4.8	4.8
152	146	12.0	11.2	6.7	3.9	3.9	5.5	3.2	3.0
241	206	19.1	18.1	7.5	5.1	3.3	11.7	6.8	5.8
113	124	12.9	12.0	4.9	2.8	2.7	7.8	4.0	4.4
351	364	20.0	19.0	7.6	4.4	4.5	12.6	6.7	6.9
362	341	23.4	22.8	8.2	5.2	4.3	15.7	8.7	8.2
184	164	17.0	16.2	7.3	4.7	3.9	9.9	5.6	5.0
229	137	20.0	19.1	9.3	5.0	5.6	10.8	7.5	4.5
396	373	14.5	13.6	8.0	4.8	4.8	7.0	4.0	3.8
113	102	15.0	14.2	5.5	3.8	2.5	10.0	5.7	5.2
96	79	18.9	17.6	6.0	4.0	3.1	12.9	7.5	6.2
122	112	10.8	10.2	4.6	2.6	2.6	6.3	3.6	3.3
211	185	21.0	19.1	7.4	4.1	4.3	13.0	7.8	6.8
125	118	15.4	14.3	5.6	3.8	2.8	10.5	6.2	5.8
116	90	14.3	13.3	6.3	3.8	3.4	8.4	5.2	4.0
83	82	9.3	8.3	2.9	1.6	1.8	6.2	3.5	3.4
81	63	14.8	13.5	7.6	5.4	3.4	6.6	4.0	3.1
80	77	12.5	11.6	5.2	2.9	2.9	7.5	4.1	4.0
44	32	9.1	8.3	3.7	2.6	1.9	5.5	3.4	2.5
22	71	17.5	15.7	10.5	5.3	6.9	6.2	1.5	4.9
111	85	15.2	13.4	5.3	3.3	3.2	9.2	5.8	4.5

11−2 规模以下工业企业

项 目	调查企业数（个）	#开展创新活动企业	#实现创新企业	#实现产品或工艺创新企业	#实现产品创新企业	#实现工艺创新企业	#实现组织或营销创新企业
总 计	**55665**	**8377**	**7891**	**4123**	**2198**	**2627**	**4330**
一、按行业分							
采矿业	**3623**	**349**	**323**	**114**	**44**	**87**	**229**
煤炭开采和洗选业	618	66	62	17	7	13	46
石油和天然气开采业	55	7	6	3	2	3	3
黑色金属矿采选业	720	66	57	31	11	22	30
有色金属矿采选业	426	44	42	10	3	8	33
非金属矿采选业	849	103	99	32	12	25	75
开采专业及辅助性活动	680	41	35	17	8	12	21
其他采矿业	275	22	22	4	1	4	21
制造业	**47598**	**7587**	**7162**	**3858**	**2100**	**2427**	**3832**
农副食品加工业	1997	294	276	125	63	79	169
食品制造业	1685	291	286	138	87	78	176
酒、饮料和精制茶制造业	1937	278	267	126	78	68	162
烟草制品业	38	8	8	4	2	2	4
纺织业	1558	267	251	105	51	69	161
纺织服装、服饰业	2125	244	231	77	40	45	165
皮革、毛皮、羽毛及其制品和制鞋业	1347	196	187	92	60	41	105
木材加工和木、竹、藤、棕、草制品业	1508	165	156	62	27	42	106
家具制造业	1653	176	157	60	42	29	107
造纸和纸制品业	1428	171	160	67	33	48	103
印刷和记录媒介复制业	1417	165	159	63	27	41	103
文教、工美、体育和娱乐用品制造业	1812	237	223	108	63	65	133
石油、煤炭及其他燃料加工业	897	108	102	42	20	28	63
化学原料和化学制品制造业	1427	274	255	159	88	104	123
医药制造业	996	269	253	163	76	115	123
化学纤维制造业	561	114	112	45	23	32	70
橡胶和塑料制品业	2071	329	311	157	81	107	176
非金属矿物制品业	2095	270	254	109	55	73	158
黑色金属冶炼和压延加工业	811	76	71	32	14	21	42
有色金属冶炼和压延加工业	844	115	107	67	41	38	49
金属制品业	3374	473	438	220	100	156	247
通用设备制造业	2620	540	508	326	181	211	219
专用设备制造业	2394	543	515	363	206	222	188
汽车制造业	1367	262	247	163	83	110	106
铁路、船舶、航空航天和其他运输设备制造业	1037	155	145	75	38	46	80
电气机械和器材制造业	2096	394	380	241	149	149	175
计算机、通信和其他电子设备制造业	1870	418	394	266	158	163	172
仪器仪表制造业	1235	333	313	226	134	132	113
其他制造业	1213	187	174	67	30	42	113
废弃资源综合利用业	903	118	111	56	25	38	60
金属制品、机械和设备修理业	1282	117	111	54	25	33	61

创新活动基本情况

#实现组织创新企业	#实现营销创新企业	在调查企业中占比(%) #开展创新活动企业	#实现创新企业	#实现产品或工艺创新企业	#实现产品创新企业	#实现工艺创新企业	#实现组织或营销创新企业	#实现组织创新企业	#实现营销创新企业
2218	**2534**	**15.0**	**14.2**	**7.4**	**3.9**	**4.7**	**7.8**	**4.0**	**4.6**
171	**83**	**9.6**	**8.9**	**3.1**	**1.2**	**2.4**	**6.3**	**4.7**	**2.3**
39	15	10.7	10.0	2.8	1.1	2.1	7.4	6.3	2.4
3		12.7	10.9	5.5	3.6	5.5	5.5	5.5	
25	6	9.2	7.9	4.3	1.5	3.1	4.2	3.5	0.8
25	10	10.3	9.9	2.3	0.7	1.9	7.7	5.9	2.3
51	34	12.1	11.7	3.8	1.4	2.9	8.8	6.0	4.0
11	11	6.0	5.1	2.5	1.2	1.8	3.1	1.6	1.6
17	7	8.0	8.0	1.5	0.4	1.5	7.6	6.2	2.5
1843	**2370**	**15.9**	**15.0**	**8.1**	**4.4**	**5.1**	**8.1**	**3.9**	**5.0**
70	112	14.7	13.8	6.3	3.2	4.0	8.5	3.5	5.6
52	143	17.3	17.0	8.2	5.2	4.6	10.4	3.1	8.5
58	124	14.4	13.8	6.5	4.0	3.5	8.4	3.0	6.4
1	3	21.1	21.1	10.5	5.3	5.3	10.5	2.6	7.9
71	104	17.1	16.1	6.7	3.3	4.4	10.3	4.6	6.7
77	104	11.5	10.9	3.6	1.9	2.1	7.8	3.6	4.9
44	69	14.6	13.9	6.8	4.5	3.0	7.8	3.3	5.1
51	66	10.9	10.3	4.1	1.8	2.8	7.0	3.4	4.4
46	68	10.6	9.5	3.6	2.5	1.8	6.5	2.8	4.1
37	74	12.0	11.2	4.7	2.3	3.4	7.2	2.6	5.2
42	69	11.6	11.2	4.4	1.9	2.9	7.3	3.0	4.9
58	91	13.1	12.3	6.0	3.5	3.6	7.3	3.2	5.0
34	36	12.0	11.4	4.7	2.2	3.1	7.0	3.8	4.0
67	73	19.2	17.9	11.1	6.2	7.3	8.6	4.7	5.1
63	79	27.0	25.4	16.4	7.6	11.5	12.3	6.3	7.9
27	47	20.3	20.0	8.0	4.1	5.7	12.5	4.8	8.4
87	107	15.9	15.0	7.6	3.9	5.2	8.5	4.2	5.2
87	86	12.9	12.1	5.2	2.6	3.5	7.5	4.2	4.1
13	32	9.4	8.8	3.9	1.7	2.6	5.2	1.6	3.9
22	32	13.6	12.7	7.9	4.9	4.5	5.8	2.6	3.8
138	137	14.0	13.0	6.5	3.0	4.6	7.3	4.1	4.1
117	121	20.6	19.4	12.4	6.9	8.1	8.4	4.5	4.6
108	103	22.7	21.5	15.2	8.6	9.3	7.9	4.5	4.3
62	62	19.2	18.1	11.9	6.1	8.0	7.8	4.5	4.5
41	45	14.9	14.0	7.2	3.7	4.4	7.7	4.0	4.3
99	100	18.8	18.1	11.5	7.1	7.1	8.3	4.7	4.8
97	91	22.4	21.1	14.2	8.4	8.7	9.2	5.2	4.9
52	69	27.0	25.3	18.3	10.9	10.7	9.2	4.2	5.6
56	63	15.4	14.3	5.5	2.5	3.5	9.3	4.6	5.2
28	34	13.1	12.3	6.2	2.8	4.2	6.6	3.1	3.8
38	26	9.1	8.7	4.2	2.0	2.6	4.8	3.0	2.0

11-2 续表

项目	调查企业数(个)	#开展创新活动企业	#实现创新企业	#实现产品或工艺创新企业	#实现产品创新企业	#实现工艺创新企业	#实现组织或营销创新企业
电力、热力、燃气及水生产和供应业	**4444**	**441**	**406**	**151**	**54**	**113**	**269**
电力、热力生产和供应业	2453	223	206	64	20	50	147
燃气生产和供应业	760	88	82	28	12	20	56
水的生产和供应业	1231	130	118	59	22	43	66
二、按地区分							
东部地区	29119	4673	4413	2359	1285	1484	2358
中部地区	9730	1676	1604	811	416	521	897
西部地区	13735	1756	1622	807	432	524	956
东北地区	3081	272	252	146	65	98	119
北京	563	103	83	72	44	43	15
天津	1871	229	207	147	81	88	75
河北	2378	350	324	130	58	94	211
山西	914	136	129	57	23	40	81
内蒙古	976	132	121	60	37	35	69
辽宁	1549	94	87	75	33	52	19
吉林	692	73	67	26	11	15	44
黑龙江	840	105	98	45	21	31	56
上海	1270	155	139	103	58	63	54
江苏	5100	789	754	364	179	242	434
浙江	5299	971	911	518	295	290	438
安徽	2427	356	331	221	111	144	150
福建	1925	321	312	116	65	68	214
江西	1541	210	199	96	49	60	118
山东	3032	605	584	271	132	182	349
河南	2048	474	468	182	108	113	303
湖北	1322	208	199	109	68	60	105
湖南	1478	292	278	146	57	104	140
广东	7208	1063	1019	607	352	394	512
广西	959	129	124	56	35	32	81
海南	473	87	80	31	21	20	56
重庆	2174	211	202	107	52	69	110
四川	1185	232	220	102	52	72	134
贵州	1183	161	148	55	34	35	112
云南	1080	124	116	52	24	37	76
西藏	1935	150	128	49	25	31	91
陕西	924	116	110	58	36	36	59
甘肃	926	124	118	69	36	41	61
青海	627	64	58	30	20	18	35
宁夏	778	165	147	108	46	80	47
新疆	988	148	130	61	35	38	81

		在调查企业中占比(%)							
#实现组织创新企业	#实现营销创新企业	#开展创新活动企业	#实现创新企业	#实现产品或工艺创新企业	#实现产品创新企业	#实现工艺创新企业	#实现组织或营销创新企业	#实现组织创新企业	#实现营销创新企业
204	**81**	**9.9**	**9.1**	**3.4**	**1.2**	**2.5**	**6.1**	**4.6**	**1.8**
127	24	9.1	8.4	2.6	0.8	2.0	6.0	5.2	1.0
33	30	11.6	10.8	3.7	1.6	2.6	7.4	4.3	3.9
44	27	10.6	9.6	4.8	1.8	3.5	5.4	3.6	2.2
1182	1388	16.0	15.2	8.1	4.4	5.1	8.1	4.1	4.8
485	490	17.2	16.5	8.3	4.3	5.4	9.2	5.0	5.0
483	589	12.8	11.8	5.9	3.1	3.8	7.0	3.5	4.3
68	67	8.8	8.2	4.7	2.1	3.2	3.9	2.2	2.2
11	7	18.3	14.7	12.8	7.8	7.6	2.7	2.0	1.2
39	46	12.2	11.1	7.9	4.3	4.7	4.0	2.1	2.5
87	136	14.7	13.6	5.5	2.4	4.0	8.9	3.7	5.7
50	38	14.9	14.1	6.2	2.5	4.4	8.9	5.5	4.2
38	39	13.5	12.4	6.1	3.8	3.6	7.1	3.9	4.0
11	11	6.1	5.6	4.8	2.1	3.4	1.2	0.7	0.7
29	20	10.5	9.7	3.8	1.6	2.2	6.4	4.2	2.9
28	36	12.5	11.7	5.4	2.5	3.7	6.7	3.3	4.3
39	26	12.2	10.9	8.1	4.6	5.0	4.3	3.1	2.0
209	258	15.5	14.8	7.1	3.5	4.7	8.5	4.1	5.1
204	258	18.3	17.2	9.8	5.6	5.5	8.3	3.9	4.9
77	92	14.7	13.6	9.1	4.6	5.9	6.2	3.2	3.8
115	115	16.7	16.2	6.0	3.4	3.5	11.1	6.0	6.0
54	76	13.6	12.9	6.2	3.2	3.9	7.7	3.5	4.9
157	225	20.0	19.3	8.9	4.4	6.0	11.5	5.2	7.4
158	167	23.1	22.9	8.9	5.3	5.5	14.8	7.7	8.2
53	58	15.7	15.1	8.2	5.1	4.5	7.9	4.0	4.4
93	59	19.8	18.8	9.9	3.9	7.0	9.5	6.3	4.0
295	281	14.7	14.1	8.4	4.9	5.5	7.1	4.1	3.9
43	48	13.5	12.9	5.8	3.7	3.3	8.4	4.5	5.0
26	36	18.4	16.9	6.6	4.4	4.2	11.8	5.5	7.6
58	66	9.7	9.3	4.9	2.4	3.2	5.1	2.7	3.0
74	79	19.6	18.6	8.6	4.4	6.1	11.3	6.2	6.7
55	76	13.6	12.5	4.6	2.9	3.0	9.5	4.6	6.4
37	47	11.5	10.7	4.8	2.2	3.4	7.0	3.4	4.4
45	56	7.8	6.6	2.5	1.3	1.6	4.7	2.3	2.9
33	31	12.6	11.9	6.3	3.9	3.9	6.4	3.6	3.4
29	38	13.4	12.7	7.5	3.9	4.4	6.6	3.1	4.1
19	20	10.2	9.3	4.8	3.2	2.9	5.6	3.0	3.2
8	42	21.2	18.9	13.9	5.9	10.3	6.0	1.0	5.4
44	47	15.0	13.2	6.2	3.5	3.8	8.2	4.5	4.8

11-3 规模以下服务业企业

项目	调查企业数（个）	#开展创新活动企业	#实现创新企业	#实现产品或工艺创新企业	#实现产品创新企业	#实现工艺创新企业	#实现组织或营销创新企业
总计	**45158**	**7173**	**6617**	**2826**	**2000**	**1222**	**4233**
一、按行业分							
交通运输、仓储和邮政业	**13373**	**1335**	**1245**	**290**	**213**	**107**	**1018**
铁路运输业	89	4	4				4
道路运输业	4209	375	342	71	54	27	285
水上运输业	1393	110	106	27	18	11	84
航空运输业	490	59	52	14	9	7	42
管道运输业	44	5	4				4
多式联运和运输代理业	2291	219	205	44	41	9	174
装卸搬运和仓储业	2275	207	195	47	34	17	158
邮政业	2582	356	337	87	57	36	267
信息传输、软件和信息技术服务业	**8861**	**2221**	**2041**	**1191**	**908**	**449**	**1030**
电信、广播电视和卫星传输服务	1969	286	263	102	81	39	180
互联网和相关服务	2252	491	449	220	174	76	262
软件和信息技术服务业	4640	1444	1329	869	653	334	588
租赁和商务服务业	**10028**	**1275**	**1178**	**289**	**227**	**104**	**950**
租赁业	2308	247	231	54	40	24	187
商务服务业	7720	1028	947	235	187	80	763
科学研究和技术服务业	**6820**	**1458**	**1326**	**752**	**487**	**383**	**671**
研究和试验发展	1762	530	481	318	200	173	199
专业技术服务业	3145	494	455	201	115	103	278
科技推广和应用服务业	1913	434	390	233	172	107	194
水利、环境和公共设施管理业	**6076**	**884**	**827**	**304**	**165**	**179**	**564**
水利管理业	984	147	137	41	18	25	103
生态保护和环境治理业	1652	321	303	167	80	112	154
公共设施管理业	2646	333	310	75	51	35	247
土地管理业	794	83	77	21	16	7	60
二、按地区分							
东部地区	18808	3110	2839	1372	972	602	1664
中部地区	10870	1833	1741	668	463	300	1178
西部地区	12085	1898	1733	677	480	281	1179
东北地区	3395	332	304	109	85	39	212

创新活动基本情况

#实现组织创新企业	#实现营销创新企业	在调查企业中占比(%) #开展创新活动企业	#实现创新企业	#实现产品或工艺创新企业	#实现产品创新企业	#实现工艺创新企业	#实现组织或营销创新企业	#实现组织创新企业	#实现营销创新企业
2721	**1875**	**15.9**	**14.7**	**6.3**	**4.4**	**2.7**	**9.4**	**6.0**	**4.2**
692	**417**	**10.0**	**9.3**	**2.2**	**1.6**	**0.8**	**7.6**	**5.2**	**3.1**
2	3	4.5	4.5				4.5	2.2	3.4
201	103	8.9	8.1	1.7	1.3	0.6	6.8	4.8	2.4
56	32	7.9	7.6	1.9	1.3	0.8	6.0	4.0	2.3
28	20	12.0	10.6	2.9	1.8	1.4	8.6	5.7	4.1
2	3	11.4	9.1				9.1	4.5	6.8
114	80	9.6	8.9	1.9	1.8	0.4	7.6	5.0	3.5
103	70	9.1	8.6	2.1	1.5	0.7	6.9	4.5	3.1
186	106	13.8	13.1	3.4	2.2	1.4	10.3	7.2	4.1
609	**532**	**25.1**	**23.0**	**13.4**	**10.2**	**5.1**	**11.6**	**6.9**	**6.0**
93	106	14.5	13.4	5.2	4.1	2.0	9.1	4.7	5.4
149	144	21.8	19.9	9.8	7.7	3.4	11.6	6.6	6.4
367	282	31.1	28.6	18.7	14.1	7.2	12.7	7.9	6.1
592	**426**	**12.7**	**11.7**	**2.9**	**2.3**	**1.0**	**9.5**	**5.9**	**4.2**
129	70	10.7	10.0	2.3	1.7	1.0	8.1	5.6	3.0
463	356	13.3	12.3	3.0	2.4	1.0	9.9	6.0	4.6
440	**289**	**21.4**	**19.4**	**11.0**	**7.1**	**5.6**	**9.8**	**6.5**	**4.2**
121	97	30.1	27.3	18.0	11.4	9.8	11.3	6.9	5.5
200	98	15.7	14.5	6.4	3.7	3.3	8.8	6.4	3.1
119	94	22.7	20.4	12.2	9.0	5.6	10.1	6.2	4.9
388	**211**	**14.5**	**13.6**	**5.0**	**2.7**	**2.9**	**9.3**	**6.4**	**3.5**
81	24	14.9	13.9	4.2	1.8	2.5	10.5	8.2	2.4
109	59	19.4	18.3	10.1	4.8	6.8	9.3	6.6	3.6
148	114	12.6	11.7	2.8	1.9	1.3	9.3	5.6	4.3
50	14	10.5	9.7	2.6	2.0	0.9	7.6	6.3	1.8
1069	733	16.5	15.1	7.3	5.2	3.2	8.8	5.7	3.9
744	535	16.9	16.0	6.1	4.3	2.8	10.8	6.8	4.9
764	524	15.7	14.3	5.6	4.0	2.3	9.8	6.3	4.3
144	83	9.8	9.0	3.2	2.5	1.1	6.2	4.2	2.4

11-3 续表

项目	调查企业数（个）	#开展创新活动企业	#实现创新企业	#实现产品或工艺创新企业	#实现产品创新企业	#实现工艺创新企业	#实现组织或营销创新企业
北京	1698	263	227	154	107	72	99
天津	1564	162	148	95	68	42	61
河北	1654	284	261	78	57	29	197
山西	1546	291	279	94	64	41	199
内蒙古	1532	237	220	82	64	31	146
辽宁	1654	81	75	31	24	13	51
吉林	952	121	111	42	33	12	74
黑龙江	789	130	118	36	28	14	87
上海	2035	261	233	167	118	76	86
江苏	2241	344	323	169	111	91	177
浙江	2399	489	443	214	145	92	251
安徽	2389	222	206	102	78	42	117
福建	1610	355	327	148	114	50	199
江西	1284	153	140	42	30	17	102
山东	2220	445	416	130	100	53	312
河南	2123	501	482	160	109	68	350
湖北	1964	349	332	132	87	67	221
湖南	1564	317	302	138	95	65	189
广东	2578	352	315	171	122	77	173
广西	1017	167	157	52	41	17	117
海南	809	155	146	46	30	20	109
重庆	1209	155	143	50	35	20	102
四川	1520	335	296	98	60	45	217
贵州	835	150	141	58	42	21	99
云南	1157	195	182	88	61	39	111
西藏	456	73	71	20	13	11	58
陕西	1106	185	164	97	73	34	74
甘肃	1010	118	107	32	20	15	84
青海	667	54	49	18	13	6	36
宁夏	666	88	79	43	30	20	42
新疆	910	141	124	39	28	22	93

		在调查企业中占比(%)							
#实现组织创新企业	#实现营销创新企业	#开展创新活动企业	#实现创新企业	#实现产品或工艺创新企业	#实现产品创新企业	#实现工艺创新企业	#实现组织或营销创新企业	#实现组织创新企业	#实现营销创新企业
57	50	15.5	13.4	9.1	6.3	4.2	5.8	3.4	2.9
41	25	10.4	9.5	6.1	4.3	2.7	3.9	2.6	1.6
148	61	17.2	15.8	4.7	3.4	1.8	11.9	8.9	3.7
139	75	18.8	18.0	6.1	4.1	2.7	12.9	9.0	4.9
101	57	15.5	14.4	5.4	4.2	2.0	9.5	6.6	3.7
28	27	4.9	4.5	1.9	1.5	0.8	3.1	1.7	1.6
53	27	12.7	11.7	4.4	3.5	1.3	7.8	5.6	2.8
63	29	16.5	15.0	4.6	3.5	1.8	11.0	8.0	3.7
57	39	12.8	11.5	8.2	5.8	3.7	4.2	2.8	1.9
110	81	15.4	14.4	7.5	5.0	4.1	7.9	4.9	3.6
165	112	20.4	18.5	8.9	6.0	3.8	10.5	6.9	4.7
75	54	9.3	8.6	4.3	3.3	1.8	4.9	3.1	2.3
126	91	22.1	20.3	9.2	7.1	3.1	12.4	7.8	5.7
59	48	11.9	10.9	3.3	2.3	1.3	7.9	4.6	3.7
194	139	20.0	18.7	5.9	4.5	2.4	14.1	8.7	6.3
204	174	23.6	22.7	7.5	5.1	3.2	16.5	9.6	8.2
131	106	17.8	16.9	6.7	4.4	3.4	11.3	6.7	5.4
136	78	20.3	19.3	8.8	6.1	4.2	12.1	8.7	5.0
101	92	13.7	12.2	6.6	4.7	3.0	6.7	3.9	3.6
70	54	16.4	15.4	5.1	4.0	1.7	11.5	6.9	5.3
70	43	19.2	18.0	5.7	3.7	2.5	13.5	8.7	5.3
64	46	12.8	11.8	4.1	2.9	1.7	8.4	5.3	3.8
137	106	22.0	19.5	6.4	3.9	3.0	14.3	9.0	7.0
70	42	18.0	16.9	6.9	5.0	2.5	11.9	8.4	5.0
79	43	16.9	15.7	7.6	5.3	3.4	9.6	6.8	3.7
38	26	16.0	15.6	4.4	2.9	2.4	12.7	8.3	5.7
48	32	16.7	14.8	8.8	6.6	3.1	6.7	4.3	2.9
51	39	11.7	10.6	3.2	2.0	1.5	8.3	5.1	3.9
25	12	8.1	7.3	2.7	1.9	0.9	5.4	3.7	1.8
14	29	13.2	11.9	6.5	4.5	3.0	6.3	2.1	4.4
67	38	15.5	13.6	4.3	3.1	2.4	10.2	7.4	4.2

11-4 规模以下企业技术创新资金来源情况

项目	调查中实现技术创新企业数(个)	在实现技术创新企业中，从以下来源筹集创新资金的企业占比(%)							
		自有资金	众筹	风险投资	银行贷款	政府资金	民间借贷	接受委托资金	其他
总计	**6949**	**90.5**	**3.2**	**1.2**	**23.2**	**4.5**	**3.5**	**1.1**	**0.8**
一、按行业分									
工业	4123	91.2	2.9	0.6	22.3	3.8	3.3	0.6	0.6
采矿业	114	90.4	7.0	0.9	16.7	1.8	6.1	4.4	2.6
制造业	3858	91.4	2.8	0.6	22.5	3.6	3.3	0.5	0.5
电力、热力、燃气及水生产和供应业	151	86.1	3.3		20.5	10.6	1.3	0.7	2.0
服务业	2826	89.4	3.6	2.0	24.6	5.6	3.8	1.8	1.0
交通运输、仓储和邮政业	290	79.3	7.6	0.7	28.3	4.8	7.9	0.7	0.7
信息传输、软件和信息技术服务业	1191	93.1	2.3	2.4	25.4	5.2	3.4	1.8	1.1
租赁和商务服务业	289	84.1	8.0	1.7	21.8	2.4	5.5	1.4	0.7
科学研究和技术服务业	752	92.4	2.4	2.1	20.7	6.0	2.8	2.4	0.9
水利、环境和公共设施管理业	304	82.2	3.6	1.6	30.3	10.2	2.3	1.6	1.3
二、按地区分									
东部地区	3731	92.0	2.0	1.4	23.2	3.2	2.7	0.7	0.5
中部地区	1479	89.2	5.5	1.1	21.0	4.5	3.4	1.5	0.7
西部地区	1484	87.9	3.9	0.7	26.8	7.7	5.7	1.6	1.7
东北地区	255	91.4	2.0	0.4	15.3	5.5	3.9	1.2	0.4
北京	226	94.2	0.9	4.0	15.5	2.2	1.8	3.1	0.9
天津	242	93.0	0.4	0.8	17.8	2.1	1.2	0.8	
河北	208	90.9	1.9		20.2	2.4	2.4	0.5	0.5
山西	151	88.7	2.0	0.7	16.6	6.6	5.3	1.3	1.3
内蒙古	142	93.0	3.5		27.5	10.6	2.8	1.4	0.7
辽宁	106	91.5	3.8	0.9	15.1	3.8	0.9		
吉林	68	89.7	1.5		16.2	4.4	7.4	1.5	
黑龙江	81	92.6			14.8	8.6	4.9	2.5	1.2
上海	270	94.1	1.5	3.0	25.6	3.3	0.7	0.7	1.1
江苏	533	93.6	1.9	2.3	23.8	3.6	1.7	0.2	0.4
浙江	732	92.9	1.8	1.0	23.6	2.6	1.8	0.3	0.3
安徽	323	92.0	1.5	0.9	24.5	4.6	2.2	0.3	0.6
福建	264	89.0	3.8	1.5	21.6	2.7	4.5	1.1	0.8
江西	138	86.2	4.3	2.2	24.6	5.8	4.3		0.7
山东	401	93.5	3.2		20.9	5.2	2.2	0.7	0.5
河南	342	86.8	12.9	0.9	18.1	3.8	3.5	5.3	0.6
湖北	241	88.4	3.3	1.7	27.4	5.0	5.4	0.4	0.8
湖南	284	91.2	5.6	0.7	15.8	3.2	1.4		0.4
广东	778	88.7	2.2	1.2	26.5	3.1	5.0	0.5	0.4
广西	108	84.3	10.2	0.9	27.8	4.6	5.6	1.9	
海南	77	92.2	2.6	1.3	39.0	6.5	6.5	1.3	
重庆	157	90.4	2.5	1.3	29.9	1.3	4.5	0.6	1.9
四川	200	90.5	2.5	1.0	21.5	5.5	4.5	2.0	0.5
贵州	113	90.3	6.2	0.9	22.1	5.3	12.4	1.8	2.7
云南	140	83.6	5.7		28.6	5.7	5.7		2.1
西藏	69	78.3	5.8		23.2	10.1	4.3		1.4
陕西	155	91.0	0.6	0.6	29.7	5.8	3.9	3.9	1.3
甘肃	101	84.2	2.0		27.7	10.9	7.9	1.0	5.0
青海	48	83.3	10.4		18.8	10.4	8.3		2.1
宁夏	151	88.7	1.3		31.1	15.2	5.3	2.0	0.7
新疆	100	85.0	4.0	4.0	27.0	13.0	7.0	3.0	4.0

11−5 规模以下企业技术创新技术来源情况

项　目	调查中实现技术创新企业数(个)	在实现技术创新企业中，利用以下技术来源的企业占比(%)				
		独立研发	合作开发	购买技术	委托开发	其他
总　计	**6949**	**75.2**	**21.5**	**10.9**	**8.1**	**2.2**
一、按行业分						
工业	4123	78.6	18.0	9.6	5.6	1.9
采矿业	114	45.6	24.6	25.4	10.5	5.3
制造业	3858	80.8	17.8	8.2	5.3	1.6
电力、热力、燃气及水生产和供应业	151	45.7	18.5	31.8	10.6	6.6
服务业	2826	70.4	26.6	12.7	11.6	2.7
交通运输、仓储和邮政业	290	36.6	30.3	25.9	12.1	8.3
信息传输、软件和信息技术服务业	1191	83.2	21.6	8.9	12.9	1.5
租赁和商务服务业	289	45.0	29.8	24.6	12.8	4.5
科学研究和技术服务业	752	76.7	29.5	8.1	9.8	2.1
水利、环境和公共设施管理业	304	61.2	32.2	15.5	9.5	1.6
二、按地区分						
东部地区	3731	81.6	17.3	8.5	7.5	1.8
中部地区	1479	71.1	25.1	11.2	8.0	1.5
西部地区	1484	63.5	28.4	16.4	10.0	3.8
东北地区	255	73.7	20.8	10.6	5.1	3.5
北　京	226	89.4	19.0	4.4	15.5	
天　津	242	91.3	17.4	5.4	7.9	
河　北	208	73.6	17.3	17.8	3.8	2.4
山　西	151	65.6	31.1	15.9	6.0	2.0
内蒙古	142	59.2	27.5	26.8	4.9	3.5
辽　宁	106	80.2	17.9	9.4	4.7	1.9
吉　林	68	64.7	23.5	7.4	4.4	8.8
黑龙江	81	72.8	22.2	14.8	6.2	1.2
上　海	270	84.4	22.6	4.8	7.0	1.5
江　苏	533	81.1	17.4	8.1	7.7	0.8
浙　江	732	83.9	13.3	5.7	6.3	2.0
安　徽	323	78.9	21.1	5.3	5.0	1.2
福　建	264	65.9	19.7	13.6	12.1	5.3
江　西	138	57.2	23.2	23.9	11.6	2.9
山　东	401	75.3	21.4	13.0	7.2	2.5
河　南	342	70.8	29.5	9.4	9.1	0.3
湖　北	241	71.0	27.4	13.7	9.1	2.1
湖　南	284	72.5	20.1	9.2	8.5	1.8
广　东	778	85.3	14.3	7.8	5.4	1.5
广　西	108	46.3	34.3	31.5	11.1	5.6
海　南	77	72.7	32.5	14.3	13.0	3.9
重　庆	157	75.2	22.9	11.5	10.2	3.2
四　川	200	61.5	27.0	11.5	8.0	4.5
贵　州	113	61.1	34.5	15.0	14.2	2.7
云　南	140	67.1	20.7	15.0	13.6	2.1
西　藏	69	63.8	34.8	15.9	8.7	5.8
陕　西	155	76.1	25.2	8.4	12.9	1.3
甘　肃	101	63.4	30.7	16.8	7.9	5.0
青　海	48	54.2	25.0	25.0	10.4	6.3
宁　夏	151	63.6	33.1	14.6	6.0	4.0
新　疆	100	57.0	32.0	18.0	15.0	5.0

11−6 规模以下企业技术创新合作情况

项 目	调查中实现技术创新企业数(个)	#有技术创新合作企业数	有技术创新合作企业占比(%)	在技术创新合作企业中，与以下伙伴开展合作的企业占比(%)					
				产学研合作	高校	科研院所	客户或供应商	其他企业	其他
总 计	**6949**	**1492**	**21.5**	**43.4**	**33.4**	**21.2**	**39.9**	**39.1**	**1.7**
一、按行业分									
工业	4123	741	18.0	46.4	34.1	21.1	38.9	33.3	1.6
采矿业	114	28	24.6	25.0	21.4	10.7	46.4	53.6	
制造业	3858	685	17.8	47.7	34.9	21.8	38.7	32.4	1.6
电力、热力、燃气及水生产和供应业	151	28	18.5	35.7	28.6	14.3	35.7	35.7	3.6
服务业	2826	751	26.6	40.5	32.8	21.3	41.0	44.9	1.7
交通运输、仓储和邮政业	290	88	30.3	6.8	3.4	3.4	44.3	61.4	4.5
信息传输、软件和信息技术服务业	1191	257	21.6	39.3	29.6	19.5	48.6	49.8	1.9
租赁和商务服务业	289	86	29.8	30.2	23.3	18.6	39.5	47.7	2.3
科学研究和技术服务业	752	222	29.5	58.6	51.8	32.4	31.5	35.1	0.5
水利、环境和公共设施管理业	304	98	32.2	41.8	32.7	19.4	40.8	36.7	1.0
二、按地区分									
东部地区	3731	646	17.3	44.7	36.4	20.0	41.8	35.9	1.7
中部地区	1479	371	25.1	40.2	28.6	19.1	40.2	40.7	1.3
西部地区	1484	422	28.4	43.1	32.9	22.5	37.7	42.9	2.1
东北地区	255	53	20.8	52.8	35.8	39.6	34.0	37.7	
北 京	226	43	19.0	53.5	41.9	34.9	37.2	39.5	2.3
天 津	242	42	17.4	61.9	59.5	14.3	40.5	33.3	2.4
河 北	208	36	17.3	47.2	33.3	27.8	27.8	44.4	
山 西	151	47	31.1	38.3	25.5	21.3	48.9	40.4	
内蒙古	142	39	27.5	51.3	43.6	17.9	28.2	38.5	
辽 宁	106	19	17.9	57.9	42.1	36.8	26.3	42.1	
吉 林	68	16	23.5	37.5	37.5	31.3	43.8	37.5	
黑龙江	81	18	22.2	61.1	27.8	50.0	33.3	33.3	
上 海	270	61	22.6	45.9	41.0	21.3	44.3	31.1	3.3
江 苏	533	93	17.4	50.5	38.7	22.6	32.3	26.9	1.1
浙 江	732	97	13.3	41.2	33.0	15.5	36.1	43.3	1.0
安 徽	323	68	21.1	58.8	48.5	23.5	22.1	29.4	1.5
福 建	264	52	19.7	21.2	13.5	17.3	55.8	46.2	
江 西	138	32	23.2	34.4	18.8	21.9	50.0	53.1	3.1
山 东	401	86	21.4	58.1	48.8	23.3	43.0	33.7	
河 南	342	101	29.5	32.7	16.8	18.8	42.6	46.5	
湖 北	241	66	27.4	42.4	33.3	16.7	43.9	37.9	3.0
湖 南	284	57	20.1	33.3	28.1	14.0	40.4	40.4	1.8
广 东	778	111	14.3	32.4	26.1	11.7	53.2	32.4	4.5
广 西	108	37	34.3	27.0	16.2	16.2	40.5	51.4	
海 南	77	25	32.5	44.0	36.0	28.0	40.0	40.0	
重 庆	157	36	22.9	30.6	25.0	13.9	41.7	47.2	
四 川	200	54	27.0	38.9	27.8	20.4	48.1	37.0	
贵 州	113	39	34.5	20.5	12.8	12.8	53.8	59.0	5.1
云 南	140	29	20.7	34.5	24.1	24.1	27.6	48.3	3.4
西 藏	69	24	34.8	37.5	29.2	20.8	33.3	45.8	
陕 西	155	39	25.2	46.2	35.9	25.6	48.7	41.0	5.1
甘 肃	101	31	30.7	58.1	41.9	45.2	35.5	45.2	6.5
青 海	48	12	25.0	25.0	25.0	8.3	33.3	58.3	
宁 夏	151	50	33.1	80.0	62.0	32.0	16.0	22.0	2.0
新 疆	100	32	32.0	43.8	37.5	25.0	40.6	43.8	3.1

11-7 规模以下企业技术创新中的主要困难情况

项　目	在实现技术创新企业中，创新遇到以下困难的企业占比(%)					
	资金不足	人才短缺	知识产权保护不力	适用技术短　缺	市场环境不　佳	其他
总　计	**48.9**	**50.2**	**5.9**	**14.5**	**44.3**	**4.2**
一、按行业分组						
工业	45.5	50.6	5.5	16.3	42.6	4.2
采矿业	50.9	43.9	6.1	19.3	46.5	6.1
制造业	45.3	50.8	5.5	16.0	43.0	4.1
电力、热力、燃气及水生产和供应业	47.7	51.7	6.0	19.9	29.8	5.3
服务业	53.9	49.5	6.4	11.9	46.7	4.2
交通运输、仓储和邮政业	56.6	44.8	9.7	13.8	44.8	7.6
信息传输、软件和信息技术服务业	51.9	51.9	5.7	10.7	49.0	3.1
租赁和商务服务业	52.6	42.9	8.3	17.0	47.1	4.5
科学研究和技术服务业	55.2	50.9	5.5	11.0	46.0	4.4
水利、环境和公共设施管理业	56.9	47.7	6.6	12.2	41.1	4.6
二、按地区分						
东部地区	43.5	49.0	5.3	14.2	46.7	4.2
中部地区	49.7	53.3	5.3	14.7	39.1	3.2
西部地区	61.3	51.4	8.2	15.8	43.9	5.3
东北地区	51.4	42.0	3.9	10.6	40.4	3.5
北　京	51.8	46.0	5.3	11.5	45.6	3.5
天　津	40.5	39.3	2.5	9.1	53.3	3.3
河　北	48.6	43.8	4.8	13.5	51.0	2.9
山　西	50.3	51.7	7.3	11.3	42.4	3.3
内蒙古	61.3	48.6	12.0	14.8	43.7	7.0
辽　宁	42.5	41.5	3.8	10.4	40.6	4.7
吉　林	51.5	38.2	2.9	11.8	39.7	1.5
黑龙江	63.0	45.7	4.9	9.9	40.7	3.7
上　海	41.5	58.9	4.4	12.6	45.9	5.2
江　苏	38.1	48.8	4.7	13.3	40.9	6.0
浙　江	36.6	52.6	6.0	15.6	42.8	3.0
安　徽	44.0	57.6	1.5	12.1	37.8	3.7
福　建	41.7	50.0	6.8	16.3	44.3	2.7
江　西	46.4	50.7	7.2	21.7	31.9	7.2
山　东	44.9	48.9	6.0	16.0	47.1	3.5
河　南	47.4	49.7	7.3	18.4	41.2	2.3
湖　北	57.3	47.3	4.6	14.1	44.4	2.9
湖　南	53.9	60.2	5.6	12.0	35.6	1.8
广　东	48.3	46.8	5.7	14.5	52.1	5.5
广　西	69.4	50.9	14.8	20.4	39.8	7.4
海　南	74.0	54.5	5.2	18.2	50.6	5.2
重　庆	51.0	40.8	7.0	8.9	51.0	5.1
四　川	49.5	51.5	5.0	16.0	45.0	3.5
贵　州	69.0	51.3	11.5	12.4	42.5	7.1
云　南	64.3	51.4	9.3	16.4	47.9	5.7
西　藏	66.7	52.2	4.3	10.1	33.3	5.8
陕　西	63.9	47.1	5.2	12.3	44.5	4.5
甘　肃	61.4	64.4	5.9	23.8	32.7	4.0
青　海	68.8	47.9	10.4	27.1	60.4	8.3
宁　夏	67.6	60.3	6.0	13.9	39.7	2.0
新　疆	59.0	54.0	10.0	24.0	47.0	7.0

11-8 规模以下企业享受创新政策情况

项目	享受了创新相关政策的企业数(个)	享受了创新相关政策的企业占开展创新活动企业比重(%)	在享受创新相关政策企业中，享受了以下相关政策的企业占比(%)						
			税费减免	金融服务	人才保障	知识产权保护	政府采购	平台支撑	其他
总　计	**12137**	**78.1**	**83.9**	**10.5**	**8.8**	**11.4**	**4.6**	**9.8**	**1.7**
#实现技术创新的企业	5674	81.7	86.3	12.0	6.8	16.7	4.6	8.2	1.9
一、按行业分									
工业	6291	75.1	82.9	11.6	8.7	12.6	3.4	8.9	1.8
采矿业	256	73.4	78.1	15.6	14.8	5.9	5.1	12.5	1.2
制造业	5684	74.9	83.5	11.3	8.2	13.2	2.9	8.6	1.9
电力、热力、燃气及水生产和供应业	351	79.6	76.6	13.7	12.3	7.4	10.0	10.3	1.1
服务业	5846	81.5	85.0	9.2	8.9	10.1	5.9	10.8	1.6
交通运输、仓储和邮政业	1045	78.3	83.5	10.0	9.5	3.7	3.3	13.8	1.4
信息传输、软件和信息技术服务业	1868	84.1	86.7	8.8	7.6	14.3	7.0	10.3	2.0
租赁和商务服务业	1035	81.2	84.2	8.4	11.3	6.0	6.7	10.0	1.4
科学研究和技术服务业	1198	82.2	87.3	8.9	8.5	13.6	4.3	9.1	1.6
水利、环境和公共设施管理业	700	79.2	80.1	10.7	8.6	8.4	8.6	11.4	1.6
二、按地区分									
东部地区	5921	76.1	86.3	8.7	7.1	12.4	2.9	7.5	1.6
中部地区	2849	81.2	75.9	16.0	12.1	11.5	5.8	13.6	1.3
西部地区	2902	79.4	86.6	9.1	8.9	9.7	7.2	10.7	2.4
东北地区	465	77.0	85.2	7.5	9.2	8.6	3.2	9.2	1.5
北　京	309	84.4	90.0	4.2	2.3	14.9	1.6	4.5	2.6
天　津	328	83.9	86.3	3.7	5.2	15.2	1.5	4.3	1.8
河　北	495	78.1	87.7	7.1	9.7	7.7	2.8	9.1	1.6
山　西	347	81.3	92.8	5.8	6.3	7.5	5.2	6.3	
内蒙古	304	82.4	91.1	8.2	9.5	6.9	6.9	8.2	2.3
辽　宁	141	80.6	87.9	6.4	3.5	8.5	0.7	7.8	1.4
吉　林	154	79.4	88.3	6.5	11.7	11.0	3.9	7.8	1.3
黑龙江	170	72.3	80.0	9.4	11.8	6.5	4.7	11.8	1.8
上　海	318	76.4	84.9	8.8	5.3	14.2	2.2	4.4	1.6
江　苏	825	72.8	82.4	9.6	5.7	13.9	1.7	8.7	1.8
浙　江	1134	77.7	88.3	10.7	7.1	11.0	3.6	8.2	0.7
安　徽	485	83.9	83.7	13.2	10.9	16.7	3.3	9.5	2.1
福　建	528	78.1	83.9	11.2	10.8	10.8	5.1	8.5	0.9
江　西	309	85.1	79.6	15.9	13.3	9.7	5.8	13.6	1.6
山　东	777	74.0	82.9	12.4	9.1	11.8	3.6	11.7	1.5
河　南	748	76.7	61.8	21.1	19.9	10.4	4.4	18.4	0.7
湖　北	451	81.0	80.9	14.0	9.5	15.3	5.8	10.9	2.0
湖　南	509	83.6	71.1	19.8	7.1	8.8	10.4	17.9	1.6
广　东	1013	71.6	88.6	6.4	4.7	14.7	2.0	3.9	2.4
广　西	227	76.7	86.8	9.7	10.1	7.5	5.7	13.7	0.4
海　南	194	80.2	93.3	4.6	13.9	8.8	4.6	9.3	2.1
重　庆	292	79.8	87.3	12.3	9.9	9.6	6.2	6.5	2.1
四　川	432	76.2	81.5	11.1	10.2	13.9	7.4	13.9	0.7
贵　州	257	82.6	81.7	11.3	11.7	10.1	7.4	15.6	2.3
云　南	254	79.6	85.8	9.1	7.5	8.3	3.9	9.8	3.9
西　藏	164	73.5	83.5	7.9	6.7	4.9	12.2	10.4	4.3
陕　西	247	82.1	88.7	7.7	6.1	10.9	4.5	8.9	2.8
甘　肃	187	77.3	86.6	7.0	6.4	12.8	9.6	12.3	3.2
青　海	103	87.3	91.3	4.9	4.9	4.9	11.7	5.8	2.9
宁　夏	210	83.0	91.0	8.1	7.1	11.0	5.7	8.1	3.8
新　疆	225	77.9	89.8	6.2	11.6	9.8	9.8	11.1	2.7

11-9　影响规模以下企业创新政策落实的主要因素

项　目	在开展创新活动企业中，对影响创新政策落实的原因作出以下判断的企业占比(%)					
	不知道有相关政策	不满足享受政策的条件	政策吸引力不足	政策办理手续繁琐	政策执行力度不够	其他
总　计	**25.9**	**53.5**	**14.0**	**13.0**	**8.1**	**5.1**
#实现技术创新的企业	29.4	50.2	16.6	15.9	8.9	4.2
一、按行业分						
工业	24.2	54.1	13.5	12.3	7.1	5.2
采矿业	20.6	48.1	12.0	13.5	9.5	8.0
制造业	24.5	54.5	13.4	12.4	6.8	5.0
电力、热力、燃气及水生产和供应业	20.4	52.2	15.6	10.4	9.5	5.4
服务业	27.8	52.9	14.6	13.7	9.4	5.0
交通运输、仓储和邮政业	27.5	49.7	13.6	11.0	9.6	6.4
信息传输、软件和信息技术服务业	30.5	53.4	14.6	16.2	9.5	4.3
租赁和商务服务业	27.2	54.7	14.9	11.1	9.5	5.2
科学研究和技术服务业	26.2	53.4	15.5	14.9	8.7	5.1
水利、环境和公共设施管理业	25.2	53.2	14.1	13.1	10.0	4.4
二、按地区分						
东部地区	26.1	54.5	13.5	12.7	7.0	5.0
中部地区	24.1	53.8	16.0	12.2	8.2	4.0
西部地区	27.1	51.9	13.2	14.3	10.5	6.3
东北地区	25.3	49.0	14.1	13.1	8.8	5.3
北　京	29.0	51.1	13.9	15.8	6.8	5.7
天　津	22.3	52.7	10.2	14.3	10.2	6.1
河　北	22.4	53.5	11.2	11.7	6.0	6.8
山　西	30.0	49.2	12.9	11.7	8.7	4.7
内蒙古	36.9	46.3	11.4	12.2	10.3	6.5
辽　宁	25.7	45.7	14.9	15.4	9.1	5.7
吉　林	27.8	53.6	10.8	8.2	5.7	6.2
黑龙江	23.0	47.7	16.2	15.3	11.1	4.3
上　海	30.5	51.9	14.4	16.8	6.7	4.1
江　苏	25.5	55.3	13.5	10.6	5.8	3.5
浙　江	26.0	54.7	13.4	10.7	5.4	4.3
安　徽	24.0	54.2	15.7	13.3	6.4	5.2
福　建	24.1	59.9	15.2	11.2	7.2	4.7
江　西	20.4	49.3	17.9	10.7	10.7	6.1
山　东	23.0	55.8	13.7	11.1	7.0	7.4
河　南	21.3	53.5	18.5	12.0	9.2	2.3
湖　北	30.2	54.2	13.5	14.0	9.5	3.6
湖　南	20.9	59.6	15.8	11.0	5.1	4.1
广　东	30.2	53.0	13.6	16.1	8.1	4.5
广　西	28.0	56.1	15.2	13.2	10.8	6.1
海　南	29.3	53.7	16.1	12.4	12.8	4.5
重　庆	27.9	52.7	11.7	18.6	8.2	4.1
四　川	25.2	56.4	16.4	15.3	9.5	4.8
贵　州	20.9	59.8	11.6	11.9	8.7	5.8
云　南	24.5	56.4	9.4	14.4	12.9	6.9
西　藏	30.0	30.5	13.0	18.4	9.9	13.9
陕　西	25.2	52.2	15.0	18.3	11.0	4.7
甘　肃	24.8	48.8	14.5	10.3	11.6	7.9
青　海	28.8	50.8	12.7	11.9	9.3	5.1
宁　夏	26.9	57.3	8.7	11.9	11.9	4.7
新　疆	27.7	45.7	15.9	12.8	12.5	9.0

11−10 规模以下企业创新发展规划情况

项　　目	调查企业数(个)	有创新发展规划的企业数(个)	有创新发展规划的企业占比(%)
总　计	**100823**	**21597**	**21.4**
一、按行业分组			
工业	55665	11407	20.5
采矿业	3623	563	15.5
制造业	47598	10142	21.3
电力、热力、燃气及水生产和供应业	4444	702	15.8
服务业	45158	10190	22.6
交通运输、仓储和邮政业	13373	2145	16.0
信息传输、软件和信息技术服务业	8861	2875	32.4
租赁和商务服务业	10028	1841	18.4
科学研究和技术服务业	6820	1946	28.5
水利、环境和公共设施管理业	6076	1383	22.8
二、按地区分			
东部地区	47927	10423	21.7
中部地区	20600	4841	23.5
西部地区	25820	5471	21.2
东北地区	6476	862	13.3
北　京	2261	602	26.6
天　津	3435	617	18.0
河　北	4032	838	20.8
山　西	2460	579	23.5
内蒙古	2508	508	20.3
辽　宁	3203	376	11.7
吉　林	1644	257	15.6
黑龙江	1629	229	14.1
上　海	3305	604	18.3
江　苏	7341	1567	21.3
浙　江	7698	1801	23.4
安　徽	4816	1105	22.9
福　建	3535	803	22.7
江　西	2825	500	17.7
山　东	5252	1093	20.8
河　南	4171	1085	26.0
湖　北	3286	846	25.7
湖　南	3042	726	23.9
广　东	9786	2142	21.9
广　西	1976	399	20.2
海　南	1282	356	27.8
重　庆	3383	569	16.8
四　川	2705	706	26.1
贵　州	2018	479	23.7
云　南	2237	482	21.5
西　藏	2391	344	14.4
陕　西	2030	553	27.2
甘　肃	1936	434	22.4
青　海	1294	216	16.7
宁　夏	1444	391	27.1
新　疆	1898	390	20.5

十二、国际比较

12-1 部分国家和地区企业创新

国家和地区	2014—2016年(CIS10)					
	下列各类企业在全部企业中占比(%)					
	开展创新活动企业	#开展技术创新活动企业	#实现创新企业	#实现技术创新企业	#实现产品创新企业	#实现工艺创新企业
欧盟27国①	**50.6**	**39.5**			**25.9**	**24.9**
欧元区19国②	**57.0**	**44.6**			**29.4**	**27.6**
比利时	68.1	62.1	59.6	48.5	35.4	36.8
保加利亚	27.2	19.8	25.1	17.3	12.8	11.9
捷克	46.3	37.3	44.9	34.8	25.7	27.7
丹麦	51.5	36.6			24.9	23.0
德国	63.7	50.0	60.8	42.7	31.9	27.4
爱沙尼亚	47.7	44.4	46.1	42.5	20.5	34.3
爱尔兰	57.3	42.8	55.9		29.1	30.5
希腊	57.7	47.1	56.9	45.0	30.7	39.3
西班牙	36.9	22.7	34.9	19.3	11.3	14.8
法国	57.7	43.2	55.9	39.5	27.9	30.5
克罗地亚	48.0	33.6	47.5	32.0	20.5	27.0
意大利	53.8	44.1	52.2	41.4	31.4	31.4
塞浦路斯	36.5	29.2	36.5	29.2	19.5	26.3
拉脱维亚	30.3	21.4	29.5	19.9	13.4	15.1
立陶宛	50.5	40.8	49.8	39.3	26.4	33.5
卢森堡	63.8	44.6	62.7	41.5	31.0	24.7
匈牙利	29.0	21.2	27.6	19.0	14.3	10.6
马耳他	33.9	26.8	31.8	23.9	16.5	19.0
荷兰	59.7	52.2	57.5	49.0	35.9	31.8
奥地利	62.0	47.9	61.4	46.4	34.4	36.0
波兰	22.0	17.7	21.0	16.4	10.0	13.1
葡萄牙	66.9	58.5	65.8	56.6	40.0	46.8
罗马尼亚	10.2	5.4	9.8	4.9	3.3	3.5
斯洛文尼亚	39.8	31.3	37.4	27.8	20.4	18.9
斯洛伐克	30.7	23.3	29.3	21.2	14.0	14.2
芬兰	64.8	58.2	62.6	55.2	42.7	41.0
瑞典	54.2	42.6	52.6	39.2	29.5	23.5
冰岛	55.3	50.1	53.3	45.7	33.5	34.0
挪威	71.0	60.4	68.9	56.1	43.8	39.8
瑞士	72.6	48.4	72.3	46.4	35.2	27.1
土耳其	61.5	47.3	59.5		31.8	34.0

注：① 欧盟27国包括比利时、保加利亚、捷克、丹麦、德国、爱沙尼亚、爱尔兰、希腊、西班牙、法国、克罗地亚、意大利、塞浦路斯、拉脱维亚、立陶宛、卢森堡、匈牙利、马耳他、荷兰、奥地利、波兰、葡萄牙、罗马尼亚、斯洛文尼亚、斯洛伐克、芬兰、瑞典。

② 欧元区19国包括比利时、德国、爱沙尼亚、爱尔兰、希腊、西班牙、法国、意大利、塞浦路斯、拉脱维亚、立陶宛、卢森堡、马耳他、荷兰、奥地利、葡萄牙、斯洛文尼亚、斯洛伐克、荷兰。

活动总体情况(2014—2020年)

		2016—2018年(CIS11)			2018—2020年(CIS12)		
		下列各类企业在全部企业中占比(%)			下列各类企业在全部企业中占比(%)		
#实现组织创新企业	#实现营销创新企业	开展创新活动企业	#实现创新企　业	#实现产品创新企业	开展创新活动企业	#实现创新企　业	#实现产品创新企业
28.5	**22.9**	**50.3**	**46.5**	**29.8**	**52.7**	**49.0**	**28.4**
33.1	**25.7**	**56.0**	**51.6**	**32.9**	**57.1**	**53.0**	**30.4**
37.6	27.8	67.8		30.0	71.3	67.3	35.8
12.9	12.0	30.1	26.8	18.4	36.2	34.8	22.8
17.6	26.3	46.8	44.2	26.8	56.9	56.4	36.5
30.4	29.7	57.1	54.0	32.3	57.7	54.1	32.2
35.6	31.7	67.8	63.7	40.1	68.8	64.2	35.6
16.7	13.7	73.1	68.6	49.5	64.2	62.6	27.8
40.6	34.7	45.5	44.1	28.6	57.6	55.1	31.7
32.3	38.3	60.3	58.5	42.5	72.6	71.9	48.4
23.6	15.6	31.1	28.8	14.6	33.4	31.1	18.8
39.2	28.5	51.5	49.0	33.6	54.8	51.5	28.4
27.1	28.5	52.5	52.1	38.7	54.9	54.2	35.5
29.4	25.9	63.2	56.7	36.4	55.7	49.5	30.3
21.2	19.8	68.2	68.2	48.6	65.8	65.8	39.5
17.5	13.8	32.9	30.5	17.5	32.0	30.4	14.5
23.8	25.7	50.5	48.4	31.2	53.0	51.6	31.4
46.2	30.8	50.6	48.6	30.4	45.8	42.8	24.7
12.9	12.9	28.7	26.0	20.4	32.7	29.8	20.8
20.9	17.7	46.5	45.7	31.3	41.1	39.4	19.0
24.5	19.3	49.7	46.2	27.4	55.8	48.7	28.4
41.1	35.1	62.6	60.3	34.6	60.0	57.5	32.3
8.6	8.3	23.7	21.9	13.4	34.9	32.0	15.4
32.2	37.3	37.8	36.6	28.1	51.1	48.9	25.9
5.8	5.1	14.6	14.3	9.9	10.7	10.2	7.0
20.3	21.2	48.6	44.6	36.9	55.2	53.2	36.3
14.6	15.0	30.5	26.7	15.4	36.6	32.5	15.4
38.0	32.1	61.9	55.7	36.8	68.7	63.4	39.2
22.3	29.2	63.1	61.4	42.6	65.2	63.1	38.9
30.9	27.3	58.0	54.2	28.6			
37.9	41.3	67.6		45.4	69.6	66.2	45.0
42.4	43.6		47.2	35.3		52.3	
34.0	42.0	36.0	29.9	20.9	38.5	34.9	19.7

12-2 部分国家和地区制造业企业

国家和地区	2014—2016年(CIS10) 下列各类企业在全部企业中占比(%) 开展创新活动企业	#开展技术创新活动企业	#实现创新企业	#实现技术创新企业	#实现产品创新企业	#实现工艺创新企业
欧盟27国	**53.2**	**44.2**			**29.5**	
欧元区19国	**60.3**	**50.4**			**33.8**	**32.6**
比利时	74.5	69.0	65.9	55.6	41.0	44.0
保加利亚	31.8	25.6	28.6	21.9	16.1	15.1
捷克	51.7	43.9	50.4	41.6	31.1	33.1
丹麦	51.8	39.1			26.3	25.3
德国	70.1	58.5	65.9	51.0	39.7	31.7
爱沙尼亚	54.1	51.4	52.2	49.0	23.1	39.8
爱尔兰	64.8	53.7	63.3		39.2	41.5
希腊	59.5	48.2	58.6	45.5	33.6	39.7
西班牙	39.1	28.1	36.6	24.0	14.8	18.5
法国	60.2	48.4	58.0	44.0	30.6	34.6
克罗地亚	47.9	34.6	47.2	32.6	21.8	27.5
意大利	57.8	50.4	55.8	47.1	35.3	36.8
塞浦路斯	38.9	33.1	38.9	33.1	23.0	28.2
拉脱维亚	33.7	25.9	32.8	24.3	17.2	17.4
立陶宛	51.6	41.9	51.0	40.8	29.9	33.9
卢森堡	66.2	51.6	64.9	50.0	34.4	35.1
匈牙利	29.2	22.4	27.1	19.6	15.2	11.3
马耳他	37.1	33.0	35.2	30.7	22.0	27.7
荷兰	64.6	58.7	62.7	55.5	41.5	35.9
奥地利	64.6	54.8	64.1	53.7	39.4	43.2
波兰	24.7	20.2	23.5	18.5	12.9	15.0
葡萄牙	64.1	57.8	63.0	55.9	39.3	47.9
罗马尼亚	11.1	6.4	10.4	5.7	4.0	4.5
斯洛文尼亚	43.4	36.5	41.0		25.4	
斯洛伐克	33.6	27.0	31.8	24.3	15.7	17.0
芬兰	71.2	66.1	69.0	62.8	46.7	48.3
瑞典	56.3	47.5	53.4	42.8	30.3	28.4
冰岛	49.5	46.7	47.0	42.3	31.6	30.8
挪威	69.7	62.2	67.1	57.8	44.9	40.0
瑞士	74.8	56.5	74.6	54.3	41.6	31.5
土耳其	65.3	52.8	63.2		35.5	39.6

创新活动总体情况(2014—2020年)

		2016—2018年(CIS11)			2018—2020年(CIS12)		
		下列各类企业在全部企业中占比(%)			下列各类企业在全部企业中占比(%)		
#实现组织创新企业	#实现营销创新企业	开展创新活动企业	#实现创新企业	#实现产品创新企业	开展创新活动企业	#实现创新企业	#实现产品创新企业
27.5	**22.8**	**54.0**	**49.6**	**33.5**			
32.2	**25.6**	**60.4**	**55.2**	**37.0**			
41.6	29.7	73.4		34.4	76.7	72.0	41.7
12.8	12.5	36.1	31.8	22.3	42.1	40.4	27.7
18.1	27.7	50.9	48.4	30.5	58.3	57.7	40.4
30.6	27.6	59.3	56.0	36.3	56.3	53.7	36.7
37.4	31.9	72.4	67.2	44.9	74.5	68.3	37.2
18.0	13.2	73.9	68.8	51.4	65.4	64.1	30.8
45.9	36.9	54.7	53.1	36.7	62.6	58.9	35.6
29.4	42.7	62.9	60.0	44.4	72.8	72.3	49.2
22.6	15.6	34.6	31.6	17.0			
38.6	26.6	57.0	54.0	37.4	54.4	50.2	28.3
26.5	28.9	53.5	52.9	42.3	55.3	54.3	36.6
28.3	26.1	66.5	59.5	40.0	59.3	51.6	33.1
18.6	22.1	69.5	69.5	52.9	62.0	62.0	38.5
18.3	15.1	39.4	36.3	23.4	35.8	33.8	19.5
20.9	27.5	55.7	54.2	37.8	56.4	55.2	36.6
42.5	28.2	57.1	55.2	37.0	54.2	47.8	29.6
11.4	12.5	28.9	26.6	21.5	33.1	30.5	22.3
20.5	14.8	46.0	44.9	33.1	38.4	35.7	18.0
25.7	18.9	54.9	50.7	32.5	59.7	51.6	30.6
39.4	34.7	68.3	65.5	39.0	63.9	61.3	37.5
9.6	9.5	26.5	24.6	17.9	37.3	33.4	19.6
28.7	32.7	38.0	36.9	29.2	47.2	44.9	24.2
6.7	4.8	17.0	16.8	13.0	11.0	10.7	7.2
20.9	22.5	53.9	51.4	44.0	59.6	57.0	42.7
14.3	14.7	36.6	32.2	20.4	42.9	38.4	20.4
40.9	32.7	66.5	59.3	41.3	74.5	67.1	43.6
19.3	26.0	63.1	60.4	41.9	65.7	62.9	38.9
23.1	20.9	56.4	52.1	29.2			
34.9	37.3	68.8		47.3	70.4	65.9	45.2
39.8	49.5	56.4	53.7	40.7	62.9	60.1	45.9
33.8	47.1	39.7	33.6	24.9	43.2	39.8	23.3

12–3 部分国家和地区服务业企业

国家和地区	2014–2016年(CIS10)					
	下列各类企业在全部企业中占比(%)					
	开展创新活动企业	#开展技术创新活动企业	#实现创新企业	#实现技术创新企业	#实现产品创新企业	#实现工艺创新企业
欧盟27国	**48.8**	**36.0**			**23.5**	**21.7**
欧元区19国	**54.7**	**40.4**			**26.6**	**23.9**
比利时	64.3	58.0	56.0	44.4	32.4	32.3
保加利亚	22.1	14.1	21.2	12.9	9.8	8.8
捷克	41.1	30.6	39.7	27.9	20.6	21.9
丹麦	51.5	35.1			24.4	21.6
德国	59.0	44.0	57.1	36.7	26.4	24.4
爱沙尼亚	40.7	36.8	39.3	35.3	18.8	27.4
爱尔兰	54.3	38.3	52.9		25.1	25.7
希腊	56.5	46.1	55.8	44.4	29.1	38.7
西班牙	35.5	18.6	33.9	15.8	8.7	12.0
法国	56.2	39.8	54.7	36.6	26.3	27.7
克罗地亚	48.3	32.4	48.0	31.3	19.8	26.0
意大利	48.2	35.0	47.4	33.3	26.3	23.5
塞浦路斯	35.6	27.4	35.6	27.4	18.0	25.3
拉脱维亚	28.5	18.6	27.8	17.1	11.2	13.4
立陶宛	49.9	40.0	49.0	38.1	25.1	33.1
卢森堡	63.4	42.8	62.1	39.3	30.3	22.1
匈牙利	29.1	20.3	28.3	18.6	13.8	10.0
马耳他	32.8	24.3	30.7	21.1	14.5	15.4
荷兰	57.6	49.6	55.4	46.4	33.8	30.1
奥地利	61.1	44.3	60.4	42.7	32.1	32.0
波兰	18.5	14.5	17.8	13.6	6.9	10.4
葡萄牙	71.3	59.9	70.5	58.2	41.8	45.5
罗马尼亚	10.0	4.9	9.8	4.6	2.9	2.7
斯洛文尼亚	36.9	26.8	34.3	23.4	16.6	15.1
斯洛伐克	28.4	19.5	27.3	18.1	12.3	11.4
芬兰	60.5	53.1	58.7	50.6	41.3	36.2
瑞典	53.3	40.3	52.4	37.6	29.6	20.7
冰岛	59.6	51.9	58.0	48.5	36.1	36.5
挪威	72.5	60.4	70.8	56.5	45.5	39.8
瑞士	71.6	44.2	71.2	42.3	32.1	24.6
土耳其	57.7	41.5	55.8		28.2	27.7

创新活动总体情况(2014—2020年)

		2016—2018年(CIS11)			2016—2020年(CIS12)		
		下列各类企业在全部企业中占比(%)			下列各类企业在全部企业中占比(%)		
#实现组织创新企业	#实现营销创新企业	开展创新活动企业	#实现创新企 业	#实现产品创新企业	开展创新活动企业	#实现创新企 业	#实现产品创新企业
29.7	**23.6**	**47.6**	**44.5**	**27.3**	**51.0**	**48.3**	**27.3**
34.0	**26.2**	**52.6**	**49.0**	**30.0**	**54.9**	**51.8**	**29.3**
35.2	27.1	64.4		27.8	68.1	64.6	32.6
12.7	11.6	24.6	22.3	15.3	31.5	30.3	19.4
17.5	25.4	43.7	40.9	24.2	56.5	56.2	34.1
30.3	31.3	56.1	53.2	30.8	58.5	54.6	31.0
34.8	32.1	64.9	61.8	37.3	65.1	61.8	35.2
15.3	14.7	71.5	67.9	48.1	62.6	60.5	25.6
38.1	34.5	41.0	39.7	24.6	55.3	53.4	30.1
34.1	36.5	58.9	57.8	41.7	72.9	72.3	48.5
24.6	16.1	28.5	26.7	12.8	30.8	28.9	17.0
39.7	30.4	47.8	45.6	31.0	55.2	52.5	28.8
28.4	30.4	52.7	52.4	37.0	56.2	55.7	37.2
31.5	26.6	59.1	53.3	32.1	51.2	47.4	27.1
22.4	19.5	68.3	68.3	47.8	67.8	67.8	40.1
17.3	13.7	29.3	27.5	14.6	29.8	28.6	11.8
26.2	25.4	46.8	44.5	28.0	50.5	49.2	28.8
46.8	31.7	48.9	46.9	29.5	44.4	42.2	23.9
14.4	13.6	29.0	26.0	19.9	32.7	29.6	19.9
21.3	19.2	46.8	46.0	30.7	42.2	40.8	19.2
23.9	19.8	47.3	44.4	25.3	54.2	47.6	27.6
42.6	35.9	59.5	57.7	32.9	58.4	56.1	30.1
7.6	7.2	21.0	19.6	9.6	33.0	31.3	12.1
37.6	44.8	38.0	36.6	27.5	56.3	54.2	28.5
5.3	5.6	12.9	12.6	7.4	10.6	9.9	7.0
19.7	20.6	44.5	39.1	31.5	51.5	50.3	31.8
15.1	15.8	26.5	23.0	11.7	31.4	28.1	11.7
36.2	32.2	58.5	53.4	34.5	65.0	61.4	37.6
23.8	31.0	63.5	62.3	43.8	65.4	63.7	39.6
35.6	32.2	58.7	55.2	28.9			
39.1	45.0	67.2		45.9	69.3	66.8	46.1
44.0	40.0	46.9	44.1	32.8	54.6	48.9	37.0
34.3	36.8	32.4	26.3	17.0	33.5	29.6	16.1

12-4 部分国家企业创新

国家	开展创新合作企业数（个）	开展创新合作企业占全部企业比重（%）			
			集团内部其他企业	集团以外私营企业	市场咨询机构
比利时	3926	26.2	62.8	82.1	56.3
保加利亚	1184	8.0	29.5	80.2	28.0
捷克	3889	16.3	36.3	79.7	33.7
丹麦	1506	15.6	54.4	79.1	40.5
德国	24706	15.4	30.3	78.4	34.3
爱沙尼亚	982	26.2	53.6	78.0	32.6
爱尔兰	709	17.1	72.6	97.3	87.9
希腊	2942	20.2	27.3	97.9	74.1
西班牙	5678	8.1	24.7	82.7	42.4
法国	9295	16.7	33.3	91.2	56.2
克罗地亚	1028	13.6	32.4	90.5	53.6
意大利	16087	13.7	26.9	92.3	70.7
塞浦路斯	593	28.5	22.9	97.6	29.5
拉脱维亚	326	6.8	41.7	84.0	56.4
立陶宛	1169	15.3	33.8	88.5	49.3
卢森堡	240	11.9	57.9	81.3	55.4
匈牙利	1886	10.8	28.9	93.2	52.6
马耳他	102	8.8	35.3	89.2	50.0
荷兰	5288	18.8	54.7	89.8	51.6
奥地利	3402	18.6	54.6	88.2	64.3
波兰	4954	7.8	48.2	72.6	43.3
葡萄牙	1637	7.5	40.2	83.3	46.7
罗马尼亚	464	1.7	31.0	90.3	47.6
斯洛文尼亚	730	14.8	46.4	94.4	63.0
斯洛伐克	719	8.9	42.3	94.3	41.2
芬兰	2624	29.3	36.1	94.4	69.8
瑞典	3082	16.4	54.2	99.9	72.1
冰岛					
挪威	3117	32.8	40.0		40.6
瑞士					
土耳其	7077	7.1	72.9	95.2	82.5

合作情况(2018−2020年)

在创新合作企业中，与下列伙伴开展合作的企业占比(%)						
供应商	私人领域的客户或消费者	竞争对手或同行业其他企业	高校或其他高等教育机构	政府或公共研究机构	公共领域的客户或消费者	非营利组织
	32.0	15.2	39.5	27.5	10.1	8.4
50.4	35.3	12.2	17.9	9.5	6.4	6.5
53.2	35.4	5.1	34.4	13.4	6.6	3.5
61.4	49.8	32.5	40.3	32.6	32.9	10.1
32.4	27.5	24.0	59.1	23.8	12.7	18.8
58.4	47.7	10.9	30.2	12.6	18.2	12.7
80.8	63.5	34.0	55.0	44.7	32.0	18.9
87.3	55.1	20.6	36.1	25.6	17.4	15.2
43.6	23.7	8.0	27.9	18.9	4.6	8.7
66.4	39.8	11.7	33.2	19.8	21.5	9.3
70.5	47.6	16.8	34.0	14.5	14.7	5.7
63.2	30.8	10.6	32.7	15.1	11.2	8.9
83.5	29.3	6.6	9.4	3.0	2.2	1.7
56.4	44.5	27.0	42.9	19.0	18.7	13.5
57.1	39.2	17.2	30.5	19.9	13.8	12.9
65.4	46.7	25.8	32.5	27.5	17.1	12.5
67.6	48.9	19.0	33.6	11.1	10.3	9.4
70.6	43.1	14.7	30.4	15.7	14.7	12.7
68.7	26.0	26.9	25.3	18.8	40.1	17.2
64.7	42.7	20.9	57.6	34.4	20.0	9.3
45.1	31.2	12.7	33.0	21.1	8.1	4.7
57.2	37.2	11.7	46.0	24.7	12.4	16.5
74.1	53.0	23.1	34.7	25.4	17.2	13.8
82.1	59.2	20.0	51.4	40.7	22.1	9.7
83.9	58.8	31.4	29.1	13.5	16.3	9.7
68.6	55.1	15.4	45.2	24.9	15.1	10.7
98.2	98.6	15.0	45.9	31.4	22.1	19.5
45.4	27.7	11.0	20.0	20.4	6.8	3.2
83.0	71.7	61.9	58.0	57.1	54.1	50.7

附　　录

附录 1　2022 年全国企业创新调查简要技术说明

调查依据：国家统计局《企业创新活动统计报表制度》（国统字[2022]90 号）。

调查时期：调查的标准时点为 2022 年 12 月 31 日，调查的报告期为 2022 年度。

调查对象：规模（限额）以上企业包括规模以上工业企业，特、一、二级总承包、专业承包建筑业企业，限额以上批发和零售业企业，规模以上交通运输、仓储和邮政业，信息传输、软件和信息技术服务业，租赁和商务服务业，科学研究和技术服务业，水利、环境和公共设施管理业企业。

规模以下企业包括规模以下工业（包括采矿业，制造业，电力、热力、燃气及水生产和供应业）企业，规模以下交通运输、仓储和邮政业，信息传输、软件和信息技术服务业，租赁和商务服务业，科学研究和技术服务业，水利、环境和公共设施管理业企业。

调查方法：规模（限额）以上企业对上述范围内的调查对象采用全面调查和抽样调查相结合的方法。企业创新情况表调查样本量共计 106.7 万家，其中规模以上工业企业 47.1 万家，特、一、二级总承包、专业承包建筑业企业 6.8 万家，限额以上批发和零售业企业 36.6 万家，规模以上重点服务业企业 16.2 万家。企业家问卷调查样本量约 9.9 万家。

规模以下企业对上述范围内的调查对象采用抽样调查方法，有效样本量约 10.1 万家。

统计标准：调查执行国家有关统计分类标准及规定。其中，规模以上工业企业包括年主营业务收入 2000 万元及以上的工业企业法人；特、一、二级建筑业企业包括资质等级为特级、一级和二级的总承包和专业承包建筑业企业法人；限额以上批发和零售业企业包括年主营业务收入 2000 万元及以上的批发业、年主营业务收入 500 万元及以上的零售业企业法人；规模以上服务业企业包括年营业收入 2000 万元及以上的交通运输、仓储和邮政业，信息传输、软件和信息技术服务业，水利、环境和公共设施管理业企业法人，以及年营业收入 1000 万元及以上的租赁和商务服务业，科学研究和技术服务业企业法人。高技术产业仅包含高技术制造业。国民经济行业分类采用 GB/T 4754-2017 标准。其他统计标准的具体内容可查询国家统计局网站：http://www.stats.gov.cn/tjsj/tjbz/。

调查表式：规模以上企业创新调查的基层表式有 4 张，包括供工业企业、建筑业企业和服务业企业分别填报的创新情况表（3 张）和企业家问卷（1 张）。国家统计局统计一套表中的其他调查表式，特别是企业研发活动年度统计调查的部分内容作为此调查的重要补充。规模以下企业创新调查有基层表式 1 张。

数据处理：国家统计局通过联网直报平台布置调查表，完成数据采集、审核、汇总和上报等工作。联网直报平台数据处理程序由国家统计局统一研制并提供。联网直报平台地址：http://lwzb.stats.gov.cn。

调查特点：调查在第 3 版奥斯陆手册的基本框架下开展，可满足国际比较的基本要求；调查在国家统计局一套表统计调查体系下开展，部分统计结果取自其他调查内容，保持了统计调查的一致性；调查针对我国实际情况对大量内容进行了调整和改进，向调查对象代表、主要有关部门、有关专家学者、基层统计部门广泛征求了意见，在满足政策需求和降低填报负担之间、符合国际标准和体现本国特色之间取得了较好的平衡。总的来说调查基本兼顾了科学性、适用性、系统性、可比性和可操作性。

国际比较：国际比较中各国数据基本都为奥斯陆手册体系下以 CIS 为标准问卷或参考设计的调查结果。

奥斯陆手册（Oslo Manual）是目前国际上在创新调查领域使用范围最广、权威性最强、认同度最高的标准规范。CIS 即欧盟创新调查（Community Innovation Survey），是 OECD 和欧盟统计局组织开展的企业创新调查，为目前国际上影响较大、发展较成熟、开展较广泛的创新调查。

附录2　主要指标解释

创新：指本企业推出了新的或有重大改进的产品或工艺，或采用了新的组织管理方式或营销方法。此处的“新”是指它们对本企业而言必须是新的，但对于其他企业或整个市场而言不要求一定是新的。

产品创新：指企业推出了全新的或有重大改进的产品。产品创新的“新”要体现在产品的功能或特性上，包括技术规范、材料、组件、用户友好性等方面的重大改进；不包括产品仅有外观变化或其他微小改变的情况，也不包括直接转销。

这里的产品既包括货物，也包括服务。对工业企业而言，货物方面产品创新的例子有新能源汽车、新功能手机等；服务方面产品创新的例子有新的保修服务，如显著延长的新产品保修期限等。对建筑业企业而言，货物方面产品创新的例子有功能或特性有重大改进的房屋、桥梁或配套的建筑构配件、建筑制品等；服务方面产品创新的例子有新形式的装修售后服务等。对服务业企业而言，货物方面产品创新的例子有新面世的盒装或下载版软件等；服务方面产品创新的例子有新型理财产品、显著改进的咨询服务、有突破进展的设计方案等。

工艺创新：指企业采用了全新的或有重大改进的生产方法、工艺设备或辅助性活动，其中辅助性活动是指企业的采购、物流、财务、信息化等活动。工艺创新的“新”要体现在技术、设备、软件或流程上；不包括单纯的组织管理方式的变化。

对工业企业而言，生产工艺方面工艺创新的例子有采用新型自动化包装生产线替代人工包装等；对建筑业企业而言，施工工艺方面工艺创新的例子有新工法、显著改进的工具等；对服务业企业而言，推出服务或产品的方法方面工艺创新的例子有采用新型自动控制系统调配交通工具等。辅助性活动方面工艺创新的例子有首次采用条形码追踪原材料走向、开发新的软件进行财务管理等。

技术创新：产品创新和工艺创新统称为技术创新。

组织创新：指企业采取了此前从未使用过的全新的组织管理方式，主要涉及企业的经营模式、组织结构或外部关系等方面；不包括单纯的合并或收购。应是企业管理层战略决策的结果。

经营模式方面组织创新的例子有首次使用供应链管理、质量管理、信息共享制度等；组织结构方面组织创新的例子有首次使用机构设置、职责划分、权限管理、决策方式等；外部关系方面组织创新的例子有首次使用商业联盟、新式合作、外包或分包等。

营销创新：指企业采用了此前从未使用过的全新的营销概念或营销策略，主要涉及产品设计或包装、产品推广、产品销售渠道、产品定价等方面；不包括季节性、周期性变化和其他常规的营销方式变化。

产品设计或包装方面营销创新的例子有对现有产品的创意设计、为特定消费群体推出饮料新口味等；产品推广方面营销创新的例子有首次使用新型广告媒体、全新品牌形象、推出会员卡等；产品销售渠道方面营销创新的例子有首次使用电子商务、直销、特许经营、独家零售等；产品定价方面营销创新的例子有首次使用自动调价、折扣系统等。

创新活动：指为实现创新而进行的科学、技术、组织、商业等各种活动的总称。具体包括：开展了产品或工艺创新活动，或实现了组织或营销创新。

产品或工艺创新活动：是研发活动以及为实现产品创新或工艺创新而进行的各种活动的总称。主要的产品或工艺创新活动包括内部研发活动、外部研发活动、获得机器设备和软件、从外部获取相关技术，以及相关的培训、设计、市场推介、可行性研究、测试、工装准备等活动。产品或工艺创新活动不仅包括成功的，也包括正在进行的和中止的；它本身可能具有新颖性，也可能并不新颖却是实现创新所必需。

正在进行的产品或工艺创新活动：指正在进行、尚未完成预定目标任务的产品或工艺创新活动。

中止的产品或工艺创新活动：指由于各种原因中断、延期、放弃或失败的产品或工艺创新活动。

新颖度类别：指产品或工艺的新颖程度，按照从低到高依次分为无创新、本企业新、国内市场新、国际市场新。其中无创新是指未推出新的产品或工艺，或原有的产品或工艺未发生重大改进；本企业新是指产品或工艺对于本企业而言是全新的或有重大改进的，但对于其他企业或整个市场而言并不是；国内市场新是指产品或工艺对于国内市场而言是全新的或有重大改进的，但对于国际市场而言并不是；国际市场新是指产品或工艺在世界范围内是全新的或有重大改进的。

国际市场新的产品或工艺同时一定也是国内市场新和本企业新的；国内市场新的产品或工艺同时一定也是本企业新的。

建筑业和服务业的调查中将国内市场新与国际市场新合并称为市场新，指产品或工艺不仅对于本企业而言是全新的或有重大改进的，对于国际或国内市场及其他企业而言同样也是。

内部研发：研发是研究与试验发展(Research and Experimental Development，简称 R&D)的简称，指为增加知识存量（也包括有关人类、文化和社会的知识）以及设计已有知识的新应用而进行的创造性、系统性工作，包括基础研究、应用研究和试验发展三种类型。国际上通常采用 R&D 活动的规模和强度指标反映一国的科技实力和核心竞争力。内部研发指本企业内部开展的研发活动。

外部研发：指企业委托其他单位或与其他单位合作开展的研发活动。

创新合作：指企业与其他企业或机构共同开展产品或工艺创新活动。创新合作要求企业必须是积极主动参与的，不包括纯外包项目，双方不一定要取得商业利益。

专利：是专利权的简称，是对发明人的发明创造经审查合格后，由专利局依据专利法授予发明人和设计人对该项发明创造享有的专有权。包括发明、实用新型和外观设计。反映拥有自主知识产权的科技和设计成果情况。

发明专利：指对产品、方法或者其改进所提出的新的技术方案。是国际通行的反映拥有自主知识产权技术的核心指标。

期末有效发明专利数：指报告期末企业作为第一专利权人拥有的、经境内外知识产权行政部门授权且在有效期内的发明专利件数。这里不包括实用新型和外观设计专利。

先发优势：指企业由于率先开发出某种产品或工艺创新，或率先进入某一个领域，从而获得领先其他企业的市场竞争优势。

东部地区：包括北京，天津，河北，上海，江苏，浙江，福建，山东，广东和海南 10 个省市。

中部地区：包括山西，安徽，江西，河南，湖北和湖南 6 个省市。

西部地区：包括内蒙古，广西，重庆，四川，贵州，云南，西藏，陕西，甘肃，青海，宁夏和新疆 12 个省区市。

东北地区：包括辽宁，吉林和黑龙江 3 个省。